Cultures & Conflits
n° 131/132 - automne/hiver 2023

Policer les élites dirigeantes

Les textes récents de la revue sont accessibles sur :
www.cairn.info/revue-cultures-et-conflits.htm
www.jstor.org/journal/culturesconflits

Actualité de la revue, colloques, séminaires, résumés des articles (français/anglais) et tous les anciens articles publiés sur :
www.conflits.org
Résumés en anglais également disponibles sur :
www.ciaonet.org

Indexé dans *Cambridge Sociological Abstracts*, *International Political Science Abstracts*, PAIS, *Political Sciences Abstracts*, *Linguistics & Language Behavior Abstracts.*

Cultures & Conflits
n° 131/132 - automne/hiver 2023

POLICER LES ÉLITES DIRIGEANTES

Ce numéro a bénéficié du soutien de l'Institut des Sciences sociales du Politique (UMR CNRS 7720)

Cultures & Conflits

n° 131/132 - automne/hiver 2023

Manuscrits à envoyer à : Cultures & Conflits - bureau F515, UFR DSP, Université Paris Nanterre, 92001 Nanterre cedex - redactionagc@gmail.com

Illustration de couverture : photographie d'Anthony et Jordan Amicelle

SOMMAIRE / POLICER LES ÉLITES DIRIGEANTES

Dossier /

« Une société civile vigilante » face aux illégalismes des élites dirigeantes ?

Introduction

Anthony AMICELLE

Anthony Amicelle est maître de conférences à Sciences Po Bordeaux et rattaché au Centre Émile Durkheim (UMR 5116) ainsi qu'au Centre de recherche sociologique sur le droit et les institutions pénales (CESDIP-UMR 8183). Il est aussi professeur associé à l'Université de Montréal et membre du Centre de recherche et d'études en politique internationale (REPI) de l'Université libre de Bruxelles. Il a codirigé la revue Champ pénal *de 2020 à 2023 et ses travaux portent principalement sur les politiques de lutte contre les illégalismes économiques et financiers. Il a récemment publié avec M. Darley et J. de Maillard (dir.), « État, savoirs experts et sécurité »,* Gouvernement & action publique, *vol. 12, n° 3, 2023.*

> « Depuis le milieu des années quatre-vingt-dix, la "vigilance" fait figure de mot d'ordre repris par toute sorte d'acteurs, au point de saturer l'espace des énoncés politiques et de s'étendre à toutes les causes collectives et autres objets d'alertes : quelle que soit la nature du problème à traiter, on ne cesse d'en "appeler à la vigilance", de manifester que l'on "reste vigilant" et d'annoncer même que l'on va "redoubler de vigilance" [1]. »

Dans un contexte sécuritaire marqué par les appels répétés des élites dirigeantes à la vigilance citoyenne, et ce jusqu'au plus haut sommet de l'État [2], que se passe-t-il quand celle-ci prend pour cible les illégalismes de ces élites tour à tour publiques et privées [3] ? Le vice-président d'une des principales associations anticorruption en France a récemment soutenu l'idée d'une

1. Chateauraynaud F., « Préface », in Roux J. (dir.), *Être vigilant. L'opérativité discrète de la société du risque*, Saint-Étienne, Publications de l'université de Saint-Étienne, 2006, p. 8.
2. Codaccioni V., *La Société de vigilance. Auto-surveillance, délation et haines sécuritaires*, Paris, éditions Textuel, 2021.
3. À la suite de Michel Foucault, Frédéric Gros rappelle de façon synthétique que « la notion d'illégalisme recouvre l'ensemble des pratiques qui soit transgressent délibérément, soit contournent ou même détournent la loi ». Gros F., « Foucault et la société punitive », *Pouvoirs*, n° 135, 2010, p. 10.

« société civile vigilante » pour lutter contre les atteintes à la probité [4], dans la continuité de ce qu'il avait écrit dix ans auparavant : « Une société civile construit peu à peu une contre-démocratie de vigilance et de surveillance, donnant une vigueur nouvelle aux droits fondamentaux [5]. » Encore une décennie plus tôt, en 2003, la Convention des Nations unies contre la corruption consacrait internationalement le principe d'une « participation de la société » en la matière. Dans son article 13, les États signataires sont incités à « favoriser la participation active de personnes et de groupes n'appartenant pas au secteur public, tels que la société civile, les organisations non gouvernementales et les communautés de personnes, à la prévention de la corruption et à la lutte contre ce phénomène ». Que ce soit en tant que notion émique ou catégorie d'action publique, l'expression polysémique de « société civile » ne cesse de circuler et d'être invoquée au nom d'un « devoir de vigilance » lui aussi omniprésent [6], et d'actions préventives et répressives contre des illégalismes associés aux classes dominantes en général [7], et aux élites dirigeantes en particulier [8]. Mais qu'en est-il en pratique derrière les discours officiels et les normes formelles ?

Qui sont les représentants autoproclamés ou désignés (et par qui) de cette société civile ? Comment participent-ils à « policer » les puissants au sens étymologique du terme, c'est-à-dire à « réguler, contrôler, autoriser et interdire, gérer » leurs illégalismes [9] ? Quelle est leur place et quel est leur rôle dans la réaction sociale face aux « élites délinquantes » ? Ce double numéro spécial est structuré autour de ces questions. Dans le cadre ou en marge de politiques

4. Alt E., « Il faut une société civile vigilante et des institutions mieux armées », *Les Cahiers de la Justice*, n° 2, 2022, pp. 261-267.
5. Alt E., Luc I., *L'Esprit de corruption*, Bordeaux, Le Bord de l'eau, 2012, p. 158. En résonance directe avec les réflexions de Pierre Rosanvallon dans *La Contre-démocratie. La politique à l'âge de la défiance*, Paris, Seuil, 2006.
6. Delalieux G., Kourula A., Pezet E., "Civil Society Roles in CSR Legislation", *Journal of Business Ethics*, n° 190, 2023, pp. 347-370 ; Chaudieu K., *À quoi sert le renseignement financier ? De la trace financière à la « fabrique de la criminalité » en Suisse et au Canada*, Lausanne, Université de Lausanne et Université de Montréal, thèse de doctorat, 2022.
7. Pour pallier les ambiguïtés du terme « délinquance en col blanc », Alexis Spire privilégie la notion de classe dominante dans ses travaux sur la gestion des illégalismes, en l'appréhendant à la suite de Pierre Bourdieu comme « l'ensemble des agents disposant d'un pouvoir sur le fonctionnement d'un champ (politique, économique, bureaucratique ou culturel) et sur les conditions de sa reproduction ». Spire A., « Pour une approche sociologique de la délinquance en col blanc », *Champ pénal/Penal field*, vol. 10, 2013, p. 8 ; Bourdieu P., « Champ du pouvoir et division du travail de domination », *Actes de la recherche en sciences sociales*, n° 190, pp. 126-139. Sur la délinquance en col blanc, voir dans sa version non censurée l'ouvrage éponyme de référence à l'origine de tout un champ d'étude : Sutherland E. W., *White Collar Crime: The Uncut Version*, New Haven, Yale University Press, 1983.
8. Travaillant sur « la déviance et la délinquance des élites dirigeantes », Pierre Lascoumes et Carla Nagels définissent leur objet comme « les transgressions de normes spécifiques liées à l'exercice d'une fonction de responsabilité publique ou privée et commise à titre individuel ou collectif par une instance dirigeante ». Lascoumes P., Nagels C., *Sociologie des élites délinquantes. De la criminalité en col blanc à la corruption politique*, Paris, Armand Colin, 2014, p. 15.
9. Owen O., « Maintenir l'ordre au Nigeria : vers une histoire de la souveraineté de l'État », *Politique africaine*, n° 128, 2012, p. 25.

publiques, selon différentes échelles d'intervention, et avec ou sans les instances de contrôle étatiques, voire contre elles, il s'agit d'explorer la diversité des manifestations concrètes de cette vigilance dite citoyenne. En guise d'introduction à ce numéro de *Cultures & Conflits*, le présent texte est organisé en trois temps [10]. Il commence par une mise en perspective des illégalismes politiques, économiques et financiers les plus répandus chez les dominants, en abordant ainsi la pratique de ces illégalismes à l'aune de la position sociale de leurs auteurs. Les formes d'action publique que ces illégalismes suscitent sont ensuite précisées, avant de terminer par une présentation analytique des articles du numéro et de leurs contributions respectives à ce projet collectif qui en appelle d'autres. Et à la différence des représentations monolithiques du couple conceptuel société civile/État, et des visions trop statiques de leur relation, l'action de policer les élites dirigeantes y apparaît surtout comme produit et enjeu de rapports entre espaces sociaux différenciés [11].

Des illégalismes de droits aux illégalismes des élites dirigeantes

> « Ce qui est en cause dans les déviances et délinquances économiques ou politiques ce sont des abus de fonction, des détournements de responsabilité d'un niveau élevé. Que les transgressions aient été accomplies dans le cadre privé ou public, leur point commun se trouve dans des pratiques de débordement de la délégation de confiance faite à des acteurs en charge des décisions centrales dans la vie sociale [12]. »

Les points communs entre illégalismes politiques, économiques et financiers sont nombreux, tant dans la façon dont ils sont pratiqués et situés socialement, que dans la manière dont ils sont gérés. En tant qu'« illégalismes de droits [13] », ces pratiques renvoient à l'opportunité et à la capacité de « prendre des libertés avec la loi [14] », de « jouer avec les marges de la légalité [15] », par des acteurs individuels et collectifs pouvant alterner « respect, voire surutilisation

10. Le numéro spécial a été coordonné par Anthony Amicelle et Guillaume Delalieux, professeur des universités à l'Université de la Rochelle, laboratoire LITHORAL. Il fait suite à la journée d'étude « Société civile et lutte contre la corruption » qui s'est tenue à La Rochelle, le 23 septembre 2022, en partenariat avec la faculté de droit, de science politique et de management de la Rochelle Université, le Centre Émile Durkheim (UMR 5116, CNRS, Sciences Po Bordeaux, université de Bordeaux) et l'association Anticor. Les coordinateurs du numéro tiennent à remercier l'équipe éditoriale de *Cultures & Conflits* pour l'ensemble du travail accompli.
11. Pour reprendre et détourner quelque peu la formule de Vincent Dubois. « L'action de l'État, produit et enjeu des rapports entre espaces sociaux », *Actes de la recherche en sciences sociales*, n° 201-202, 2014, pp. 11-25.
12. Lascoumes P., Nagels C., *Sociologie des élites délinquantes…*, *op. cit.*, p. 296.
13. Foucault M., *Surveiller et punir. Naissance de la prison*, Paris, Gallimard, 1975.
14. Salle G., « De l'illégalisme à la gestion différentielle des illégalismes : retour sur un concept », *Materiali Foucaultiani*, n° 5-6, 2014, p. 312.
15. Amicelle A. « "Deux attitudes face au monde" : la criminologie à l'épreuve des illégalismes financiers », *Cultures & Conflits*, n° 94-96, 2014, p. 71.

des règles, avec leur détournement et leur évitement [16] ». Ce rapport particulier au droit, tout à la fois paradoxal et relativiste, distancié et tactique, souple et délié [17], ouvre la voie à une infinité d'arrangements pratiques avec la loi, dont des agissements frauduleux recouvrant l'évasion fiscale [18], les opérations commerciales irrégulières [19], les malversations comptables [20] et financières [21], le contournement des contrôles en matière d'investissements étrangers [22], les ententes collusives [23], les entorses au droit du travail [24], les tromperies industrielles [25], les atteintes à l'environnement [26] et à la santé publique [27], ou encore l'ensemble des manquements à la probité, à commencer par la corruption [28].

16. Lascoumes P., *Élites irrégulières : Essai sur la délinquance d'affaires*, Paris, Gallimard, 1997, p. 232.
17. Boltanski L., *De la critique. Précis de sociologie de la domination*, Paris, Gallimard, 2009 ; Lascoumes P., « Témoignage sur un parcours de recherche. Légalistes et transgresseurs : le rapport paradoxal des élites dirigeantes aux règles sociales », *Criminologie*, vol. 49, n° 1, 2015, pp. 15-24 ; Salle G., *De la question carcérale aux inégalités environnementales. Contribution à l'étude de la « gestion différentielle des illégalismes »*, Saint-Quentin-en-Yvelines, université de Versailles Saint-Quentin-en-Yvelines, HDR, 2019 ; Brissaud C., Louis J., « Politiques de lutte contre les illégalismes économiques et financiers », Section thématique 13 du Congrès de l'Association française de science politique, 2024.
18. Soares De Oliveira R., "Researching Africa and the Offshore World", *The Journal of Modern African Studies*, vol. 60, n° 3, pp. 265-296 ; Spire A., *Faibles et puissants face à l'impôt*, Paris, Raisons d'agir, 2012.
19. Pearce F., Snider L. (eds.), *Corporate Crime. Contemporary Debates*, Toronto, University of Toronto Press, 1995 ; Levi M., *The Phantom Capitalists. The Organization and Control of Long-Firm Fraud*, Londres, Routledge, 2008.
20. McBarnet D., "After Enron will 'Whiter than White Collar Crime' Still Wash?", *The British Journal of Criminology*, vol. 46, n° 6, 2006, pp. 1091-1109.
21. Will S., Handelman S., Brotherton D. C., *How They Got Away with it: White Collar Criminals and the Financial Meltdown*, New York, Columbia University Press, 2013 ; Angeletti T., "Finance on Trial: Rules and Justifications in the Libor Case", *European Journal of Sociology*, vol. 85, n° 1, 2017, pp. 113-141 ; Prelec T., de Oliveira R. S., "Enabling African loots: tracking the laundering of Nigerian kleptocrats' ill-gotten gains in western financial centres", *Journal of International Relations and Development*, vol. 26, 2023, pp. 272-300.
22. Gentile G., *Protéger et servir l'« intérêt national ». La souveraineté économique saisie par la politique de contrôle des investissements étrangers en France*, Paris, Université Paris-Dauphine, thèse de doctorat, 2024.
23. Morselli C., Ouellet M., "Network Similarity and Collusion", *Social Networks*, vol. 55, 2018, pp. 21-30.
24. Nagels C., « Quand l'État régule au lieu de punir : les réponses à la fraude sociale en Belgique », in Vanhamme F. (dir.), *« JUSTICE ! » Entre pénalité et socialité vindicatoire*, Ottawa, Erudit/Livres et actes, 2012, pp. 203-216 ; Marichalar P., « Le traitement pénal des maladies industrielles. Une étude du maxi-procès Eternit de Turin (2009-2014) », *Déviance et Société*, vol. 43, n° 4, 2019, pp. 517-540.
25. Braun C., van Erp J., "International Regime Complexes and Corporate crime: A Research Agenda based on the Volkswagen Diesel Fraud Case", *Crime, Law & Social Change*, vol. 77, 2022, pp. 185-206 ; Lord N., Huisman W., Paoli L., "Food Crimes, Food Harms and the Food System", *Crime, Law and Social Change*, vol. 78, 2022, pp. 465-462.
26. Buu Sao D., *Le Capitalisme au village. Pétrole, État et luttes environnementales en Amazonie*, Paris, CNRS éditions, 2023 ; Mucchielli L., Salle G., « La criminalité environnementale : état des lieux et perspectives », *Déviance et Société*, vol. 43, n° 4, 2019, pp. 469-479 ; Marinabona A., Koutouki, K. (dir.), « Criminalité environnementale », *Criminologie*, vol. 49, n° 2, 2016.
27. Philippe S., Schoenberger S., Ahmed N., "Radiation Exposures and Compensation of Victims of French Atmospheric Nuclear Tests in Polynesia", *Science & Global Security*, vol. 30, n° 2, 2022, pp. 62-94.

La pratique même de ces illégalismes politiques, économiques et financiers nécessite dès lors un prérequis social, celui d'être confronté aux normes légales susceptibles d'être déjouées. Michel Foucault a par exemple montré comment, au moment de l'avènement du capitalisme industriel, à la fin du XVIIIe siècle et au début du XIXe siècle, les « couches populaires, se déplaçant de l'artisanat au salariat, sont en même temps obligées de se déplacer de la fraude au vol [29] ». En sus des questions de ressources, ce déplacement forcé vers les « illégalismes de biens » est la conséquence d'une perte de contact avec le droit du commerce et des affaires. Sans prise directe avec ces réglementations en raison de leur nouvelle condition sociale et professionnelle, les membres de la classe ouvrière naissante se sont éloignés de l'opportunité même de jouer avec elles. Ils se sont vu cantonner au vol et autres transferts violents de propriétés, consistant généralement à enfreindre explicitement les règles plutôt qu'à user et abuser du droit et de ses failles pour rester « du bon côté de la loi » ou au moins afficher sa bonne foi. Les membres de la bourgeoisie et les nouvelles élites dirigeantes ont alors eu l'exclusivité de ces illégalismes de droits, ouvrant la « possibilité de tourner ses propres règles et ses propres lois ; de faire assurer tout un immense secteur de la circulation économique par un jeu qui se déploie dans les marges de la législation – marges prévues par ses silences, ou libérées par une tolérance de fait [30] ». Ils ont en quelque sorte bénéficié d'actes réservés en matière d'indiscipline, dont « la fraude, comme illégalisme de celui pour qui la richesse est liée à la loi. Non pas qu'elle soit soumise à la loi mais elle donne accès à la possibilité de faire et défaire, d'imposer et de contourner la loi [31] ».

Cette situation monopolistique a progressivement disparu au fur et à mesure de l'évolution des modes d'intervention étatiques dans les pays occidentaux depuis la fin des années 1980, parallèlement à la place croissante accordée au thème de l'État de droit dans les discours internationaux : « Dans la période contemporaine, les “illégalismes de droit” ne sont donc plus l'apanage des dominants : ils concernent plus généralement toutes les catégories d'individus aux prises avec l'État (étrangers en situation irrégulière, détenus, contribuables ou bénéficiaires de prestations sociales). La question de la régulation de ces illégalismes ne se conçoit plus seulement par opposition aux “illégalismes de biens”, mais se pose à l'intérieur d'un espace où toutes les catégories sociales de la société sont susceptibles d'être représentées [32]. » Néanmoins,

28. Heidenheimer A. J., Johnston M. (eds.), *Political Corruption: Concepts and Contexts*, New York, Routledge, 2002 ; Lascoumes P., *Une Démocratie corruptible*, Paris, Seuil, 2011 ; Dodge M., Pontell H. N., “Political Crime and Corruption Take Center Stage: Introductory Notes”, *Crime, Law & Social Change*, vol. 75, 2021, pp. 195-200 ; Dreyfus F., *Sociologie de la corruption*, Paris, La Découverte, 2022.
29. Foucault M., *La Société punitive. Cours au Collège de France, 1972-1973*, Paris, Seuil/Gallimard, 2013, p. 151.
30. Foucault M., *Surveiller et punir…*, *op. cit.*, p. 103.
31. Foucault M., *La société punitive…*, *op. cit.*, p. 152.
32. Fischer N., Spire A., « L'État face aux illégalismes », *Politix*, n° 87, 2009, p. 11.

si le lien historiquement établi entre certaines catégories d'acteurs et certains types d'illégalismes s'est quelque peu distendu, il n'a pas pour autant été rompu à l'heure du capitalisme financier et de la transformation concomitante des formes d'illégalismes, davantage liés à la circulation des flux financiers qu'à celle des marchandises [33].

Tout d'abord, l'inégale distribution des capitaux et des sous-espèces de capitaux économique, social et culturel détermine fortement les potentialités et les manières de pratiquer les illégalismes de droits, avec l'accès différencié à des lieux, à des intermédiaires, et à des techniques plus ou moins onéreuses, plus ou moins sophistiquées, et plus ou moins aisées à repérer, à investiguer et à sanctionner, à l'instar des illégalismes fiscaux [34]. Toutes les catégories sociales sont désormais confrontées – à des degrés divers et selon des modalités variées – à l'administration fiscale et donc à l'éventualité de contourner, de détourner, voire de transgresser délibérément les règles qui lui sont associées [35]. Cependant, seules certaines catégories, les plus élevées, peuvent le faire à l'aide de montages financiers complexes et transnationaux comme ne cessent de le démontrer à intervalle régulier les révélations du Consortium international des journalistes d'investigation, des Offshore Leaks aux Pandora Papers [36].

Ensuite, toute une série d'illégalismes demeurent de fait un privilège élitaire, en raison de la position sociale, professionnelle ou élective occupée, qu'il s'agisse d'élus et de ministres, de hauts fonctionnaires nationaux et internationaux, de cadres dirigeants d'entreprises et PDG de multinationales, ou encore de chefs de partis politiques et d'organisations syndicales et patronales. Les barrières à l'entrée pour accéder à ces positions isolent de fait un dégradé d'illégalismes propres à leurs détenteurs.

Enfin, l'accès privilégié à la pratique de ces illégalismes s'articule aussi à une certaine « économie morale des élites dirigeantes [37] », amplifiant d'autant le rapport relativiste au droit, véritable critère distinctif de classe selon Luc Boltanski :

33. Angeletti T., "The Differential Management of Financial Illegalisms: Assigning Responsibilities in the Libor Scandal", *Law & Society Review*, vol. 53, n° 4, 2019, pp. 1233-1255.
34. McBarnet D., "Whiter than White Collar Crime: Tax, Fraud Insurance and the Management of Stigma", *The British Journal of Sociology*, vol. 42, n° 3, 1991, pp. 323-344 ; Herlin-Giret C., « Les contournements discrets de l'impôt. Comment les redevables de l'ISF s'arrangent avec le droit », *Sociétés contemporaines*, vol. 108, n° 4, 2017, pp. 15-39 ; Saez E., Zucman G., *Le Triomphe de l'injustice. Richesse, évasion fiscale et démocratie*, Paris, Seuil, 2020.
35. Spire A., *Faibles et puissants face à l'impôt*, Paris, Raisons d'agir, 2012.
36. Amicelle A., Bérard J., « Défense des classes dominantes : la division du travail de légitimation à l'épreuve des scandales financiers internationaux », *Revue de la régulation*, n° 22, 2017 [en ligne] ; O'Donovan J., Wagner H. F., Zeume S., "The Value of Offshore Secrets: Evidence from the Panama Papers", *The Review of Financial Studies*, vol. 32, n° 11, 2019, pp. 4117-4155.
37. Lascoumes P., *L'Économie morale des élites dirigeantes*, Paris, Presses de Sciences Po, 2021.

« Ce que partagent implicitement les membres d'une classe dominante, sous la forme d'un savoir commun qu'ils ne peuvent avouer aux autres – qu'ils peuvent à peine s'avouer à eux-mêmes –, est que, d'un côté, il est indispensable qu'il y ait des règles, c'est-à-dire du droit, des procédures, des normes, des standards, des règlements, etc., de l'autre, que l'on ne peut rien faire de vraiment profitable (retraduit dans leur langage, de "vraiment utile"), que l'on ne peut pas simplement agir, dans un monde incertain, si on suit ces règles. [...] Tout en rappelant à tout bout de champ que les règles "sont les mêmes pour tous", ils se sentent ainsi justifiés à penser que ces règles n'ont, en fait, rien d'absolu et qu'elles ne sont, au mieux, contrairement à ce que sont censés croire les simples exécutants, que des conventions [38]. »

Cette double dimension, de relation particulière aux règles et de dextérité dans le jeu avec elles, apparaît typique de la pratique des illégalismes politiques, économiques et financiers des élites dirigeantes.

Une action publique spécialisée et fragmentée

Sur le plan préventif et répressif, les illégalismes de droits en général, et ceux des élites dirigeantes en particulier, ont pour caractéristique d'être gérés majoritairement par des instances spécifiques, quelle que soit l'échelle d'intervention. Cela s'est historiquement traduit par « une spécialisation des circuits judiciaires : pour les illégalismes de biens – pour le vol – les tribunaux ordinaires et les châtiments ; pour les illégalismes de droits – fraudes, évasions fiscales, opérations commerciales irrégulières – des juridictions spéciales avec transactions, accommodements, amendes atténuées, etc. [39] ». En d'autres termes, leur gestion s'est faite plus discrète, en marge du triptyque police-justice-prison *via* lequel la délinquance tend à être dramatisée comme une forme spécifique d'illégalisme, celle constituée et isolée par un effet de la pénalité. Et malgré des transformations contemporaines majeures, ce rapport différencié à la police, à la justice et *in fine* à la prison demeure à maints égards.

D'un côté, policer les élites dirigeantes n'est précisément pas l'apanage des seuls représentants de l'institution policière. Elle implique aussi et surtout toute une série d'autorités dites indépendantes, dont le mouvement généralisé d'« agencification de l'action publique » n'a fait qu'accentuer le nombre et la montée en puissance au cours des années [40]. Chaque type d'illégalisme poli-

38. Boltanski L., *De la critique. Précis de sociologie de la domination*, *op. cit.*, p. 217.
39. Foucault M., *Surveiller et punir...*, *op. cit.*, pp. 103-104.
40. Jordana J., Levi-Faur D., Fernandez i Marin X. F., "The Global Diffusion of Regulatory Agencies: Channels of Transfer and Stages of Diffusion", *Comparative Political Studies*, vol. 44, n° 10, 2011, pp. 1343-1369 ; Levi-Faur D., "Regulatory Networks and Regulatory Agencification: Towards a Single European Regulatory Space", *Journal of European Public*

tique, économique et financier tend dès lors à être d'abord géré en amont du réseau police-justice, au sein d'un bassin d'administrations et d'agences publiques et parapubliques, incluant le fisc et une myriade d'entités en charge des marchés financiers [41], des marchés publics [42], de la concurrence [43], de la transparence de la vie publique [44], de la prévention de la corruption [45], du blanchiment d'argent [46], de la protection de l'environnement [47], etc.

> « Disposant de statuts et de mandats extrêmement variés, ces instances spécifiques bénéficient d'un pouvoir discrétionnaire très étendu dans le choix de résoudre leurs dossiers strictement en interne, de recourir aux ressources policières pour y parvenir ou encore de les transmettre à la justice. Chargées de contrôler un milieu professionnel ou un type d'activité, elles ont de surcroît accès à des mécanismes d'arbitrage qui sont loin de se résumer à la voie pénale [48]. »

Policy, vol. 18, n° 6, 2013, pp. 810-829 ; Vauchez A. (dir.), *Un champ de la régulation publique indépendante ? Acteurs, registres de justification et formes d'autorité politique des agences de régulation en France*, Paris, Mission de recherche droit et justice, CNRS, 2019.

41. De Montricher N., « Norme légale et internationalisation des marchés boursiers : la délinquance financière en liberté surveillée », *Droit et société*, vol. 71, n° 1, 2009, pp. 133-160 ; Williams J. W., "Regulatory Technologies, Risky Subjects, and Financial Boundaries: Governing 'Fraud' in The Financial Markets", *Accounting, Organizations and Society*, vol. 38, n° 6-7, 2012, pp. 544-558 ; Badrudin M., « Ethnographie de la gestion des illégalismes boursiers », *Champ Pénal/Penal Field*, vol. 15, 2018 ; Badrudin M., *Ethnographie du* policing *des marchés financiers*, Montréal, Université de Montréal, Thèse de doctorat, 2023.
42. Reeves-Latour M., *Stratagèmes criminels à la jonction des pouvoirs publics et des milieux d'affaires : les élites délinquantes et le processus d'octroi des contrats publics de construction*, Montréal, Université de Montréal, Thèse de doctorat, 2016.
43. Briand-Meledo D., « Autorités sectorielles et autorités de concurrence : acteurs de la régulation », *Revue internationale de droit économique*, vol. 21, n° 3, 2007, pp. 345-371.
44. Buge E., Caron M., « Quatre années d'activité de la haute autorité pour la transparence de la vie publique au service d'une démocratie plus exemplaire », *Revue française d'administration publique*, vol. 162, n° 2, 2017, pp. 385-398 ; Vargovčíková J., Vauchez, A., « Corps privés, intérêts publics : Élites politico-administratives et formation d'une morale managériale d'État », *Actes de la recherche en sciences sociales*, n° 251, 2024, pp. 92-109.
45. Lascoumes P., *Corruptions*, Paris, Presses de Sciences Po, 1999 ; Kuris G., "Watchdogs or Guard Dogs: Do Anti-Corruption Agencies Need Strong Teeth?", *Policy & Society*, vol. 34, n° 2, 2015, pp. 125-135 ; Pereyra S., "Corruption Scandals and Anti-Corruption Policies in Argentina", *Journal of Politics in Latin America*, vol. 11, n° 3, 2019, pp. 348-361 ; Pozsgai-Alvarez J. (ed.), *The Politics of Anti-Corruption Agencies in Latin America*, Londres, Routledge, 2021.
46. Baudrihaye-Gérard L., Cardon M.-C., « La cellule de traitement des informations financières belge face au blanchiment (Ctif) : de l'emprise des flux aux ajustements du cadre », *Champ Pénal/Penal Field*, vol. 15, 2018 [en ligne] ; Amicelle A., « Naissance d'une agence de renseignement : droits d'entrée dans les univers de la finance et de la sécurité », *Cultures & Conflits*, n° 114-115, 2019, pp. 171-197.
47. Barone S., « L'impunité environnementale. L'État entre gestion différentielle des illégalismes et désinvestissement global », *Champ Pénal/Penal Field*, vol. 15, 2018 [en ligne]. Avec aussi l'émergence d'une pluralité de polices spécialisées : Magnin L., Rouméas R., Basier R., *Polices environnementales sous contraintes*, Paris, éditions rue d'ULM, 2024.
48. Amicelle A., Nagels C., « Les arbitres de l'illégalisme : nouveau regard sur les manières de faire du contrôle social », *Champ Pénal/Penal Field*, vol. 15, 2018 [en ligne].

La présence de telles instances – dotées « de pouvoirs d'évaluation, de surveillance, de contrôle, d'arbitrage et de sanction croissants » – traverse et travaille donc tout particulièrement le gouvernement des secteurs économiques et financiers (assurances, banques, marchés boursiers, transports, médicaments, énergie, etc.), et des sphères politiques et administratives (probité publique, élections, etc.) [49]. Dans certains contextes anticorruption, ce choix de créer des agences administratives spécialisées – en arguant notamment d'une sous-dotation et d'un engorgement chroniques des systèmes judiciaires mais sans pour autant répondre aux craintes exprimées quant aux ressources allouées à ces nouvelles autorités – a pu être appréhendé comme une manière détournée de perpétuer une forme de contrôle sélectif et discrétionnaire à l'œuvre dans d'autres domaines connexes [50]. Ce processus de différenciation et de segmentation de l'action publique contre les illégalismes politiques, économiques et financiers se retrouvent également à l'échelle internationale. En complément des grandes bureaucraties spécialisées telles que le Fonds monétaire international (FMI), la Banque mondiale et l'Organisation de coopération et de développement économiques (OCDE) dans la mobilisation contre la corruption et l'évasion fiscale [51], il y eu une prolifération de « mini organismes d'élaboration de politiques globales » et de réseaux transnationaux à visée opérationnelle autour d'enjeux spécifiques [52], avec par exemple le Groupe d'action financière et le Groupe Egmont contre l'argent sale [53], ou l'Organisation internationale des commissions de valeurs pour les problématiques boursières [54]. En marge des canaux diplomatiques traditionnels, la mise en relation d'acteurs bureaucratiques nationaux a contribué au développement de nouvelles normes légales et de « bonnes pratiques » aux fins de coordination à l'encontre de phénomènes sociaux érigés en problèmes publics globaux.

---

49. Vauchez A. (dir.), *Un champ de la régulation publique indépendante ?*, *op. cit.*
50. Meagher P., "AntiCorruption Agencies: Rhetoric Versus Reality", *The Journal of Policy Reform*, vol. 8, n°1, 2005, pp. 69-103 ; Ceschel F., Hinna A., Homberg F., "Public Sector Strategies in Curbing Corruption: A Review of the Literature", *Public Organization Review*, vol. 22, no 3, 2022, pp. 571-591.
51. Krastev I., *Shifting Obsessions: Three Essays on the Politics of Anticorruption*, Budapest, New York, CEU Press, 2004 ; Kudrle R. T., "The OECD's Harmful Tax Competition Initiative and the Tax Havens: From Bombshell to Damp Squib", *Global Economy Journal*, vol. 8, n° 1, 2008, pp. 1-23 ; Alldridge P., "Tax avoidance, tax evasion, money laundering and the problem of 'offshore'", in S. Rose-Ackerman, P. Lagunes (eds.), *Greed, Corruption, and the Modern State. Essays in Political Economy*, Cheltenham, Edward Elgar, 2015, pp. 317-335.
52. Stone D., *Making Global Policy*, Cambridge, Cambridge University Press, 2020 ; Amicelle A., Crespy C., Tordjman S., « Les structures sociales des organisations internationales : la production de l'équivoque », *Études internationales*, vol. 53, n° 2, 2024, pp. 235-261.
53. Sheptycki J., "Policing the Virtual Launderette. Money Laundering and Global Governance", in Sheptycki J. (eds.), *Issues in Transnational Policing*, Londres, Routledge, 2000 ; Nance M. T., "The Regime that FATF Built: An Introduction to the Financial Action Task Force", *Crime, Law and Social Change*, vol. 69, n° 2, 2018, pp. 109-129 ; Lagerwaard P., de Goede M., "In trust we share: The politics of financial intelligence sharing", *Economy and Society*, vol. 52, n° 2, 2023, pp. 202–226.
54. Alexander K., "International Organization of Securities Commissions", in Tietje C., Brouder A. (eds.), *Handbook of Transnational Economic Governance Regimes*, Leyden, Brill, 2010, pp. 439-447.

De l'autre côté, l'action de juger les auteurs d'illégalismes politiques, économiques et financiers ne se résume pas non plus aux modalités ordinaires de traitement judiciaire. Pour ne prendre que l'exemple français, l'existence des tribunaux de commerce et de la Cour de justice de la République – chargée de juger les ministres – témoignent de la survivance d'une « juridiction d'exception commerciale » et politique [55]. Plus largement, l'institutionnalisation de l'arbitrage a constitué une étape décisive dans le renforcement de l'autonomie normative des élites dirigeantes [56]. Sa reconnaissance progressive comme mode de résolution privilégié des litiges entre grands acteurs économiques, puis entre eux et l'État, participe du contournement concomitant du système judiciaire classique [57]. En tant que justice mondialisée, largement autonomisée des ordres juridiques nationaux sous les traits d'une forme d'extra-territorialité juridique, l'arbitrage international illustre cette quête permanente et multiscalaire d'autorégulation [58]. Plus récemment, l'essor de nouveaux mécanismes négociés en matière de justice transactionnelle est devenu un élément déterminant pour mieux saisir cet état de fait, que ce soit en France avec la « convention judiciaire d'intérêt public [59] », ou à l'étranger avec ces équivalents d'inspiration anglo-saxonne dont les effets ont été sujets à débat [60].

La gestion des illégalismes politiques, économiques et financiers a ainsi fait l'objet d'un éclairage scientifique notable au cours des dernières années. Les travaux ici mentionnés ont permis de rendre compte des formes renouve-

---

55. Lascoumes P., *L'Économie morale des élites dirigeantes*, *op. cit.*, p. 107 ; Vauchez A., Willemez L., « À propos d'une "réforme impossible". Solidité et fragilité des regroupements réformateurs : le cas des tribunaux de commerce », *Politiques et Management Public*, vol. 23, n° 3, 2005, pp. 161-174.
56. Oppetit B., *Théorie de l'arbitrage*, Paris, PUF, 2008 ; Nammour F., *Droit et pratiques de l'arbitrage interne et international*, Paris, Bruylant, LGDJ, 2009.
57. Beausire G., « La neutralité comme capital. Les ressorts symboliques de la compétitivité suisse sur le marché de l'arbitrage privé international (1970-1980) », *Critique internationale*, vol. 97, n° 4, 2022, pp. 23-44.
58. Dezalay Y., Garth B., *Dealing in Virtue. International Commercial Arbitration and the Construction of a Transnational Legal Order*, Chicago, The University of Chicago Press, 1996 ; Amicelle A., « Privilèges, dissidence et séparatisme chez les élites dirigeantes », *Gouvernement & action publique*, vol. 12, n° 2, 2023, pp. 139-147 ; Lemercier C., Sgard, J., « Une justice privée : L'arbitrage et la construction d'un espace marchand international (1920-1960) », *Actes de la recherche en sciences sociales*, n° 251, 2024, pp. 34-49.
59. « En contrepartie d'une reconnaissance des faits (mais pas d'une culpabilité), une sanction en forme d'amende est fixée, assortie en principe d'un certain nombre d'obligations de mise en conformité. Cette convention a l'avantage d'éviter à la fois la peine infamante d'emprisonnement et les risques d'un procès public, une situation dévalorisante pour l'image de l'entreprise qui peut avoir des conséquences commerciales défavorables sur la clientèle et le marché boursier. Enfin, et l'enjeu est de taille pour certaines entreprises, elle ne peut prévoir l'interdiction d'accès aux marchés publics. Cette forme de justice est justifiée par sa discrétion, sa rapidité d'exécution et ses sanctions seulement pécuniaires mais d'un montant élevé, supérieur à ceux habituellement prononcés par les tribunaux, ce qui représente un réel gain pour l'État. Autant dire qu'au-delà du cadre légal, elle repose sur des principes pragmatiques. » Lascoumes P., *L'Économie morale des élites dirigeantes*, *op. cit.*, pp. 196-197.
60. Garrett B. L., *Too Big to Jail. How Prosecutors Compromise with Corporations*, Harvard, Harvard University Press, 2014 ; Angeletti T., « Quand le capitalisme négocie ses peines : Genèse de la justice négociée pour les entreprises », *Actes de la recherche en sciences sociales*, n° 251, 2024, pp. 74-91.

lées de réaction différentielle à leur égard dans le cadre de politiques publiques qui peuvent être associées à des énoncés clairs et des principes forts, mais marquées par une application plus équivoque [61]. Il en ressort une internationalisation continue de l'action publique en la matière, soumise dans le même temps à des dynamiques multiples de réinterprétation et de réappropriation nationales [62], le tout autour d'une constellation toujours plus étendue d'instances de contrôle souvent peu coordonnées entre elles ou avec les agents traditionnels du champ pénal, et oscillant selon les contextes entre ingérence politique persistante et autonomie normative accrue vis-à-vis des circuits habituels de commandement administratif et de supervision démocratique.

Au regard de ces travaux, des connaissances produites et des pistes de réflexion ouvertes, l'ampleur des recherches encore à mener reste immense et c'est l'ambition de ce numéro spécial que d'y contribuer sous un angle original. En effet, l'objectif poursuivi collectivement est certes de continuer à creuser plus avant le sillon des recherches interdisciplinaires sur les dynamiques actuelles de contrôle des illégalismes politiques, économiques et financiers, mais cette fois en déplaçant le regard analytique. Il s'agit de se décentrer du point d'observation privilégié jusqu'alors, à savoir l'État en ses institutions plus ou moins coercitives, de la sphère judiciaire à l'univers bureaucratique (trans)national, pour entrer par une diversité d'acteurs dits non étatiques ou non gouvernementaux, et assignés – volontairement ou non – à l'expression de « société civile » et à ses usages sociaux et politiques. Ces acteurs sont généralement réduits au statut de lanceurs d'alerte [63], à une logique de dénonciation publique [64] et à la figure classique des entrepreneurs de cause, impliqués dans des croisades morales pour transformer les règles en vigueur et faire pression pour garantir leur application concrète [65]. La présence d'organisations non gouvernementales (ONG) censées « relayer le mécontentement de la "société civile" » est par exemple appréhendée comme un trait caractéristique des mobilisations contre la corruption et les formes associées d'illégalismes [66]. Si ce travail de plaidoyer est crucial, il s'articule à un vaste répertoire d'actions

61. Amicelle A., Chaudieu C., "The Most Denounced, The Least Punished : Ruling Elites, Illegalisms, Anti-Money Laundering", *International Political Sociology*, vol. 16, n° 3, 2022, pp. 1-22.
62. Favarel-Garrigues G., « La lutte anticorruption, de l'unanimisme international aux priorités intérieures », *Droit et Société*, n° 72, 2009, pp. 273-284.
63. Brodeur J.-P., Jobard F. (dir.), *Citoyens et délateurs. La délation peut-elle être civique ?*, Paris, Autrement, 2005.
64. Engels J. I., Dard O., Monier F., Mattina C. (dir.), *Dénoncer la corruption. Chevaliers blancs, pamphlétaires et promoteurs de la transparence à l'époque contemporaine*, Paris, Demopolis, 2018.
65. Becker H. S., *Outsiders : études de sociologie de la déviance*, Paris, A.-M. Métailié, 1985 ; Neveu E., Surdez M. (eds.), *Globalizing issues. How claims, frames, and problems cross borders*, Londres, Palgrave Macmillan, 2020.
66. Favarel-Garrigues G., « La lutte anticorruption, de l'unanimisme international aux priorités intérieures », *op. cit.*, p. 276 ; Wickberg S., "Understanding corruption in the twenty-first century: towards a new constructivist research agenda", *French Politics*, vol. 19, n° 2, 2021, pp. 82-102.

mobilisé dans le cadre de configurations plus ou moins stabilisées de « réaction sociale », entendue au sens large comme au sens strict, « non seulement le bout de la chaîne des condamnations judiciaires et administratives, mais en amont tout le processus qui détermine la visibilité de la transgression, son signalement à une autorité de contrôle et son éventuelle poursuite [67] ». C'est ce qui invite à sérier et à questionner à nouveaux frais les positions et prises de position d'un ensemble d'acteurs hétérogènes estampillés « société civile ».

De la collaboration à l'insurrection en passant par le double jeu

L'article d'Hélène Combes et de Romain Busnel constitue une entrée en matière pertinente pour aborder dans toute leur diversité ces acteurs, leurs univers d'appartenance, leurs relations d'interdépendance et leurs modes d'action contre les élites politiques, administratives et économiques. Les deux auteurs rendent compte de la formation d'un espace de l'anticorruption au Mexique, à l'interface d'autres espaces sociaux plus durablement structurés, c'est-à-dire principalement associatif, académique et journalistique, et dans une moindre mesure politique puis judiciaire. Le processus de différenciation et d'autonomisation progressive de cet univers de pratique et de rationalité distinct est ainsi lié à l'émergence d'un groupe d'« experts » issus du champ universitaire, d'ONG en quête de reconversion (et de financements internationaux) et de médias d'investigation engagés à des degrés divers dans un travail cumulatif de dénonciation publique, de lobbying législatif et d'insertion dans des dispositifs d'action publique. Ce dernier aspect mérite ici une attention particulière car, au-delà des rapports étroits entre journalistes et « société civile organisée » observables ailleurs, l'étude du cas mexicain donne à voir un « système national anticorruption » qui fait officiellement la part belle à la participation citoyenne. Salué par l'ensemble des parties prenantes lors de sa création, ce système a été rapidement et fortement critiqué par ses représentants « citoyens » – majoritairement des universitaires nommés en commission sénatoriale – et les associations et *think tanks* mobilisés, en désaccord avec le rôle prépondérant finalement dévolu à un pouvoir judiciaire décrié. En lieu et place d'une collaboration renforcée, il en résulte une défiance accrue entre « milieux experts » et agents du champ judiciaire à la réputation sans cesse écornée, sur fond de lutte pour le monopole de la compétence légitime et de l'autorité spécifique sur l'anticorruption, sa définition, la répartition de ses ressources et, *in fine*, la façon de punir les élites délinquantes.

Les tensions inhérentes aux mécanismes de collaboration anticorruption sont également au cœur de l'article que Quentin Deforge consacre à l'Open Government Partnership (OGP), dans une perspective à la fois comparative et transnationale. Il revient sur la manière dont cette initiative, portée par l'administration Obama et promue au sein d'organisations multilatérales telles que la

67. Lascoumes P., Nagels C., *Sociologie des élites délinquantes…*, *op. cit.*, p. 56.

Banque mondiale, a fait l'objet d'appropriations différenciées en Argentine et en Tunisie. Tout en la réinscrivant dans la continuité des instruments internationaux destinés à faire de la « société civile » – et donc des agents associatifs censés la représenter – un levier de réforme des États depuis les années 1990, il questionne les discontinuités que ses importations nationales ont produites. Entre discours partenarial et principe de « co-création » de réforme d'un côté, et priorités diplomatiques et de politique intérieure de l'autre, la notion ambiguë de « gouvernement ouvert » a aussi été l'objet d'importantes luttes définitionnelles. Par-delà les différences notables d'un contexte à l'autre, ces luttes ont surtout opposé ceux souhaitant faire de l'OGP un instrument de contrôle et de transformation des institutions politiques, au nom d'une vision parfois floue de l'anticorruption et de la promotion de la démocratie, et ceux aspirant – et parvenant non sans mal – à le cantonner à un outil de modernisation numérique de l'administration aux fins de légitimation du gouvernement en place et de stigmatisation de ses prédécesseurs.

Entre logique collaborative et vigilance critique, et entre plaidoyer pour changer la loi et action en justice pour réprimer les élites délinquantes, trois textes éclairent ensuite le rôle des associations anticorruption en France, et leurs manières de prendre les armes du droit dans un espace là-aussi d'interface avec d'autres univers sociaux plus solidement structurés, et en particulier avec les champs et fractions des champs politique, bureaucratique, juridique, judiciaire, journalistique et académique. Premièrement, Pierre Lascoumes en dresse le panorama et prend soin de resituer d'emblée l'action associative dans un équilibre de tensions avec les représentants de l'État, élus, ministres, haut-fonctionnaires et agents publics, tour à tour alliés et adversaires de ces nouveaux « chevaliers blancs ». Ces derniers y apparaissent à bien des égards comme les principaux défenseurs de la probité, dans une configuration nationale marquée à la fois par l'ambivalence des citoyens en la matière, et par les limites touchant au fonctionnement des autorités spécialisées et de la justice pénale. Céline Laronde-Clérac complète cette analyse en se concentrant plus précisément sur les controverses juridico-politiques relatives à la capacité des acteurs associatifs à agir en justice, que ce soit pour soutenir le travail des services répressifs de l'État ou s'y substituer. De l'hostilité jurisprudentielle initiale aux velléités politiques de contrôler cette action associative, elle revient sur les conditions d'adoption et d'encadrement de l'agrément ministériel anticorruption. Celui-ci permet aux associations qui en disposent de se constituer partie civile dans des affaires judiciaires, et par là-même de solliciter la saisie d'un juge d'instruction indépendant et la relance d'enquêtes classées par le parquet, hiérarchiquement soumis au ministre de la Justice. L'auteure montre comment cet agrément, à la fois habilitant et contraignant, a eu des effets paradoxaux depuis son introduction par la loi et par décret, respectivement en 2013 et 2014. D'un côté, il a indéniablement renforcé la position, la légitimité et l'impact des acteurs associatifs pour policer les élites dirigeantes. De l'autre, son périmètre d'action, plus restrictif que la jurisprudence dont il découle, et sa procédure d'octroi, soumise au pouvoir discrétionnaire de l'exécutif, n'ont fait que cristalliser les tensions entre univers associatif et politique, exemplifiées par la situation d'Anticor. Il est question de cette situation dans l'entretien réalisé avec Benjamin Loveluck auprès d'Éric Alt, ancien vice-président et actuel administrateur de cette association engagée dans plus de 160 procédures judiciaires, dont certaines concernant des membres de l'exécutif, celui-là même chargé de délivrer le fameux agrément.

Au-delà des recours d'Anticor pour récupérer ce sésame controversé, l'entretien est surtout l'occasion d'interroger le fonctionnement quotidien de cet acteur collectif majeur de la lutte contre les atteintes à la probité, et ce à l'aune des rapports de ses membres avec leurs homologues mais aussi avec des lanceurs d'alerte, des journalistes, des universitaires et des syndicats, sans oublier évidemment les professionnels du pénal et de la politique. Le sens et les objectifs d'une articulation entre le traditionnel plaidoyer associatif et les nouvelles formes d'action en justice y sont discutés, non sans écho avec les propres écrits de l'interviewé : « La judiciarisation de la vie publique peut être une manière de compenser les défaillances de la responsabilité politique : "Le jugement est une forme d'action publique, une modalité d'expression de l'intérêt général sur un cas particulier" [68]. La responsabilité politique a été historiquement un mécanisme de régulation se substituant à la responsabilité judiciaire. Aujourd'hui, face à la quasi-impossibilité de mettre en cause toute responsabilité politique, la responsabilité judiciaire redeviendrait une manière d'engager la responsabilité des dirigeants [69]. » Plus largement, quatre décennies de corruption et d'anticorruption en France et en Europe sont mises en perspective à partir des multiples engagements de ce magistrat de formation, qui n'a cessé d'évoluer à l'intersection d'univers sociaux dont la mise en relation dessine les contours d'un espace de lutte contre les illégalismes des élites dirigeantes [70].

Parmi ces univers sociaux, celui du journalisme en général, et du journalisme d'investigation en particulier, occupe également une place centrale dans ce double numéro spécial. La plupart des articles y font directement mention et deux d'entre eux lui sont pleinement consacrés, avec pour entrée commune la multiplication des « enquêtes *leaks* », à l'image des Panama Papers comme référence incontournable en la matière. Sans être nouveau en soi, le travail mené par les « acteurs de la publicisation par excellence » des affaires politico-financières [71], a désormais des retombées mondiales *via* des fuites de données massives, dans ces affaires pour lesquelles ce sont très souvent des « révélations privées relayées par les médias qui [font] office de gendarme [72] », là « où

68. Rosanvallon P., *La Contre-démocratie…*, *op. cit.*, p. 236.
69. Alt E., Luc I., *L'Esprit de corruption*, *op. cit.*, p. 133.
70. L'entretien est complété par la communication prononcée par Éric Alt à l'occasion de la journée d'étude « Société civile et lutte contre la corruption », à l'origine de ce numéro de *Cultures & Conflits*.

la délinquance est la moins visible et [...] où il est plus difficile de faire condamner ses auteurs [73] ». Ces révélations participent de l'exposition sans précédent des illégalismes d'élites dirigeantes à l'ère numérique, suscitant des réactions contrastées, avec des suites politiques, administratives, policières et judiciaires qui le sont tout autant. Le texte de Numa Gagey aborde ainsi les enjeux et les usages du datajournalisme dans la mise en visibilité de ces illégalismes. Son questionnement est double. Il porte sur les changements induits par de nouvelles pratiques professionnelles à l'heure des *big data*, d'une part sur le travail et les épistémologies du journalisme d'investigation, et d'autre part sur l'ensemble de la réaction sociale à l'encontre des illégalismes révélés. À cet égard, les conditions de mise à disposition des données d'enquête témoignent de l'ambivalence des journalistes quant à l'utilisation qui peut en être faite. Si nombre d'entre eux promeuvent l'ouverture – toujours partielle et rarement par défaut – de leurs bases de données au « public citoyen » (homologues journalistes, ONG et universitaires en tête), ils sont en revanche moins diserts sur les agents des champs pénal et de la régulation [74]. Pourtant, l'appropriation de leurs révélations par ces autres spécialistes de l'enquête, du fisc aux services policiers et judiciaires, tend aussi à être soulignée pour valoriser l'impact du travail journalistique, d'autant plus quand le scandale escompté n'advient pas. C'est l'objet de l'article co-écrit avec Jean Bérard et Killian Chaudieu au sujet des réactions suscitées en France par les Pandora papers, « la plus grande enquête de l'histoire du journalisme » selon le Consortium international des journalistes d'investigation qui en est à l'origine. Par sa taille et sa portée, cette enquête collective et transnationale est annoncée comme le point d'orgue des précédentes révélations sur les paradis fiscaux et les dérives

71. Engels J. I., Dard O., Monier F., Mattina C. (dir.), *Dénoncer la corruption...*, *op. cit.* ; De Blic D., Lemieux C., « Le scandale comme épreuve : éléments de sociologie pragmatique », *Politix*, vol. 71, n° 3, 2005, pp. 9-38 ; Rayner H., *Les Scandales politiques, l'opération « Mains propres » en Italie*, Paris, Michel Houdiard éditeur, 2005 ; Bégin L., Boisvert Y. (dir.), « Éthique et scandales publics », *Éthique publique*, vol. 18, n° 2, 2016.

72. Lascoumes P., « Contre l'argent illicite, non aux lois de panique », *Mediapart*, 17 avril 2013.

73. Brodeur J.-P., Jobard F. (dir.), *Citoyens et délateurs. La délation peut-elle être civique ?*, *op. cit.*, p. 13.

74. S'il manque d'études sur la nature et l'ampleur des usages secondaires des enquêtes *leaks* dans ces univers du contrôle social formel, ils tendent en tout cas à y être de plus en plus revendiqués. À titre d'exemple, Renaud Van Ruymbeke, magistrat emblématique de la lutte contre la corruption et la délinquance économique et financière, disparu en mai 2024, appelait encore peu avant à ce détournement d'usage : « Dans ce monde débridé, nul ne dispose cependant d'une protection absolue. Aucun paradis fiscal n'est en effet à l'abri des lanceurs d'alerte. Ils faussent le jeu. Ils créent de l'insécurité pour les fraudeurs. Même à Dubaï, il existe des fuites. Des lanceurs d'alerte se procurent les listings de milliers de fraudeurs et les livrent à la presse. Des médias internationaux reconnus, tels que *Le Monde* en France, publient de façon récurrente le nom de nombreux bénéficiaires de comptes aux résonances exotiques. Ce fut le cas avec les Panama Papers, les Dubaï Papers ou plus récemment les Pandora Papers. La boîte de Pandore s'ouvre régulièrement. Il est souhaitable que ces précieuses informations soient systématiquement et efficacement exploitées par les administrations fiscales et les autorités judiciaires des pays lésés afin qu'ils puissent récupérer l'argent fraudé et sanctionner leurs bénéficiaires. Les États démocratiques doivent traiter prioritairement ces informations. » Van Ruymbeke R., « La délinquance financière : état des lieux », *Les cahiers de la justice*, vol. 2, n° 2, 2022, pp. 238-239.

du capitalisme financier à travers le monde. Mais alors que les membres du Consortium entretiennent sciemment le parallèle entre enquêtes journalistiques et enquêtes police-justice, au point de donner l'impression qu'informer sert d'abord à punir, la mise en scène de ces « Panama papers sous stéroïdes » n'a pas l'effet anticipé dans l'espace public, coincée entre l'évidence d'un système *offshore* scandaleux et le piège de la faute pénale introuvable [75]. Sans cesse exposées par des fuites de données et sans cesse justifiées comme légales si ce n'est légitimes par les parties prenantes toujours plus nombreuses, les pratiques transnationales de jeu avec les règles fiscales échappent à toute mobilisation d'ampleur, ce qui amène par ailleurs à s'interroger sur l'impuissance de la forme scandale face au caractère systémique de ces illégalismes des classes dominantes.

De mobilisation contestataire, il en est finalement question dans l'article sur l'économie des illégalismes au Burkina Faso, et sa remise en cause en contexte insurrectionnel. Si la réaction sociale face aux illégalismes d'élites politiques, administratives et économiques peut se faire avec ou en complément des organes publics de contrôle, dans le cadre de relations plus ou moins ambivalentes, l'hypothèse d'actions délibérément menées sans eux, voire contre eux, mérite d'être posée, que ce soit par des groupes vigilants et des justiciers hors-la-loi [76], ou par des émeutiers. Dans la contribution de Vincent Bonnecase, les principaux acteurs sont des citoyens dits ordinaires, ceux issus des classes populaires, dont les illégalismes de biens (saccages et pillages alimentaires) ont constitué une réponse aussi tangible que ponctuelle aux illégalismes de droits (fraudes, collusions et monopoles de fait) associés de longue date aux classes dominantes. L'action contre les « arrangements cachés des puissants » s'y est faite à la fois extra-judiciaire et contre « l'État », accusé d'avoir secrètement donné à certains agents économiques des monopoles commerciaux sur des biens de consommation courante, au détriment de la population. Bénéficiant de marges d'impunité pendant ce bref temps révolutionnaire, la pratique collective de ces illégalismes populaires a directement ciblé les biens des élites dirigeantes et, par extension, l'économie politique du champ du pouvoir dans son ensemble. Rapidement refermée, cette parenthèse émeutière face aux illégalismes élitaires n'a pas mis fin à un type de configuration politico-commerciale dans lequel le statut social procède de l'application différentielle des règles plus qu'il ne la précède. Redevenu larvé, le rejet alors violent des monopoles, symboles d'injustice, n'a donc pas bouleversé l'ordre économique sur la durée, mais sa prise en compte pleine et entière dans l'analyse de l'insurrection permet de mieux comprendre les désillusions et l'instabilité politique qui ont suivi.

---

75. En écho à la formule de Damien de Blic dans « Le Crédit lyonnais, un quart de siècle de scandale financier en France (1994-2020) », *Entreprises et histoire*, n° 101, 2020, pp. 64-74.
76. Fourchard L., « Le vigilantisme contemporain. Violence et légitimité d'une activité policière bon marché », *Critique internationale*, n° 78, 2018, pp. 169-186 ; Favarel-Garrigues G., Gayer L., *Fiers de punir. Le monde des justiciers hors-la-loi*, Paris, Seuil, 2021.

Enfin, par contraste avec cette gestion populaire des illégalismes de dominants, la dernière contribution du numéro donne à voir le fonctionnement presque idéal-typique d'une justice de classe, inflexible avec les uns et indulgente avec les autres. Proposant une analyse du contrôle socialement différencié de la chasse en Belgique wallonne, l'article de David Scheer prend à revers l'argumentaire général du numéro spécial. Il étudie le rôle ambigu d'associations qui, sous couvert d'appels au strict respect des règles et à la punition des infractions, participent activement d'une protection des « grands chasseurs », qui comptent parmi les premières fortunes du Royaume. La chasse dépasse le simple loisir pour ces chefs d'entreprises et autres notables. Ils y injectent une dimension réputationnelle essentielle, en faisant des terrains de chasse privés un lieu privilégié de connaissance et d'inter-reconnaissance entre acteurs aux positions sociales élitaires. Et si, en écho aux autres contributions du numéro, l'action des associations étudiées se construit aussi à partir d'une critique des services répressifs de l'État, c'est ici pour leur reprocher leur zèle. Celui dont ils feraient preuve à l'égard des atteintes répétées à la biodiversité commises par leurs adhérents les plus illustres, et dont l'impact environnemental est sans commune mesure avec les illégalismes sanctionnés de « petits chasseurs » adeptes de la « braconne ». Le capital économique, social et *in fine* politique des grands chasseurs est d'ailleurs tel que l'unité de police judiciaire spécialisée n'a pas survécu à une intervention de ses agents concernant un des plus riches entrepreneurs belges, « en pleine chasse d'affaires avec des actionnaires, des présidents de parti et de hauts fonctionnaires ». Convoquée séance tenante par les plus hautes autorités administratives sur demande ministérielle directe, l'unité a échappé de peu à la dissolution pure et simple pour être mieux restructurée et déclassée au sein de l'organigramme de la région wallone, entre délégitimation symbolique et perte concrète de compétence policière, sans susciter de réaction notable de la part des clubs de chasse.

Ce double jeu d'associations dites citoyennes défendant elles-mêmes les intérêts de membres des classes dominantes constitue dès lors un cas éclairant, entre une posture de dénonciation des pratiques déviantes, et une incitation si ce n'est une aide au contournement des normes en place. Il s'ajoute utilement aux autres dynamiques configurationnelles identifiées et analysées dans le numéro, le long d'un continuum allant des mécanismes officiels de collaboration intersectorielle, ou inter-champs, jusqu'aux élans insurrectionnels. Ce numéro exploratoire ne demande désormais qu'à être discuté et prolongé par de nouvelles études sur cette police plurielle des élites dirigeantes, et la vigilance d'acteurs de la « société civile » ainsi mobilisés pour mieux reproduire l'ordre social ou au contraire chercher à le transformer.

« Du sang et des têtes » ou « Des maisons, des voitures et de l'argent liquide » ?

Luttes définitionnelles de l'anticorruption au Mexique[1]

Romain BUSNEL, Hélène COMBES

Romain Busnel est chargé de recherches FRS-FNRS au CEVIPOL à l'Université Libre de Bruxelles. Ses recherches portent sur le rapport aux activités illicites et à l'État dans une perspective comparée, qu'il développe autour de la défense de la coca au Pérou et en Bolivie, la lutte anticorruption au Mexique et les mobilisations de personnes migrantes à la frontière sud mexicaine.

Hélène Combes est directrice de recherche au CNRS, rattachée au CERI Sciences Po. Elle a dirigé la revue Critique internationale *de 2017 à 2023. Elle est l'auteure de plusieurs ouvrages en français et en espagnol. Le dernier,* De la rue à la présidence. Foyers contestataires à Mexico, *est paru en mai 2024 aux Presses du CNRS.*

Mexico. Octobre 2021. 21h30. Installée près de la fenêtre de cette cafétéria typique de la capitale avec ses banquettes en simili cuir, je regarde le flux ininterrompu de voitures sur l'avenue Tlalpan. Elle entre enfin et nous nous reconnaissons sans nous connaître. Elle a accepté de me parler, non pas car je suis chercheure, mais parce que je suis une très vieille amie de son ancien chef, « le meilleur qu'elle ait jamais eu ». Fébrile, la policière s'excuse du retard et me lance immédiatement : « J'ai eu une journée de folie... On a arrêté Lozoya ». L'information a peut-être déjà fuité dans la presse mais je ne suis pas encore au courant. Elle est visiblement ravie de l'effet que produit sur moi cette nouvelle. En confiance, le débit rapide, elle me raconte alors avec force détails l'interpellation de l'ancien directeur de la compagnie nationale Pemex et principal suspect dans l'affaire Odebrecht[2].

---

1. Cet article a été réalisé dans le cadre du projet ANR CorruptAL dirigé par Marie-Laure Geoffray (CREDA, Université Paris III). Les auteurs remercient Gilles Favarel-Garrigues, Anthony Amicelle ainsi que les évaluateurs de la revue pour les commentaires sur le texte.

Mexico. Octobre 2022. 21h. Quand elle s'assoit enfin à ma table, toujours dans la même cafétéria, nous nous embrassons chaleureusement. Nous avons échangé des nouvelles de loin en loin par Whatsapp. Elle se plaint du déménagement du ministère public et des relations qui y sont tendues. Nous faisons un point sur l'avancée du dossier d'instruction. Les démarches auprès du secteur bancaire sont longues et fastidieuses. Les transferts de pièces depuis d'autres pays prennent beaucoup plus de temps qu'avec des administrations mexicaines qui peuvent être sanctionnées par des amendes si elles ne respectent pas le délai – souvent court – de transmission de pièces nécessaire à l'instruction. Bref, un cas plus complexe que d'autres. Cette lenteur exacerbe les suspicions des acteurs de la société civile. Une ONG vient de sortir un rapport au vitriol. Elle me raconte alors que malgré le caractère confidentiel de l'enquête, dans les cas de corruption en général et dans celui-ci en particulier, il y a des attentes en termes de transparence. Si bien que les ONG demandent en permanence des informations voire des pièces du dossier, ralentissant le travail de son équipe mobilisée pour anonymiser les documents plutôt que d'investiguer. Face aux demandes incessantes *via* le portail de Transparence, elle livre son point de vue : « C'est vraiment entraver la procédure. [...] Mais cela va s'arrêter quand ? On a rendu public tout ce qu'on pouvait rendre public. Vraiment compliqué ». Quelques jours plus tard, je m'entretiens avec une des rédactrices du rapport, qui conclut : « Mais comment pourrions-nous avoir confiance dans le pouvoir judiciaire ?! Nous ne sommes pas en France [3]. »

L'enjeu de la lutte contre la corruption fait l'objet d'un consensus relativement important [4]. En fonction des époques, des configurations nationales, de multiples acteurs interviennent dans la dénonciation de la corruption [5]. Ces dernières années, en Amérique latine, les mobilisations de rue ont été massives à l'instar des cas de l'Argentine, du Brésil, du Guatemala ou encore du Pérou [6].

2 . L'affaire Odebrecht, du nom de l'entreprise de BTP brésilienne, est liée aux versements de pots-de-vin pour l'obtention de marchés publics dans dix pays latino-américains, dont le Mexique. Dans ce pays, les contrats frauduleux révélés par la justice étatsunienne ont mis au jour les transactions illicites de l'entreprise pétrolière Pemex, privatisée en 2012, et de son directeur de l'époque, Emilio Lozoya.

3 . Extraits de carnet de terrain, Mexico, octobre 2022 et octobre 2023.

4 . Wickberg S., "Understanding Corruption in the Twenty-first Century: Towards a New Constructivist Research Agenda", *French Politics*, vol. 19, 2021, pp. 82-102.

5 . Engels J. I., Dard O., Monier F., Mattina C. (dir.), *Dénoncer la corruption : Chevaliers blancs, pamphlétaires et promoteurs de la transparence à l'époque contemporaine*, Paris, Demopolis, 2018.

6 . Pereyra S., Gold T., Gattoni M. S., "Anti-Corruption Social Mobilization in Latin America", in Rossi F. M. (ed.), *The Oxford Handbook of Latin American Social Movements*, Oxford, Oxford University Press, 2023, pp. 471-487 ; Ferreira de Oliveira W. J., "Anti-Corruption Protests, Alliance System and Political Polarization", *Civitas - Revista de Ciências Sociais*, n° 3, 2020, pp. 439-453.

Dans cette région du monde, comme dans l'Italie des années 1990 lors de l'opération « Mains propres [7] », les plus hautes instances de justice sont à la tête de cette croisade morale [8]. Aussi bien au Brésil [9] qu'au Pérou [10] dans le cadre de l'affaire Odebrecht, les juges s'érigent ainsi en « chevaliers blancs » de la lutte anticorruption [11]. Les scandales [12] et les injonctions internationales [13] à lutter contre la corruption sont retraduits par des acteurs nationaux [14], en l'occurrence les membres du pouvoir judiciaire. Parfois, la forte visibilité du travail des juges facilite une entrée en politique, les plaçant même au cœur des reconfigurations du jeu politique national comme au Brésil [15].

Cependant, le constat ne vaut pas pour le cas mexicain qui ne connait ni manifestations de rue, ni protagonisme du pouvoir judicaire. Bien au contraire, comme on le voit dans la séquence décrite précédemment, le pouvoir judiciaire est fortement critiqué par les milieux experts issus d'ONG. Cette critique du rôle du pouvoir judiciaire s'étend également à l'espace académique qui documente le cas de la corruption au Mexique. En effet, à l'exception de travaux plutôt insérés dans les débats de la science politique américaine et qui portent sur les effets des affaires ou des réformes institutionnelles sur la perception (citoyenne) de la corruption [16], une grande partie des publications porte sur l'évaluation des politiques publiques. Ce corpus fait tout d'abord état de l'impressionnante surdotation de l'État mexicain en matière de lutte contre la corruption : de nombreuses institutions fédérales déclinées aux échelles des États fédérés et des localités, des moyens colossaux (notamment

7. Briquet J.-L., *Mafia, justice et politique en Italie. L'affaire Andreotti dans la crise de la République (1992-2004)*, Paris, Karthala, 2007.
8. Briquet J.-L., « Les conditions de félicité d'une croisade morale. Lutte anticorruption et conflits politiques dans l'Italie des années 1990 », *Droit et société*, vol. 72, n° 2, 2009, pp. 285-301.
9. Bento J., Engelmann F., "Judicialização, combate à corrupção e sentidos cruzados", *Cadernos Adenauer*, vol. 19, n° 3, 2018, pp. 99-109.
10. Baraybar V., González-Ocantos E., "Prosecutorial Agency, Backlash and Resistance in the Peruvian Chapter of Lava Jato" in Botero S., Brinks D., González-Ocantos E. (eds.), *The Limits of Judicialization: From Progress to Backlash in Latin America*, Cambridge, Cambridge University Press, 2022, pp. 314-340.
11. Engels J. I., Dard O., Monier F., Mattina C. (dir.), *Dénoncer la corruption…*, *op. cit.*
12. de Blic D., Lemieux C., « Le scandale comme épreuve. Éléments de sociologie pragmatique », *Politix*, vol. 71, 2005, pp. 9-38.
13. Krastev I., *Shifting Obsessions: Three essays on the politics of Anticorruption*, Budapest, CEU Press, 2004.
14. Favarel-Garrigues G., « Présentation : la lutte anticorruption, de l'unanimisme international aux priorités intérieures », *Droit et société*, vol. 2, n° 72, 2009, pp. 273-284.
15. dos Santos J. G. B., Gallego E. S., "Fighting Corruption, Dismantling Democracy: Antagonism, Communication, and the Political Use of Lava Jato in Brazil" in Botero S., Brinks D., González-Ocantos E. (eds.), *op. cit.*, pp. 289-313 ; Briquet J.-L., *Mafia, justice et politique en Italie…*, *op. cit.*
16. Kahn T., Zimbalist Z., "How Do Local Public Spending Decisions Shape Corruption Perceptions? Evidence from Mexico", *Latin American Politics and Society*, vol. 64, n° 3, 2022, pp. 67-92 ; Moreno Jaimes C., "Indulgent citizens: Bribery in Mexico's bureaucratic procedures", *Public Administration and Development*, vol. 42, n° 3, 2022, pp. 190-208 ; Ajzenman N., "The Power of Example: Corruption Spurs Corruption", *American Economic Journal: Applied Economics*, vol. 13, n° 2, 2021, pp. 230-257.

pour l'accès à la transparence) et un important éventail de lois [17]. Cependant, l'importance des moyens mis à disposition se confronte à un constat d'impuissance à traiter correctement le problème, et ce malgré la mise sur pied en 2015 du système national anticorruption (SNA), dont l'étude concentre une grande partie de ce corpus de littérature [18]. Le pouvoir judiciaire y est également fortement mis en cause en étant présenté comme népotique et corrompu [19]. Or, si dénonciation des ONG et critiques académiques s'entrecroisent sur ces questions, c'est bien parce que ces acteurs circulent dans ces mêmes espaces, et deviennent parfois des acteurs clés dans la mise en œuvre des politiques publiques, de par le travail de lobbying [20], ou en occupant des fonctions au sein d'institutions qui composent le SNA [21]. Les analystes de l'anticorruption au Mexique sont donc parties prenantes de ces luttes définitionnelles, et c'est à ce titre qu'ils font partie intégrante de notre échantillon d'enquêtés. Aussi, si au Mexique les mobilisations anticorruption ne s'entendent pas dans la rue malgré les forts indices de perception de la corruption [22] et une culture contestataire importante, c'est bien parce qu'elles s'expriment essentiellement dans un espace expert défini ici comme « l'univers de pratique et de sens relativement autonome à l'intérieur du monde social, et au sein duquel [les acteurs de l'anticorruption] sont uni[s] par des relations d'interdépendance [23] ». Une fois posé ce panorama où analystes et experts issus de la société civile sont partie prenante des politiques anticorruption, comment comprendre que ceux-ci en viennent à critiquer un dispositif institutionnel dont ils participent à la mise en place ? Et derrière ces batailles autour de la définition de la lutte anticorruption, quelles sont les visions du monde et enjeux professionnels qui s'affrontent ?

Pour répondre à cette problématique, nous nous démarquons de la littérature existante sur ce cas et nous inscrivons ici dans une démarche classique de

---

17. Sandoval Ballesteros I. E., "Institucionalización vs burocratización en el combate a la corrupción en México", *Gestión y política pública*, vol. 32, n° 2, 2023, pp. 29-59 ; Monsivais-Carrillo A., "Innovación institucional para la rendición de cuentas: el Sistema Nacional Anticorrupción en México", *Íconos. Revista de Ciencias Sociales*, n° 65, 2019, pp. 51-69.
18. *Ibid.* ; Merino Huerta M., Hernández Colorado J. (eds.), *Gobierno local y combate a la corrupción un nuevo diseño municipal en México*, México, Centro de Investigación y Docencia Económicas (CIDE), 2019 ; Valenzuela Mendoza R. E., "El poder ciudadano en la gobernanza del sistema anticorrupción de México", *Revista de Gestión Pública*, vol. 8, n° 1, 2020, pp. 107-140.
19. Ríos-Figueroa J., "Family Ties and Nepotism in the Mexican Federal Judiciary", in Botero S., Brinks D., González-Ocantos E. (eds.), *op. cit.*, pp. 195-216.
20. Jiménez Sandoval A., "La incidencia de las redes de los movimientos sociales en los procesos legislativos: los casos del 'Movimiento Anulista' y 'Candidato Transparente'", *Revista Mexicana de Estudios de los Movimientos Sociales*, vol. 3, n° 2, 2019, pp. 5-31.
21. González Ullua P., Sánchez Hernández N., *La corrupción en México. Retos y oportunidades de los Sistemas Anticorrupción*, Mexico, Gedisa, 2022. L'exemple le plus éloquent est celui d'Irma Sandoval, universitaire qui a été ministre de la Fonction publique (2018-2021).
22. Voir l'index de perception de la corruption réalisé par Transparency International : https://www.transparency.org/en/cpi/2023, consulté le 9 avril 2024.
23. Nous adaptons ici assez librement la définition de l'espace des mouvements sociaux proposée par Mathieu L., « L'espace des mouvements sociaux », *Politix*, n° 77, 2007, pp. 131-151.

la sociologie politique critique qui s'intéresse aux luttes de définitions dans les croisades morales [24] cherchant à rendre plus vertueuse la vie politique ou plus généralement publique. Cette démarche, assez atypique lorsqu'il s'agit d'étudier les terrains latino-américains [25], porte une attention spécifique aux identités professionnelles et aux logiques de carrière [26] des acteurs rencontrés au fil de l'enquête, mais aussi au travail qu'ils mènent dans, avec et contre les institutions en charge de la lutte anticorruption. Nous souhaitons montrer que le paradoxe mexicain s'explique par l'existence d'une société civile très active qui travaille main dans la main avec des médias d'investigation. Dans la lignée de ce que ces milieux experts ont pu obtenir à travers la lutte contre les fraudes électorales et l'accès à la transparence ces dernières années, ils entament un triple travail de dénonciation des élites [27], de lobbying [28] et d'insertion au sein des instances étatiques. Seulement, le dispositif qui a découlé de la traduction institutionnelle du milieu des années 2010 n'a donné lieu qu'à une inclusion limitée des milieux experts, au profit du pouvoir judiciaire. Les conflits et critiques qui existent autour de la définition de ce qu'est la corruption et de comment elle doit être traitée sont la conséquence directe des attentes différenciées à l'égard des dispositifs institutionnels mis en œuvre.

L'originalité de notre approche réside aussi dans la nature de l'enquête de terrain que nous avons menée et dont cet article ne rendra que très partiellement compte. Notre enquête se caractérise en premier lieu par la très forte centralité des acteurs interrogés par rapport à la thématique étudiée : à titre d'exemple, la procureure fédérale anticorruption, le président de la Cour des comptes, la présidente du premier comité citoyen du Système national anticorruption, le directeur du plus gros journal d'investigation, l'avocat défendant les cas les plus médiatiques du moment, la cheffe de la rédaction de la chaîne de télévision spécialisée dans la dénonciation des cas de corruption de l'actuel gouvernement, la coordinatrice nationale des juges anticorruption des trente-deux états fédérés ou encore les plus grosses ONG anticorruption. En second lieu, comme le montre cet inventaire à la Prévert, nous avons tenu l'intégralité de la chaîne de production de la cause de l'anticorruption : des journalistes dénonçant initialement des cas, aidés en cela par des lanceurs d'alerte au sein de l'administration, eux aussi identifiés et interrogés, jusqu'au traitement judicaire des affaires, en nous intéressant en dernière instance au travail d'administration de la preuve chez les juges d'instruction et au travail de collecte de pièces par les policiers judicaires, notamment lors d'un terrain en immersion dans un ministère public. L'enquête a été menée à Mexico mais

24. Briquet J.-L., « Les conditions de félicité d'une croisade morale… », *op. cit.*
25. Avec quelques exceptions près comme Pereyra S., *Política y Transparencia. La corrupción como problema público*, Buenos Aires, Siglo Veintiuno, 2013.
26. Abbott A., *The System of Professions. An Essay on the Division of Expert Labor*, Chicago, The University of Chicago Press, 1988.
27. Engels J. I., Dard O., Monier F., Mattina C. (dir.), *op. cit.*
28. Courty G., *Les groupes d'intérêt*, Paris, La Découverte, 2006.

aussi dans des États fédérés [29], avec les acteurs les plus importants de l'anticorruption mais aussi leurs « petites mains » : elle repose sur 70 entretiens et des observations en situation [30]. Si le temps de l'enquête est relativement court (octobre 2021-août 2023), cette dernière s'appuie sur une immersion longue sur le terrain mexicain et l'insertion dans un vaste réseau d'interconnaissance lié à ces acteurs dénonçant aujourd'hui la corruption, mais aussi aux personnels politiques, dont certains et certaines sont en prison [31].

Dans une première partie, nous nous intéressons à la formation de l'enjeu de la lutte anticorruption et aux acteurs qui le portent. Nous avons un regard particulièrement attentif au milieu expert, aux logiques de reconversion qui se jouent à partir des années 1990 au fil des luttes et demandes auprès de l'État, de même que les alliances qui sont tissées avec les journalistes d'investigation pour réaliser un travail de dénonciation. La deuxième partie porte sur la traduction institutionnelle qui découle de la mise à l'agenda de la lutte anticorruption. Les mécanismes institutionnels mis en œuvre ouvrent la porte à l'analyse des relations complexes entre milieu expert et pouvoir judiciaire, et donne à voir les attentes décalées du traitement des cas par ces deux types d'acteurs.

La formation d'un espace de l'anticorruption

Au Mexique, la dénonciation de la corruption n'est pas chose nouvelle et s'enracine, depuis la période coloniale, dans des luttes sociales et politiques pour accéder à des postes de représentation et des fonctions au sein de l'État. Au cours du XXe siècle [32], elle s'est inscrite dans l'histoire complexe du parti hégémonique, le Parti révolutionnaire institutionnel (PRI), au pouvoir pendant plus de soixante-dix ans (1929-2000). Les mandatures présidentielles successives ont toutes été émaillées de scandales. Cependant, à partir des années 1980, le principal registre de délégitimation du pouvoir mobilisé par l'opposition a été la dénonciation des fraudes électorales avec des fortes contestations des élections, en particulier dans la rue [33]. Au cours des années 1990, le Mexique vit de profondes transformations dans la prise en charge étatique de certaines questions liées à la gouvernance démocratique. La constitu-

29. Dans le cadre de cette enquête, cinq entretiens ont été réalisés dans les États de Jalisco en novembre 2021. Puis, en août 2023, au cours d'une semaine en immersion au sein de la *Fiscalía* anticorruption de l'État du Quintana Roo, vingt entretiens ont été réalisé tout en observant le travail de juges d'instruction et de policiers anticorruption. Plusieurs entretiens ont aussi été menés à distance avec des juges anticorruption de différents États du Mexique.
30. Les entretiens avec les journalistes d'investigation ont été complétés par la constitution d'un corpus d'une quinzaine de livres écrits par ces derniers à partir de 2005, et glanés chez les bouquinistes de Mexico où ils figurent en bonne place, signe de leur succès – passé – en librairie.
31. Combes H., « Compagnonnages incertains : 25 ans d'enquêtes de terrain sur la classe politique mexicaine », *Critique internationale*, vol. 100, n° 3, 2023, pp. 139-149.
32. Niblo S., *Mexico in the 1940's. Modernity, Politics, and Corruption*, Delaware, Wilmington, 1999.
33. Combes H., « 4. Le parti à l'épreuve. Fraudes électorales et répression », *Faire parti. Trajectoires de gauche au Mexique*, Karthala, 2011, pp. 199-226.

tion de cet espace s'explique par une reconversion d'ONG engagées sur les questions électorales qui se saisissent alors des questions de transparence (années 2000), thématique qui attire ensuite des acteurs bien plus variés dans la conjoncture spécifique du retour du PRI au pouvoir en 2012. Dans cette partie, nous souhaitons montrer comment émerge cet espace de l'anticorruption mexicain.

Des élections à la corruption : des luttes historiquement investies par la société civile mexicaine depuis les années 1990

Dans la première moitié des années 1990, la question de l'organisation des élections préside à l'émergence d'un champ expert à la jonction du milieu universitaire et d'ONG nationales fortement transnationalisées [34]. Or, selon des liens de causalité complexes, mêlant velléité réformatrice du gouvernement, injonctions internationales, pressions de la rue et de la société civile, l'Institut fédéral électoral (IFE, devenu en 2014 l'Institut national électoral, INE) est créé. Deux autres instances fournissent au Mexique une architecture assez singulière en matière de gouvernance démocratique : la Commission nationale des droits humains (CNHD) et la Cour fédérale des comptes (*Auditoría superior de la federación*, ASF) [35]. La « transition votée » de 2000 et l'arrivée du Parti action nationale (PAN) marquent plus largement un double tournant dans l'engagement moral et professionnel des acteurs mobilisés pour « la transition démocratique » au Mexique. Une partie de « la société civile organisée », très active sur les questions électorales, se retrouve alors sans cause à défendre. En effet, l'IFE, devenu pleinement autonome en 1996, garantit le bon déroulement des élections et apparaît même comme un modèle à l'échelle internationale. Les acteurs de la société civile engagés dans la lutte contre les fraudes – essentiellement des ONG, en collaboration avec des journalistes et des universitaires – ont parfois investi ce dernier en y trouvant un espace professionnel pérenne ou rejoint le « gouvernement de transition [36] ».

Pour les autres, restés au sein des ONG, la question de la reconversion thématique se pose. Ainsi, Alianza cívica, sans doute l'ONG la plus emblématique spécialisée dans la surveillance électorale dans les années 1990, se convertit à la question de la transparence au milieu des années 2000 [37]. Une de ses responsables expliquait en 2009 : « tu comprends, c'est là que sont les financements [38]. On a dû s'adapter [39]. » Ainsi, la loi fédérale sur la transparence

34. Navarro Rodríguez T., « L'institutionnalisation d'une entreprise contestataire : le cas de l'Alliance civique au Mexique », thèse de doctorat en science politique, Université Paris 1, 2012.
35. Ackerman J., *Organismos autónomos y democracia: el caso de México*, México, Siglo XXI Editores, 2007.
36. Hevia de la Jara F., "De progresa a oportunidades: efectos y límites de la corriente cívica en el gobierno de Vicente Fox", *Sociológica*, n° 70, 2009, pp. 43-81. Rappelons que le Mexique a une administration de *spoil system*.
37. Navarro Rodríguez T., *op. cit.*, pp. 209-213.

marque, en 2002, la création d'un nouvel organe autonome, l'Institut fédéral de la transparence, d'accès à l'information et aux données publiques (IFAI, devenu en 2014 l'Institut national de la transparence et d'accès à l'information et aux données publiques, l'INAI). La mise en place de dispositifs similaires à l'échelle des États fédérés engendre une manne d'emplois pour les membres d'ONG en mal de financements internationaux. Ces instances dupliquées au niveau des trente-deux États fédérés ont fourni des emplois aux fortes rétributions matérielles, symboliques mais aussi morales aux membres des ONG investis dans ces causes [40]. En effet, le marché professionnel, qui s'est ouvert sur la question électorale dans les années 1990 et sur la transparence dans les années 2000, a débouché sur la création de milliers de postes intermédiaires et d'une bonne centaine de postes de premier plan très bien rémunérés [41]. En tant qu'organe autonome, l'IFAI a donc constitué, comme l'IFE avant lui, un important espace de reconversion professionnelle pour ces experts qui ont passé plusieurs années à militer pour une meilleure transparence et un accès aux données.

Ce combat étant d'une certaine manière gagné, le débat public se déplace alors progressivement vers la dénonciation de la corruption. L'enjeu prend de l'ampleur dans un contexte international favorable et une conjoncture d'évènements nationaux. Dès son arrivée au pouvoir en 2012, le nouveau Président Enrique Peña Nieto entend renouveler l'image de son parti, le PRI, en entamant des réformes pour lutter contre la corruption. En parallèle, des gouverneurs issus de ce parti tombent sous le coup de procédures judiciaires [42] et deux affaires nationales accélèrent les débats législatifs sur la lutte contre la corruption. La première est le scandale d'Ayotzinapa. En septembre 2014, dans l'État du Guerrero, un groupe d'étudiants de l'école normale rurale d'Ayotzinapa réquisitionne des bus dans la ville d'Iguala afin de se rendre à Mexico pour commémorer la répression étudiante de la place de Tlatelolco du 2 octobre 1968. Dans un contexte chaotique mêlant non-action et répression de l'armée, intervention de la police locale et présence massive d'hommes en armes du cartel local, six personnes sont tuées, vingt-sept blessées et quarante-

38. Le financement international représente 100 % des fonds en 1999, descend à moins de 25 % en 2004 pour atteindre 0 % en 2006. *Ibid.*, p. 225. Parmi les financements nationaux post-2006, ils semblent très majoritairement liés à des programmes de transparence (p. 330), voire sont versés directement par l'IFAI (p. 527).
39. Carnet de terrain, juin 2009.
40. Combes H., Vommaro G., « Gouverner le vote des "pauvres". Champs experts et circulations de normes en Amérique latine (regards croisés Argentine/Mexique) », *Actes de la recherche en sciences sociales*, vol. 216-217, n° 1-2, 2017, pp. 4-23.
41. À titre d'exemple, un conseiller de l'INE gagne aujourd'hui environ 15 000 euros par mois.
42. Bautista Farías J., "La corrupción en México: cambios y alternativas" in Foust Rodríguez D., Marrufo Cardín L., Núñez Bustillos J.C., Ochoa García H., Valdivia García J., Alatorre Rodríguez F. (eds.), *Nueva sacudida, nuevas interrogantes*, San Pedro Tlaquepaque, ITESO, 2018, pp. 113-124 ; Uvalle Berrones R., "Instituciones, rendición de cuentas y prácticas de corrupción en el gobierno de Quintana Roo: el ejercicio de los fondos federales", *Estudios Políticos*, vol. 9, n° 48, 2019, pp. 21-52.

trois étudiants sont portés disparus. L'enquête se déroule sur fond d'entrave à la justice de la part de l'exécutif et éveille des soupçons de collusion au sein de l'appareil d'État. La seconde affaire, nommée la Casa Blanca, intervient en novembre de la même année. Une équipe de journalistes d'investigation dévoile l'acquisition d'une villa d'une valeur de sept millions de dollars par le président mexicain et sa femme, célèbre actrice de *telenovela* surnommée « la mouette ». Le ministre du Budget, Luis Videgaray, sert d'intermédiaire dans la transaction qui lie le couple présidentiel à l'entreprise Higa, qui avait obtenu des contrats publics dans l'État de Mexico lorsqu'Enrique Peña Nieto y était gouverneur (2005-2011).

Ces affaires cadrent la corruption comme un problème public au niveau national et ont un effet instituant [43]. Comme dans l'Argentine des années 1990 [44], ce travail est réalisé par des acteurs de la société civile « experts ». Les membres des organisations qui ont auparavant œuvré à l'adoption des lois et institutions contre les fraudes électorales et pour la transparence se reconvertissent sur l'enjeu de la corruption. Des ONG déjà en place, comme Transparencia Mexicana, se reconvertissent dans la lutte contre la corruption. Mais l'espace anticorruption incorpore également de nouvelles organisations, qui bénéficient d'importants financements internationaux [45]. L'ONG México Evalúa naît en 2013 d'un *think tank* sur le développement (le Centre de recherche sur le développement, CIDAC, fondé en 1984, également très porté sur les questions électorales dans les années 1990). L'Institut mexicain pour la compétitivité (IMCO) reconvertit également ses activités dans le domaine de l'évaluation des normes anticorruption et du lobbying auprès des instances législatives dès la prise de pouvoir d'Enrique Peña Nieto (2012-2018). En 2011, la Red por la Rendición de Cuentas (ci-après la Red) se forme initialement sur la base d'un important financement de la fondation Hewlett [46]. Le projet initial était « de convoquer les différents universitaires pour faire un bilan de l'accès à l'information, aux archives, à la comptabilité, à la fiscalité, ainsi que de l'avancée du pluralisme politique, de la séparation des pouvoirs, de la relation entre les différents niveaux de gouvernement » explique Lourdes Morales, qui coordonne l'ONG après avoir été secrétaire générale d'Alianza cívica à la fin des années 2000.

43. Ragaru N. « Usages et force instituante de la lutte anticorruption en Bulgarie : l'affaire Toplofikacija », *Droit et société*, vol. 72, n° 2, 2009, pp. 303-322.
44. Pereyra S., *op. cit.*
45. Cinq entretiens ont été réalisés avec des représentants de l'Agence de coopération internationale allemande pour le développement (GIZ), l'Ambassade du Royaume-Uni au Mexique, l'Organisation des Nations unies contre les drogues et le crime (ONUDC) et d'une entreprise sous-traitante de l'Agence des États-Unis pour le développement international (USAID) en février et mars 2022.
46. Entretien avec Lourdes Morales, Guadalajara, novembre 2021.

Unis dans la dénonciation : des collaborations entre experts et journalistes d'investigation

La période concorde également avec l'essor d'une nouvelle presse indépendante, portée par des journalistes d'investigation qui ont tiré profit des lois sur la transparence depuis les années 2000 pour recenser et dénoncer les agissements illicites des élites politiques [47]. Des dynamiques collectives en faveur d'enquêtes indépendantes contribuent à l'émergence d'un nouveau modèle journalistique fondé sur la coopération entre milieux experts et ONG dans une optique de dénonciation des élites. Nous verrons que ces collaborations prennent deux formes, parfois entremêlées : des organes de presse financés par des ONG (ou de la coopération) internationales et des ONG nationales qui entreprennent des enquêtes journalistiques.

Au milieu des années 2010, un nouveau modèle économique journalistique émerge et permet de relancer les enquêtes d'investigation. Ignacio Rodríguez Reyna, ancien rédacteur en chef de *Emmequis* et fondateur du média en ligne *Quinto Elemento Lab*, évoque ce tournant :

> « Chaque année, on se réunissait pour une conférence et j'ai commencé à être proche de gens du Pérou, de Colombie, du Venezuela, d'Argentine, du Chili. Ils ont été les premiers à créer des ONG dédiées au journalisme d'investigation. Donc, en 2016, quand je me suis rendu compte que c'était très difficile et que nous allions arrêter d'imprimer la revue *Emmequis*, j'ai compris que c'était le moment de chercher un modèle différent [...] et de reprendre, au Mexique, les bonnes expériences latino-américaines [...] et le seul moyen auquel j'ai pensé c'est créer une ONG qui chercherait des fonds de la coopération internationale et nous permettrait de faire nos enquêtes sans problème, sans pressions politiques, sans problème de publicité [48]. »

L'idée de fonder cette ONG de journalisme émerge donc au contact de collègues latino-américains lors de congrès internationaux, en prenant connaissance de projets similaires et en s'inspirant ainsi d'expériences menées dans d'autres pays latino-américains [49]. Plusieurs nouveaux médias sont créés et fonctionnent grâce à des financements philanthropiques, n'ayant donc plus

47. Parmi les livres tirés d'enquêtes journalistiques, on retiendra les enquêtes qui s'intéressent aux enrichissements illicites du Président Vicente Fox (2000-2006) : Quintero A., Hernandez A., *La Familia Presidencial: El Gobierno del Cambio Bajo Sospecha de Corrupción*, Mexico, Grijalbo, 2005 ; Lizárraga D., *Corrupción azul: El despilfarro en las transiciones presidenciales*, Mexico, Debate, 2009.
48. Entretien avec Ignacio Rodríguez Reyna, journaliste, mars 2022.
49. Waisbord S., "Can NGOs Change the News", *International Journal of Communication*, n° 5, 2011, pp. 142-165.

recours à la publicité de l'État, très importante alors au Mexique, ou d'entreprises. C'est ainsi que naissent les médias *Animal Politico* en 2010, et *Quinto Elemento Lab* en 2015.

Parallèlement, une grosse ONG, Mexicains unis contre la corruption et l'impunité (MCCI), est fondée en 2015. En quelques années, elle devient une des – sinon la principale – organisations spécialisées dans la corruption au Mexique, en relayant et dénonçant les agissements des élites issues des gouvernements d'Enrique Peña Nieto (2012-2018) et d'Andrés Manuel López Obrador (2018 - aujourd'hui). Son rayonnement doit certes aux scandales qu'elle contribue à révéler, à ses passes d'armes médiatiques avec le Président en exercice [50], mais aussi à ses fortes capacités financières, pourtant non dévoilées publiquement. Quelques éléments montrent toutefois un clair investissement du secteur privé dans l'ONG, à commencer par sa cofondation par Claudio X. González, fils d'un ancien directeur d'une puissante organisation patronale, le Consejo Mexicano de Negocios y del Consejo Coordinador Empresarial. Les importants moyens mis sur les enquêtes, le nombre d'employés et les locaux dans les quartiers chics de la capitale que nous avons pu visiter lors de notre enquête montrent ici clairement l'importance des soutiens financiers de l'organisation, liés au secteur entrepreneurial mexicain.

MCCI propose un modèle « intégré ». Son organigramme est divisé en trois unités : une unité de « litige stratégique », composée d'avocats ; une autre de recherche appliquée, composée de chercheurs en sciences sociales ; et une dernière de journalisme d'investigation composée, en octobre 2022, de neuf journalistes permanents. « Le concept est d'inhiber le développement de la corruption en montrant le *modus operandi* des corrompus, pour éviter qu'il se répète. C'est ce qui a motivé la création d'une unité de journalisme avec l'idée d'aborder seulement des thèmes de corruption et d'impunité [51]. » Ce modèle fournit des ressources d'expertise et financières qui permettent à cette ONG d'être à l'avant-garde de la dénonciation des cas emblématiques de l'agenda médiatique et judiciaire.

Ce modèle met des experts à disposition des journalistes. Détenteur d'une maîtrise en science politique et d'un mémoire sur la traçabilité des dépenses publiques, Leonardo Núñez est à la tête de l'unité de recherche appliquée et travaille quotidiennement avec les journalistes :

50. Parmi celles-ci, on retiendra la déclaration du Président qui, lors de ses conférences de presse, a corrigé le nom de MCCI, en la nommant « Mexicains en faveur de la corruption. » voir https://www.noroeste.com.mx/nacional/mcci-es-mexicanos-por-la-corrupcion-dice-amlo-JUNO1174915 Consulté le 9 avril 2024.
51. Entretien avec Raúl Olmos, responsable du pôle de journalisme d'investigation à MCCI, novembre 2022.

« Cela arrive souvent qu'un journaliste débarque et dise : tu peux m'aider sur la base de données ? On s'assoit 5-10 minutes et on peut l'aider avec un travail qui lui prendrait des heures. Et inversement, le journaliste a repéré un truc qu'on n'a pas dans le viseur [...]. On a donc fait quelques recherches communes. On tente d'avoir ce type de relation formelle et informelle dans la mesure du possible [52]. »

Dans un environnement *open space* comme c'est le cas dans les bureaux de MCCI, le caractère informel des échanges favorise l'établissement d'une relation d'interdépendance dans le travail de dénonciation qui permet à la fois d'identifier des agencements illicites, par le biais de l'équipe de journalistes, et d'élaborer des bases de connaissance pour agir comme groupe de pression en faveur de nouvelles réformes, par le biais du groupe de recherche appliquée. Ces processus viennent ainsi conforter un certain type de journalisme déjà formaté par la loi sur la transparence, que certains appellent « journalisme Excel », dont les principales aptitudes consistent à savoir où et comment demander les informations et les données recherchées, et à les interpréter [53]. C'est d'ailleurs en cela que les experts des ONG anticorruption deviennent des personnes ressources pour les journalistes. Du fait de leur expérience universitaire sur ces sujets, mais aussi de leur implication dans l'élaboration des différentes lois au cours des dernières décennies, ils détiennent un savoir-faire crucial.

Un des cas particulièrement éclairants à cet égard est celui de l'*Estafa Maestra*, où trois journalistes (deux d'*Animal Político* et une de MCCI) révèlent les détournements illicites du ministère du Développement social sous le gouvernement d'Enrique Peña Nieto. La mise en lumière de l'affaire et la publication de l'ouvrage donnent lieu à la détention provisoire de la ministre de l'époque, Rosario Robles. Pour réaliser leur travail d'enquête, les journalistes s'appuient sur plusieurs experts qui les aident à comprendre les données recueillies et ce qu'elles signifient [54]. México Evalúa, IMCO et MCCI assistent les journalistes dans leur travail d'investigation [55]. Des acteurs experts insérés dans les arènes institutionnelles participent également. C'est le cas de Luis Pérez de Acha, avocat fiscaliste qui deviendra membre du CPC du Système national anticorruption (SNA) [56], ainsi que de Juan Portal, auditeur général à la Cour fédérale des comptes, qui aiguillent tour à tour les journalistes sur les implications des données produites [57].

52. Entretien avec Leonardo Núñez, responsable du pôle recherche à MCCI, mars 2022.
53. Kaciaf N., Nollet J., « Présentation du dossier. Journalisme : retour aux sources », *Politiques de communication*, vol. 1, n° 1, 2013, pp. 5-34.
54. Entretien avec Miriam Castillo, journaliste, novembre 2021 ; entretien avec Manuel Ureste, journaliste, novembre 2021 et octobre 2022.
55. Entretien avec Daniel Moreno, journaliste, novembre 2022.
56. Entretien avec Luis Manuel Pérez de Acha, avocat, novembre 2021.
57. Entretien avec Juan Portal, ex- auditeur général de la cour fédérale des comptes, novembre 2022.

Le modèle proposé par MCCI garantit par ailleurs des moyens financiers qui contrastent fortement avec les conditions de travail dans la presse. Journaliste d'investigation renommé pour son travail sur la corruption du PAN [58] et l'affaire de la *Casa Blanca* [59], Daniel Lizárraga explique ainsi son arrivée à MCCI « comme une planche de salut ». Selon ses termes, la collaboration avec cette ONG implique un « changement drastique de conditions de travail ». Le siège de MCCI est situé dans une magnifique et immense villa de type californienne, dans un quartier très chic de la capitale. Il y a des terrasses arborées et l'intérieur très design est décoré de très nombreux tableaux. Les journalistes sont, de plus, particulièrement sensibles aux facilités offertes pour réaliser leurs enquêtes de terrain et le travail au quotidien : Raúl Olmos, premier Mexicain à travailler sur le cas Odebrecht, explique comment les financements alloués par MCCI ont été déterminants dans son investigation : « on m'a payé le voyage [au Brésil] ce qui est très difficile dans la presse mexicaine. J'ai pu rester sur place longtemps, ce qui m'a permis de nouer des liens avec des procureurs et a facilité l'accès à l'information [60]. »

Le modèle de MCCI permet de développer un journalisme coopératif. Ces journalistes fortement insérés dans leur milieu professionnel proposent aussi des collaborations à leurs collègues : les enquêtes sortent simultanément sur les sites de MCCI, d'*Animal Político* et de journaux locaux partenaires. Puis, suivant le modèle déjà éprouvé dans les années 2000, elles donnent lieu à la publication d'ouvrages [61]. Ce modèle est ainsi à l'origine de la publicisation des plus grosses affaires de corruption à l'échelle nationale donnant lieu dans un second temps à l'ouverture d'instructions : la *Estafa Maestra*, l'affaire Odebrecht.

Dans la continuité des luttes liées à la fraude électorale et aux demandes de transparence, les milieux experts, qu'ils soient dans les ONG ou insérés dans les organes d'État, entament un travail de dénonciation soutenue des agissements illicites de la classe politique au pouvoir en assistant les journalistes d'investigation. Comme dans le cas italien des années 1990, cette croisade morale s'insère dans des logiques professionnelles et des perspectives de « chances inédites d'accéder au marché de postes [62] » comme cela a été le cas auparavant par le biais des organes autonomes. C'est d'ailleurs dans ce contexte de dénonciation que se déploie un nouveau dispositif institutionnel de l'anticorruption.

58. Lizárraga D., *op. cit.*
59. Lizárraga, D., Cabrera R., Huerta I, Barragán S., *La casa blanca de Peña Nieto: La historia que cimbró un gobierno*, México, Grijalvo, 2015.
60. Entretien avec Raúl Olmos, *op. cit.*
61. Roldán M., Castillo M., Ureste M., *La e$tafa mae$tra. Graduados en desaparecer el dinero público*, México, Planeta, 2018.
62. Briquet J.-L., « Les conditions de félicité d'une croisade morale… », *op. cit.*, p. 229.

Un tournant institutionnel pour lutter contre la corruption

En parallèle de ce travail de dénonciation, les différents milieux experts profitent de la conjoncture politique pour porter de nouvelles propositions de lois en matière d'anticorruption. En effet, dès l'élection présidentielle de 2012, le PRI et son candidat, Enrique Peña Nieto, cherchent à véhiculer l'image d'un « nouveau PRI », désormais rompu à l'exercice démocratique et éloigné des pratiques de gouvernement en vigueur pendant près de soixante-dix ans. En décembre 2013 est signé un accord politique avec les principaux partis nationaux. Nommé « Pacte pour le Mexique » (*Pacto por México*), il vise à mettre en œuvre un ensemble de réformes économiques et politiques importantes, qui comprend la lutte anticorruption.

Le système national anticorruption (SNA), un dispositif institutionnel crée par et pour les experts ?

En 2013, le Sénat débat d'un projet de réforme du ministère de la Fonction publique visant à le transformer en une agence anticorruption. La Red, qui s'est ouverte aux ONG, s'oppose à cette mesure qui ne garantit pas l'indépendance de cette instance vis-à-vis de l'exécutif :

> « La Red a réagi en s'opposant car cela allait être une utilisation politique du combat contre la corruption. C'est-à-dire, tu le donnes à une agence qui dépend de l'exécutif et qui a la faculté de dire qui est corrompu et qui ne l'est pas […]. Cela a ouvert une période de discussion et au sein de la Red est apparue l'idée d'un système national anticorruption [63]. »

Si la Red et les organisations qui la composent s'attribuent la parentalité du modèle et œuvrent auprès des législateurs dans ce sens [64], la cause est également portée par des acteurs présents dans des organes étatiques. Évoquant les débats en cours au Parlement, l'auditeur général de la Cour fédérale des comptes explique :

> « À travers les députés, j'ai proposé : "Pourquoi on ne prend pas comme modèle le Système national de contrôle des comptes [*Sistema Nacional de Fiscalización*] [65] ? Et on fait un Système national anticorruption ?" Pas une commission, pas un tsar anticorruption dans une logique très personnalisée comme ils voulaient. Non, non, non, non. Un système. Un système où tu intègres tout le

63. Entretien avec Lourdes Morales, *op. cit.*
64. *Ibid.* Entretien avec Marco Fernandez, México Evalúa, mars 2022.
65. Voir la vidéo : www.youtube.com/watch?v=xZNXrD-ChvU avec l'auditeur général Juan Portal et Arely Gómez, alors ministre de la Fonction publique (2016-2018). Visionnée le 15 février 2024.

monde, un cadre qui permette que l'on se connaisse tous [...] Cela a plu aux députés. Ils me consultaient et j'allais les voir fréquemment [66]. »

Après un travail de *lobbying* de la part de la société civile et d'acteurs institutionnels, le SNA voit le jour en 2015 [67]. Il a pour fonction de réunir l'ensemble des organisations compétentes en matière de corruption autour d'un même comité de coordination : la Cour fédérale des comptes, le ministère de la Fonction publique, le procureur spécialisé sur la lutte anticorruption, le Tribunal fédéral de justice administrative, le Conseil fédéral de la magistrature, l'Institut national de la transparence, de l'accès à l'information et de protection des données personnelles (INAI) et le Comité de participation citoyenne (CPC) y sont donc représentés. Ce dernier est composé de cinq « citoyens » non soumis au statut des fonctionnaires, nommés par une commission sénatoriale en charge de l'anticorruption. Enfin, pour assurer le fonctionnement administratif du SNA, l'instance dispose d'un secrétariat (SESNA) dont le président est nommé par le CPC. Pour l'ensemble de la République mexicaine, il existe non seulement le SNA au niveau fédéral, mais aussi des systèmes étatiques anticorruption (SEA) à l'échelle des États et des systèmes locaux anticorruption (SLA) à l'échelle des municipalités [68]. Dès ses débuts, le SNA oriente son action vers la mise à disposition d'outils non contraignants qui visent, comme la loi de transparence de 2002, à faciliter l'accès aux données publiques. Cette orientation visant à encourager une nouvelle fois le travail de dénonciation de la société civile donne également la part belle à celle-ci à travers le rôle du CPC, à la tête du SNA. En effet, ce mécanisme vient renforcer la circulation des experts au sein d'instances étatiques, comme cela avait pu être observé dans les organes autonomes lors de la « transition démocratique mexicaine ». Les premiers « citoyens » comme ceux qui suivront sont en effet en majorité des universitaires, avec un capital d'expertise déjà exercé dans des organes autonomes, des ONG ou des organisations internationales sur des enjeux liés à la transparence ou à la défense des droits humains (voir le tableau). Il en est de même au niveau des États fédérés, où la mise sur pied des SEA ouvre l'accès à de nombreuses fonctions pour les experts de la transparence et de la corruption [69].

66. Entretien avec Juan Portal, *op. cit.*
67. Jiménez Sandoval A., *op. cit.*
68. Monsivais-Carrillo A., *op. cit.*
69. C'est le cas de l'ensemble des cinq membres des SEA des États de Jalisco, Mexico et la ville de Mexico, interrogés en novembre 2021 et mars 2022.

Nom	Période	Trajectoire et faits notoires
Jacqueline Peschard	2017-2018	Professeure de sciences sociales à l'Unam Conseillère citoyenne de l'IFE (1997-2003) Conseillère électorale aux Nations unies en Irak (2004) et au Liban (2005) Commissionnaire de l'IFAI (2009-2013) Présidente du Réseau ibéro-américain sur les protections de données (2010)
Luis Manuel Pérez de Acha	2017-2019	Avocat spécialisé en droit constitutionnel, fiscal et administratif Chargé de cours à l'Unam, Escuela libre de Derecho, CIDE, ITAM, Universidad Panamericana, Universidad Anáhuac, Universidad Iberoamericana y Instituto Politécnico Nacional Chroniqueur dans la presse nationale A participé à la publicisation de l'affaire de la Casa Blanca et a conseillé les journalistes pour l'ouvrage sur la estafa maestra
Mariclaire Acosta	2017-2019	Professeure de sociologie Directrice de la Commission mexicaine de défense et de promotion des droits humains (1990-2000) Secrétaire d'État aux droits humains et à la démocratie du ministère des Affaires étrangères (2001-2003) Présidente de Freedom House-Mexico Conseillère pour l'Organisation des États américains (OEA) Directrice du Centre international des Amériques pour la justice transitionnelle
José Octavio López Presa	2017-2020	Représentant du Mexique pour les conventions contre la corruption de l'OCDE, l'OEA et l'ONU Premier directeur exécutif de la branche mexicaine de Transparency International (2000-2002) Commissaire fondateur de l'IFAI (2002-2005) Consultant externe à l'OCDE
Alfonso Hernández Valdez	2017-2020	Professeur en science politique, ingénieur industriel à l'ITESO (Guadalajara) Directeur général des études et recherches de l'IFAI(2004-2007) Spécialiste de l'organisme garant de la transparence et de l'accès à l'information à l'Institut national électoral (INE) (2012-2016)

Tableau – Trajectoires des premiers membres du CPC nommés en 2017

Néanmoins, ces mêmes experts nommés dans ces instances font état dans les entretiens réalisés en 2021 et 2022 d'une inefficacité constante à infléchir comme ils et elles le souhaiteraient les politiques menées, et plus largement à se saisir des cas à forte ampleur médiatique [70]. La raison d'un tel désajustement entre les attentes des ONG de la société civile et des membres nommés au CPC tient d'abord aux règlementations qui interviennent au moment de la mise en œuvre du SNA. À peine investis, les « citoyens » nommés au CPC découvrent qu'ils ne disposent que de peu de moyens. Car s'ils reçoivent bien chacun une indemnité confortable de 120 000 pesos mensuels [l'équivalent de 6 790€], ils ne disposent ni d'espaces de travail propres pour se réunir ni d'enveloppes pour embaucher du personnel compétent [71] et assurer le rôle de coordination qui leur est dû. Dans les faits, l'ensemble des frais de fonctionnement est transféré au secrétariat du SNA (SESNA), qui embauche en 2021 près de 120 personnes [72]. Par ailleurs, la loi prévoit la création d'un ministère public de lutte contre la corruption (*Fiscalía Especializada en Combate a la Corrupción*), à l'échelle fédérale et fédérée. 1 377 emplois [73] sont ainsi attribués aux ministères publics anticorruption, essentiellement *via* des mutations au sein du pouvoir judicaire. Les comités citoyens réunissent quant à eux 165 membres. Les cas identifiés par les canaux institutionnels (et non le travail du comité citoyen) donnent donc lieu à l'ouverture d'enquêtes qui suivent désormais un cheminement juridique classique : les affaires remontent par les canaux institutionnels du SNA depuis les organes de contrôle (Cour des comptes et ministère de la Fonction publique ; cours des comptes locales et « *contraloría* » des gouvernements fédérés).

Rien donc de bien extraordinaire dans cette situation : avec des délits mieux typifiés, des instances de contrôle plus actives, les juges prennent la tête de l'anticorruption. Cependant, deux éléments de la configuration mexicaine sont atypiques. Les expériences antérieures d'organes autonomes ont créé de fortes attentes de la société civile, à la fois en termes de définition du problème public et d'emplois. Or, contrairement aux configurations antérieures, ce marché de l'anticorruption n'est finalement que peu externalisé et s'ouvre en interne au pouvoir judiciaire et non aux acteurs de la société civile, privés de l'agenda de la dénonciation par le manque de moyens au sein du SNA. Or, on touche ici à la deuxième grande spécificité : le pouvoir judiciaire est lui-même considéré comme corrompu. L'espace de la lutte anticorruption et plus spécifiquement le milieu expert se trouve donc dessaisi au profit d'un acteur particulièrement problématique à ses yeux.

---

70. Entretiens réalisés auprès de huit membres des CPC (quatre au niveau fédéral, trois au niveau des États fédérés).
71. *Ibid.*
72. Entretien avec Ricardo Salgado, secrétaire du SESNA, novembre 2021.
73. Dans les trente-deux états fédérés et au niveau national. Iniciativa de transparencia, anticorrupción y digitalización, *Fiscalías anticorrupción. Transparencia, autonomía y resultados. 3ª Edición*, Mexico, TEC, 2023, pp. 32-35.

L'anticorruption entre les mains du pouvoir judiciaire…

À partir de 2018, des ministères publics spécialisés dans l'anticorruption sont peu à peu créés. Précisions ici un double cadrage assez spécifique au contexte mexicain : tout le dispositif est tourné vers le contrôle des ressources étatiques (excluant de fait le secteur privé) et la question du blanchiment d'argent par le crime organisé, même quand il implique des fonctionnaires, n'est pas typifié comme corruption et tombe donc sous la juridiction d'un autre ministère public. D'après le code pénal, les délits pris en charge par ces instances concernent l'exercice illégal de service public, l'abus d'autorité, l'usage illégal d'attribution et de faculté, les emplois fictifs, les intimidations, l'exercice abusif de ses fonctions, l'enrichissement illicite, le trafic d'influence. Parallèlement, le fonctionnaire incriminé fait souvent l'objet de poursuites devant le tribunal administratif pour faute professionnelle. Quant aux titulaires, appelés le plus souvent procureurs spéciaux de lutte contre la corruption, ils sont nommés selon des règles variables qui dépendent de la législation fédérale ou locale : souvent, comme pour les organes autonomes, ils sont désignés *via* un vote du congrès (fédéral ou fédéré selon l'échelon). Leur profil est hétérogène : certains sont issus des instances locales de la transparence et de l'accès à l'information, d'autres ont fait toute leur carrière au sein du pouvoir judiciaire [74].

L'immersion dans le ministère public de Quintana Roo en 2023 a permis de comprendre la formation récente de cette instance. Parmi les personnels internes affectés figurent des policiers d'investigation et des juges. Certains sont « invités » par le ministère public, d'autres nommés par le procureur général. Dans le cas observé, certains policiers et le juge d'instruction arrivent par hasard dans le service, d'autres car ils ont un intérêt particulier pour l'anticorruption, et d'autres encore car travailler sur cette thématique offre des conditions de travail plus sûres et tranquilles que d'autres ministères publics (comme le ministère public général, celui du crime organisé ou des féminicides). De cette description des personnels se profile déjà un élément clé : ceux qui sont désormais en charge de l'anticorruption ont très majoritairement des profils fort différents des acteurs décrits jusqu'à présent, formés à l'espace de l'anticorruption.

Avec ses ministères publics spécialisés, le SNA a donc introduit de nouveaux acteurs dans l'espace de l'anticorruption qui n'était pas constitué comme tel. De plus, le nouveau cadre normatif plus précis contribue aussi à construire les délits. *De facto*, le ministère public est devenu la clé de voûte du dispositif. Or, à de rares exceptions près, les acteurs qui le composent et qui viennent du très contesté système judiciaire en pleine réforme, n'ont pas inté-

74. Observations réalisées à partir de deux entretiens avec des (ex) procureurs en mars 2022 et août 2023.

gré l'espace de l'anticorruption au tournant des années 2010 et traînent avec eux une mauvaise réputation [75]. Les acteurs de la société civile ne contrôlent donc en somme ni le contenu ni la temporalité des affaires. Dans le cadre des normes professionnelles, morales et pratiques qui sont les leurs, ils développent dès lors des dispositifs de contrôle des instructions en cours et des ministères publics.

… sous l'œil défiant de la société civile

En effet, à partir de 2020, plusieurs organisations de la société civile ou des *think tanks* de recherche et d'action [76] liés à des universités [77] rédigent des rapports annuels sur les ministères publics. Pour certaines organisations, évaluer le pouvoir judiciaire constitue même une de leurs tâches principales en matière d'anticorruption. Nous souhaitons ici nous arrêter sur les dispositifs d'évaluation du ministère public déployés par des acteurs de l'espace anticorruption et en comprendre ses effets sur celui-ci. Cette analyse repose sur un suivi régulier, par entretiens, des observations de plusieurs réunions, mais aussi sur un échange régulier *via* WhatsApp, depuis octobre 2022, avec la Convention nationale des procureurs anticorruption (Conafa) des SEA et sur des entretiens avec les personnes en charge de ses rapports dans les ONG.

Comme nous l'avons vu, la méthode de travail de la société civile, ONG comme journalistes, a été profondément façonnée par la loi sur la transparence et l'accès à l'information. Ainsi, le travail d'évaluation se fait rarement en rentrant en contact avec les ministères publics ou par des moments informels de sociabilité – professionnelle ou ordinaire. Il consiste le plus souvent à formuler une demande d'information ciblée et formatée envoyée *via* le portail de la Plateforme nationale de transparence. Les ministères publics ont alors dix jours ouvrables pour répondre. Dans ce domaine comme dans d'autres [78], les ONG cherchent à produire rapidement des indicateurs chiffrés facilement lisibles et donnant une apparence d'objectivité sur les performances des administrations.

Premier problème rencontré par les ministères publics d'États fédérés : « On ne peut pas évaluer de manière égale des [institutions] qui ne le sont

75. D'après l'Institut national de statistique (INEGI), le ministère public et les policiers se trouvent en queue du classement de la confiance accordée par les Mexicains (30 points). Cité dans González Ullua P., Sánchez Hernández N., *op. cit.*
76. Ils sont basés essentiellement à Mexico et composés de membres formés dans des universités nationales et étrangères prestigieuses appartenant le plus souvent aux classes moyennes (supérieures). Le recrutement dans les ministères publics se fait quant à lui dans les universités des États fédérés. Souvent, comme nous avons pu le constater dans le Quintana Roo, les juges d'instruction et les policiers d'investigation sont les premiers de leurs familles à accéder à l'université et sont donc issus de ce milieu populaire, à de très rares exceptions près.
77. Nous avons suivi en particulier le travail de trois d'entre elles.
78. Combes H., Vommaro G., *op. cit.*

pas [79]. » En effet, pour les États fédérés, leurs effectifs peuvent varier d'une dizaine de personnes (avec deux ou trois juges d'instruction) à plus de deux-cent-cinquante. Les indicateurs chiffrés et standardisés posent donc un premier problème. De plus, elles ont des statuts variés – toutes ne sont pas indépendantes du ministère public général et n'ont donc pas toutes un service dédié aux questions de transparence en charge de la réception des demandes. « Que fait la procureure générale ? Elle l'envoie à son unité de transparence et cela n'arrive pas au procureur spécial de lutte contre la corruption. Et donc, soit ils ne donnent pas d'informations car ils ne l'ont pas, soit ils donnent l'information qu'ils ont qui n'est pas pertinente [80]. » Le rapport se base donc sur une information manquante qui débouche sur une mauvaise note.

Deuxième problème, les méthodes de quantification très rapide impliquent aussi parfois de ne pas prendre en compte l'information quand elle est trop détaillée et que les *Fiscalías* renvoient à leur rapport d'activité plutôt que de répondre au questionnaire.

Un troisième problème de ce type d'évaluation est le décalage entre le fonctionnement de la justice et l'évaluation qui en est faite par des non-professionnels du droit. L'évaluation en demi-teinte du ministère public de Quintana Roo est en partie perçue par ses membres comme liée à la mauvaise appréciation du travail effectué. Comme l'expliquent l'ensemble des juristes interrogés au cours de cette enquête, la réforme du système judiciaire, dans un pays aux prisons surpeuplées, en particulier par des personnes incarcérées pour homicides, incite à trouver des alternatives à l'emprisonnement, notamment la réparation. Selon les juristes interrogés, les cas de corruption s'y prêtent d'ailleurs particulièrement. Or, plusieurs membres du ministère public de Quintana Roo insistent sur le fait que leurs résultats exceptionnels en matière de restitution financière ne sont pas suffisamment pris en compte dans un des rapports : 90 % des restitutions à l'échelle nationale, ce qui correspond à son budget de fonctionnement annuel pour cet État fédéré [81] (pour plus de soixante employés). La capacité à obtenir des restitutions est certes mentionnée mais ne donne pas lieu à une note. De plus, figure aussi un tableau des condamnations qui place Quintana Roo en queue de peloton des ministères publics. Pour la coordinatrice de la CONAFA, les ONG seraient en cela dans la lignée d'une opinion publique qui « veut du sang et des têtes [82] ».

79. Entretien avec la secrétaire de la Conafa, Chetumal, août 2023.
80. *Ibid.*
81. Chiffre basé sur les quantités de données récupérées. Cendejas Jáuregui M., *Informe Fiscalías anticorrupción. Transparencia, autonomía y resultados*, 3e édition, p. 25. En ligne : https://assets-global.website-files.com/63094a5c0f40bd6a78d23704/64e80f6999fed816cc592bc1_ReporteFisc3aEd.pdf. Consulté le 9 avril 2024.
82. Entretien avec la secrétaire technique de la Conafa, Chetumal, août 2023.

Or, la réparation peut intervenir rapidement précisément quand le travail du ministère public a été bien mené. Ainsi, un juge d'instruction en charge d'un cas d'irrégularités dans l'usage de la fonction publique de la part d'un ancien ministre du gouvernement de Quintana Roo explique :

> « Moi, j'étais prêt à aller jusqu'au jugement mais comme j'avais très bien monté mon dossier, l'inculpé a dit non. [...] Donc, lui a voulu la réparation du préjudice. C'était 50 millions de pesos [2,6 millions d'euros]. Et il a réparé : il a donné des maisons, des voitures, de l'argent liquide. Et tout cela en faveur de l'État. Il a aussi rendu des terrains qu'il s'était appropriés [83]. »

D'après les juges, plus le dossier d'instruction est solide juridiquement, plus la probabilité est grande que l'instruction ne débouche pas sur un procès public (selon une procédure abrégée) et se solde par un accord à la demande de l'inculpé qui anticipe sa condamnation en cas de procès.

Les rapports élaborés par des acteurs de la société civile sont scrutés de près par les acteurs politiques, notamment les gouverneurs ou les partis d'opposition. « Conséquence directe de [la sortie nationale du rapport], des procureurs anticorruption ont été convoqués devant leur congrès [84] » pour justifier leurs « mauvais résultats », explique la coordinatrice de la Conafa [85]. Dans un contexte très tendu entre le pouvoir exécutif et le pouvoir judicaire, alors que pour la première fois un procureur général d'un État fédéré est arrêté dans le cadre de sa gestion d'un dossier d'instruction en août 2023 dans l'exercice de ses fonctions, ces rapports sont utilisés pour mettre en cause le pouvoir judiciaire, et assoir une nouvelle fois sa mauvaise réputation.

***

Difficile de comprendre le cas de la lutte contre la corruption au Mexique sans s'intéresser au rôle particulier qu'ont joué ces dernières décennies les milieux experts constitués en ONG. Dès la transition démocratique mexicaine, ces derniers ont réalisé un travail combiné de dénonciation politique et de pression sur les instances législatives, leur permettant d'impulser des normes, lois et dispositifs institutionnels mais aussi d'investir ces corps d'État dédiés aux diverses luttes qu'ils défendent. À partir du milieu des années 2010, dans un contexte international favorable et une conjecture nationale marquée par des scandales, les batailles de la gouvernance démocratique se focalisent

83. Entretien avec un juge d'instruction, Chetumal, août 2023.
84. Entretien avec la secrétaire technique de la Conafa, *op. cit.*
85. Pour une analyse détaillée de la construction des indicateurs de la société civile, voir : Combes H., « Au Mexique, quand la corruption devient l'affaire des juges », in Recondo D. (dir.), *Amérique latine. L'année politique 2023/Les Études du CERI*, n° 271-272, janvier 2024 [en ligne : www.sciencespo.fr/ceri/fr/papier/etude]. Consulté le 9 avril 2024.

contre la corruption. Les milieux experts s'appuient alors sur les travaux de journalistes d'investigation pour publiciser leurs dénonciations. Cependant les réformes mises en œuvre pour lutter contre la corruption n'aboutissent pas aux schémas auxquels ils ont été habitués depuis l'ouverture politique des années 1990 : les postes pourvus le sont essentiellement au sein du pouvoir judiciaire, selon des logiques internes de carrière propres à ce dernier et non, comme pour la question électorale ou celle de la transparence, au sein des organes autonomes ou de l'administration de *spoil system*. Ces trajectoires différenciées au sein de l'accès au marché de l'emploi public au Mexique induisent également des logiques morales dans le traitement des affaires. Entre dénonciations constantes opérées par les experts pour influer l'action publique et accéder à l'État, et tentatives d'obtenir des réparations de la part d'un pouvoir judiciaire discret en raison des logiques réputationnelles qui pèsent sur lui, tout ou presque oppose ces deux corps professionnels sur le traitement de la corruption.

Le cas mexicain nous enseigne que quand bien même l'enjeu de la lutte contre la corruption apparaît comme un problème consensuel qui réunit un ensemble hétéroclite d'acteurs positionnés dans les espaces internationaux et nationaux, les conditions de réussite des croisades morales dépendent aussi des normes morales et des possibilités d'accès au marché de l'emploi public de chacun des groupes qui y prennent part.

Faire des organisations anti-corruption un levier de réforme des États ?

Importation et domestication de l'Open Government Partnership (OGP) en Argentine et Tunisie

Quentin DEFORGE

Quentin Deforge est post-doctorant FNRS au REPI et à SONYA (Université libre de Bruxelles). Sa thèse a consisté en une sociologie politique de l'expertise internationale en « bonne gouvernace » à partir d'archives, d'entretiens et d'observations dans les sièges d'organisations internationales et dans plusieurs pays. Son projet de recherche actuel porte sur les politiques minières et industrielles liées à la transition énergétique.

Jeudi 30 mai 2019. Plusieurs milliers de personnes circulent dans les couloirs du Palais des congrès d'Ottawa, au Canada, où se déroule le sixième « Sommet » de l'Open Governement Partnership (OGP), ouvert la veille par le premier ministre Justin Trudeau. On croise, par exemple, un haut fonctionnaire français de la Haute Autorité pour la transparence de la vie publique, une représentante de l'organisation indonésienne d'observation électorale Perdulem, le ministre de la Société de l'information et de l'administration de la Macédoine du Nord, ou encore un représentant de la branche arménienne de Transparency International. Ils rejoignent, dans des petites salles, la douzaine d'ateliers qui se tiennent en parallèle pendant trois jours sur des sujets comme l'« ouverture » des procédures d'appel d'offre, ou la déclassification des documents gouvernementaux [1]. Dans chacune d'elles, installés dans des fauteuils en petit cercle au milieu du public, ces élus, ces fonctionnaires et ces représentants d'organisations spécialisées dans le contrôle des institutions et des professionnels de la politique, installés côte à côte, débattent au sujet des réformes menées dans leurs pays dans le cadre de l'OGP. La scène semble ainsi illustrer cet essor d'organisations et de militants supposés en capacité de demander des comptes aux gouvernements de leurs pays, que John Kean décrit par le terme

1. Données collectées par l'auteur dans le cadre d'observations menées lors du sommet de l'OGP à Ottawa en mai-juin 2019.

de « *monitory democracy* [2] » et Pierre Rosanvallon par celui de « contre-démocratie [3] ».

Le présent article s'intéresse à la façon dont ce processus est alimenté par des acteurs transnationaux. La mise en scène vise en effet ici à donner corps à l'idée même de l'OGP, créé à l'initiative de l'administration Obama en 2011, et présenté comme un « partenariat » à travers lequel, dans les pays qui rejoignent le mécanisme, « sociétés civiles » et « gouvernements » s'associent pour « ouvrir » ces derniers, c'est-à-dire les rendre « plus accessibles, plus réactifs, et plus responsables envers les citoyens [4] ». Depuis sa création, soixante-seize États sont devenus membres de l'OGP, parmi lesquels la France, l'Argentine ou encore la Tunisie, ainsi que cent-quatre « juridictions locales » auxquelles le processus a été élargi en 2016, comme les villes de Buenos Aires en Argentine ou d'El Kef en Tunisie, ainsi que plusieurs États mexicains. Bien qu'il soit devenu central pour beaucoup d'organisations non-gouvernementales présentes dans ces pays et dans ces juridictions, la littérature académique s'est peu intéressée à ce mécanisme. Les quelques travaux qui l'ont fait ont essentiellement cherché à en mesurer la réussite par des études de cas, sans s'intéresser aux rapports de force qui sous-tendent son importation, et sans prendre de distance ni vis-à-vis de ses objectifs ni du discours qu'il véhicule [5]. D'autres se sont par contre intéressés au mouvement de l'Open Government, sur lequel l'OGP s'appuie, en l'assimilant souvent à une mobilisation pour l'Open Data, c'est-à-dire pour la publication de données issues des administrations, et en le traitant plus généralement dans sa dimension technologique, comme dans le cas de la France [6]. Pourtant, comme nous allons le voir, dans les pays du Sud Global, l'OGP a consisté en une recomposition bien plus large d'un ensemble d'activités au périmètre flou, de la promotion de la démocratie à la lutte contre la corruption.

En s'intéressant à l'OGP, l'objectif de cet article est de comprendre en quoi, au-delà d'un discours en termes de « partenariat », celui-ci contribue à redéfinir les relations de pouvoir qu'entretiennent les organisations spécialisées dans le contrôle des institutions et des professionnels de la politique avec les gouvernements. Il a déjà été montré que l'Open Government peut relever, pour les gouvernements, d'une forme de gouvernementalité fondée sur la

2. Keane J., *Democracy and Media Decadence*, Cambridge, Cambridge University Press, 2013, pp. 77-108.
3. Rosanvallon P., *La Contre-Démocratie. La politique à l'âge de la défiance*, Paris, Seuil, 2006.
4. « Déclaration du gouvernement ouvert », publiée en septembre 2011, et disponible sur le site internet de l'OGP, consulté le 10 septembre 2023 : https://www.opengovpartnership.org/fr/process/joining-ogp/open-government-declaration
5. Par exemple : Piotrowski S. J., Berliner D., Ingrams A., *The Power of Partnership in Open Government: Reconsidering Multistakeholder Governance Reform*, Cambridge, MA, The MIT Press, 2022.
6. Mabi C., « La "civic tech" et "la démocratie numérique" pour "ouvrir" la démocratie ? », *Réseaux*, n° 225, vol. 1, 2021, pp. 221-226.

« participation [7] ». Par l'usage d'outils numériques, tels que des sites internet visant à organiser des consultations en ligne, celui-ci contribuerait d'abord à renouveler les pratiques de gouvernement contemporaines. Mais, comme nous allons le voir, l'OGP est un mécanisme qui porte un objectif particulier : contraindre les gouvernements à mener des réformes. Il s'appuie pour cela sur un instrument spécifique, les « plans d'action OGP ». Construits comme des programmes de réformes, ceux-ci doivent être préparés par les gouvernements avec la « société civile », à travers un processus qui est ensuite évalué. L'ensemble est ainsi supposé mettre ces organisations en capacité de contraindre les gouvernements à mener les réformes qu'elles demandent. Pour nous en saisir, nous mobilisons le concept de « gouvernementalité transnationale », utilisé, dans un sens très large, pour caractériser la façon dont des acteurs nationaux s'appuient sur des ressources symboliques et matérielles à l'extérieur d'un pays, pour contester la verticalité de l'État sur le territoire national [8]. Nous l'utilisons ici dans un sens plus resserré, pour montrer que l'OGP vise à « conduire les conduites [9] » des États et des organisations non-gouvernementales : plutôt que de prescrire directement des réformes depuis l'extérieur, ce mécanisme cherche à faire des organisations anti-corruption un levier de réforme des États.

L'article s'inscrit dans une approche par les instruments, en s'intéressant à ces « plans d'action OGP », ainsi qu'au discours et à la forme de sociabilité réformatrice qui les entourent. Le but étant de « comprendre les modalités par lesquelles l'action publique [ici transnationale] s'efforce d'orienter les relations entre la société politique et la société civile [10] ». Cette approche a ici un double intérêt. D'abord, elle permet d'analyser cet instrument d'action publique conçu comme un « dispositif à la fois technique et social », visant à « organiser des rapports sociaux spécifiques [11] ». On montre ainsi que ces « plans d'action » ont été imaginés pour véhiculer une forme de gouvernementalité transnationale, supposée s'imposer aux gouvernements, qui seraient dès lors contraints de mener des réformes de nature à « ouvrir » l'État aux citoyens. Mais cette littérature offre également des points d'appui pour comprendre comment un tel instrument peut, *in fine*, être détourné de ses objectifs

7. Mabi C., *op. cit.*, pp. 218-219, qui s'appuie lui-même sur Gourgues G., Rui S., Topçu S., « Gouvernementalité et participation. Lectures critiques », *Participations*, n° 6, vol. 2, 2013, pp. 5-33.
8. Ferguson J., Gupta A., "Spatializing State: Toward an Ethnography of Neoliberal Governmentality", *American Ethnologist*, vol. 29, n° 4, 2002, pp. 988-994, utilisé notamment dans : Pétric B., Blundo G., "Good Governance and Democracy Promotion", in Pétric B. (ed.), *Democracy at Large*, New York, Palgrave Macmillan, 2012, p. 4.
9. Dean M. M., *Governmentality. Power and Rule in Modern Society*, Los Angeles, SAGE Publications Ltd, 1999, pp. 17-29.
10. Lascoumes P., « La Gouvernementalité : de la critique de l'État aux technologies du pouvoir », *Le Portique*, 2004, p. 6.
11. Lascoumes P., Le Galès P., « Introduction : L'action publique saisie par ses instruments », in Lascoumes P., Le Galès P. (dir), *Gouverner par les instruments*, Paris, Presses de Sciences Po, 2005, p. 13.

initiaux par les acteurs dont il est supposé redéfinir les conduites [12]. L'article s'intéresse pour cela à la façon dont l'OGP a été approprié en Argentine et en Tunisie, afin de voir dans quelle mesure celui-ci donne effectivement lieu à une redéfinition des relations de pouvoir entre organisations spécialisées dans le contrôle des institutions et des professionnels de la politique et gouvernements. Cette dimension comparative vise à montrer dans quelle mesure l'OGP produit des effets différents dans les deux pays, mais également à distinguer ce qui relève de cette forme de gouvernementalité transnationale construite comme universelle, de ce qui tient aux singularités historiques et politiques des deux pays [13], choisis car ils ont été le terrain d'une mobilisation importante pour l'entrée dans l'OGP.

L'article s'appuie sur environ quarante entretiens, conduits entre 2017 et 2023 avec des militants, des élus, et des fonctionnaires ayant contribué au fonctionnement du mécanisme, notamment des salariés de l'« unité d'appui » de l'OGP, basée à Washington, ainsi qu'à son appropriation en Tunisie et en Argentine [14]. Les extraits mobilisés permettent de comprendre comment ces acteurs problématisent l'OGP, à la fois dans la construction d'un mécanisme supposé universel, et dans sa réinscription dans des clivages politiques et des mobilisations propres aux espaces politiques argentin et tunisien. Il s'appuie également sur l'observation de trois événements rassemblant des acteurs liés à l'OGP, à Paris en 2016, Kiev en 2017, et Ottawa en 2019. Il s'agissait alors de voir comment les initiateurs de l'OGP cherchent à faire exister une forme de sociabilité réformatrice qui lui est propre, mais aussi dans quelle mesure des représentants des gouvernements et de la société civile se prêtent eux-mêmes à cette mise en scène. L'article mobilise, enfin, de nombreux documents produits dans le cadre de l'OGP : plans d'action publiés des gouvernements et rapports d'évaluation, mais aussi communiqués de presse, lettres, ou comptes-rendus de réunions.

On montrera d'abord comment l'OGP a été mis en place et, plus particulièrement, comment les « plans d'action OGP » ont été construits en tant qu'instrument visant à instituer de nouvelles relations de pouvoir, dans une forme de gouvernementalité transnationale, fondée sur un dispositif d'évaluation, un discours et une forme de sociabilité réformatrice qui lui sont propres. Puis, on abordera la mise en place de l'OGP en Argentine, à partir de 2012, sous le gouvernement de Cristina Fernández de Kirchner alors critiqué pour son opacité, et en Tunisie, devenue membre en 2013 alors que l'Assemblée constituante achevait ses travaux et que des militants ainsi que certaines élites

12. Voir par exemple : Barrault-Stella L., « Jouer avec l'instrument. Les usages institutionnels et sociaux de la carte scolaire », in Halpern C., Lascoumes P., Le Galès P. (dir), *L'instrumentation de l'action publique*, Paris, Presses de Sciences Po, 2014, pp. 397-415.

13. Bayart J.-F., *L'énergie de l'État. Pour une sociologie historique et comparée du politique*, Paris, La Découverte, 2022, pp. 13-26.

14. Les entretiens ont été réalisés en français, en anglais et en espagnol, puis ont été traduits par l'auteur.

politiques souhaitaient mettre fin à l'opacité du régime de Ben Ali. Le texte s'intéresse ainsi à ces processus de réappropriation de l'OGP, et à la façon dont celui-ci a été investi par des gouvernements, cherchant notamment à le domestiquer.

Un mécanisme supposé instituer une forme de gouvernementalité transnationale

Un mécanisme fondé sur un instrument spécifique : les « plans d'action OGP »

La création de l'OGP s'inscrit dans le prolongement d'un appui aux organisations non-gouvernementales qui a pris racine dans la politique étrangère étasunienne durant la guerre froide, et en particulier dans la création en 1983 du National Endowement for Democracy (NED). Il s'agissait alors pour l'essentiel, en particulier dans les pays sous régime communiste, d'appuyer financièrement et symboliquement des organisations militantes qui promouvaient la tenue d'élections et défendaient les droits des journalistes ou de l'opposition, auxquels elles étaient souvent étroitement liées [15]. Considéré comme sensible politiquement en raison de la Guerre froide jusqu'au début des années 1990, ce soutien se développe rapidement après l'effondrement de l'Union soviétique, sur tous les continents. L'objectif poursuivi est alors d'appuyer une « société civile » que les gouvernements occidentaux, et les organisations multilatérales qu'ils contrôlent, veulent considérer comme des interlocuteurs plus légitimes que les États, en particulier dans les anciennes provinces de l'URSS, où il s'agit à tout prix d'éviter de travailler avec les anciennes administrations soviétiques [16]. Dans les années 1990 puis 2000, de nombreuses organisations émergent grâce à ce soutien international. Celui-ci va alors être progressivement articulé à une construction du problème de la corruption comme relevant des États, dans le but de les réformer [17]. Les réflexions qui sont conduites entre 1996 et 2006 à l'Economic Development Institute, unité de recherche au sein de la Banque mondiale, en témoignent. Dans plusieurs rapports successifs, ses fonctionnaires, qui travaillent en lien étroit avec les responsables de Transparency International, tout juste créée, affirment que les interventions promouvant la « bonne gouvernance » depuis l'extérieur ne sont pas suffisamment efficaces. Ils suggèrent au contraire de contribuer à l'émergence de « *watchdogs* » (chiens de garde), et notamment d'organisations non-gouvernementales, qui se donneraient pour mission de surveiller les activités gouvernementales [18].

---

15. Guilhot N., *The Democracy Makers. Human Rights and the Politics of Global Order*, New York, Columbia University Press, 2005, pp. 69-100.
16. Atlani-Duault L., *Au bonheur des autres : Anthropologie de l'aide humanitaire*, Paris, Armand Colin, 2009, pp. 47-57.
17. Katzarova E., *The Social Construction of Global Corruption: From Utopia to Neoliberalism*, New York, NY, Springer International Publishing AG, 2019, pp. 9-42.
18. World Bank, *Anticorruption in Transition: A Contribution to the Policy Debate*, 2002, p. 40.

Le département d'État des États-Unis s'inscrit dans cette même logique quand, à partir de 2010, il puise dans un discours né dans les années 1960-1970 sur la « transparence » et l'« Open government » pour initier la mise en place de l'OGP. L'année précédente, en 2009, l'administration Obama avait déjà mis en place à l'échelle nationale l'« Open Government Directive », avec l'idée de s'appuyer sur le développement rapide des nouvelles technologies pour moderniser les institutions et la vie politiques, se démarquant ainsi de l'administration Bush, considérée comme particulièrement opaque [19]. Formellement, celle-ci contraint les administrations fédérales à remettre un « plan », notamment relatif à la publication de leurs données. L'OGP apparaît donc comme la transposition de ce projet à l'échelle mondiale, avec un objectif néanmoins particulier : rassembler autour d'un même mécanisme des activités et des acteurs de promotion de la démocratie perçus comme éparpillés entre différents objectifs, de la promotion des droits de l'homme à la transparence de l'information. L'initiative est portée au sein du Conseil de sécurité nationale par Samantha Power, alors directrice pour les affaires multilatérales et les droits de l'homme, et par Jeremy Weinstein, directeur en charge du développement et de la démocratie [20]. Professeur de science politique à l'université de Stanford, celui-ci expliquera dans un article publié en 2013, que l'objectif de l'OGP était de « transformer la promotion de la démocratie et de la gouvernance [21] », en partant de l'idée que les organisations multilatérales, si elles ont su répondre à certains défis par le passé, ne sont plus adaptées aux problèmes d'aujourd'hui.

La création de l'OGP est donc d'abord une tentative de recomposition de formes d'intervention aux frontières floues, de la promotion de la démocratie à la lutte contre la corruption. Celles-ci sont à l'époque structurées autour de la Banque mondiale, de l'agence étasunienne de développement USAID, du Programme des Nations unies pour le développement, du NED, ou encore du National Democratic Institute (NDI). Les représentants de ces organisations vont dès lors intégrer l'OGP à leurs activités, répondant ainsi à l'injonction du gouvernement étasunien, conduisant cette configuration d'acteurs à se recomposer autour du mécanisme. En témoigne par exemple la trajectoire de Sanjay Pradhan, fonctionnaire de la Banque mondiale depuis les années 1980, auteur de rapports proposant de faire des organisations anti-corruption des *watchdogs* des États, et qui deviendra en 2016 le Chief Executive Officer de l'OGP. Mais auprès de l'administration Obama, l'OGP est néanmoins d'abord initié par des acteurs jusqu'ici étrangers à ces activités, comme le réseau Omidyar, créé par le fondateur de l'entreprise Ebay et dédié à la promotion de la trans-

19. Jaeger P. T., Bertot J. C., "Transparency and Technological Change: Ensuring Equal and Sustained Public Access to Government Information", *Government Information Quarterly*, vol. 27, n° 4, 2010, pp. 372-373.
20. Piotrowski S.J., Berliner D., Ingrams A., *op. cit.*, p. 78.
21. Weinstein J., "Transforming Multilateralism: Innovation on a Global Stage", *Stanford Social Innovation Review*, vol. 11, n° 2, 2013, pp. 4-6.

parence par les outils numériques, ou encore la fondation Sunlight, qui promeut la transparence de la vie politique étasunienne. Bien qu'entièrement élaboré par le département d'État des États-Unis, Barack Obama annonce lui-même la création de l'OGP en septembre 2011 à New York, en marge de l'Assemblée générale de l'ONU, ce qui permettra par la suite de véhiculer un récit l'associant implicitement à une décision onusienne. Son administration s'entoure également d'autres « pays fondateurs » ; le Brésil, le Mexique, les Philippines, l'Afrique du Sud, et le Royaume-Uni, et trente-huit autres gouvernements rejoignent le mécanisme à sa création en signant l'Open Government Declaration.

Le texte s'appuie sur l'idée que « les peuples du monde entier exigent plus de transparence de la part du gouvernement », et engage ses signataires à une plus grande participation citoyenne aux affaires publiques, et à chercher des moyens de rendre les gouvernements « plus transparents, plus réactifs, plus responsables et plus efficaces ». Il s'agit ainsi d'« augmenter la disponibilité des informations sur les activités gouvernementales », de « soutenir la participation civique », de « mettre en œuvre les plus hautes normes d'intégrité professionnelle dans toutes les administrations », et enfin d'« accroître l'accès aux nouvelles technologies dans un esprit d'ouverture et de responsabilité [22] ». Ce mécanisme s'appuie pour cela essentiellement sur un instrument, inspiré de la réforme initiée deux ans plutôt aux États-Unis : les « plans d'action OGP ». Ce document consiste en un programme de réformes que chaque gouvernement membre de l'OGP doit transmettre tous les deux ans à l'« Unité d'appui » de l'OGP. Il s'agit d'un instrument particulièrement standardisé : chaque gouvernement doit présenter les « efforts » effectués par le passé et qu'il s'engage à poursuivre pour « pour renforcer les réformes du gouvernement ouvert », sous la forme d'une liste numérotée d'« engagements ». Comme l'explique une « chercheuse » recrutée par l'OGP pour évaluer des plans d'action, l'objectif poursuivi est d'« ouvrir le gouvernement, pour parler généralement. Et concrètement ce sont des engagements liés à l'accès à l'information, à la participation civique, à la redevabilité publique, à la technologie et à l'innovation pour la transparence et la redevabilité [23] ». Chacun de ces engagements doit être détaillé, en mentionnant l'objectif, la date butoir pour le mettre en place, le département ou le ministère responsable, et surtout, les « *milestones* », c'est-à-dire les étapes permettant de mesurer la réussite ou l'échec de la réforme en question. Cet instrument est donc supposé s'imposer à des gouvernements qui doivent être en mesure de rendre des comptes sur les réformes qu'ils s'engagent à mener.

22. « Déclaration du gouvernement ouvert », publiée en septembre 2011 et disponible sur le site internet de l'OGP, consulté le 10 septembre 2023 : https://www.opengovpartnership.org/fr/process/joining-ogp/open-government-declaration
23. Entretien, chercheuse IRM, OGP, janvier 2018.

L'OGP s'inscrit donc dans l'idée née dans les années 1990 de s'appuyer sur organisations non-gouvernementales pour réformer les États, mais représente une rupture, qui consiste à réorganiser les activités antérieures autour d'un nouvel instrument, les « plans d'action ».

Redéfinir les relations de pouvoir entre États et organisations anti-corruption

Conçu comme « dispositif à la fois technique et social », cet instrument vise surtout à « organiser des rapports sociaux spécifiques [24] » entre organisations non-gouvernementales et gouvernements. Selon un principe de « co-création », les gouvernements doivent mettre en place un processus de rédaction des plans d'action et de suivi de leur mise en place qui doit être « ouvert », c'est-à-dire qui donne une place centrale aux organisations spécialisées dans le contrôle des institutions et des professionnels de la politique. Une salariée de l'unité d'appui de l'OGP en charge des pays latino-américains définit ainsi l'OGP comme « une plateforme pour co-créer un plan d'action », au sein de laquelle ce qui lui semble « le plus intéressant quand ça se passe bien » est que « la société civile s'assoit avec le gouvernement à une même table pour débattre de leurs priorités et trouver un consensus [25] ». Elle précise aussi que l'une des choses qui lui plaît le plus dans le schéma OGP est « que nous ne leur disons pas ce qu'ils doivent faire [26] ». Autrement dit, son travail n'est pas de prescrire directement des réformes, mais de faire en sorte que les conditions soient réunies pour que ces réformes soient, à terme, menées.

Dans cette opération de conduite des conduites, l'idée sous-jacente est que les organisations anti-corruption soient en capacité de contraindre les gouvernements à mener des réformes, comme l'explique la consultante : « Il y a un lien entre le processus et le contenu, car lorsque le processus est plus participatif et que la société civile est plus impliquée, ils sont en mesure d'exercer plus de pression sur le gouvernement pour inclure des engagements plus ambitieux, et alors le plan tend à être meilleur [27]. » L'idée est également que, de cette façon, le processus fasse émerger des alliances entre des « réformateurs à l'intérieur et à l'extérieur des gouvernements [28] », autrement dit de faire en sorte que les élus ou les fonctionnaires qui seraient favorables à des réformes puissent trouver l'appui nécessaire parmi les organisations anti-corruption. C'est ce qu'explique Martin Tisné, qui a participé à la mise en place du mécanisme comme coordinateur du réseau Omidyar basé à Londres : « Au sein des gouvernements, il y a toujours des réformateurs, et la question était : comment identifier ces réformateurs et comment travailler avec eux et faire en sorte que leur travail au jour le jour soit plus simple. Donc, comment récompenser ces réformateurs [29] ? »

24. Lascoumes P., Le Galès P., « Introduction : L'action publique saisie... », *op. cit.*, p. 13.
25. Entretien, salariée pour l'Amérique latine, OGP, janvier 2018.
26. *Ibid.*

Les plans d'action sont donc supposés instituer une forme de gouvernementalité particulière, redéfinissant les relations de pouvoir dans les espaces nationaux [30]. L'OGP s'appuie pour cela d'abord sur un dispositif d'évaluation centralisé à Washington : l'Independent Reporting Mechanism (IRM). D'abord à mi-parcours, un an après leur publication, puis au bout de deux ans, lorsqu'ils sont supposés achevés, les plans d'action sont évalués par des « chercheurs IRM ». Ceux-ci sont recrutés comme consultants, le temps de la rédaction de rapports d'évaluation, le plus souvent sur la base d'une expérience antérieure dans une organisation anti-corruption et sur une connaissance du pays concerné, dont ils sont parfois ressortissants. Ils s'appuient pour cela sur des recherches documentaires, mais surtout sur des entretiens, en particulier avec les représentants des organisations anti-corruption impliquées dans l'OGP dans leurs pays. Ils cherchent à mesurer si les engagements pris sont « cohérents avec les valeurs de l'OGP », à quel point ils peuvent avoir un impact, et dans quelle mesure ils sont « ambitieux [31] ». Mais ce n'est pas tant le fond des réformes qui est évalué, que le processus de « co-création », autrement dit le degré d'implication des organisations non-gouvernementales dans la préparation du plan d'action. Une salariée de l'OGP pour l'Amérique latine illustre ainsi le type de questions qui peuvent se poser lors d'une évaluation :

> « Dans ce processus de co-création, on ne peut pas dire qu'il y a eu participation parce qu'il n'y a eu qu'une seule réunion, il n'y a pas eu d'information, il n'y a pas eu de publication dans les médias pour que les gens puissent en prendre connaissance, les organisations n'ont pas été invitées. En revanche, tel autre processus peut être qualifié de participatif sur la base de [32]... »

C'est ce dispositif d'évaluation qui est supposé faire peser une contrainte sur les gouvernements. Une fois rédigés, les rapports d'évaluation sont publiés sur le site de l'OGP, et permettent ainsi à la fois aux acteurs nationaux et internationaux de voir dans quelle mesure un gouvernement respecte les règles établies. Les gouvernements qui « agissent en opposition avec le processus », par exemple en ne publiant pas leurs plans d'action dans les délais impartis, peuvent être sanctionnés, d'abord à travers une lettre envoyée au chef du gouvernement par l'unité d'appui de l'OGP, puis éventuellement placés sous « revue procédurale ». Ce fut par exemple le cas de la Turquie, devenue membre de l'OGP dès son lancement en 2011, et qui a remis un premier plan d'action

---

27. Entretien, chercheuse IRM, OGP, janvier 2018.
28. Site internet de l'OGP, consulté en septembre 2023 : https://www.opengovpartnership.org/fr/
29. Entretien avec Martin Tisné, France Culture, décembre 2016, consulté le 10 septembre 2023 : https://www.radiofrance.fr/franceculture/comment-est-ne-l-ogp-le-partenariat-pour-un-gouvernement-ouvert-2876857
30. Pétric B., Blundo G., "Good governance and...", *op. cit.*, p. 4.
31. Entretien, chercheuse IRM, OGP, janvier 2018.
32. Entretien, salariée pour l'Amérique latine, OGP, janvier 2018.

pour 2012-2013. En avril 2014, une lettre est adressée au chef du gouvernement turc affirmant que celui-ci n'a pas remis les informations nécessaires à la production d'un rapport d'évaluation des réformes, ce à quoi il répond en avril 2016 en soutenant que des réformes ont bien été menées, notamment dans le domaine de la lutte anti-corruption. En septembre de la même année, le *steering committee* de l'OGP déclare le pays « inactif », aboutissant par la suite à son retrait *de facto* du processus.

Cette forme de gouvernementalité transnationale que l'OGP vise à instituer s'appuie aussi sur un discours propre, créé de toutes pièces pour appuyer cette redéfinition des relations de pouvoir, comme l'illustrent le terme de « plan d'action » lui-même, mais aussi ceux de « co-création », « rapports d'évaluation », ou « revue procédurale ». Pour entrer dans l'OGP, un gouvernement doit également adresser une « lettre d'intention » et nommer un « point de contact » qui sera en charge du suivi des réformes au sein de l'administration. Ce discours est particulièrement diffusé lors des « Sommets » de l'OGP, tels que celui d'Ottawa en 2019. Ceux-ci visent plus largement à faire émerger et à entretenir une forme de sociabilité réformatrice propre au mécanisme, caractérisée par la mise en scène des relations supposées « de partenariat » entre gouvernements et société civile que l'OGP vise à instituer dans les espaces politiques nationaux. Chaque atelier vise également à mettre en avant les gouvernements qui se montrent les plus « ambitieux » dans la conduite des réformes. À Ottawa, en 2019, sont même présentés de nouveaux indicateurs supposés, dans une forme de *benchmark* [33], inciter encore davantage les gouvernements à s'engager dans des réformes, en mettant en avant les « *star commitments* », c'est-à-dire les réformes considérées comme les plus ambitieuses, en les situant par rapport à celles prises par les autres pays à la fois à l'échelle mondiale et régionale. Un engagement fort dans l'OGP est aussi récompensé individuellement par la possibilité de devenir membre du *steering committee* de l'OGP, chargé d'assurer le suivi des procédures, et composée à parité de vingt-deux représentants de gouvernements et de la société civile. En 2019, en sont ainsi membres, par exemple, le Secrétaire d'État au numérique en France, le Ministre de la Justice du Nigéria, la fondatrice de Directorio Legislativo en Argentine, ou encore celle de la Toile des Associations pour le Civisme et le Développement, en Tunisie.

Une importation de l'OGP imbriquée dans les clivages partisans en Argentine

En Argentine, l'OGP est approprié par des organisations anti-corruption qui se sont construites dans une opposition à l'administration Kirchner. C'est ensuite l'administration de Mauricio Macri, de centre droit, arrivée au pouvoir en 2015, qui se réapproprie le mécanisme.

De 2011 à 2015, un usage de l'OGP par l'administration Kirchner sans « perte de contrôle »

Le cas de l'Argentine illustre cette société civile qui s'est progressivement constituée depuis la fin des années 1980, en s'appuyant notamment sur des financements de la fondation Ford, du NED, ou de USAID [34], et que les promoteurs de l'OGP veulent appuyer pour promouvoir des réformes. La création de Poder Ciudadano en 1989, qui deviendra quelques années plus tard la branche argentine de Transparency international, marque le début d'activités anti-corruption [35]. L'organisation est créée par des avocats impliqués dans la lutte contre la dictature (1976-1983) qui estiment que le système judiciaire n'est pas suffisant pour assurer le contrôle de la corruption [36]. D'autres organisations se créent par la suite, comme Directorio legislativo en 1999, dans le but de « rendre transparent le Congrès national », alors considéré comme une « boîte à moitié secrète [37] ». Celle-ci illustre d'ailleurs en quoi l'usage d'outils numériques relève davantage d'un renouvellement des pratiques que d'un mouvement autonome pour l'Open Data : l'organisation publie depuis sa création, sous format papier, un « répertoire législatif » constitué d'informations sur les trajectoires et les activités des députés, qui sera transformé en une plateforme-numérique en ligne seulement à la fin des années 2010. Contrairement aux militants de la « *civic tech* », qui ont d'abord des compétences en informatique, les militants des organisations anti-corruption argentines sont par ailleurs pour la plupart formés en science politique.

Ces militants sont également issus de classes sociales privilégiées de la capitale, ce qui les différencie fortement du tissu d'organisations syndicales et militantes, réparties sur le territoire argentin et ouvertement ancrées à gauche, sur lequel s'appuient les gouvernements péronistes de gauche successifs de Néstor Kirchner (2003-2007), puis de Cristina Fernández de Kirchner, son épouse (2007-2011 ; 2011-2015) [38]. Au cours de cette période, la coalition d'organisations anti-corruption, composée notamment de Poder Ciudadano ou Directorio legislativo, constitue ainsi *de facto*, au nom de la « transparence » et de la « redevabilité », un espace d'opposition à une administration Kirchner considérée comme opaque et corrompue. C'est d'ailleurs là une

33. Bruno I., Didier E., *Benchmarking : L'État sous pression statistique*, Paris, La Découverte, 2015.
34. Pereyra S., *Política y transparencia. La corrupción como problema público*, Buenos Aires, Siglo XXI Editores, 2013, pp. 33-63.
35. *Ibid.*
36. *Ibid.*
37. Entretien, salariée et militante, Directorio legislativo, janvier 2018.
38. Sur le « péronisme » et le « kirchnérisme », sa déclinaison sous les mandats de Néstor Kirchner, puis de Cristina Fernández de Kirchner, et leur appui sur des organisations militantes, voir par exemple : Grimson A., *¿Qué es el peronismo?: De Perón a los Kirchner, el movimiento que no deja de conmover la política argentina*, Siglo XXI Editores, 2019, pp. 249-320.

autre particularité du cas argentin : une part importante des fonctionnaires de l'État fédéral est affiliée politiquement et changent en fonction des gouvernements, et c'est donc l'administration Kirchner qui est ciblée, entendue comme l'ensemble des élus et des fonctionnaires liés au péronisme. En retour, cette administration attaque d'ailleurs ouvertement les militants anti-corruption dans la presse, en les associant à la fois à la droite et aux intérêts étrangers, en particulier à ceux des États-Unis, envers lesquels l'administration Kirchner entretient un discours conflictuel.

Plusieurs organisations, dès le lancement de l'OGP à New York en septembre 2011, écrivent au chef du cabinet du gouvernement et au ministre des Affaires étrangères pour demander à entrer dans le mécanisme [39]. Ces organisations problématisent l'importation de l'OGP en Argentine d'abord comme un outil qui viendrait appuyer leur principale revendication : la mise en place d'une loi d'accès à l'information, sur le modèle étasunien, devenu depuis lors un modèle largement reproduit à l'étranger. L'existence d'une loi d'accès à l'information, des démarches visant à l'adoption d'une telle loi, ou encore certaines garanties en termes de transparence des données sur les revenus des fonctionnaires et des élus font en effet partie des conditions nécessaires à l'entrée dans l'OGP. Les organisations anti-corruption défendent alors l'idée de « mettre le pays sur la carte régionale de ceux qui reconnaissent ce droit fondamental [40] ».

Ces militants sont néanmoins très surpris quand ils apprennent en octobre 2012 que le chef de cabinet d'une administration qui les attaque régulièrement dans les médias, a effectivement adressé une « lettre d'intention » à l'unité d'appui de l'OGP, à Washington, faisant ainsi entrer l'Argentine dans le mécanisme. Cependant, dans la préparation du premier plan d'action, l'administration Kirchner se détourne largement de la façon dont l'instrument a été pensé. D'abord, c'est essentiellement cette administration qui se charge de la préparation du plan, et le dispositif visant à faire participer les organisations anti-corruption est minimal. Lors de sa publication en avril 2013, ces organisations découvrent donc un plan d'action auquel elles n'ont pas contribué et qui ne contient pas leur principale revendication : la mise en place d'une loi d'accès à l'information. Ensuite, ce plan d'action est essentiellement constitué de mesures visant à moderniser l'administration, comme en témoigne le tout premier « engagement » pris par le gouvernement : mettre en place une signature numérique au sein de l'administration, afin de simplifier les démarches.

39. Lettre adressée au chef du cabinet des ministres, Aníbal Fernández, par les représentants de l'Asociación por los Derechos Civiles, du Centro para la Implementación de Políticas Públicas para la Equidad y el Crecimiento et de Fundación Poder Ciudadano, le 21 septembre 2011.

40. « El mundo se pone de acuerdo en abrir la información pública: ¿La Argentina va a formar parte? », communiqué de Poder Ciudadano, 27 septembre 2011, consulté le 10 septembre 2023 : https://poderciudadano.org/el-mundo-se-pone-de-acuerdo-en-abrir-la-informacion-publica-la-argentina-va-a-formar-parte/

L'administration Kirchner joue de cette façon sur l'« ambiguïté [41] » du gouvernement ouvert, qui peut être problématisé comme un accroissement de la « redevabilité publique », comme le font les organisations anti-corruption, mais aussi comme la modernisation de l'administration par l'usage d'outils numériques, et notamment par la « publication de données politiquement neutres ». Enfin, la majorité des engagements pris, relatifs à la mise en place d'un portail public de données, ou à l'accès à internet et aux outils numériques, sont en fait des réformes déjà actées par le gouvernement, comme les plans « Digital Argentina », « Conectar Igualidad » ou encore un projet de « Télévision digitale ouverte ».

In fine, le détournement de cet instrument est tel que les organisations anti-corruption ne sont absolument pas en capacité de contraindre le gouvernement à s'engager sur les réformes qu'elles souhaiteraient, comme l'explique une chercheuse IRM :

> « C'était très minimal, et le plan prévoyait beaucoup de gouvernement électronique, mais très peu de gouvernement ouvert [...]. Tout ce qui avait trait, en gros, à la redevabilité, au fait de publier des documents et de se rendre vulnérable à l'examen du public, non, ils n'aimaient pas ça. Mais je pense que ce qui s'est passé, c'est que l'OGP était nouveau et qu'ils l'ont vu comme une opportunité d'être bien vus. [...] Ils pensaient qu'ils en tireraient avantage et que ça ne leur coûterait rien. Et bien sûr, en le faisant de cette façon, ça ne leur a rien coûté parce qu'ils n'ont perdu aucun pouvoir, aucun contrôle, rien du tout [42]. »

L'administration Kirchner parvient donc à « domestiquer » les « plans d'action », c'est-à-dire à « mettre en adéquation » ces « nouveaux cadres culturels et légaux et ces nouvelles pratiques politiques » avec ses « propres intérêts et représentations [43] ». Elle détourne cet instrument supposé s'imposer à elle et la contraindre à intégrer les demandes venues des organisations anti-corruption. Celui-ci produit tout de même des effets, notamment à partir de la publication du premier rapport d'évaluation publié en octobre 2014, qui devient une ressource dont les organisations anti-corruption se saisissent. Ce dernier est particulièrement négatif, et reprend leurs propres positions en stipulant qu'à l'avenir « L'Argentine devra s'attaquer à des thèmes prioritaires, tels que la transparence, les marchés publics, la corruption et, principalement, les activités visant à promouvoir l'approbation d'une loi sur l'accès à l'information publique [44] ». Il sanctionne également le processus de préparation du

---

41. Yu H., Robinson D.G., "The New Ambiguity of Open Government", *UCLA Law Review Discourse*, vol. 59, 2011, pp. 178-208.
42. Entretien, chercheuse IRM, OGP, janvier 2018.
43. Creed G.W., *Domesticating Revolution: From Socialist Reform to Ambivalent Transition in a Bulgarian Village*, University Park, Penn State University Press, 1997.

plan qui « n'inclut pas la plupart des contributions soumises par les organisations de la société civile, ni une partie des travaux que le gouvernement et la société civile ont élaborés ensemble ». Une bonne partie des engagements sont considérés comme ayant un impact potentiel « nul » ou « mineur », comme c'est le cas, par exemple, de la signature numérique, qui est considérée comme n'étant « pas clairement en rapport avec les valeurs du gouvernement ouvert que sont la transparence, la participation civique et la responsabilité publique [45] ».

Surtout, dès 2014, alors que les élections arrivent en 2015, le gouvernement se retrouve contraint par un instrument qui l'oblige à produire un nouveau plan d'action, au risque d'être exclu du mécanisme en pleine année électorale. Le gouvernement initie la préparation d'un second plan d'action, dans une situation particulièrement conflictuelle avec des organisations anti-corruption qui menacent de quitter le processus, mais qui se traduit tout de même par un ensemble de rencontres, qui conduisent non pas tant à un plan tel qu'attendu par les organisations anti-corruption, car le deuxième plan sera qualifié par celles-ci de « très mauvais et limité [46] », mais à un accord sur le fait que le plan d'action sera revu à mi-mandat, si le candidat péroniste gagne les élections. Une salariée et militante de Poder Ciudadano devenue chargée de l'Amérique latine pour l'unité d'appui de l'OGP, explique ainsi à la fois la difficulté à trouver un terrain d'entente avec le gouvernement lors de ces échanges, mais aussi la victoire symbolique que représente le fait d'avoir désormais au sein de l'État des interlocuteurs qui sont contraints de les recevoir et d'écouter leurs revendications :

> « C'était difficile parce que nous ne partagions pas les mêmes codes autour des concepts. Nous n'avions pas la même compréhension de la transparence, nous n'avions pas la même compréhension du gouvernement ouvert... Donc c'était difficile d'essayer de se comprendre, mais ce que ça a fait, c'est que ça a ouvert une fenêtre, un espace de travail, qu'on n'avait pas auparavant. Parce que les relations entre les ONG institutionnelles et le gouvernement étaient fermées. Il n'y avait pas de dialogue du tout, pas de dialogue avec le gouvernement. C'était une situation très très mauvaise [47]. »

En Argentine, sous l'administration Kirchner, l'OGP fait donc l'objet d'un conflit important. Les organisations anti-corruption, qui constituent un espace d'opposition au gouvernement, souhaitent se l'approprier pour donner plus de force à leurs revendications. Cette administration cherche quant à elle

44. « Argentina: informe de Avance 2013-2014 », Mecanismo de Revisión independiente, OGP, 2015.
45. *Ibid.*
46. Entretien, salariée pour l'Amérique latine, OGP, janvier 2018.
47. *Ibid.*

à domestiquer l'OGP, en se présentant à travers lui comme engagée dans la modernisation des administrations, sans pour autant que la préparation et la mise en place des plans d'action ne conduise à une quelconque « perte de contrôle ». Le mécanisme n'est pas cependant sans effet, et conduit le gouvernements à « dialoguer » avec les organisations anti-corruption, même si cela ne se traduira par aucune réforme supplémentaire : en décembre 2015, le candidat du gouvernement sortant est battu.

À partir de 2015, une administration Macri qui souhaite devenir le « bon élève » de l'OGP

L'arrivée au pouvoir de Mauricio Macri, à la tête de la coalition de droite et de centre-droit Cambiemos, en décembre 2015 [48], va conduire à une appropriation tout à fait différente de celle de l'administration Kirchner. D'abord car, après près de quinze ans dans l'opposition au niveau fédéral, la coalition élue s'inscrit pleinement dans le principal mot d'ordre des organisations anti-corruption : dénoncer l'opacité et la corruption des élites péronistes. Mais on observe plus largement, en Argentine, une situation caractéristique d'un champ partisan particulièrement clivé, entre élites de gauche et élites de droite et de centre droit, qui se traduit également dans la société civile, y compris en termes de gouvernementalité. Face à une administration péroniste appuyée sur un bloc politique composé de syndicats et d'organisations militantes ancrées à gauche, l'administration Macri trouve quant à elle appui parmi des militants anti-corruption qui se font les promoteurs d'une forme de gouvernementalité libérale fondée sur la « transparence » et la « redevabilité ». Le mouvement pour l'Open Government, en Argentine s'est même d'abord développé au sein de la Ville autonome de Buenos Aires [49], dont Mauricio Macri était le chef de gouvernement depuis 2007, avant d'arriver à la tête de l'État fédéral. C'est là que représentants des organisations anti-corruption et de ses équipes ont commencé à travailler ensemble, et que certains d'entre eux se sont spécialisés sur les enjeux d'Open Government.

La trajectoire de la personne nommée comme « point de contact » pour l'OGP par Mauricio Macri en décembre 2015, illustre la proximité du gouvernement avec le mécanisme. Celle-ci est diplômée en science politique de l'Université de Buenos Aires et d'une université espagnole, ainsi que de la Kennedy School de Harvard, où elle a suivi plus récemment une formation complémentaire en « solutions collaboratives ». Elle a débuté véritablement sa carrière professionnelle au sein du Gouvernement de la ville de Buenos Aires à partir de 2007, année de l'élection de Mauricio Macri. D'abord recrutée au sein de l'unité chargée des politiques de jeunesse, notamment en lien avec des

48. Vommaro G., Gené M., « Argentina: el año de Cambiemos », *Revista de ciencia política*, vol. 37, n° 2, 2017, pp. 231-253.
49. Fumega S., "Opening Cities: Open data in Buenos Aires, Montevideo and Sao Paulo", *Report: City of Buenos Aires*, Open Government Data initiative, 2014.

associations nationales et internationales, de 2010 à 2014, elle devient directrice en charge de la modernisation législative et du renforcement institutionnel au sein de la Législature de la ville. Cela l'amène alors à travailler sur les questions de « transparence » et de « gouvernement ouvert », en lien étroit avec les ONG anti-corruption, mais aussi à commencer à établir des liens avec l'OGP, notamment en se rendant au sommet OGP de Londres en 2013. Elle travaille ensuite sur des enjeux similaires pour la présidence chilienne, pendant un an, avant de devenir coordinatrice pour l'Open Government au sein de la ville de Buenos Aires jusqu'en décembre 2015, quand elle est nommée au sein du gouvernement fédéral. Au sein de la nouvelle administration, les fonctionnaires en charge de l'OGP ont donc une connaissance fine du mécanisme.

Le gouvernement de Mauricio Macri va jouer pleinement le jeu de l'OGP, notamment en mettant en place un principe de « co-création » qui correspond à l'idée initialement imaginée à Washington. L'ancienne militante anti-corruption en Argentine devenue salariée de l'OGP pour l'Amérique latine explique ainsi que l'équipe autour de Mauricio Macri « connaissait déjà le partenariat, croyait dans le partenariat [50] », « et voulait vraiment briller avec ce nouveau processus [51] ». Une chercheuse IRM explique même que le gouvernement veut alors devenir un « très bon élève » de l'OGP : « Ils se comportaient en quelque sorte comme de très bons élèves, et donc ils voulaient une bonne évaluation du professeur [52]. » Cela se traduit par la mise en place d'un mécanisme de « co-création » particulier, la « table nationale du gouvernement ouvert » qui comprend à la fois des fonctionnaires du Secrétariat d'État à la modernisation, du bureau de lutte contre la corruption, du ministère de l'intérieur, et de l'agence d'accès à l'information, et, bien sûr, des organisations anti-corruption, comme Poder Ciudadano et Directorio Legislativo. Celui-ci est largement apprécié par les organisations anti-corruption, comme l'explique la salariée de l'OGP pour l'Amérique latine : « Ils ont fait des réunions dans six provinces, ça a été un an de travail. Il y a eu plus de, je ne sais pas, quarante réunions, ça a été un processus énorme », ce que détaille la chercheuse IRM :

> « Ils sont revenus à la méthodologie qui impliquait des discussions thématiques, des événements, des discussions publiques sur différents sujets, et chacune de ces discussions débouchait sur un engagement lié à ce sujet [...] Le processus ressemblait davantage au type de processus que l'OGP s'efforce de mettre en place. [...] Ils se sont engagés entièrement parce qu'ils le voulaient, car ils n'étaient pas obligés de le faire [53]. »

50. Entretien, salariée pour l'Amérique latine, OGP, janvier 2018.
51. *Ibid.*
52. Entretien, chercheuse IRM, OGP, janvier 2018.
53. *Ibid.*

En 2016, le gouvernement accepte même la principale revendication portée par les organisations anti-corruption : la mise en place d'une loi garantissant l'accès à l'information, sur le modèle étasunien. L'enjeu est à la fois de satisfaire les demandes des organisations anti-corruption, mais aussi d'ouvrir la possibilité de certaines procédures judiciaires contre le gouvernement antérieur, par la déclassification de documents. Mais cette appropriation de l'OGP par l'administration Macri s'explique également par sa stratégie diplomatique, qui se veut à l'opposé de celle de l'administration Kirchner. Celle-ci cherchait à s'inscrire dans des alliances visant à contester un ordre international dominé par les pays occidentaux, avec des gouvernements latino-américains comme celui d'Evo Morales en Bolivie, ou d'Hugo Chavez au Vénézuela. Le gouvernement de Mauricio Macri souhaite au contraire se rapprocher des pays occidentaux, notamment des États-Unis, avec comme principale ambition que l'Argentine devienne membre de l'Organisation de coopération et de développement économique (OCDE), qui promeut elle-même le « gouvernement ouvert ». Cette stratégie d'investissement de l'OGP apparaît tout particulièrement lors du sommet d'Ottawa, en 2019. Les représentants du gouvernement argentin sont nombreux, et surtout des personnalités de haut niveau ont fait le déplacement, comme le ministre de la Modernisation, la Secrétaire de la Chambre des députés, ou encore divers représentants du ministère de la Justice, qui co-organise même avec d'autres organisations un atelier sur l'« ouverture » des systèmes judiciaires. Ils prennent ainsi la parole pour valoriser le travail mené à travers l'OGP en Argentine, aux côté de représentants d'organisations anti-corruption qui sont également présentes, comme Directorio Legislativo. Cette présence a notamment pour but de préparer l'arrivée du gouvernement argentin à la présidence de l'OGP prévue quelques mois plus tard.

À la suite de son arrivée au pouvoir en 2015, le gouvernement de Mauricio Macri s'est donc réapproprié l'OGP dans une logique bien différente de l'administration Kirchner. Son administration a investi pleinement le processus [54], à la fois dans une stratégie internationale de légitimation vis-à-vis des acteurs occidentaux, et d'alignement avec les intérêts de cette société civile opposée à l'administration Kirchner. On a donc bien une forme d'appropriation de la forme de gouvernementalité transnationale que l'OGP cherche à instituer. L'administration Macri cherche cependant non pas tant à s'auto-discipliner, qu'à se légitimer à l'étranger, et à mettre en difficulté les anciens élus et fonctionnaires de l'administration Kirchner, désormais dans l'opposition. Comparer les cas argentin et tunisien permet alors de montrer que l'appropriation de l'OGP peut être différente d'un pays à l'autre.

54. Baglioni S., "Gobierno abierto: su surgimiento y adopción en la Argentina (2013-2022)", *Perspectivas*, n° 7, 2022, pp. 211-214.

Une importation de l'OGP prise dans la recomposition de l'État post-révolution en Tunisie

En Tunisie, c'est durant le changement de régime, à partir de janvier 2011, que se structurent de nouvelles organisations spécialisées dans le contrôle des institutions et des professionnels de la politique, qui s'approprient l'OGP. Mais celui-ci est domestiqué par un État qui les réinscrit dans des pratiques autoritaires anciennes d'« administration électronique ».

De 2011 à 2014, l'OGP comme moyen et symbole du changement de régime

En Tunisie, c'est la fin du régime autoritaire de Ben Ali qui a donné lieu à une mobilisation au nom du « gouvernement ouvert », dont l'Assemblée constituante, mise en place d'octobre 2011 à octobre 2014, a été l'épicentre. Le point de départ est la campagne « #7ell » (ouvre) menée à partir de janvier 2012 par le groupe Open Gov TN [55], constitué majoritairement de militants ayant des formations en informatique, mais auquel se joignent également des journalistes et des militants aux trajectoires plus diverses, souvent actifs dès avant 2011 *via* des blogs. Cet ensemble hétéroclite se mobilise à la fois pour que la constitution intègre des éléments comme le droit d'accès à l'information sur le modèle étasunien, mais aussi pour rendre « transparent » le processus de rédaction du texte, par exemple par la publication des votes nominatifs, ou en autorisant l'accès du public aux débats. Cela conduit à des tensions récurrentes, avec l'administration et la présidence de l'Assemblée. Mais ce moment d'« effervescence pluraliste [56] » se caractérise néanmoins par un alignement des positions prises par ces militants avec celles de certaines élites politiques tout juste arrivées au pouvoir, à la fois quant à ces revendications sur la « transparence » de l'Assemblée, soutenues par certains députés, et quant à l'idée que la Tunisie entre dans l'OGP.

C'est particulièrement le cas de certains membres du Congrès pour la République (CPR), fondé par Moncef Marzouki, ancien Président de la Ligue tunisienne des droits de l'homme en exil en France [57], et élu Président de la Tunisie en 2011, dans une coalition dite « Troïka », avec Ennahda, parti islamiste conservateur, et Ettakatol, d'obédience socialiste. Les trois partis membres de la Troïka étaient dans l'opposition sous le régime de Ben Ali. Leurs membres étaient régulièrement menacés par les forces de sécurité intérieure et parfois contraints à l'exil. Ils partagent donc avec les militants de l'Open Governement la vision d'un État issu du régime de Ben Ali qu'ils considèrent

55. « #7ell : la Tunisie veut l'OpenGov », article publié le 4 janvier 2012 sur le site Nawaat, consulté le 10 septembre 2023 : https://nawaat.org/2012/01/04/opengovtunisia
56. Allal A., Vannetzel M., « Des lendemains qui déchantent ? Pour une sociologie des moments de restauration », *Politique africaine*, n° 146, vol. 2, 2017, pp. 5-6.
57. Ben Mammi R. A., *Redéfinir son action, redéfinir les droits de l'homme*, Mémoire de master, École des hautes études en sciences sociales, 2017.

comme opaque, et qu'ils souhaitent démanteler. C'est là une différence vis-à-vis du cas argentin : en Tunisie, le mouvement pour l'Open Government ne cible pas les élus et les fonctionnaires affiliés à un parti spécifique, mais l'État issu du régime autoritaire de Ben Ali, dont certains acteurs et certaines pratiques persistent au sein d'une administration désormais supposée démocratique.

Certaines de ces élites politiques, qui se sentent à l'aise à la fois avec les outils numériques et avec ce nouveau mécanisme promu depuis les États-Unis, ainsi qu'avec le discours anglo-saxon qu'il charrie, voient alors l'OGP comme un vecteur d'une redéfinition des relations de pouvoir, entre État et citoyens, qui correspondrait à l'État qu'ils souhaitent voir désormais émerger. Cet alignement d'intérêts s'illustre notamment lors du tout premier sommet OGP qui se tient à Brasília en avril 2012. Y participent l'un des fondateurs d'Open Gov TN, Mabrouka Mabrek, une consultante en sécurité informatique de trente-et-un ans installée aux États-Unis, où elle a été élue membre de l'Assemblée constituante au nom du CPR pour les Tunisiens de l'étranger, et enfin Hédi Ben Abbès, maître de conférences en littérature et civilisation anglo-saxonnes à l'Université de Franche-Comté, nommé, après l'élection de 2011, secrétaire d'État aux Affaires américaines et asiatiques pour le CPR. Interviewé lors de l'événement sur la signification de l'OGP, il explique qu'en Tunisie « des mots comme transparence, ouverture, redevabilité, responsabilité, ne voulaient jusqu'ici rien dire pour les gens », et que le travail de son gouvernement est désormais de « faire ressentir » aux Tunisiens le « lien entre l'ouverture, et tous ces concepts, avec leur vie quotidienne, en termes économiques et en termes sociaux [58] ». Pour Mabrouka Mbarek, l'idée était alors de demander des comptes à un État considéré comme particulièrement opaque, dont la plupart des fonctionnaires étaient déjà en poste sous Ben Ali, et d'approfondir ainsi le processus de démocratisation :

> « Avec la chute de Ben Ali s'est développé l'imaginaire tunisien. Tout était possible. Et si on ne savait pas trop quel type de gouvernance populaire était le plus adapté, on savait ce que nous ne voulions pas. Et comme tu le sais, nous sommes des générations très marquées par la violence du régime. Et on ne savait pas trop comment ce régime fonctionnait, qui en faisait partie, etc. Et donc la demande de transparence c'était justement pour que le peuple s'accapare l'État [59]. »

Ces acteurs ont donc une problématisation commune de l'importation de l'OGP en Tunisie. Comme l'explique une militante, l'idée partagée à l'époque

58. Interview vidéo de Hedi Abbas, publié le 20 avril 2012 sur la chaîne youtube de l'OGP, consultée le 10 septembre 2023 : https://www.youtube.com/watch?v=XKhUNm50ySU
59. Entretien, Mabrouka Mbarek, ancienne députée, mai 2023.

est également qu'à travers la révolution, la Tunisie devenait « le centre de ce mouvement international » pour l'« ouverture » des gouvernements [60]. Autrement dit, le soulèvement et le changement de régime tunisiens devaient incarner et symboliser, aux yeux de ces militants et de certaines élites, les idées véhiculées par l'OGP, réactivant au passage un discours sur la place supposée particulière de la Tunisie dans le monde [61]. Cette signification politique de l'OGP va jusqu'au fait, au sein de l'État, de choisir pour officialiser l'entrée de la Tunisie dans le mécanisme, la date du 14 janvier 2014, anniversaire de la fuite de Ben Ali vers l'Arabie Saoudite et donc de son abandon du pouvoir, trois ans plus tôt.

L'enjeu est d'ailleurs également, en devenant membre de l'OGP, de se valoriser auprès des gouvernements étrangers, en particulier celui des États-Unis. Initiateur du processus, celui-ci a fait savoir à plusieurs reprises aux représentants du gouvernement tunisien sa volonté de voir le pays rejoindre le mécanisme. En crise économique et financière majeure au lendemain du soulèvement, celui-ci a besoin de leur aide financière. Entrer dans l'OGP est donc un moyen de satisfaire l'administration Obama ainsi que certaines organisations satellites de celle-ci, comme le NDI, mais aussi certaines organisations multilatérales, comme la Banque mondiale, la Banque africaine de développement, et l'Organisation de coopération et de développement économique (OCDE). Toutes sont très présentes en Tunisie depuis le soulèvement, avec l'objectif d'appuyer la mise en place d'un régime démocratique, et tiennent particulièrement à ce que la Tunisie entre dans l'OGP, dans l'idée de promouvoir des réformes au sein de l'État tunisien, mais aussi pour valoriser le mécanisme lui-même, par l'entrée du pays alors vu comme le symbole de la démocratie à l'échelle mondiale.

L'une des particularités du cas de la Tunisie est alors que l'importation de l'OGP, et la préparation du premier plan d'action, se font dans un espace politique saturé d'acteurs internationaux [62]. L'OCDE met notamment en place un dispositif d'appui à la préparation du premier plan d'action. De mars à août 2014, cela donne lieu à une « consultation nationale » qui consiste en l'organisation de réunions dans différentes régions du pays avec des organisations de la société civile, pour entendre leurs revendications. Comme l'explique l'un des fondateurs d'Open Gov TN, qui participe activement à cette mise en place de l'OGP, cet appui international permet alors de faire pression sur l'État pour respecter le principe de « co-création » :

---

60. Entretien, militante tunisienne pour l'OGP, mai 2023.
61. Hibou B., *La force de l'obéissance*, Paris, La Découverte, 2006, pp. 278-283.
62. Deforge Q., « Une expertise internationale sans "bonnes pratiques" : soutenir la professionnalisation du travail parlementaire dans la Tunisie d'après 2011 », *Critique internationale*, n° 83, vol. 2, 2019, pp. 127-144.

« L'équipe de Paris [de l'OCDE] était directement impliquée et ils ont apporté leur soutien au gouvernement pour organiser les différentes sessions de consultation avec la société civile dans des hôtels de la place et diverses autres choses. Cela permettait de cadrer la cadence et d'engager l'administration dans un processus assez nouveau pour elle. Je me souviens que durant les premières réunions où étaient présents des membres du gouvernement, de l'administration, mais également de la société civile, il y avait de la tension dans l'air mais qui a finalement pu être dissipée par le dialogue afin d'entamer un nouveau type de relations plus coopératif qu'inquisitif et accusateur [63]. »

L'importation de l'OGP en Tunisie se traduit donc, comme le disent les militants, par l'« ouverture d'un espace », c'est-à-dire par le fait d'avoir des interlocuteurs auprès desquels porter leurs revendications au sein de l'État. S'intéresser à ces revendications, et aux militants qui les portent, laisse cependant entrevoir une polarisation croissante, depuis la mobilisation commune en 2012, sur la signification même de l'Open Government. D'un côté, à la suite de Open Gov TN, se constitue le collectif OGP.Dialogue, coordonné essentiellement par des professionnels de l'informatique, comme l'illustre la trajectoire de l'un de ses fondateurs. Ingénieur en informatique, il a créé, après avoir obtenu son diplôme en 1999, plusieurs startups proposant des services numériques, notamment pour le commerce en ligne. En parallèle de son engagement dans le collectif, il créé une application intitulée Web Radar, qui permet d'analyser les flux de données Twitter pour étudier comment les élections sont discutées. Ces militants de l'Open Data voient d'abord l'OGP comme un mécanisme devant conduire à l'adoption par l'État d'outils numériques, en particulier dans le but de le pousser à la publication de données issues des administrations. Ils demandent, par exemple, à ce que l'État prenne des engagements quant à la publication des budgets et des rapports annuels des administrations, de données relatives aux investissements dans le secteur minier et des hydrocarbures, ou encore la simplification des démarches administratives.

D'autres militants considèrent quant à eux les outils numériques d'abord comme des instruments mis au service d'une lutte politique. C'est le cas, par exemple, d'une militante qui a dû s'exiler en France pendant la période de Ben Ali, d'où elle a milité à distance *via* un blog et les réseaux sociaux, avant de revenir en Tunisie en 2011 au lendemain du soulèvement. Suite à la campagne « #7ell », elle cofonde l'organisation Al-Bawsala, spécialisée dans la « transparence » de l'Assemblée tunisienne, construite sur la base d'un modèle similaire à Directorio legislativo en Argentine [64], et qui reçoit des financements interna-

63. Entretien, militant fondateur d'Open Gov TN, mai 2023.
64. Deforge Q., Perez D., « La fabrique transnationale de l'*accountability* », *Revue internationale des études du développement*, n° 248, 2022, pp. 59-86.

tionaux qui permettent de recruter de jeunes militants diplômés [65]. Lors de la préparation du plan d'action, en 2014, l'organisation publie une liste de demandes, qui ont pour but de venir appuyer les revendications qu'elle porte auprès de l'Assemblée : la publication des documents relatifs au travail du parlement, des informations relatives au budget de l'État, ou encore l'établissement d'un cadre permettant la reconnaissance et la protection des lanceurs d'alerte [66]. Pour ces militants comme pour ceux de I-Watch, branche tunisienne de Transparency International, l'Open Government est donc un nouveau registre, étroitement inscrit à la suite des luttes contre le régime de Ben Ali.

En Tunisie, pendant la période post-révolutionnaire de rédaction de la constitution, l'OGP est donc importé par des élites politiques et des militants qui problématisent le mécanisme comme un vecteur de redéfinition des rapports de pouvoir dont la Tunisie serait elle-même le symbole, mais qui sont polarisés sur sa signification : simple outil numérique ou nouveau registre de lutte contre l'héritage du régime de Ben Ali ?

Après 2014, une domestication de l'OGP par des pratiques issues du régime de Ben Ali

L'année 2014 est alors un tournant en Tunisie. La nouvelle constitution a été adoptée par l'Assemblée constituante en janvier 2014, et un nouveau parlement doit être élu en octobre. Pour beaucoup d'anciennes élites ayant fait une partie de leur carrière sous les régimes de Habib Bourguiba puis de Ben Ali, il s'agit alors de mettre fin à ce qu'elles considèrent comme une période d'instabilité initiée en janvier 2011. Ce qui s'est notamment traduit par la prise de pouvoir au sein de l'État d'élites politiques qui lui étaient jusqu'ici extérieures. Ce tournant est visible dans le premier plan d'action, dont la préparation, bien qu'affichée dans une forme de « co-création » se révèle en fait être une déception pour les militants de l'Open Government. Celui-ci comporte certains engagements qui correspondent à leurs revendications, comme l'adoption de plusieurs lois, portant sur les lanceurs d'alertes dans l'administration, mais la plupart ont, en fait, déjà été actés par l'Assemblée. Le collectif OGP.Dialogue dénonce alors dans un communiqué un plan « indigne de la Tunisie », qui caractérise « un acharnement à instrumentaliser la société civile et à la démotiver » :

> « Bien que le cadre de l'OGP ait permis un processus plus participatif, le rôle de cette société civile au sein de la commission consultative, a été fortement conditionné, limitant toute valeur ajoutée dans

65. Ben Mami A., Gobe E., "A new offer of commitment and work for qualified youth? ", *The Journal of North African Studies*, vol. 26, n° 2, 2021, pp. 272-293.
66. Al-Bawsala, *Propositions pour le plan d'action*, 2014.

le plan de réformes, actuellement défini. [...] Aujourd'hui, ces constats remettent en question le succès de ce programme, entament la confiance que pouvait avoir la société civile dans les institutions et présagent des résultats à l'impact très limité. Le plan d'action national OGP occulte les réformes renforçant le contrôle de l'exécutif ainsi que les réformes les plus populaires et les plus souveraines [67]. »

Surtout, comme l'administration Kirchner en Argentine, les représentants de l'État tunisien cherchent à profiter de l'« ambiguïté » du gouvernement ouvert, en le problématisant plutôt comme la modernisation de l'administration par l'usage d'outils numériques, que comme un accroissement de la « redevabilité publique ». La majeure partie des engagements pris par le gouvernement porte sur la mise en place d'instruments numériques, comme un dispositif de pétitions en ligne ou un portail de « données ouvertes ». La particularité de l'importation de l'OGP en Tunisie est cependant que les représentants de l'État réactivent de cette façon un registre de modernisation établi sous le régime de Ben Ali à travers le terme d'« administration électronique ». Le choix d'un « point de contact » pour assurer le suivi de l'OGP en Tunisie en témoigne : il s'agit du directeur général de l'unité d'administration électronique, au sein de la présidence du gouvernement. Formé en informatique dans de prestigieuses universités aux États-Unis dans les années 1980, il a ensuite rejoint l'administration tunisienne, où cette unité a été créée en 2005. Celle-ci visait à organiser l'arrivée d'internet dans les administrations tunisiennes, notamment par la création de leurs premiers sites internet. Il s'agissait alors, pour le régime autoritaire, de valoriser la « modernisation » de l'administration, inscrite dans un projet réformiste, et qui visait notamment à mettre en valeur le gouvernement auprès de ses interlocuteurs étrangers [68].

En Tunisie, dans cette tentative de « domestication [69] », comme le montrait Amin Allal au sujet de la « participation » sous le régime de Ben Ali, le gouvernement traduit donc les « plans d'action », « dans les langages du pouvoir domestique [70] ». L'ancrage de l'OGP au sein de cette unité, et cette problématisation consécutive de l'OGP comme vecteur de numérisation de l'administration, persisteront par la suite, dans la mise en place du second puis du troisième plan d'action. Cela se trouve par ailleurs facilité par la polarisation des militants qui se mobilisent autour de l'OGP, entre des acteurs focalisés sur la dimension numérique, et d'autres inscrits plus ouvertement dans une

67. « Le groupe OGP. Dialogue, en colère, dénonce un plan de réforme indigne de la Tunisie », communiqué de presse, OGP. Dialogue, 23 septembre 2014.
68. Hibou B., « Le réformisme, grand récit politique de la Tunisie contemporaine », *Revue d'histoire moderne & contemporaine*, vol. 56-4, n° 5, 2009, pp. 14-39.
69. Creed G.W., *op. cit.*
70. Allal A., « Penser global, agir dans un bocal : Participation locale, régulation néo-libérale et situation autoritaire en Tunisie (2006-2010) », *Gouvernement et action publique*, vol. 5, n° 2, 2016, p. 154.

contestation de l'État. Pour répondre à l'objectif de « co-création », le gouvernement crée ainsi une « commission mixte » composée de cinq représentants de la société civile et de cinq représentants des administrations, coordonnée par le directeur général de l'unité d'administration électronique. La taille de la commission permet de limiter le nombre d'organisations représentées, et de privilégier des acteurs qui ne s'attaquent pas ouvertement à l'État, mais qui problématisent l'OGP comme relevant d'abord de la mise en place d'outils numériques. De 2014 à 2016, aux côtés de Open Gov TN, centrée sur des enjeux numériques, Al-Bawsala est la seule organisation qui fait partie de la commission à s'inscrire ouvertement dans un registre politique. De plus, deux autres personnes sont instituées comme représentants de la société civile : une professeure d'université et un membre de l'Institut arabe des chefs d'entreprise. Nombre des revendications relatives à l'Open Data sont en effet compatibles avec les réformes portées par l'unité de gouvernement électronique, comme celle d'un portail de données et d'une plateforme de pétitions en ligne, que son directeur présentera au cours des années suivantes comme les principales réussites de l'OGP en Tunisie. En retour, la restriction de la taille de cette commission et la problématisation de l'OGP comme portant sur la modernisation de l'administration contribuent par ailleurs à un désengagement progressif des organisations les plus militantes.

Les rapports d'évaluation successifs disent leurs « insatisfaction » et stipulent qu'il « reste un besoin de promouvoir un plus grand degré de participation civique lors de l'élaboration et de la mise en œuvre des engagements [71] ». Cela ne conduit cependant pas à une exclusion de la Tunisie du mécanisme, et encore moins à un désinvestissement de celui-ci par l'État. L'existence d'une commission, et des mesures en termes de modernisation de l'administration, permettent à l'État tunisien de se maintenir dans l'OGP. L'administration remet ses plans d'action successifs, et cherche même à mettre en valeur sa participation au mécanisme. Ainsi, au sommet de Paris, en 2016, les représentants de l'État tunisien distribuent des petites plaquettes présentant le plan d'action. La même année, alors que l'OGP s'ouvre à des participations de la part de collectivités, l'État tunisien pousse également à l'entrée de plusieurs villes tunisiennes dans le mécanisme, comme celle d'El Kef, qui, avec 55 000 habitants, rejoint notamment Buenos Aires et Paris. Le gouvernement utilise même la préparation du second plan d'action, en 2015, pour apporter une réponse aux revendications issus du mouvement « *Winou el petrol ?* » (Où est le pétrole ?). Des habitants des zones rurales qui entourent les sites d'exploitation, où la pauvreté et le chômage sont élevés, se mobilisent pour demander des emplois. Cela conduit à l'inclusion par l'État dans le deuxième plan d'action OGP, publié en 2016, un engagement à adhérer à l'Extractive Industries Transparency Initiative, une norme internationale qui contraint à rendre publiques les données relatives aux projets extractifs, notamment miniers et

71. Progress Report 2014–15: Tunisia, Independent Research Mechanism, OGP, septembre 2015.

pétroliers. Cet engagement, pris dans le premier puis dans le deuxième plan d'action, ne sera pas tenu, caractérisant un usage stratégique de l'OGP dans la politique nationale.

Mais comme au sujet de la « participation », cette domestication consiste également à faire de l'OGP un mécanisme qui permet à certains individus d'accumuler des ressources. Cela peut être illustré par la trajectoire d'une militante pour l'OGP qui a créé au lendemain du soulèvement de 2011 un réseau d'associations, supposé permettre de nourrir un dialogue sur les besoins en développement en Tunisie. Diplômée d'informatique et de mathématiques, elle se familiarise très vite à la cause de l'Open Data, s'implique dans le collectif Open Gov TN, et joue un rôle moteur dans la fondation des collectifs OGP Tn puis OGP.Dialogue, pour pousser à l'adhésion de la Tunisie. Une fois la Tunisie membre du mécanisme, au sein de la commission mixte, côté « société civile », elle est la principale interlocutrice de l'Unité d'administration électronique, pour parvenir à trouver des compromis. La forte présence d'acteurs étrangers en Tunisie lui permet par ailleurs de trouver les fonds nécessaires pour participer aux sommets de Londres en 2013, puis de Paris en 2016, et de chercher dès lors à se faire la représentante de la société civile tunisienne. À partir de 2019, sa candidature sera même retenue pour faire partie du *steering comittee* de l'OGP.

Après 2014, on assiste donc à une domestication du mécanisme, qui remobilise des pratiques issues du régime autoritaire de Ben Ali. Le gouvernement joue sur l'ambiguïté du gouvernement ouvert en réinscrivant l'OGP dans un discours sur la numérisation des administrations initié bien avant le soulèvement. Il fait même un véritable usage de l'OGP à la fois dans l'espace national, et vis-à-vis de ses interlocuteurs internationaux.

***

L'OGP s'inscrit donc dans une tendance qui consiste depuis les années 1990, pour les organisations internationales et les acteurs occidentaux, à vouloir faire des organisations non-gouvernementales un levier de réforme des États. Ces organisations, pour la plupart spécialisées dans le contrôle des institutions et des professionnels de la politique, cherchent effectivement à utiliser ce mécanisme pour s'imposer vis-à-vis des administrations et des élus dans leurs propres espaces nationaux, et conduire à des réformes. Les militants qui les constituent ont cependant parfois des appréhensions différentes de l'Open Governement : tandis que des militants ayant souvent une formation en informatique font du déploiement d'outils numériques un objectif en soi, d'autres, davantage politisés, ne voient en eux que les instruments d'une lutte politique bien plus large. Enfin, alors que ces organisations ciblent les élites et les fonctionnaires affiliés au péronisme en Argentine, elles visent l'ensemble d'un État vu comme l'héritage du régime de Ben Ali, en Tunisie.

L'OGP vise donc en cela à instituer une forme de gouvernementalité transnationale, construite autour de « plans d'action » supposés contraignants, mais aussi d'un discours propre fondé sur l'idée de « co-création » entre « réformateurs », le tout étant entretenu par une sociabilité réformatrice diffusée notamment dans les événements internationaux. L'étude des cas argentin et tunisien montre qu'une forme de gouvernementalité transnationale s'établit effectivement autour de cet instrument et de ce discours, qui sont réappropriés pour s'inscrire dans les singularités propres aux deux espaces politiques. On mesure également tout l'intérêt qu'ont les États à jouer le jeu de ce processus qui participe à les positionner, vis-à-vis de leurs interlocuteurs internationaux, parmi les pays travaillant « en partenariat » avec la société civile. Ceux-ci dédient des ressources à l'entrée dans ce mécanisme, se prêtent au jeu de la préparation des plans d'action et des engagements, se soumettent aux rapports d'évaluation, et mettent en place des dispositifs au nom de la « co-création » avec les organisations non-gouvernementales. En Tunisie comme en Argentine, celles-ci ont même le sentiment qu'un « espace » s'est effectivement « ouvert » avec le gouvernement. Autrement dit, ils ont désormais des interlocuteurs auprès desquels exposer leurs revendications. L'OGP est donc bien en cela un point d'appui pour des organisations anti-corruption qui l'intègrent comme un nouveau standard international vis-à-vis duquel elles demandent publiquement à leurs gouvernements de se plier, en s'appuyant notamment sur des rapports d'évaluation qui viennent le plus souvent sanctionner les actions de ces derniers.

Cette tentative d'instituer une forme de gouvernementalité transnationale ne conduit cependant pas pour autant, comme projeté initialement, à une capacité des organisations anti-corruption à contraindre leurs gouvernements à mener des réformes. L'Argentine pourrait apparaître comme un cas où cette forme de gouvernementalité transnationale s'est effectivement instituée, alors que ce n'est pas le cas en Tunisie. En réalité, les cas argentin et tunisien présentent un point commun : les élites politiques tunisiennes et argentines qui reprennent à leur compte l'OGP cherchent d'abord à faire peser cette contrainte sur les gouvernements antérieurs, en s'attaquant à l'État issu du régime de Ben Ali en Tunisie, et en ciblant les élites péronistes qui viennent de quitter le pouvoir en Argentine. Les « plans d'action », instrument central de l'OGP supposé véhiculer cette forme de gouvernementalité transnationale, peuvent être domestiqués pour faire de l'OGP un moyen pour les gouvernements de se valoriser, ce par deux moyens principaux. Les gouvernements profitent d'abord de l'« ambiguïté » du gouvernement ouvert qui consiste à le problématiser non pas comme une redéfinition des rapports de pouvoir, mais comme une modernisation de l'administration par des outils numériques. Ils parviennent également à faire de cette « co-création » un dispositif de participation qu'ils sont en partie en mesure de contrôler.

Les associations, la société civile et l'État

Pierre LASCOUMES

Pierre Lascoumes est directeur de recherche émérite CNRS, CEE, SciencesPo.

Dans ce dossier, une entrée par la société civile peut sembler dérisoire tant nous sommes conditionnés à envisager la lutte contre la corruption à travers l'action de l'État. Dès le XVe siècle, des édits et ordonnances royales ont incriminé différentes formes d'atteintes aux biens du roi, qui faisaient partie des « Crimes de lèse-majesté » de second chef. Il n'existait pas encore de code pénal mais un recueil de 1752 [1] en dresse l'inventaire. À partir de la révolution (1791), les infractions sont plus nombreuses et mieux spécifiées [2]. Enfin, des organismes spécialisés ont été développés dans la seconde partie du XXe siècle [3]. Dans un premier temps, jusqu'au milieu du XXe siècle, c'est la puissance publique qui défendait ses propres intérêts contre les différentes formes de prévarication (concussion, détournement d'argent public, forfaiture). Mais, à l'inverse, dans un deuxième temps, la création des associations a surtout eu pour but de dénoncer et de lutter contre la corruption au sein de l'État et cela de deux façons : soit parce que ces groupements de citoyens constataient l'inertie des gouvernants et des institutions répressives en ce domaine, soit parce qu'elles entendaient mettre en lumière la corruption des dirigeants et des institutions étatiques elles-mêmes, ces deux aspects étant souvent mêlés.

Cette double dimension est significative de l'action associative qui se trouve souvent dans une situation paradoxale : d'un côté, elle se propose de compléter l'action de l'État par la défense de dimensions de l'intérêt général qui sont ignorées ou minorées par lui [4]. Mais en même temps, l'État est souvent la cible de cette action associative qui dénonce les atteintes à la probité commises par les gouvernants, c'est-à-dire les appropriations privées du bien

1. *Code pénal ou recueil des principales ordonnances, édits et déclarations*, 1752, Paris, Dessaint et Saillant. Fausse monnaies (p. 30), Péculat et malversation des finances (p. 74), Atteintes aux droits de fermage (p. 75), Concussion (p. 79).
2. Lascoumes P., Poncela P., Lenoël P., *Au nom de l'ordre, une histoire politique du code pénal*, Paris, Hachette, 1989.
3. Cf. la deuxième partie de l'article.
4. Chevalier J. (dir.), *Variations autour de l'idée d'intérêt général*, Amiens, CURAPP, 1978.

public par des dirigeants et leurs inféodés. Max Weber avait déjà repéré ce phénomène en montrant que la seule possibilité de résistance à la bureaucratie réside dans l'organisation d'instances de contre-expertise faisant contrepoids au monopole de l'expertise publique [5]. Mais cela suppose une autonomie, jamais acquise, de tels groupements. Il y a là une tension sociologiquement intéressante entre, d'un côté, le rôle collaboratif des associations et, de l'autre, leur projet de vigilance critique. Ce phénomène est particulièrement net dans les sociétés libérales à la française où les associations reçoivent sous certaines conditions un statut public (agrément), des subventions et, pour certaines d'entre elles, des pouvoirs (participation à des structures publiques, droit d'ester en justice). Ce statut est assez général, qu'il s'agisse du secteur de la famille, de la santé, de la consommation ou de l'environnement. La situation est très différente dans les régimes autoritaires et dans beaucoup de pays en développement. Dans ces derniers cas, les ONG ont avant tout des objectifs critiques dans la mesure où elles agissent pour établir ou renforcer les fonctionnements démocratiques. La lutte contre le népotisme et l'appropriation des biens communs est au centre de leur action. Elles sont aussi régulièrement entravées ou interdites par les autorités politiques [6].

L'action associative est aussi dépendante des contextes dans lesquels elle se déploie. Le cas de la France est particulièrement intéressant sous cet angle dans la mesure où il s'agit d'une organisation sociale qui se caractérise par un niveau de dissonance important au sujet de la corruption. Cela se manifeste de plusieurs façons. D'une part, différentes enquêtes tant qualitatives que quantitatives ont montré les ambiguïtés, voire les contradictions des citoyens à l'égard des atteintes à la probité [7]. D'un côté, la perception du niveau de corruption est élevée, surtout s'agissant des élites. Mais d'un autre côté, la corruption n'apparaît pas comme un enjeu prioritaire. Ce qui est confirmé par l'orientation des votes, censés sanctionner les méconduites des responsables publics qui attestent des faiblesses du soutien apporté par les citoyens à la lutte contre la corruption [8]. De plus, comme nous le montrerons dans la deuxième partie de l'article, une proportion importante de la population se montre réservée tant à l'égard de la dénonciation (*whistleblowing*) qu'à celui du rôle des associations en ce domaine. D'autre part, l'action associative est amenée à

5. Max Weber parle de « *organisiertes Fachwissen* », *Wirtschaft und Gesellsschaft*, Tübingen, Verlag von J.C. Mohr, 1964, p. 164. Lascoumes P., « Les associations de défense de l'environnement, pivots de la politique publique », *L'Éco-pouvoir*, Paris, La Découverte, 1994, pp. 193-263.
6. En Russie, l'opposant Alexei Navalny, créateur du site *Rospil*, a été l'objet d'incessantes tentatives d'élimination et d'accusations d'extrémisme : Favarel Garrigues G., *La verticale de la peur*, Paris, La Découverte, 2023. Au Mexique, la principale association est *Contra la corrupcion*, voir dans ce numéro l'article de Romain Busnel et Hélène Combes. Pour la Slovaquie, voir l'association *Via Iuris*.
7. Mény Y., *La corruption de la République*, Paris, Fayard, 1992 ; Lascoumes P. (dir.), *Favoritisme et corruption à la française, petits arrangements avec la probité*, Paris, Presses de SciencesPo, 2010. Boy D., Bristielle A., *Les attitudes des Français à l'égard de la corruption*, Fondation Jean Jaurès, 2024.

se substituer ou à soutenir l'action des organes publics de contrôle aux pouvoirs limités [9], alors que l'intervention judiciaire demeure timorée. Ainsi, dans un tel contexte, il est nécessaire de s'interroger sur le positionnement des associations entre leurs trois pôles d'action : la mobilisation de l'opinion publique, le complément de l'action publique et la critique sociale. Ces pôles sont-ils antagonistes ou complémentaires ? Toutes les associations se positionnent-elles de la même façon ? Quelles configurations forme leur combinaison ?

Je présenterai dans une première partie un bref historique des associations de lutte contre la corruption en France en caractérisant leurs conditions de création et leurs principaux modes d'action. Je proposerai sur cette base une typologie de ces groupements. Puis, dans une deuxième partie, je soulignerai l'importance de ces actions associatives dans le contexte de la société française qui se caractérise par un niveau de tolérance à la corruption relativement élevé et une faible réaction sociale.

Bref historique des associations de lutte contre la corruption

L'histoire de ces associations reste à faire, je ne livrerai que quelques indications surtout pour l'aspect international [10]. La création de ces nouveaux « chevaliers blancs » s'inscrit dans une dynamique qui prend forme dans les années 1990. En 1992, le Conseil de l'Europe crée un « Groupe multidisciplinaire sur la corruption », officialisant la corruption comme problème public [11]. D'autres organismes ont suivi, ainsi l'OCDE en 1997 et le FMI et la Banque mondiale en 1998 ont développé de nouveaux critères de bonne gestion économique [12].

8. Ainsi Jacques Chirac, malgré sa condamnation en 2011 pour détournement de fonds public et abus de confiance à deux ans d'emprisonnement avec sursis, est resté jusqu'à sa mort un des hommes politiques préférés des Français, avec des scores autour de 40 % d'avis favorables. Cf. de Closets F., « Pourquoi les Français aiment tant Chirac », *Les Échos*, 2 octobre 2019. Malgré diverses poursuites et condamnations, Patrick Balkany est resté trente et un ans maire de Levallois et député (1988-2017). Il a finalement été condamné à de l'emprisonnement ferme en 2019 pour fraude fiscale. Et seule sa peine d'inéligibilité semble avoir fait obstacle à la poursuite de sa carrière locale.
9. Il existe trois agences au rôle complémentaire : l'Agence française de lutte contre la corruption, la Commission nationale des comptes de campagne et la Haute autorité de la transparence de la vie publique (cf. deuxième partie).
10. Par souci d'exhaustivité, il faut indiquer l'existence de l'Association pour une démocratie directe, agréée par la Haute autorité de la transparence dans la vie publique en tant qu'association luttant contre la corruption et les conflits d'intérêts. Mais elle ne s'est jamais vraiment manifestée sur ces sujets. Proche du parti Les Républicains, elle milite surtout en faveur d'un référendum d'initiative populaire et se veut très critique du président Macron.
11. Smulders J., « Le Groupe d'États contre la corruption (GRECO) et la transparence en matière de comptabilité des partis politiques », *Courrier hebdomadaire du CRISP*, vol. 12, n° 2377, 2018, pp. 5-44.
12. de Sousa L., "Anti-Corruption Agencies: Between Empowerment and Irrelevance", *Crime, Law and Social Change*, vol. 53, n° 1, 2010, pp. 5-22 ; Dommel D., « La corruption internationale au tournant du siècle », *La revue internationale et stratégique*, vol. 43, n° 3, 2001, pp. 79-85.

En mai 1993, un allemand, Peter Eigen, ancien directeur de la Banque mondiale pour l'Afrique et l'Amérique latine (1975-1981), s'allie avec un américain également ancien de la Banque mondiale devenu communiquant, M. J. Herschmann, et un homme d'affaires, G. Moody Start, pour créer Transparency international (TI) [13]. Son siège est situé à Berlin. Ces acteurs ont voulu utiliser la voie associative pour atteindre des buts qu'ils n'avaient pas pu atteindre au cours de leur activité professionnelle. Ironiquement on peut parler de « rachat caritatif » pour les opérations qu'ils ont menées ou cautionnées durant leur carrière. Leur but est double : rendre visible l'ampleur des pratiques de corruption et exercer des pressions sur les États et les organisations internationales afin qu'elles adoptent des mesures normatives efficaces. TIF (France) se définit ainsi : « Transparency International est l'organisation mondiale, issue de la société civile, en pointe de la lutte contre la corruption. Elle rassemble les peuples à travers une puissante coalition mondiale dans le but de mettre fin à l'impact dévastateur de la corruption sur les hommes, les femmes et les enfants dans le monde entier. La mission de Transparency International est d'instiguer des changements jusqu'à ce que le monde soit libre de toute corruption [14]. »

L'organisation Transparency International a un mode de fonctionnement très décentralisé. Elle possède un secrétariat central en Allemagne et est divisée en quatre-vingts sections nationales présentes sur les cinq continents. Chacune d'elles est autonome, tant du point de vue financier qu'opérationnel. En effet, chaque section est chargée de trouver seule des financements, qui sont en grande partie assurés par les cotisations et les dons des membres. L'association est également soutenue financièrement par quelques agences gouvernementales, des fondations, des entreprises privées et des donateurs individuels.

Transparency International France est créée en 1995 et dirigée alors par Daniel Lebègue, ancien industriel. L'association comptait en 2021 186 adhérents, 670 donateurs et disposait de sept salariés. Durant ses premières années, elle a surtout été visible pour le palmarès qu'elle dresse annuellement du degré de corruption perçu dans 180 pays : c'est leur « indice de perception ». Les enquêtes auprès de la population sont complétées par des enquêtes auprès des acteurs économiques exportateurs qui informent ainsi sur les pratiques des pays importateurs et les pots de vin qu'il est nécessaire de verser pour commercer. Bien qu'assez flou, l'algorithme [15] qui produit le classement final est surtout un excellent moyen de communication. Ses résultats sont amplement repris par les médias et les commentateurs qui comparent les progrès et reculs

---

13. Voir https://www.transparency.org et https://niajamaica.org/history-of-transparency-international/, consulté le 5 avril 2024.
14. Voir https://transparency-france.org/, consulté le 5 avril 2024.
15. Louis G., « De l'opacité à la transparence : les limites des perceptions de la corruption de Transparency International », *Déviance et société*, vol. 31, n° 1, 2007, pp. 41-64.

des pays dans le classement. C'est finalement plus un outil de sensibilisation du public et des acteurs politiques qu'un véritable instrument de mesure. Pour 2021, vingt-cinq pays ont vu leur notation progresser, alors qu'elle a baissé pour vingt-trois. L'Europe occidentale est toujours en tête du classement. La France est en position stable avec une 22e place et une tendance à une lente amélioration.

Le deuxième rôle important de TIF est le lobbying auprès du gouvernement. Chaque publication de l'indice est l'occasion de rappeler au gouvernant l'importante marge d'amélioration du pays. Ainsi, après les deux lois de début de mandat d'E. Macron sur la moralisation de la vie publique, TIF note un « essoufflement dans les réformes » et « des attaques régulières contre les institutions et organismes de lutte contre la corruption [16] ». TIF établit régulièrement un suivi de la loi Sapin 2 et des deux lois de 2017 sur « la confiance dans la vie politique » dont une partie seulement a été réalisée. En 2021, TIF a relayé les remarques critiques de L'OCDE sur le « manque cruel de moyens et d'indépendance » des acteurs publics de lutte contre la corruption et « l'attentisme du gouvernement ». À l'occasion de l'évaluation mutuelle de la France sous l'égide du GAFI [17], TIF a « souligné les faiblesses et vulnérabilités du dispositif français de lutte anti-blanchiment », surtout en ce qui concerne le blanchiment de la corruption étrangère sur le territoire français. Elle a également souligné « les progrès à réaliser en matière de transparence des informations sur les bénéficiaires effectifs des sociétés ». Enfin, à l'occasion de la campagne présidentielle de 2022, TIF a réalisé un bilan de la première mandature d'E. Macron. Parmi des résultats partiellement positifs, TIF reprend les résultats du baromètre réalisé par le CEVIPOF [18] qui indique qu'entre 2017 et 2022, le niveau de confiance est passé de 35 % à 45 % mais reste toujours inférieur à 50 %. Ce document est assorti d'une série de propositions concrètes pour améliorer la transparence et limiter les jeux d'influence : encadrer les reconversions professionnelles des parlementaires (limitation du lobbying par les anciens élus nationaux, publicisation des demandes de reconversion dans le privé, etc.) ; meilleure prévention des conflits d'intérêts (plafonner les rémunérations annexes aux fonctions parlementaires, mise à jour annuelle des déclaration d'intérêts, plafonnement de la valeur des cadeaux acceptables, etc.) ; créer un statut de collaborateur parlementaire ; renforcer la transparence du lobbying ; rendre plus transparente l'utilisation des frais de mandat ; renforcer la transparence financière sur les comptes du Parlement, etc. Cet engagement dans le suivi des politiques pénales a conduit TIF à soutenir le gouvernement lors de la création de la « Convention judiciaire d'intérêt public » qui aboutira en 2016. Au nom de l'efficacité et du pragmatisme, l'association a estimé que

16. Transparency international France, Rapport moral, « Ensemble contre la corruption », 2021, p. 13.
17. GAFI, Groupe d'action financière international, centré sur la lutte anti-blanchiment.
18. SciencesPo, Cevipof, « Baromètre de la confiance politique », mars 2022.

cette procédure qui dispense les entreprises d'un procès grâce à une procédure simplifiée, le paiement d'une amende et des engagements de mise en conformité était favorable par sa rapidité et sa discrétion à la lutte contre la délinquance économique et financière [19]. On sent là le lien entre TIF et les grandes entreprises. Elle se distingue en cela des avis d'Anticor et Sherpa qui étaient opposés à cette innovation. La position de TIF est aujourd'hui discutée dans la mesure où l'application de la CJIP a été progressivement étendue aux délits de fraude fiscale (2018) et d'atteintes environnementales (2020) dont il n'était pas question au départ.

Durant ces dix premières années (1995-2005), TIF a essentiellement mené des actions de diagnostic sur l'état des pratiques de corruption en France et effectué des recommandations à destination du gouvernement et du Parlement. Elle dispose de l'agrément pour agir en justice, mais l'utilise assez peu, de l'ordre de deux nouvelles constitutions de partie civile par an. En 2024, dix procédures étaient en cours. Cinq procédures concernent « les biens mal acquis » (voir ci-après) : deux des actes de corruption de fonctionnaires étrangers (Madagascar et Afrique) et trois concernent des fraudes au marché public par des collectivités locales). La procédure la plus spectaculaire relative aux « biens mal acquis » est menée en lien avec l'association Sherpa. Il s'agit de blanchiment en France de sommes détournées par des dirigeants africains. Les premiers dossiers concernent Omar Bongo et ses enfants pour le Gabon [20], Teodoro Obiang le vice-président de la Guinée orientale, et Denis Sassou-Nguesso pour le Congo Brazzaville. Parmi les procédures commencées en 2007, une seule a abouti à ce jour : Teodoro Obiang a été condamné en première instance en 2017 [21]. Dans les autres cas, les procédures sont devenues labyrinthiques. Ainsi, TIF tient un rôle central dans le domaine de la lutte en faveur de la probité, tant au plan national qu'international. Elle est l'interlocuteur privilégié des gouvernements et se différencie par sa modération des positions plus radicales de ses concurrentes. Elle est aussi un des membres fondateurs de La Maison des lanceurs d'alerte.

La Maison des lanceurs d'alerte (MLA) est une association créée le 22 octobre 2018. Elle est née de la conjonction entre deux initiatives : celle de la fondation Sciences citoyennes, qui apporte son soutien aux lanceurs d'alerte dans le domaine scientifique, et celle de l'association Transparency International France qui se mobilise à partir de 2004 pour faire évoluer la loi Sapin 1 (1993) afin de renforcer la protection des lanceurs d'alerte. Après quelques difficultés, les deux associations parviennent à constituer un collectif de dix-sept membres regroupant des associations et des syndicats [22]. Elles se sont inspirées du collectif anglais Protect, anciennement *Public Concern At*

19. Lascoumes P., « Négocier sa responsabilité et sa peine », *L'économie morale des élites dirigeantes*, Paris, Presses de SciencesPo, 2022, pp. 196-204.
20. *Le Monde*, 19 juillet 2022.
21. Trois ans d'emprisonnement, amende de 30 millions€, saisie de 150 millions€.

Work, qui avait pour missions l'accompagnement des lanceurs d'alerte, le plaidoyer et la formation. En 2022, Mediapart est le premier media indépendant à rejoindre ce collectif. La MLA atteindra un de ses objectifs en 2022 avec la loi Sapin 2 qui comporte des dispositions plus protectrices que la précédente, retirant en particulier le passage obligé de la plainte par la voie hiérarchique. La direction de la MLA est collégiale, elle définit les buts, les modes d'organisation et de financement [23] ainsi que les actions. La MLA propose des conseils juridiques et du soutien psychologique aux lanceurs d'alerte pour faire valoir leurs droits, en particulier lorsqu'ils sont l'objet de représailles professionnelles et d'attaques médiatiques téléguidées.

Deux ans après sa création en 2020, la MLA a accompagné un peu plus de deux cents personnes. Parmi les cas signalés, 38 % concernaient la dénonciation de corruption, 19 % des maltraitances au travail, et 17 % la santé, la pollution et les atteintes à l'environnement. Début 2022, elle avait soutenu trois-cent-seize lanceurs d'alerte et quatre-cent-treize début 2023. En 2019, la MLA a par exemple accompagné Denis Breteau dans sa dénonciation d'appels d'offres truqués au sein de la SNCF. L'entreprise a été condamnée pour l'avoir licencié en guise de représailles (Cour d'appel de Lyon, arrêt du 28 novembre 2019) [24]. Enfin, la MLA agit au niveau international pour faire adopter des lois assurant la protection des lanceurs d'alerte dans tous les pays, et en priorité dans l'Union européenne. Une directive européenne a été adoptée en 2019. La MLA est membre du *Whistleblower International Network* (WIN).

L'association Anticor est la deuxième organisation centrée sur la lutte contre la corruption et la défense des principes démocratiques [25]. Trois traits la distinguent de Transparency : son ancrage politique à gauche, l'importance donnée aux actions judicaires et l'attention portée à la défense de la probité au niveau local. L'association est fondée en 2002 par Séverine Tessier, militante socialiste et élue locale qui s'allie avec le juge Eric Halphen. Au milieu des années 1990, ce magistrat a été en charge de l'instruction des dossiers de rénovation des HLM de la ville de Paris puis des Hauts-de-Seine comportant de possibles financements politiques [26].

22. Anticor, Attac, BLOOM, CFDT Cadres, CRIIGEN, Gisti, Greenpeace France, Nothing2Hide, Le Pacte civique, PPLAAF, Réseau Environnement Santé, Sciences citoyennes, Sherpa, Union syndicale Solidaires, Syndicat National des Journalistes, Transparency International France, Union générale des ingénieurs, cadres et techniciens CGT.
23. Les principaux financeurs sont : la Fondation Charles Léopold Mayer et Open Society Initiative for Europe.
24. Autres dossiers : dossier SIM37 simulateur d'accouchement (2020), Dedalus faille dans un logiciel d'analyse médicale (2020), affaire Benmohamed dénonciation de racisme et maltraitances au tribunal de Paris (2020), affaire Thales pour achat de matériel par l'ONU.
25. Pour un regard interniste sur l'association et son évolution, voir dans ce numéro l'entretien avec Eric Alt, magistrat, vice-président d'Anticor.
26. Il a été victime d'une tentative de déstabilisation initié par un élu des Hauts-de-Seine (Didier Schuller). Après une interruption, il reprend l'instruction de ses dossiers et envisage en 2001 de convoquer le président Jacques Chirac. Désavoué par la Cour de cassation en 2006, il se

Durant ses premières années, Anticor se fait connaître par une interpellation régulière des candidats aux élections nationales et locales. Elle leur demande de se positionner par rapport à une charte comportant douze engagements (non cumul des mandats et des fonctions exécutives, gestion transparente des fonds publics, reconnaissance des droits de l'opposition, formation des élus aux pratiques probes, reconnaissance d'un droit d'alerte des employés municipaux, prise en compte du rôle des citoyens dans la gestion des villes, durcissement des actions de lutte contre le lobbying et les conflits d'intérêts, renforcement de la transparence des déclarations de patrimoine et de revenu des élus et candidats, etc. [27]). Le texte de la charte est adapté progressivement aux différents types d'élection (régionales, européennes). On considère que les dispositions de ces Chartes sont plus exigeantes que celles de Transparency international France.

Grâce à ses nombreuses implantations locales, l'association rend publics les dysfonctionnements dans les décisions locales, effectue des signalements à la justice et se constitue régulièrement partie civile [28]. Il faut ici rappeler que c'est grâce à la constitution de partie civile d'Anticor que l'ex-président J. Chirac a été condamné pour les emplois fictifs de la ville de Paris au profit du RPR. De façon étonnante, la ville (principale victime) avait retiré sa plainte et le procureur avait fait savoir qu'il ne requerrait pas de condamnation. Anticor avait donc été seule à porter l'accusation. J. Chirac est finalement reconnu coupable le 15 décembre 2011 de détournement de fonds publics et d'abus de confiance. Même si sa constitution de partie civile n'a pas été reçue, l'image d'Anticor comme plaideur intransigeant est désormais établie. Il faut attendre 2013 pour que soit institué un agrément pour les associations anti-corruption. Cet atout permet à Anticor d'intervenir dans de nombreuses affaires où le parquet ne prend pas d'initiatives ou procrastine : c'est le cas dans le dossier de détournement de fonds publics qui vaut finalement à Hubert Falco, homme puissant dans le Var, une condamnation de trois ans d'emprisonnement avec sursis et une peine d'inéligibilité (Marseille, 14 avril 2023) [29]. Une autre procédure est en cours à Toulon pour corruption dans la société HLM. Parmi les actions les plus récentes, notons le signalement au parquet de Jean B. Lévy, ancien dirigeant d'EDF que l'association met en cause pour prise illégale d'intérêt à l'occasion de la renationalisation de l'entreprise. L'association s'attaque à des proches du gouvernement tels l'ancien président de l'assemblée nationale, Richard Ferrand, et le secrétaire général de l'Elysée, Alexis Kohler, l'un et l'autre mis en cause pour prise illégale d'inté-

---

met en disponibilité puis réintègre la magistrature en 2007 où il est affecté à la Chambre qui traite de la propriété intellectuelle. Il a été plusieurs fois candidat à des élections sous l'étiquette socialiste.

27. Également, suspension des élus condamnés pour délits financiers en première instance, inéligibilité définitive des élus condamnés, suspension de l'accès aux marchés publics des entreprises condamnées pour lobbying illicite.
28. Alt E., Van Beneden E., « Résister à la corruption », *Tracts*, n° 36, 2022.
29. Ceilles M., « Procès en appel de H. Falco », *Le Figaro*, 25 mars 2024.

rêt. Anticor a demandé en 2023 à être reconnue partie civile dans de possibles détournements à l'Agence de garantie de salaires ; une demande de même type porte sur un conflit d'intérêts à l'hôpital Edouard Herriot de Lyon. Enfin, Anticor s'est constituée partie civile contre la Fédération française de tennis en avril 2023 en raison d'un système de revente de billets. L'association est partie prenante de près de cent-soixante dossiers du même type.

L'association est aujourd'hui formée de six-mille-sept-cents membres répartis dans soixante-treize groupes locaux, mais elle traverse depuis 2020 une délicate crise interne [30]. Tout d'abord, des membres du conseil d'administration se sont opposés à l'appartenance d'élus à l'association et demandaient une modification des statuts. Le conflit a été tranché par une consultation des membres qui a mis les contestataires en minorité. D'autres membres ont alors mis en cause les fonctionnements internes, surtout la prééminence du bureau qui induirait les orientations politiques de l'association et sa focalisation sur les acteurs politiques de droite. Le problème est devenu public à l'occasion du renouvellement de l'agrément de l'association en 2022. En raison de relations conflictuelles avec le Garde des sceaux, c'est finalement le premier ministre Jean Castex qui a instruit le dossier. Il a tardé à prendre sa décision pour deux raisons. Tout d'abord, un don de 64 000 € effectué par un homme d'affaires connu pour financer des organisations de gauche, ce qui aurait porté atteinte au désintéressement d'Anticor. Cette somme ne représente pourtant que moins de 20 % du budget [31]. Cette situation a conduit les dissidents à reprocher à l'association son manque d'indépendance politique [32]. L'agrément a finalement été accordé sous condition mais immédiatement contesté par deux opposants devant le tribunal administratif car il ne respecterait pas un des critères d'octroi de l'agrément : « le caractère désintéressé et indépendant » (décret de mars 2014). À l'audience, la rapporteure publique a demandé l'annulation de cet agrément « clairement entaché d'une erreur de droit ». Le jugement a été rendu le 23 juin 2023 : il a été défavorable à l'association qui a ainsi perdu son agrément avec effet rétroactif. L'association a fait appel du jugement devant la Cour d'appel administrative de Paris. Malgré le soutien inattendu de la Première ministre, Elisabeth Borne, la Cour a confirmé l'annulation de l'agrément le 15 septembre 2023. L'association a immédiatement déposé une nouvelle demande d'agrément qui est toujours en instruction.

30. Anticor avait déjà eu des ennuis avec les autorités judiciaires. En 2019, son vice-président, magistrat, avait été l'objet d'une enquête administrative pour des prises de position publiques sur des dossiers judiciaires. Laurent S., « Une association accusée de politisation », *Le Monde*, 19 septembre 2019.
31. Il s'agit de l'homme d'affaires Hervé Vinciguerra. Ces fonds, dont l'origine était contestée par les opposants, proviendraient en partie de holdings situées au Luxembourg et à Singapour. De plus, sans le prouver, les mêmes le soupçonnent de faire des dons fléchés pour privilégier des procédures contre des élus de droite ou proches du gouvernement.
32. Dupré R., « Incertitude juridique pour Anticor, privé de son agrément », *Le Monde*, 25/26 juin 2023 ; Tellier M., « Secrets d'info », *France Inter*, 30 mars 2024.

On le voit, la « contre-expertise » des décisions publiques promues par Max Weber (cf. *supra* note 5) a un prix. C'est ce que montre la contestation de l'agrément d'Anticor qui peut être mise en relation avec celle subie récemment par La ligue des droits de l'homme (LDH) [33]. Un sénateur puis le ministre de l'Intérieur et la première ministre ont menacé de réduire, voire de suspendre ses subventions. Sont en cause ses positions vis-à-vis de l'islam, jugées contraires à la laïcité. Un éditorial du *Monde* a rappelé que l'objet de l'association était de « protéger les droits individuels de toute personne y compris ceux des déserteurs et des terroristes, elle n'a cessé depuis 125 ans de bousculer l'État [34] ». À cette occasion, le journal rappelle que « la démocratie a besoin d'associations indépendantes ». C'est en effet la condition de base d'une contre-expertise crédible. La tension entre l'État et les associations se manifeste dans de nombreux domaines, comme par exemple celui de l'assistance sociale [35]. Un exemple encore plus récent oppose l'association Emmaüs à l'État. Depuis le mois de juillet 2023, certaines associations affiliées [36] du nord de la France se sont mises en grève pour protester contre la politique restrictive de l'État en matière de régularisation des sans-papiers et le manque de courage des instances nationales de l'association en ce domaine [37].

Ce type de problème ne s'est pas posé de la même façon pour les deux autres associations de lutte contre la corruption, moins visibles et moins actives que les deux premières : Sherpa et l'Observatoire de l'éthique publique. Ce sont des associations de spécialistes : des juristes dans le premier cas, des juristes et quelques politiques dans le second. Sherpa a été créée par un avocat, W. Bourdon, en 2017. Son objectif est de protéger et défendre les populations en luttant contre l'impunité des acteurs économiques. Elle est orientée vers l'international mais s'associe ponctuellement à Transparency et Anticor pour des dossiers concernant aussi la France, comme l'affaire des Biens mal acquis (cf. *supra* note 20) et les relations avec le régime Lybien [38]. Dans cette dernière affaire, Sherpa a porté plainte en 2011 au sujet du financement de la dernière campagne présidentielle de N. Sarkozy. En août 2023, celui-ci a été renvoyé en correctionnelle pour corruption avec douze autres personnes, dont trois anciens ministres. Sherpa mène aussi des actions contre le blanchiment d'argent, tels certains dossiers libanais, en particulier celui concernant Riad Salamé, gouverneur de la banque nationale du Liban. Mis en cause depuis 2021, celui-ci est finalement mis en examen en avril 2023, mesure assortie d'un mandat d'arrêt international. Sherpa dénonce sous diverses formes l'opacité des sociétés multinationales et critique fortement le

---

33. Agrikoliansky E., « La ligue des droits de l'homme contre l'État », *AOC*, 8 mai 2023.
34. *Le Monde*, le 18 avril 2023.
35. Aranda M., « L'État, les associations et le vagabondage », *Gouvernement et action publique*, vol. 12, n° 2, 2023, pp. 9-33.
36. Emmaüs est organisé en communautés autonomes.
37. Traullé F., « Le modèle Emmaüs remis en question », *Le Monde*, 21 septembre 2023, p. 10.
38. https://www.asso-sherpa.org.

texte d'origine européenne sur le « secret des affaires [39] ». Elle a contribué à l'adoption de la loi de 2017 relative au devoir de vigilance des sociétés mères et entreprises donneuses d'ordre. Enfin, elle fait partie du collectif associatif de protection des lanceurs d'alerte et milite contre les « poursuites bâillons » telles que l'invocation extensive du « secret des affaires » pour faire obstacle à la diffusion d'informations que les entreprises considèrent comme essentielles. Elle dispose de l'agrément lui permettant de se constituer partie civile. Il lui avait été retiré en 2018 mais elle l'a récupéré en septembre 2022.

L'Observatoire de l'éthique publique se définit comme un « think thank » créé en 2019 par un ancien député socialiste, René Dosière. Il s'est fait connaître pour avoir mené à partir de 2001 des actions afin d'obtenir la fin du « secret dépense présidentiel », puis en 2007 le contrôle de ce budget et celui de l'Assemblée nationale par la Cour des Comptes [40]. L'observatoire comprend 80 membres (universitaires et élus), l'action centrale de l'observatoire est de « promouvoir une transparence tranquille » qui deviendra « transparence constructive » des budgets des institutions publiques et d'établir une déontologie des gouvernants. Un rapport annuel est produit qui s'efforce de cerner les « zones grises » (normes ineffectives) et « blanches » (absence de normes) par des études spécifiques. Récemment, il a plaidé pour la création d'un poste de « déontologue du gouvernement » et mis en évidence les ambiguïtés du financement des membres du Conseil constitutionnel et des autorités administratives indépendantes. Il plaide également pour le développement d'une déontologie publique locale [41]. À l'occasion des problèmes d'agrément d'Anticor, l'Observatoire a proposé une réforme qui confierait la décision d'agrément à la Haute autorité pour la transparence de la vie publique.

Il est possible de différencier ces quatre associations en fonction des trois dimensions présentées en introduction : la mobilisation des publics, la collaboration à l'action publique et la critique de l'action gouvernementale. À partir de là, comme le schématise le tableau ci-dessous, nous pouvons dégager trois configurations de ces variables. Elles permettent de distinguer le profil de Transparency International France de celui d'Anticor. La première association est de type « collaboratif », ses actions principales et les plus visibles concernent la mobilisation des publics (publication d'un indice international, rapport annuel, communiqués de presse). Secondairement, elle fait des propositions de réforme à l'occasion de changements gouvernementaux ou de pro-

---

39. Directive européenne du 14/4/2016. Organise la protection des entreprises contre le vol et la divulgation de leurs données. La formulation vague laisse aux entreprises une large capacité d'adaptation de ce texte à la défense de leurs intérêts. La directive a été transcrite sans grande modification en droit français le 30/7/2018.
40. Lascoumes P., « La fin du secret dépense présidentiel », *L'économie morale des élites dirigeantes*, *op. cit.*, pp. 32-41.
41. Un professeur de droit, membre de l'Observatoire, Jean Eric Gicquel est aujourd'hui le déontologue de l'Assemblée nationale.

jets de loi. Elle est devenue un interlocuteur incontournable des autorités publiques et d'organismes internationaux comme le GAFI, le GRECO ou l'OCDE [42]. Enfin, elle mène des évaluations critiques de décisions gouvernementales (loi Sapin 2, loi sur la Confiance dans la vie politique). Cette troisième dimension semble en voie de durcissement ces dernières années. Anticor quant à elle est une association de type « critique », au sens où elle conteste régulièrement les mesures gouvernementales et les décisions judiciaires et communique aussi sur ces sujets. Elle se constitue fréquemment partie civile dans des procès où elle estime l'action du parquet timorée. Cette position constamment critique explique pourquoi elle a été plusieurs fois entravée par des décisions gouvernementales (mise en cause de son vice-président magistrat, non-renouvellement d'agrément). Les deux autres associations, l'Observatoire de l'éthique publique et Sherpa se situent entre les deux types précédents et sont de type « expert ». Si elles émettent des critiques sur des textes gouvernementaux et, parfois, des décisions de justice, elles sont beaucoup moins visibles médiatiquement. Elles agissent principalement en tant que spécialistes s'adressant davantage aux élus et aux autorités publiques qu'au grand public.

	Transparency	**Observatoire de l'éthique publique**	**Sherpa**	**Anticor**
Mobilisation des publics	+++	-	-	+
Complément de l'action publique	++	++	+	++
Critique	+	++	++	+++
Type	Collaboratif	Expert collaboratif	Expert critique	Critique

Tableau n° 1 – Répartition des associations selon leur profil d'action

42. GAFI (Groupe d'action financière), GRECO (Groupe d'États contre la corruption), OCDE (Organisation de coopération et de développement économique).

Pour bien apprécier les actions de ces associations, il est nécessaire de les insérer dans le contexte de la société française et de la tolérance à la corruption relativement élevée qui la caractérise. C'est ce que nous allons montrer dans la partie suivante de deux façons. Tout d'abord, nous présenterons les résultats de diverses enquêtes d'opinions qui informent sur l'ambivalence des structures d'attitude des français. Ensuite nous rappellerons les faiblesses des organismes publics de contrôle en raison principalement de la faiblesse des pouvoirs et des moyens dont ils disposent. L'action des associations prend alors un relief particulier, dans la mesure où celles-ci apparaissent comme les acteurs principaux du contrôle de la probité publique.

La faiblesse du contrôle social public de la corruption des élites

Cette faiblesse du contrôle social des abus de fonction des dirigeants publics et privés peut être montrée à deux niveaux. Tout d'abord dans les perceptions par la population, ensuite dans l'action des institutions de contrôle, agences spécialisées et justice. Nous les envisagerons successivement.

Des opinions dissonantes

En France, de nombreuses études ont montré l'importance de l'ambivalence des citoyens à l'égard des différentes formes de transgressions commises par les élites [43]. Certes, au « café du commerce », l'indignation est toujours la règle. Le succès de journaux comme *le Canard enchaîné* témoigne de l'appétence des lecteurs pour ce type d'« affaire » et renforce les jugements négatifs sur la politique et ses acteurs. Un scandale suit l'autre, mais au bout du compte on peut se demander si ces discours mêlant dénonciation et humour ne banalisent pas le sujet : « Encore un scandale, qui dit mieux ? ». De plus, la scandalisation a surtout des effets à court terme et elle a rarement conduit à la transformation des lois et des pratiques de surveillance. Mais au-delà de ce légalisme normatif si souvent affiché, des recherches [44] ont montré l'importance de l'ambivalence de beaucoup de personnes et celle des formes de tolérance et de justification des transgressions commises par les élites. Le contournement des règles paraît être une composante acceptée de l'exercice du pouvoir, presque un attribut rétribuant l'accomplissement de fonctions que peu de citoyens souhaitent ou se sentent aptes à exercer.

43. Louis G., « De l'opacité à la transparence… », *op. cit.* ; Lascoumes P., Tomescu-Hatto O., "French Ambiguities in Understandins of Corruption: Concurrent Definitions", *Perspectives on European Politics and Society*, vol. 9, n° 1, 2008, pp. 24-38 ; Lascoumes P. (dir), *Favoritisme et corruption à la française…, op. cit.* ; Lascoumes P., *Une démocratie corruptible*, Paris, Le Seuil, 2011 ; Grossman E., Sauger N., *Pourquoi détestons-nous autant nos politiques*, Paris, Les Presses de SciencesPo, 2017.

44. *Ibid.*

Une étude récente menée en 2024 par Daniel Boy et Antoine Bristelle pour la Fondation Jean Jaurès en relation avec l'Association Transparency France [45] permet d'actualiser ce diagnostic. Elle cherche à préciser, entre autres, dans quelle mesure la corruption est une préoccupation en France, quels en sont les principaux acteurs, quelle est sa gravité perçue et quels sont les acteurs de la lutte contre la corruption [46]. Une contradiction apparaît d'entrée entre la place secondaire attribuée à cet enjeu par rapport à d'autres et le niveau élevé de la corruption perçue. Située parmi d'autres enjeux d'actualité (pouvoir d'achat, immigration, changement climatique, etc.), la corruption n'apparaît qu'au douzième et dernier rang. Son score n'est que de 2 %, légèrement supérieur pour les personnes déclarant « ne pas avoir la maîtrise de leur vie » (7 %) et celles se disant proches de la France insoumise (5 %). Pour autant, 87 % des enquêtés estiment que les élites dirigeantes sont corrompues, dont 43 % estiment qu'elles le sont en grande partie. Ces chiffres sont en légère décrue depuis 2016. Le niveau de revenu est fortement corrélé à ce résultat ; ce sont les personnes au revenu le plus faible qui sont les plus critiques. Également, ce sont les positionnements politiques extrêmes qui partagent le plus ce jugement : 65 % de ceux qui se déclarent « très à gauche » et 63 % de ceux qui se déclarent « très à droite ». Ainsi, la très faible importance accordée à la corruption contraste avec la perception de son importance dans la société. La liste des activités perçues comme corrompues à plus de 50 % est impressionnante (des élus nationaux aux dirigeants de grandes entreprises, en passant par les journalistes et les syndicalistes). Seuls les dirigeants de PME, les associatifs, les climatologues, les professions de santé et les maires ont un score inférieur à 41 %. Au total dans l'échantillon, « 46 % des répondants donnent au moins dix réponses positives à la question (très et plutôt corrompues). Plus les personnes partagent un signe d'exclusion sociale, plus leur jugement sur les élites est sévère [47] ».

Une autre contradiction entre perception de la corruption et réaction sociale est mise en évidence par les études et confirmée par celle de D. Boy et A. Bristielle. La perception de la fréquence des atteintes à la probité est évaluée par une question de l'enquête portant sur l'expérience directe ou indirecte (par ouï-dire) des abus de fonction [48]. Elle est de 26 % dans le premier cas et de 39 % dans le second où les enquêtés déclarent avoir été confrontés à des pratiques illicites. Cette fréquence des cas rapportés est relativement élevée dans la mesure où elle concerne entre un quart et un tiers des enquêtés. De plus, ce sont les conduites illicites des élus nationaux ou locaux qui sont le plus sévère-

45. Boy D., Bristielle A., *op. cit.*
46. Enquête menée par Louis Harris en octobre 2023 sur 1 500 personnes.
47. Boy D., Bristielle A., *op. cit.*
48. La question exacte est : Vous a-t-on jamais demandé une somme d'argent ou un cadeau de valeur dans une administration publique pour obtenir un service auquel vous aviez droit comme une place en crèche, un logement, un permis de conduire, un papier d'identité ? (Tableau 11 in Boy D., Bristielle A., *op. cit.*).

ment réprouvés par les enquêtés. Ainsi, 91 % des enquêtés estiment assez grave (30 %) et très grave (61 %) la décision d'un maire modifiant au profit d'un ami le plan local d'urbanisme. 89 % de cette population réprouvent (34 % assez grave – 55 % grave) la situation d'un député utilisant ses frais de mandat pour des déplacements familiaux. Mais en contradiction apparente avec ces jugements, ils ne sont que 31 % à déclarer qu'ils ne dénonceraient pas un acte de corruption dont ils auraient connaissance (probablement pas 24 %, certainement pas 7 %). La pratique des lanceurs d'alerte n'est pas encore vraiment intégrée dans notre pays. De plus, pour ceux qui dénonceraient, ils le feraient largement de préférence à la police (38 %) et moins à une association de lutte contre la corruption (19 %). Ce sont les personnes âgées (54 ans et plus) qui s'adresseraient plus volontiers aux associations (24 %). Les enquêtés demeurent attachés aux institutions classiques, la police et la justice (réponses cumulées 56 %). Ceci est confirmé par les résultats à une autre question portant sur le rôle d'un ensemble d'acteurs dans la lutte contre la corruption. Les institutions classiques sont celles qui sont les plus souvent désignées, 41 % (justice 21 %, État 20 %). Les associations ne recueillent que 12 % des réponses. En revanche, les lanceurs d'alerte sont retenus par 27 % des enquêtés.

Pour résumer ces résultats, malgré l'importance du niveau de corruption attribué aux élites dirigeantes, cet enjeu reste secondaire par rapport à d'autres dans les perceptions sociales. De plus, malgré la gravité attribuée à ces pratiques illicites, leur dénonciation reste une conduite potentiellement minoritaire et les associations n'en seraient pas les principales destinataires privilégiées.

Une enquête antérieure menée par le CEVIPOF a permis de montrer encore plus précisément à quel point la population française est fragmentée sur ces sujets [49]. En particulier, elle se différencie sur deux enjeux principaux : d'une part, la perception du degré de gravité des pratiques corrompues dans le pays ; d'autre part, le niveau de tolérance à l'égard du favoritisme (petites corruptions liées à la vie quotidienne). Le tableau suivant synthétise ces résultats. Il montre en particulier que les attitudes contradictoires sont presque aussi nombreuses (44 %) que les attitudes cohérentes (56 %).

49. Lascoumes P. (dir.), *Favoritisme et corruption à la française*, *op. cit.*

		Axe 1 **Importance de la corruption dans la société**	
		Faible	Elevée
Axe 2 **Réprobation du favoritisme**	Faible	Type 1 Pragmatique tolérant 33 %	Type 2 Ambigu Paradoxal 27 %
	Elevée	Type 3 Réaliste 17 %	Type 4 Légaliste réprobateur 23 %

Tableau n° 2 – Typologie des attitudes à l'égard de la corruption en fonction de son importance perçue et des jugements sur le favoritisme

Cette analyse quantitative est indicative non seulement de la dispersion des attitudes mais aussi de l'existence de contradictions internes en dégageant l'opposition entre les types cohérents et ceux qui sont dissonants. Les types 1 et 4 sont cohérents. Les uns estiment que le niveau de corruption est faible et se montrent tolérants à la petite corruption (type 1) ; les autres estiment que le niveau global de corruption est élevé et réprouvent nettement le favoritisme (type 4). À l'inverse les types 2 et 3 sont dissonants : les uns estiment que le niveau de corruption est élevé mais tolèrent le favoritisme (type 2) ; les autres évaluent le niveau de corruption à un niveau faible mais se montrent intolérants à l'égard du petit favoritisme (type 3).

Cette dispersion des opinions et leurs contradictions montrent que le contexte dans lequel agissent les associations ne leur est pas particulièrement favorable. D'une part, le niveau général de tolérance à la corruption dans la population enquêtée est élevé. D'autre part, elles ne sont pas perçues comme les acteurs les plus pertinents dans la lutte contre ces abus de fonction. La faiblesse de l'action des organismes spécialisés accentue ce handicap.

Dispersion et faiblesse des organes de contrôle, agences et justice

On retrouve aussi la même dispersion des pratiques dans l'action des agences spécialisées. Le GRECO vient de publier un rapport soulignant les faiblesses de la politique française en matière de lutte contre la corruption [50]. Les agences sont au nombre de trois : l'Agence française de lutte contre la corruption (AFAC), la Commission nationale des comptes de campagne et des financements publics (CNCCFP), et la Haute autorité pour la transparence de la vie publique (HATVP). Les faiblesses des deux premières témoignent des ambiguïtés de l'action publique en ces domaines.

L'Agence française de lutte contre la corruption (AFAC) a pour ancêtre le Service central de prévention de la corruption créé en 1993. Il découle des recommandations de la Commission Bouchery et de la volonté du ministère de la Justice de se doter d'un service expert face à la multiplication des affaires politico-financières (Urba, Nucci, Boucheron). Le modèle de référence est TRACFIN [51], créé en 1991 auprès du ministère des Finances pour lutter, en relation avec les établissements financiers qui sont les principales sources d'information, contre le blanchiment d'argent. Mais ce modèle ne peut fonctionner pour la corruption, pratique beaucoup plus occulte. Le projet de loi de 1992 ne limite pas la compétence du SCPC au seul domaine judiciaire. Il peut être saisi par tous les responsables de l'État et par les acteurs ayant des prérogatives de puissance publique. Surtout, il était conçu comme un service opérationnel doté d'importants pouvoirs d'investigation. Un budget conséquent lui était alloué. Mais aussitôt connu, le projet a fait l'objet de multiples oppositions, tant des parlementaires de droite que de juristes. Ces opposants voient dans ce projet une atteinte à la souveraineté judiciaire. Le ministre, Michel Vauzelle, a beau répéter que le service n'a pas de pouvoir de constatation, ni de pouvoir d'appréciation des poursuites et qu'il est tenu de référer au parquet des irrégularités qu'il constaterait, rien n'y fait. Le projet est démembré tant par le parlement que par le Conseil constitutionnel (20 janvier 1993). Finalement, la loi du 29 janvier 1993 prive le SCPC de tout pouvoir d'investigation [52]. Il est réduit à un service interministériel de conseil et de prévention en matière de corruption et ne peut donner que des avis techniques. Il effectue des missions d'étude et de recherche, et de formation auprès des collectivités locales et des entreprises. Malgré cela, les tensions avec le ministère de la Justice vont se multiplier [53]. Cependant, dans un contexte européen et international où la lutte contre la corruption est renforcée, aucun gouvernement ne prend le risque de sa suppression.

Une réforme importante intervient en 2016. Le SCPC devient l'Agence française anticorruption (AFAC - loi du 9 décembre 2016 relative à la transparence, à la lutte contre la corruption et à la modernisation de la vie économique). L'agence est placée auprès du ministre de la Justice et du ministre en charge du Budget. Elle apporte un appui aux autorités publiques et aux personnes qui sont confrontées à la corruption ainsi qu'aux autres atteintes à la

50. GRECO, Conseil de l'Europe, Deuxième rapport de conformité, Cinquième cycle d'évaluation. « Prévention de la corruption et promotion de l'intégrité au sein des gouvernements centraux (hautes fonctions de l'exécutif) et des services répressifs, France », Strasbourg, avril 2024. https://www.coe.int/fr/web/greco/-/france-publication-of-fifth-evaluation-round-second-compliance-report/, consulté le 11 avril 2024.
51. Traitement du renseignement et action contre les circuits financiers clandestins.
52. Lascoumes P., *Corruptions*, Presses de Sciences Po, 1999, pp. 131-144.
53. En 1994, un rapport du juge Thierry Jean-Pierre tire à boulets rouges sur le SCPC. En 1995, le député RPR Pierre Mazeaud propose sa suppression. À cette époque, le SCPC s'était vu reprocher par le gouvernement d'avoir donné son avis sur une possible prise illégale d'intérêt concernant un appartement d'Alain Juppé.

probité [54] afin de les prévenir et de les détecter. Son expertise peut être sollicitée par les juridictions, les grandes entreprises, les administrations et les collectivités locales.

Ses pouvoirs ont été légèrement renforcés par rapport au SCPC mais sans lui donner le statut d'autorité administrative indépendante ni lui accorder de pouvoir d'investigation. L'AFAC dispose seulement d'un pouvoir administratif de contrôle lui permettant de vérifier la réalité et l'efficacité des mécanismes de conformité anticorruption mis en œuvre, notamment par les entreprises, les administrations de l'État ou les collectivités territoriales. Cinquante et un agents travaillent à l'AFAC. Son pouvoir a pris un peu d'importance avec l'augmentation des Conventions judiciaires d'intérêt public (CJIP) introduites en décembre 2016 (loi Sapin 2) qui permettent à une entreprise de négocier une peine pécuniaire en échange d'engagements de mise en conformité de ses pratiques [55]. L'agence contrôle leur mise en œuvre. L'AFAC dispose aussi de pouvoirs de sanction qui ont été en suspens entre octobre 2022 et avril 2023 faute du renouvellement de ses six membres [56]. Cette instance avait été jusque-là peu active, n'ayant été saisie qu'à deux reprises.

La situation de la Commission nationale des comptes de campagne et des financements politiques (CNCCFP) n'est pas meilleure. Créée en 1990, elle est collégiale, ses neuf membres appartenant au Conseil d'État, à la Cour de cassation et à la Cour des comptes. Elle a deux fonctions principales : le contrôle du financement des partis politiques et celui des campagnes électorales.

Pour les partis, elle vérifie le respect de leurs obligations comptables et financières. Elle communique annuellement au Gouvernement la liste des partis qui ne s'y sont pas soumis. Ces derniers peuvent alors perdre le versement de l'aide publique. Elle assure la publication des comptes des partis au Journal officiel. Elle donne l'agrément aux associations de financement des partis et peut aussi le retirer. Elle contrôle les documents de reçus de dons et le respect des obligations des mandataires financiers (personne physique ou association de financement). Elle peut les sanctionner. Enfin, elle saisit le procureur de la République si elle constate un fait susceptible de constituer une infraction pénale.

En ce qui concerne les campagnes électorales, elle contrôle les comptes de campagne des candidats à toutes les élections [57] dans les circonscriptions de

54. Trafic d'influence, de concussion, de prise illégale d'intérêt, de détournement de fonds publics et de favoritisme.
55. Lascoumes P, « Négocier sa responsabilité et sa peine », *op. cit.*, pp. 196-202.
56. Interpelé à l'Assemblée nationale le 28 mars 2023, le ministre de la Justice a répondu sans plus de détails que ces nominations étaient imminentes et que « la lutte contre la corruption est au cœur des préoccupations de la Chancellerie ».

plus de neuf-mille habitants. Elle approuve, réforme voire rejette les comptes après une procédure contradictoire. Elle fixe le montant du remboursement forfaitaire dû par l'État. Elle constate l'absence de dépôt (ou le dépassement des délais) des comptes par les candidats. Pour son enquête, elle peut demander à des officiers de police judiciaire de procéder à toute investigation nécessaire. Elle saisit le juge de l'élection lorsque le compte de campagne a été rejeté, n'a pas été déposé ou déposé hors-délai ou lorsqu'elle constate un dépassement du plafond des dépenses. Elle transmet au procureur de la République les dossiers dans lesquels des irrégularités ont été constatées notamment pour les infractions en matière de don et pour des dépenses pouvant être qualifiées d'« achat de suffrage [58] ». Elle rend compte de ses activités aux Assemblées et peut formuler les observations qu'elle juge utile de formuler. Ainsi, chacun de ses rapports dénonce depuis l'origine un manque de moyens tant matériels que juridiques.

La CNCCPF dispose de quarante-sept agents permanents. Elle a connu une crise en novembre 2017, lorsqu'un des deux rapporteurs de la Commission [59] chargés de vérifier les dépenses de J.-L. Mélenchon lors de l'élection présidentielle de 2017, a démissionné. La commission lui avait demandé de modifier « sa lettre de grief » dans laquelle il estimait que 1,5 million d'euros de dépenses du candidat devaient être écartées. Finalement, la commission rejettera le quart de cette somme, mais en mars 2018 elle fera malgré tout un signalement au parquet pour des « prestations potentiellement surfacturées ». Par la suite, l'ex-rapporteur a dénoncé de « graves dysfonctionnements » dans le travail de la Commission, un système opaque et des moyens insuffisants [60]. En juin 2018, Anticor a lancé une pétition proposant des mesures pour des « campagnes électorales propres ». Outre le renforcement des pouvoirs et moyens de la Commission, elle a proposé l'instauration d'une sanction d'inéligibilité pour les candidats à l'élection présidentielle qui auraient eu leur compte de campagne rejeté pour fraude.

Un des problèmes centraux de la Commission est qu'elle ne peut agir qu'*a posteriori* et à partir des seules informations que les candidats veulent bien lui transmettre. Les autorités politiques se refusent à lui accorder un pouvoir d'investigation durant les campagnes qui permettrait de contrôler en temps réel l'ampleur des opérations menées [61]. L'affaire Bygmalion lors de la campagne 2012 de N. Sarkozy fournit un exemple significatif des effets de cet obstacle. Les comptes avaient été approuvés mais, quelques mois plus tard, des

57. Élections européennes, législatives, régionales, cantonales, municipales, territoriales et provinciales d'Outre-Mer.
58. Cette pratique fait encourir des peines pouvant aller jusqu'à deux ans de prison (article L. 106 et article L. 108).
59. Jean-Guy de Chalvron, inspecteur général au Ministère de l'Intérieur.
60. Cela lui a valu un procès en diffamation intenté par J.-L. Mélenchon qu'il a finalement perdu.
61. François A., Phélippeau E., *Le financement des campagnes politiques*, Paris, Armand Colin, 2016.

informations nouvelles ont révélé la fiction de la comptabilité initiale. Un dépassement du plafond de plus de vingt millions d'euros a été constaté [62].

Seule la Haute autorité pour la transparence de la vie publique (HATVP) est mieux dotée et plus performante. Créée en 1988, elle a connu trois réformes qui à chaque fois ont renforcé son champ de compétences et ses pouvoirs. De plus, ceux-ci ont été fortement investis par les directions successives. À l'origine, il s'agissait de contrôler l'obligation nouvelle faite aux élus et aux membres du gouvernement d'effectuer une déclaration de situation patrimoniale. Elle assure en fin de mandat la vérification de leurs patrimoines [63]. En 1994, cette obligation est étendue à des personnes non élues mais exerçant des fonctions publiques. Les activités de la HATVP vont prendre de l'ampleur à partir de 2013 avec la compétence qui lui est attribuée (loi du 19 décembre) de contrôle des déclarations d'intérêts des élus [64], puis à partir de 2016 des candidats à l'élection présidentielle et d'un certain nombre de hauts fonctionnaires. Les lois pour la confiance dans la vie politique de 2017 donnent à la Haute autorité de nouvelles missions concernant les emplois familiaux et l'obligation faite aux candidats à l'élection présidentielle de déclarer leurs intérêts, en plus de leur patrimoine. En août 2019, la Haute autorité s'est vue attribuer la mission, anciennement confiée à la Commission de déontologie de la fonction publique, de contrôle du pantouflage. Enfin, elle est habilitée à agréer les associations ayant pour but dans leurs statuts de lutter contre la corruption et les conflits d'intérêts. Ces associations ont la possibilité de saisir la Haute autorité lorsqu'elles ont connaissance d'une situation ou de faits qui sont susceptibles de constituer un manquement aux différentes obligations prévues par la loi. Depuis sa création, la Haute autorité a agréé les associations suivantes : Transparency International France (2014, 2017), Sherpa International (2014), Association pour une démocratie directe (2015) et Anticor (2016). Cependant, les interactions entre ces interlocuteurs paraissent minimales.

Malgré ses missions de plus en plus diversifiées, la HAVP rappelle systématiquement en conclusion de ses rapports annuels l'insuffisance de ses moyens. En 2023, elle compte soixante et onze agents et dispose d'un budget de près de 10 millions d'euros. De plus, cette instance est la première à souligner dans ses rapports annuels le manque de coordination, tant avec les parquets qu'avec les deux autres agences sur le suivi des signalements et le niveau des sanctions [65]. La situation est telle qu'en mars 2021, la HATVP a même

62. N. Sarkozy a été condamné pour dépassement des comptes de campagne à un an d'emprisonnement dont six mois avec sursis ; huit autres personnes ont été condamnées avec lui dont son directeur financier de campagne.
63. Il s'agit des biens immobiliers, valeurs mobilières, assurances vie, comptes bancaires, véhicules, emprunts en cours et dettes.
64. Cette décision fait suite aux recommandations de deux commissions : celle de « réflexion pour la prévention des conflits d'intérêts dans la vie publique » (Commission Sauvé, 2011) et celle pour « la rénovation et la déontologie de la vie publique » (Commission Jospin 2012).
65. Rapport de la Haute autorité de transparence, 2021, p. 14.

proposé d'absorber l'AFAC. Une proposition parlementaire a de son côté proposé l'absorption de la HATVP par l'AFAC. L'harmonisation entre les agences est donc à l'ordre du jour.

L'importance du rôle des associations de lutte contre la corruption apparaît déterminant quand on analyse aussi bien le fonctionnement de la justice pénale que celui des agences spécialisées. Ces deux dernières partagent le même diagnostic de faiblesse des moyens et de limite de leurs pouvoirs. Contrairement aux discours médiatiques [66], l'évolution des condamnations pénales pour l'ensemble des atteintes à la probité (corruption, trafic d'influence, détournement d'argent public, etc.) diminue régulièrement depuis 2000 [67]. Elles passent de 312 à 23I entre 2000 et 2018, soit une baisse de 26 %. Pour la période 2019, 220 et 2021, elles restent de même niveau : respectivement n = 227, 186 et 262. Parmi elles, les condamnations pour corruption au sens strict sont de n = 107, 52 et 113. Les peines d'emprisonnement pour l'ensemble économique et financier suivent une évolution parallèle avec une baisse de 210 à 167, soit 20,5 % de moins ; pour la période 2019-2021, leur nombre augmente un petit peu tout en restant très modeste : respectivement n = 219, 126, 179. Même constat pour les amendes qui évoluent de 179 à 107 soit 40 % de moins [68]. Pour la période 2019, 220 et 2021, leur nombre croît légèrement de 110, 103 puis 167. Le montant des amendes demeure relativement stable entre 12 000 et 18 000€.

	2000	2010	2018	2019	2020	2021
Corruption	128	105	116	107	52	113
Favoritisme	75	30	37	23	28	25
Ensemble atteintes à probité	312	219	231	227	186	262
Emprisonnement	210	170	167	219	126	179
Amendes	179	114	107	110	103	167
Montant des amendes	18 978	12 169	18 992	13 839	14 834	12 991

Tableau N° 3 – Évolution des condamnations et des peines pour les dossiers de corruption et de favoritisme

66. Lascoumes P., « La faiblesse des condamnations », *L'économie morale des élites dirigeantes*, *op. cit.*, pp. 184-187 ; Lascoumes P., « L'impunité en col blanc », *Délibérée*, n° 19, 2023, p. 18.
67. Ces données statistiques proviennent du ministère de la Justice, DACG PEPP. Lascoumes P., *L'économie morale des élites dirigeantes*, *op. cit.*, pp. 188-192.
68. *Ibid.*

Pas plus qu'avec les agences présentées ci-dessus, la justice n'est jamais parvenue à stabiliser avec les autres administrations disposant de pouvoirs de police administrative, un rapport clair et général dans l'usage de l'article 40 du code de procédure pénale qui fait obligation à tous les acteurs publics de signaler au parquet les situations frauduleuses potentiellement pénales. Il y a là une situation de délégation de pouvoir non maîtrisée [69]. L'appréciation de l'opportunité des poursuites reste un grand rébus, les conditions de qualification, de poursuite et sanction varient considérablement d'une matière (droit pénal du travail, de la consommation, etc.) et d'un territoire à l'autre. Il a fallu de nombreuses crises pour que le ministère des finances accepte d'amodier (et non de supprimer) le « verrou de Bercy » en octobre 2018 [70].

Ce manque de cohérence institutionnelle est renforcé par les failles dans la coordination entre les organismes de contrôle. S'agissant de la lutte contre la corruption, les associations se retrouvent ainsi dans un rôle de complément, voire de substitut à l'action des appareils d'État. Elles contribuent par leurs actions à la défense de l'intérêt général et à la construction de la corruption en tant que problème public [71], et cela sous trois angles principaux : tout d'abord, par l'identification des dysfonctionnements ; ensuite, par leur mise en visibilité, essentiellement médiatique ; enfin, par la stimulation de l'action normative (adoption de réforme) et de l'action répressive (dépôt de plainte, constitution de partie civile pour celles qui sont agréées). Leur contre-pouvoir est ainsi tri-dimensionnel. Mais œuvrant dans un contexte dissonant, les sources de tension sont nombreuses entre elles et les autorités publiques, ce qui débouche à certains moments sur des conflits. Ce qui conduit à réfléchir à l'articulation entre « expertise » et « fonction critique ». Il ne s'agit pas seulement du degré de contestation acceptable, mais plus fondamentalement de l'affrontement de rationalités d'action, tant celles des autorités publiques que celles des associations. Ces dernières mettent en lumière les insuffisances de l'action gouvernementale et, à la limite, peuvent se substituer totalement à elle. Rappelons le cas extrême d'Anticor lors du procès de Jacques Chirac : elle se retrouva seule à porter l'accusation. De façon générale, le rôle des associations est d'autant plus déterminant que malgré les soubresauts médiatiques et les discours de circonstances, la place des institutions publiques dans la répression des délinquances des élites est toujours restée en position mineure. Excepté le rapport

69. Lascoumes P., Nagels C., « Délégation non maitrisée de l'appréciation de l'opportunité des poursuites », *Sociologie des élites délinquantes*, Paris, Armand Colin, 2014, pp. 85-87.

70. L'administration fiscale est désormais tenue de saisir le procureur de la république pour les dossiers dans lesquels le montant détourné est supérieur ou égal à 100 000€ dans les cas où la fraude est intentionnelle. Ce seuil est abaissé à 50 000 pour tous les responsables publics qui ont une obligation de déclaration d'intérêts auprès de la Haute autorité de la transparence de la vie publique. L'effet a été sensible. En 2019, pour 1 825 signalements à la justice, 965 (53 %) l'ont été dans ce cadre contraint.

71. W. Cobb R. W., Elder C. D., *Participation in American Politics: the dynamics of Agenda Building*, Baltimore, John Hopkins University Press, 1972.

Bouchery de 1993, les différentes législations adoptées durant ces vingt dernières années n'ont jamais été précédées d'un bilan des mesures existantes, ni des divers diagnostics portés aussi bien par les responsables des agences spécialisées, que par les autorités judiciaires et les associations. Elles ont toutes été prises à la va-vite, dos au mur, et ressemblent plus à des « législations de panique » (post Cahuzac [72]) ou de circonstance (les deux premières lois du mandat du président Macron). Dans le monde politique comme dans l'opinion, la délinquance des élites reste minorée. Dans un tel contexte, le rôle des associations aux stratégies diversifiées n'en est que plus décisif. Elles sont souvent les principaux défenseurs de la probité publique. Bien que dotées de moyens très limités et malgré la divergence de leurs actions, les associations de lutte contre la corruption sont des promoteurs indispensables de cet enjeu de moralité publique.

72. Roth R., « Le législateur doit adapter la loi sans céder à la panique », *Le Temps*, 19 février 2020.

Aspects juridiques de l'action des associations de lutte contre la corruption face aux élites délinquantes

Céline LARONDE-CLÉRAC

Céline Laronde-Clérac est professeur à la Rochelle Université, elle enseigne la procédure pénale, le droit pénal international et le droit pénal des affaires. Ses recherches portent sur le droit pénal et la procédure pénale mais également sur la pédagogie universitaire et le droit des associations. Elle est l'auteure de plusieurs manuels de procédure pénale, de méthodologie des exercices juridiques et de méthodologie des épreuves des concours et examens professionnels.

Le sociologue et criminologue américain Edwin H. Sutherland, théoricien de la criminalité en col blanc [1], définit le criminel de cette catégorie comme une personne d'un statut socio-économique élevé, qui est organisée, socialement adaptée, respectée et qui est consciente du caractère illégal ou illégitime de sa conduite mais qui présente la caractéristique de ne pas se considérer comme délinquante.

Dans nos sociétés occidentales où la fin principale est la réussite sociale, financière, la fin l'emporte souvent sur les moyens. Ainsi, pendant longtemps, la réaction de la société civile face à la criminalité en col blanc a oscillé entre ignorance (cette criminalité restant cachée), indifférence, crainte (de mettre en péril les entreprises ou les institutions en cas de poursuites de leurs dirigeants), admiration et solidarité.

Cette réaction sociale face à ce type de criminalité a cependant beaucoup évolué, notamment sous l'influence des médias qui ont mis au jour des scandales financiers et politico-financiers. L'indifférence de la société civile a cédé la place à l'indignation et parfois à la colère [2]. Le ministère public, défenseur

1. Sutherland E. H., *White Collar Crime* [Criminalité en col blanc], New-York, Dryden Press, 1949.
2. Selon l'Eurobaromètre réalisé sur la corruption en mars-avril 2022, 70 % des Français jugent

de l'intérêt général et représentant de la société au cours du procès pénal, a alors poursuivi davantage les infractions dites d'affaires.

Cependant, le mécontentement de la société civile a aussi été relayé par des acteurs non gouvernementaux. En effet, le développement au début des années 1990 sur les plans international et national d'une législation anti-corruption s'est accompagné de la création d'associations dont l'objet statutaire est tourné vers la lutte contre la corruption et autres manquements au devoir de probité [3] : Transparency International en 1993 avec deux ans plus tard la création de sa section française, Transparence Internationale France ; Sherpa en 2001 ; Anticor en 2002. Au nom de la société civile, ces associations ont dénoncé certains faits ou ont porté plainte en se constituant partie civile. Toutefois, cette action des associations de lutte contre la corruption face aux élites délinquantes s'est heurtée à une problématique juridique. Selon le Code de procédure pénale, est recevable à exercer une action civile devant le juge pénal celui qui a personnellement souffert du dommage directement causé par l'infraction [4]. Une association de lutte contre la corruption souffre-t-elle directement du dommage causé par le délit de corruption ? La jurisprudence, hostile à la recevabilité de l'action civile exercée par ces associations devant le juge pénal, pour des raisons qu'il conviendra d'expliquer, a répondu par la négative.

Cette hostilité a conduit le législateur à habiliter, sous certaines conditions, les associations de lutte contre la corruption à exercer une telle action devant le juge pénal.

Ainsi, l'habilitation législative de ces associations à agir devant le juge pénal a été un moyen pour le législateur de neutraliser l'hostilité jurisprudentielle à l'encontre de cette action. Cependant, les textes d'habilitation enserrent la recevabilité de l'action civile des associations de lutte contre la corruption dans un certain nombre de conditions (déclaration de l'association depuis une certaine durée, objet statutaire spécifique de l'association, agrément de l'association lui-même conditionné). De ce fait, l'habilitation législative est aussi un moyen pour les pouvoirs publics [5] de contrôler l'action de ces associations qui, si elles ne remplissent pas ou plus les conditions posées par la loi, verront leur action civile déclarée irrecevable. L'habilitation est à la fois une

---

la corruption inacceptable. Cf. Special Eurobarometer 523 : Corruption, mars/avril 2022, réalisé dans vingt-huit pays de l'Union européenne.

3. Voir le dossier « La lutte anticorruption, de l'unanimisme international aux priorités intérieures », *Droit et Société*, 2009, vol. 2, n° 72, et notamment l'article « Présentation » de Gilles Favarel-Garrigues, pp. 273-284.
4. Article 2 du Code de procédure pénale.
5. La notion de « pouvoirs publics » n'a pas de signification juridique précise. Elle peut être définie comme l'ensemble des organes ou autorités qui participent à l'organisation de l'État et à l'accomplissement de ses fonctions. Cf. Bénabent A., Gaudemet Y., *Dictionnaire juridique 2023*, Paris, LGDJ, 2e édition, 2022.

force pour les associations et un obstacle ou un frein potentiel à leur action. C'est à la lumière de ce constat que le bilan et les perspectives de l'action des associations de lutte contre la corruption face aux élites délinquantes doivent être précisés.

Neutralisation de l'hostilité jurisprudentielle par l'habilitation législative des associations de lutte contre la corruption à agir devant le juge pénal

Avec la loi n° 2013-1117 du 6 décembre 2013 relative à la lutte contre la fraude fiscale et la grande délinquance économique et financière, les associations de lutte contre la corruption se sont vues reconnaître le droit d'exercer devant le juge pénal une action civile collective [6].

Le fait pour les associations en général et pour les associations de lutte contre la corruption en particulier de pouvoir exercer une telle action n'avait rien d'une évidence au regard des principes juridiques français. En effet, l'hostilité jurisprudentielle mentionnée plus haut trouve ses racines dans l'histoire de la justice pénale. À l'origine, dans les sociétés primitives [7], le crime est conçu comme portant atteinte à la victime et à sa famille. Il relève du domaine privé et conduit à une réaction privée : la vengeance [8]. La formation de la cité puis l'évolution de la structure étatique ainsi que la prise de conscience que le crime ne porte pas uniquement atteinte à la victime et à sa famille mais aussi à la société dans son ensemble conduisent à substituer à la vengeance et à la justice privées une justice publique [9].

À partir de là, la commission d'une infraction engendre une réaction sociale puisque la transgression de l'interdit posé par la loi pénale porte atteinte à l'ensemble de la société. L'État prend en main la répression des infractions et, au cours du procès pénal, les intérêts de la société sont représentés et défendus par le ministère public, c'est-à-dire un corps de magistrats chargé devant les juridictions compétentes pour juger l'auteur de l'infraction de requérir l'application de la loi. Ainsi, lorsqu'une infraction est commise, le ministère public met en mouvement et exerce au nom de la société une action en justice, appelée action publique [10], dont l'objet est d'appliquer au délinquant les peines abstraitement prévues par la loi pénale.

6. L'action collective est celle qui est exercée par un groupement doté de la personnalité juridique pour défendre les intérêts de la collectivité. Cf. Cornu G., *Vocabulaire juridique*, Paris, PUF, 2022.
7. L'expression est ici utilisée pour désigner les premières sociétés et non dans son sens controversé de sociétés archaïques ou sauvages. Voir par exemple Lévi-Strauss C., « La politique étrangère d'une société primitive », *Politique étrangère*, n° 2, 1949, pp. 139-152 ; Sahlins M., *Âge de pierre, âge d'abondance. Économie des sociétés primitives*, Paris, Gallimard, 1976.
8. Robert P., *La sociologie du crime*, Paris, La Découverte, 2005.
9. *Ibid.*
10. Article 1er du Code de procédure pénale.

La commission de l'infraction donne cependant naissance à une seconde action : l'action civile qui est exercée par la victime en réparation du dommage causé par l'infraction. Cette action appartient à tous ceux qui ont personnellement souffert du dommage directement causé par l'infraction [11] et qui ont ainsi un intérêt à agir [12]. La loi offre alors une option à la victime : exercer cette action devant le juge civil ou devant le juge pénal [13].

Dans le système juridique français, l'exercice des poursuites, c'est-à-dire le déclenchement de l'action publique, est soumis à un principe d'opportunité. Le procureur de la République reçoit les plaintes et les dénonciations et apprécie les suites à leur donner [14]. Il peut ainsi décider en toute opportunité soit d'engager des poursuites, soit de recourir à une procédure alternative aux poursuites, soit de classer sans suite la procédure [15] et, dans ce dernier cas, laisser le délinquant impuni. Face à ce pouvoir exorbitant et pour le contrebalancer, la jurisprudence a permis à la victime de l'infraction de déclencher l'action publique lorsque le procureur de la République ne l'a pas fait [16]. Dans ce cas, en exerçant son action civile devant le juge pénal, la victime déclenche l'action publique et oblige le ministère public à l'exercer et à engager les poursuites. En cela, l'action civile exercée devant le juge pénal n'a pas qu'un but indemnitaire, elle présente également un but vindicatif [17]. Cette prérogative accordée à la victime est elle-même exorbitante. Pour cette raison, la jurisprudence a entendu la réserver à la victime directe de l'infraction, c'est-à-dire à celui qui en subit dans sa chair et/ou dans son patrimoine les conséquences.

Or, s'agissant de l'infraction de corruption, sa nature même conduit à s'interroger sur les personnes susceptibles de se voir reconnaître la possibilité d'exercer une action civile devant les juridictions répressives. En effet, cette infraction ne protège-t-elle pas le seul intérêt général et ne peut-elle pas engendrer qu'un préjudice social ? La Cour de cassation en a décidé autrement, considérant que si le délit de corruption a été institué principalement en vue de l'intérêt général, il tend également à la protection des particuliers qui peuvent, par le versement de dons ou présents en suite de la sollicitation dont ils ont fait l'objet, subir un préjudice direct et personnel dont ils sont fondés à obtenir réparation devant la juridiction pénale [18]. La Cour de cassation a alors admis la

11. Article 2 du Code de procédure pénale.
12. L'intérêt à agir est une condition de recevabilité de l'action en justice qui consiste dans l'avantage que procurerait au demandeur la reconnaissance par le juge du bien-fondé de sa prétention. Cet intérêt doit être personnel, direct, né et actuel. Cf. Guinchard S., Debard T. (dir.), *Lexique des termes juridiques 2022-2023*, Paris, Dalloz, 30e édition, 2022.
13. Articles 3 et 4 du Code de procédure pénale.
14. Article 40 du Code de procédure pénale.
15. Article 40-1 du Code de procédure pénale.
16. Cass. crim., 8 déc. 1906, Laurent-Atthalin, D. 1907, I, 207.
17. Boulan F., « Le double visage de l'action civile exercée devant la juridiction répressive », JCP G 1973, I, 2563.
18. Cass. crim., 1er déc. 1992, n° 91-84.656, Dr. pénal 1993, comm. 126, obs. M. Véron, Cass. crim., 27 oct. 1997, n° 96-83.698.

recevabilité de l'action civile exercée par les particuliers comme par les personnes morales de droit public ou de droit privé ayant subi un préjudice direct matériel ou même moral [19].

Pour en revenir aux associations, la loi du 1er juillet 1901 relative au contrat d'association prévoit qu'une association régulièrement déclarée peut ester en justice [20]. Elle peut évidemment être la victime directe d'une infraction. Ses locaux peuvent par exemple être cambriolés. Son action civile exercée devant le juge pénal dans le cadre des poursuites exercées à l'encontre de l'auteur du cambriolage serait parfaitement recevable ; l'association a un intérêt à agir. Mais est-ce également le cas lorsque l'association entend exercer une action civile devant le juge pénal en défense de l'intérêt collectif de ses membres ou en défense de l'intérêt collectif détaché des intérêts individuels de ses membres ? Dans le premier cas, l'association n'est pas personnellement victime de l'infraction. Dans le second cas, elle ne peut être considérée au sens du Code de procédure pénale comme subissant un préjudice direct et personnel. En outre, elle entend défendre un intérêt collectif dont la proximité avec l'intérêt général interroge sur le rôle des associations [21]. En effet, la protection de l'intérêt général incombe au ministère public.

Les craintes d'une privatisation de l'action publique exprimées par une partie de la doctrine [22] ainsi que la volonté de réserver à la victime directe de l'infraction la faculté évoquée plus haut de déclencher l'action publique en exerçant son action civile devant le juge pénal expliquent l'hostilité de la jurisprudence à la recevabilité de l'action civile des associations exercée en défense d'un intérêt collectif devant le juge pénal [23]. Cependant, la situation des associations a évolué pour deux raisons. D'une part, elles sont apparues peu à peu comme des collaborateurs utiles voire nécessaires du ministère public, un soutien de poids pour les victimes [24] et, s'agissant notamment des associations de lutte contre la corruption, comme un contre-pouvoir [25]. D'autre part, la jurisprudence s'est infléchie s'agissant des victimes dites par ricochet [26] qui, comme les associations, ne sont pas les victimes directes de l'infraction [27].

---

19. Cass. crim., 18 déc. 1996, n° 94-82.781 (recevabilité de l'action d'un office public d'HLM), Cass. crim., 4 févr. 1997, n° 96-81.227 (recevabilité de l'action d'une fédération sportive), Cass. crim., 8 févr. 2006, n° 05-80.488, Cass. crim., 14 mars 2007, n° 06-81.010 (recevabilité de l'action d'une commune).
20. Article 6.
21. Delmas-Marty M., « Ni victimes, ni procureurs, qui sont-ils ? », APC, n° 10, 1988, p. 11 ; Parance B. (dir.), *La défense de l'intérêt général par les associations. Intérêt général versus intérêts collectifs*, Paris, LGDJ, 2015.
22. Patin M., « L'action civile devant les tribunaux répressifs », *Recueil général des lois*, 1957, p. 8 ; Larguier J., « L'action publique menacée (À propos de l'action civile des associations devant les juridictions répressives) », D. 1958, chr., p. 29 ; Merle R., « La distinction entre le droit de se constituer partie civile et le droit d'obtenir réparation du dommage causé par l'infraction (consolidation, mise au point, ou fluctuations ?) », Mélanges Vitu, Cujas, 1989, p. 397 ; Volff J., « La privatisation rampante de l'action publique », JCP 2004, I, 146.
23. Cass. crim., 18 oct. 1913, S. 1920, I, 321, note L. Hugueney.
24. Bihl L., « L'action syndicale des associations », GP 1973, II, p. 523.

Le législateur est ainsi intervenu pour habiliter certaines associations à se constituer partie civile devant le juge pénal pour la défense d'un intérêt collectif [28]. S'il y a des constantes dans les conditions posées par les textes à la recevabilité de l'action civile devant le juge pénal de ces associations, il existe aussi nombre de conditions spécifiques à chacune [29] conduisant à un désordre législatif [30].

S'agissant des associations de lutte contre la corruption, l'intervention législative de 2013 afin de les habiliter a toutefois été précédée d'un revirement de jurisprudence. En effet, à propos de la constitution de partie civile d'une association de protection de l'environnement dans le cadre de poursuites exercées du chef d'infractions au Code de l'urbanisme, la chambre criminelle décide le 12 septembre 2006 que « la possibilité, offerte par l'article L. 480-1, alinéa 5, du Code de l'urbanisme, aux associations agréées de protection de l'environnement d'exercer les droits de la partie civile en ce qui concerne les infractions en matière de permis de construire qui portent un préjudice direct ou indirect aux intérêts collectifs qu'elles ont pour objet de défendre, n'exclut pas le droit, pour une association non agréée, qui remplit les conditions prévues par l'article 2 du Code de procédure pénale, de se constituer partie civile à l'égard des mêmes faits [31] ». Il ressort de cette décision que deux sortes d'associations peuvent agir en justice pour la défense d'un intérêt collectif. D'une part, les associations habilitées par le législateur dans les conditions qu'il a prévues. D'autre part, les associations non habilitées par le législateur dès lors qu'elles remplissent les conditions prévues par l'article 2 du Code de procé-

25. Alt E., « La société civile face à la corruption », APC 2017/1, n° 39, pp. 89-101.
26. Le dommage par ricochet peut être défini comme l'ensemble des préjudices subis par un tiers du fait du dommage corporel initial dont est atteinte la victime directe de l'infraction. Du fait de l'infraction, cette dernière peut garder de graves séquelles (blessures, infirmité). Cette situation peut être source de souffrance morale ou de gêne financière pour les proches de la victime qui subissent en conséquence eux aussi un préjudice moral ou matériel du fait de l'infraction. Cf. Laronde-Clérac C., *Procédure pénale*, Paris, Ellipses, 2021, n° 166.
27. Cass. crim., 9 févr. 1989, n° 87-81.359, Cass. crim., 23 mai 1991, n° 90-83.280.
28. En raison de leur utilité publique, les premières habilitations législatives ont été données dans les années 1940 au profit des ligues anti-alcooliques (art. L. 3355-1 du Code de la santé publique) et de l'Union nationale et des Unions départementales des associations familiales (art. L. 211-3 du Code de l'action sociale et des familles). Depuis les années 1970, les habilitations se sont multipliées au sein du Code de procédure pénale (art. 2-1 à 2-25 du Code de procédure pénale), d'autres codes (Code de la consommation, Code de l'environnement, Code monétaire et financier par exemple) ou lois particulières (loi n° 87-588 du 30 juillet 1987 portant diverses mesures d'ordre social habilitant les associations de parents d'élèves, de jeunesse et de défense de l'enfance en danger par exemple). Pour un panorama détaillé bien que non exhaustif, Laronde-Clérac C., Associations. Constitution. Capacité, JurisClasseur Société Traité, Fasc. 174-20, LexisNexis, 2022.
29. Lapérou-Scheneider B., « À la recherche d'une cohérence de l'exercice par les associations des "droits reconnus à la partie civile" », Dr. pén. 2016, Étude 13.
30. Roujou de Boubée G., « Le phénomène en droit pénal », in Parance B. (dir), *op. cit.*, p. 9.
31. Cass. crim., 12 sept. 2006, n° 05-86.958, Bull. crim. n° 217, D. 2006, p. 2549, LPA 19 janv. 2007, n° 15, p. 13, Rev. sc. crim. 2007, p. 303. Voir également s'agissant d'une association de protection de l'environnement, CA Nouméa, ch. corr., 25 févr. 2014, n° 11/00187, JCP G 2014, 557, M. Boutonnet.

dure pénale (préjudice personnel et direct) en raison de la spécificité du but et de l'objet de leur mission. Cette jurisprudence sera appliquée en 2010 au profit de l'association de lutte contre la corruption Transparence Internationale France dans l'affaire dite des biens mal acquis [32], avant que le législateur n'intervienne pour habiliter les associations de lutte contre la corruption. La jurisprudence étant susceptible d'opérer un nouveau revirement, il convenait en effet de sécuriser le droit pour les associations de lutte contre la corruption d'exercer une action civile devant le juge pénal.

Ainsi, la loi n° 2013-1117 du 6 décembre 2013 relative à la lutte contre la fraude fiscale et la grande délinquance économique et financière consacre ce droit à l'article 2-23 du Code de procédure pénale. L'habilitation législative étant donnée sous conditions, elle encadre l'action des associations de lutte contre la corruption et est ainsi un moyen de les contrôler.

Contrôle par les pouvoirs publics de l'action des associations de lutte contre la corruption au moyen de l'habilitation législative

L'article 2-23 du Code de procédure pénale habilite les associations de lutte contre la corruption pour exercer les droits reconnus à la partie civile en ce qui concerne :

1° les infractions traduisant un manquement au devoir de probité [33] ;

2° les infractions de corruption et trafic d'influence [34] ;

3° les infractions de recel ou de blanchiment du produit des revenus ou des choses provenant de ces infractions [35] ;

4° les infractions de corruption ou trafic d'influence en matière électorale [36].

---

32. Cass. crim., 9 nov. 2010, n° 09-88.272, JCP G 2010, doctr. 1174, Ch. Cutajar.
33. Réprimées aux articles 432-10 à 432-15 du Code pénal : concussion, corruption et trafic d'influence passif commis par des personnes exerçant une fonction publique, prise illégale d'intérêts, favoritisme, soustraction et détournement de biens.
34. Réprimées aux articles 433-1, 433-2, 434-9, 434-9-1, 435-1 à 435-10 et 445-1 à 445-2-1 du Code pénal : corruption et trafic d'influence actif commis par les particuliers (corrompu pouvant être une personne dépositaire de l'autorité publique, chargée d'une mission de service public ou investie d'un mandat électif public ou quiconque), corruption et trafic d'influence actifs et passifs d'un magistrat, d'un juré, d'une personne siégeant dans une formation juridictionnelle, d'un fonctionnaire au greffe d'une juridiction, d'un expert nommé par une juridiction ou par les parties, d'une personne chargée par l'autorité judiciaire ou une juridiction administrative d'une mission de conciliation ou de médiation, d'un arbitre exerçant sa mission sous l'empire du droit international sur l'arbitrage, corruption et trafic d'influence actifs et passifs des agents publics étrangers, corruption passive et active des personnes n'exerçant pas une fonction publique.
35. Réprimées aux articles 321-1, 321-2, 324-1 et 324-2 du Code pénal.
36. Réprimées aux articles L. 106 à L. 109 du Code électoral.

La loi n° 2016-1547 du 18 novembre 2016 de modernisation de la justice du XXIe siècle ouvre les mêmes droits aux fondations reconnues d'utilité publique « dans les mêmes conditions et sous les mêmes réserves » qu'aux associations. La formule est intéressante car si le législateur a consacré le droit d'agir des associations de lutte contre la corruption, il l'a entouré de réserves, de conditions. Si l'intervention législative a sécurisé cette action, elle l'a aussi encadrée de sorte que l'habilitation législative est plus restrictive que la jurisprudence de 2010 rendue à propos d'une affaire de biens mal acquis au profit de Transparence Internationale France [37].

La première condition est que l'association de lutte contre la corruption soit déclarée depuis au moins cinq ans à la date de la constitution de partie civile [38]. La déclaration de l'association lui permet d'obtenir la capacité juridique et ainsi le droit d'ester en justice [39].

La deuxième condition est que l'association se propose par ses statuts de lutter contre la corruption.

La troisième condition est que l'association de lutte contre la corruption soit agréée. Les conditions d'agrément sont fixées par le décret n° 2014-327 du 12 mars 2014 [40]. L'agrément peut être accordé à l'association qui remplit les cinq conditions suivantes :

1° cinq années d'existence à compter de sa déclaration ;

2° pendant ces années d'existence, une activité effective et publique en vue de lutter contre la corruption et les atteintes à la probité publique, appréciée notamment en fonction de l'utilisation majoritaire de ses ressources pour l'exercice de cette activité, de la réalisation et de la diffusion de publications, de l'organisation de manifestations et la tenue de réunions d'information dans ces domaines ;

3° un nombre suffisant de membres, cotisant soit individuellement, soit par l'intermédiaire d'associations fédérées ;

4° le caractère désintéressé et indépendant de ses activités, apprécié notamment eu égard à la provenance de ses ressources ;

---

37. Voir *supra*.
38. La plupart des habilitations législatives du Code de procédure pénale prévoient une déclaration depuis au moins cinq ans. Quelques habilitations prévoient une déclaration depuis au moins trois ans (pour les associations de protection du patrimoine, article 2-21 du Code de procédure pénale), ou au moins deux ans (pour les associations de défense des intérêts collectifs des entreprises et des salariés, article 2-21-1 du Code de procédure pénale).
39. Articles 5 et 6 de la loi du 1er juillet 1901 relative au contrat d'association.
40. JO du 14 mars 2014.

5° un fonctionnement régulier et conforme à ses statuts, présentant des garanties permettant l'information de ses membres et leur participation effective à sa gestion.

La quatrième condition est que l'association de lutte contre la corruption se constitue partie civile en ce qui concerne les infractions énumérées par le texte.

Depuis l'habilitation législative des associations de lutte contre la corruption, la jurisprudence réserve aux seules associations agréées le droit d'agir devant le juge pénal sur le terrain de l'article 2-23 du Code de procédure pénale dont elle interprète strictement les conditions d'application [41].

Un premier arrêt a été rendu par la chambre criminelle de la Cour de cassation le 11 octobre 2017 [42] à propos de la constitution de partie civile d'une association de contribuables d'une commune dans le cadre d'une information ouverte contre le maire de cette commune des chefs de blanchiment de fraude fiscale, corruption passive et blanchiment de corruption. La Cour de cassation procède en deux temps en examinant la recevabilité de la constitution de partie civile sur le terrain de l'article 2-23 puis de l'article 2 du Code de procédure pénale. L'association des contribuables n'étant ni agréée ni déclarée depuis au moins cinq ans à la date de sa constitution de partie civile, la Cour de cassation la déclare irrecevable sur le terrain de l'article 2-23. Le texte spécifique n'étant pas applicable, la question se posait de savoir si l'association pouvait encore agir sur le terrain du texte général – l'article 2 du Code de procédure pénale – qui impose de démontrer un préjudice personnel directement causé par l'infraction. Sans faire référence à l'objet de l'association des contribuables (sauvegarde d'une fiscalité locale saine et transparente, lutte contre les pratiques indélicates des pouvoirs publics de nature à léser, par le renchérissement de l'impôt, les intérêts des habitants de la commune), la Cour de cassation déclare qu'elle ne justifie pas d'un préjudice personnel directement causé par les délits poursuivis de blanchiment de fraude fiscale, corruption et blanchiment de corruption.

---

41. La jurisprudence civile se montre plus favorable aux associations en décidant que « même hors habilitation législative, et en l'absence de prévision statutaire quant à l'emprunt des voies judiciaires, une association peut agir en justice au nom d'intérêts collectifs dès lors que ceux-ci entrent dans son objet social » (Cass. 1re civ., 18 sept. 2008, n° 06-22.0388, JCP G 2008, II, 10200, note N. Dupont, Dr. sociétés 2008, comm. 246, LPA 20 févr. 2009, n° 37, p. 7, D. 2008, p. 2437, note X. Delpech. - Cass. 3e civ., 1er juill. 2009, n° 07-21.954, JCP G 2009, 454, N. Dupont. - Cass. 1re civ., 20 mars 2022, n° 21-13.970). Elle a pu cependant rendre une décision moins favorable justifiée par l'objet trop général de l'association de protection de l'environnement et qui ne lui permettait pas de se prévaloir d'un intérêt à agir en responsabilité contre l'Agence nationale pour la gestion des déchets radioactifs pour diffusion d'informations inexactes (Cass. 3e civ., 24 mai 2018, n° 17-18.866) ; décision pour laquelle la France a été condamnée par la CEDH (CEDH, 1er juill. 2021, n° 56176/18, association Burestop et autres c/ France, JCP G 2021, 812).
42. Cass. crim., 11 oct. 2017, n° 16-86.868, D. 2017, p. 2101, AJ pénal 2018, p. 47, JCP G 2017, 1253.

Un deuxième arrêt du 31 janvier 2018 [43] a été rendu à propos de la constitution de partie civile de l'association agréée Anticor dans le cadre de l'affaire Bygmalion de soupçons de fausses facturations entre un parti politique et la société éponyme afin de permettre à un candidat à l'élection présidentielle de réaliser des dépenses liées à la campagne électorale non comptabilisées dans les dépenses de campagne qui sont plafonnées par la loi. Au visa des articles 2 et 2-23 du Code de procédure pénale, la Cour de cassation énonce « qu'aux termes du premier de ces textes, l'action civile en réparation du dommage causé par une infraction appartient à tous ceux qui ont personnellement souffert du dommage directement causé par cette infraction et que le second limite l'exercice de l'action civile par les associations agréées de lutte contre la corruption aux seules infractions visées par ce texte ». L'information judiciaire ayant été ouverte pour faux et usage de faux, abus de confiance, tentative d'escroquerie, complicité et recel de ces délits, elle ne concerne aucune des infractions mentionnées à l'article 2-23 du Code de procédure pénale. L'association Anticor, même si elle est agréée, ne peut donc se constituer partie civile sur la base de ce texte qui n'est pas applicable à l'espèce. La Cour de cassation se déplace ensuite sur le terrain de l'article 2 du Code de procédure pénale et relève que « l'association Anticor ne justifie pas d'un préjudice personnel directement causé par les délits poursuivis ». Son action civile est donc irrecevable tant sur le fondement de l'article 2-23 que sur celui de l'article 2 du Code de procédure pénale. Un autre arrêt du 17 avril 2019 [44] apporte une solution identique à propos de la constitution de partie civile d'Anticor dans le cadre de poursuites exercées sur le fondement de l'article 432-16 du Code pénal [45] ; l'article 2-23 du Code de procédure pénale vise le délit de l'article 432-15 et non celui de l'article 432-16.

Ces arrêts montrent que l'exercice de l'action civile par les associations agréées de lutte contre la corruption est limité aux seules infractions visées par l'article 2-23 du Code de procédure pénale et que l'action n'est plus recevable sur le terrain de l'article 2 du même code [46].

---

43. Cass. crim., 31 janv. 2018, n° 17-80.659, JCP G 2018, 316 et 244, Dr. pén. 2018, comm. 54, Juris associations 2018, p. 11, n° 575, Rev. sc. Crim. 2018, p. 136.
44. Cass. crim., 17 avr. 2019, n° 18-84.055.
45. Qui incrimine la destruction, le détournement ou la soustraction par un tiers de certains biens résultant de la négligence d'une personne dépositaire de l'autorité publique ou chargée d'une mission de service public ou d'un comptable public ou d'un dépositaire public.
46. Cette jurisprudence n'est pas propre aux associations de lutte contre la corruption, une solution similaire apparaît dans un arrêt du 8 septembre 2020 à propos de la constitution de partie civile d'une association agréée de protection de l'environnement sans toutefois exclure la possibilité pour l'association d'agir sur le fondement de l'article 2 du Code de procédure pénale : Cass. crim., 8 sept. 2020, n° 19-84.995 et 19-85.004, AJ pénal 2020, p. 471, JCP G 2020, 1073, D. 2020, p. 1724. L'association de protection de l'environnement s'était constituée partie civile du chef de mise en danger d'autrui en raison de la pollution de l'air. La Cour de cassation relève que l'article L. 142-2 du Code de l'environnement permet aux associations agréées pour la défense de l'environnement de se constituer partie civile en ce qui concerne les faits constituant une infraction aux dispositions législatives relatives à la protection de l'environnement parmi lesquelles ne figure pas la mise en danger d'autrui en raison de la pollution de

La Cour de cassation explicite sa jurisprudence en des termes généraux dans une décision du 7 septembre 2021 [47] où elle considère que la chambre de l'instruction a fait l'exacte application de l'article 2 du Code de procédure pénale en déclarant irrecevables les constitutions de partie civile de plusieurs associations qui n'apportent aucun élément permettant de considérer qu'elles ont pu subir un préjudice présentant un caractère direct et personnel, autre que l'atteinte portée aux intérêts collectifs qu'elles ont pour mission de défendre.

Pour la Cour de cassation, l'exercice de l'action civile devant les tribunaux répressifs est un droit exceptionnel qui, en raison de sa nature, doit être strictement renfermé dans les limites fixées par le Code de procédure pénale. Une telle solution ne saurait être regardée comme inconciliable avec l'article 6, § 1 de la Convention européenne des droits de l'homme, la Cour européenne des droits de l'homme (CEDH) n'admettant pas en soi le droit de faire poursuivre ou condamner pénalement des tiers, et ayant précisé, en conséquence, que la Convention ne garantissait ni le droit à la « vengeance privée », ni l'*actio popularis* [48]. Il en résulte qu'une association ne peut exercer les droits reconnus à la partie civile en vue de la réparation d'un préjudice porté à un intérêt collectif que dans les conditions prévues par les articles 2-1 et suivants du Code de procédure pénale.

La Cour de cassation exclut la possibilité pour les associations agréées d'agir sur le terrain de l'article 2 du Code de procédure pénale ; elles ne peuvent désormais agir que dans les conditions du texte les habilitant à le faire.

La condition de l'agrément permet au pouvoir exécutif d'exercer un contrôle sur les associations de lutte contre la corruption [49]. « L'agrément est

l'air. À défaut de pouvoir agir sur ce fondement, les associations agréées peuvent agir sur celui de l'article 2 du Code de procédure pénale mais doivent alors démontrer un préjudice personnel. Une association, personne morale, ne peut exciper d'une exposition à un risque d'atteinte à l'intégrité physique requise pour la caractérisation du délit de mise en danger de la vie d'autrui.

47. Cass. crim., 7 sept. 2021, n° 19-87.031, JCP G 2021, 1096, AJ pénal 2021, p. 469.
48. CEDH, 12 févr. 2004, n° 47287/99, Perez c/ France, § 70, CEDH, 22 sept. 2005, n° 19754/02, Sigalas c/ Grèce, § 28.
49. Elles ne sont pas les seules à être soumises à cette condition. C'est également le cas des associations de défense des victimes d'acte de terrorisme regroupant plusieurs victimes (article 2-9, al. 2 du Code de procédure pénale), des associations de défense de la langue française (article 2-14 du Code de procédure pénale), des associations regroupant plusieurs victimes d'un accident survenu dans les transports collectifs ou dans un lieu ou local ouvert au public ou dans une propriété privée à usage d'habitation ou à usage professionnel (article 2-15 du Code de procédure pénale), des associations de protection du patrimoine (article 2-21 du Code de procédure pénale), des associations de défense des intérêts des consommateurs (article L. 621-1 du Code de la consommation), des associations de défense de l'environnement (article L. 141-1 du Code de l'environnement), des associations de défense des investisseurs en titres financiers ou en produits financiers (article L. 452-1 du Code monétaire et financier) et des associations de défense de la moralité et de jeunesse et d'éducation populaire (article 7 de la loi du 16 juillet 1949 sur les publications destinées à la jeunesse). Parmi ces associations, certaines

une reconnaissance officielle par laquelle l'autorité administrative reconnaît à une association des compétences particulières, des pouvoirs, des responsabilités… Sous ces différents aspects, l'agrément offre une garantie de la qualité de l'activité poursuivie par l'association et constitue un gage de fiabilité et de transparence dans l'organisation et le fonctionnement de l'association. Il constitue également une garantie que l'association se présente comme un partenaire fiable pour les autorités publiques [50]. »

Selon l'article 25-1 de la loi n° 2000-321 du 12 avril 2000 relative aux droits des citoyens dans leurs relations avec les administrations modifié par la loi n° 2021-1109 du 24 août 2021 confortant le respect des principes de la République, les associations régies par la loi du 1er juillet 1901 qui sollicitent un agrément doivent satisfaire aux conditions suivantes :

1° répondre à un objet d'intérêt général ;

2° présenter un mode de fonctionnement démocratique ;

3° respecter des règles de nature à garantir la transparence financière ;

4° respecter les principes du contrat d'engagement républicain mentionné à l'article 10-1 de la présente loi [51].

Toute association qui s'est vue délivrer un agrément est réputée remplir ces conditions pendant une durée de cinq ans dans le cadre de toute procédure

ne peuvent agir que si l'action publique a été préalablement mise en mouvement par le ministère public ou la partie lésée (celles des articles 2-9, al. 2, 2-15 et 2-19 du Code de procédure pénale).

50. Damarey S., « Agrément des associations », in *Droit des associations et fondations*, Juris Corpus, Dalloz, 2016. Sur la question de savoir si, dans un contexte de surveillance renforcée des associations, l'agrément devient pour les pouvoirs publics un moyen de contrôle de leurs activités, voir Dossier « Agrément – Distinction d'État », *Juris associations*, 2024, p. 16, n° 693 et notamment les articles de Maheu A., « L'agrément : un outil au service de l'intérêt général ? », p. 17 et de Delpech X., « Retrait d'agrément : revue de jurisprudence », p. 28.

51. Le décret n° 2021-1947 du 31 décembre 2021 pris pour l'application de l'article 10-1 de la loi n° 2000-321 du 12 avril 2000 et approuvant le contrat d'engagement républicain des associations et fondations bénéficiant de subventions publiques ou d'un agrément de l'État détermine le contenu du contrat d'engagement républicain et fixe ses modalités de souscription. En annexe de ce décret figure le contrat d'engagement républicain qui explicite chacun des engagements auxquels souscrivent les associations qui sollicitent un agrément : respect des lois de la République, liberté de conscience, liberté des membres de l'association, égalité et non-discrimination, fraternité et prévention de la violence, respect de la dignité de la personne humaine et respect des symboles de la République. Les associations se sont montrées particulièrement inquiètes de cette nouvelle obligation. Couard J., Courtet M.-C., « Principes républicains – La loi a un an : bilan d'un texte controversé », *Juris associations 2023*, n° 671, p. 33 ; Giraud T., « Contrôle des associations – Le contrat d'engagement républicain s'explique dans un guide », *Juris associations 2023*, n° 678, p. 6 ; Clavagnier B., « Un guide qui explique… mais ne rassure pas ! », *Juris associations 2023*, n° 678, p. 3 ; Sadorge E., Annereau C., « Contrat d'engagement républicain – Libertés associatives : chronique d'une tragédie », *Juris associations 2024*, n° 684, p. 35 ; de Jotemps A. S., « Contrat d'engagement républicain : une difficulté dans les relations entre l'État et les associations », *Juris associations 2024*, n° 690, p. 22.

d'agrément prévue par la législation. Ces conditions s'ajoutent aux conditions spécifiques requises pour la délivrance de chaque agrément et fixées par la loi ou les règlements.

La procédure d'agrément est prévue par le décret n° 2014-327 du 12 mars 2014 relatif aux conditions d'agrément des associations de lutte contre la corruption en vue de l'exercice des droits reconnus à la partie civile. La demande d'agrément ou de renouvellement est adressée au garde des Sceaux, ministre de la Justice, qui instruit le dossier dont la composition est fixée par arrêté du ministre. Lorsque le dossier remis est complet, il en est délivré récépissé. La décision d'agrément ou de refus est notifiée dans un délai de quatre mois à compter de la date de délivrance du récépissé. Si aucune décision n'est notifiée dans ce délai, l'agrément est réputé refusé. Ce délai peut être prorogé pour une durée de deux mois si l'instruction du dossier le justifie. L'association en est alors avisée. L'agrément est accordé par arrêté du ministre de la Justice. Il est publié au *Journal officiel* de la République française.

L'agrément est accordé pour trois années. Il est renouvelable dans les mêmes conditions que l'agrément initial. Il peut être suspendu ou retiré par arrêté du ministre de la Justice, lorsque l'association ne remplit plus l'une des conditions requises.

Les associations agréées ont pour obligation d'adresser chaque année au ministre de la Justice, leur rapport moral et leur rapport financier.

Si l'agrément atteste du sérieux et de la qualité de l'action de l'association et lui permet d'exercer l'action civile devant le juge pénal, il permet au pouvoir exécutif de vérifier et de contrôler que l'association remplit les conditions de son obtention. Si c'est le cas, le pouvoir exécutif peut délivrer mais aussi refuser de délivrer l'agrément. Il s'agit d'un pouvoir discrétionnaire. Le refus de délivrance peut être soumis au contrôle du juge de l'excès de pouvoir qui examine si la procédure a été respectée.

Le fait que le ministre de la Justice en fonction au moment de la procédure de renouvellement de l'agrément d'Anticor ait été avocat a conduit à la nécessité d'adapter la procédure d'agrément pour éviter les conflits d'intérêts. Ainsi, le décret n° 2020-1293 du 23 octobre 2020 pris en application de l'article 2-1 du décret n° 59-178 du 22 janvier 1959 relatif aux attributions des ministres transfère au Premier ministre la compétence des actes de toute nature relevant des attributions du garde des Sceaux, ministre de la Justice, relatifs à des personnes morales ayant engagé des actions notamment judiciaires contre lui en sa qualité de ministre ou d'avocat [52].

52. Ces dispositions expliquent que l'arrêté du 2 avril 2021 portant renouvellement de l'agrément d'Anticor ait été signé par le Premier ministre puisqu'une plainte avait été portée par Anticor

Bilan et perspectives de l'action des associations de lutte contre la corruption face aux élites délinquantes

Depuis 2013, trois associations de lutte contre la corruption ont été agréées : Anticor [53], Sherpa [54] et Transparency International [55].

Quantifier le phénomène corruptif est un exercice complexe puisque la corruption est une infraction occulte par nature. Cependant, les études menées à partir des données police-justice montrent une hausse de près de 30 % des atteintes à la probité entre 2016 et 2021 [56]. L'habilitation de trois associations peut paraître insuffisant. Cependant, ces associations sont particulièrement actives dans la détection de la corruption.

Transparency International comme Sherpa s'illustrent à travers des actions menées contre la corruption à l'échelle internationale (affaires de biens mal acquis en Syrie, en Guinée équatoriale, à Djibouti, au Canada par exemple, affaire du financement libyen de la campagne électorale d'un ancien président de la République française) tandis qu'Anticor agit davantage à l'échelle interne (affaire de corruption dans le cadre des ventes de billets au tournoi de tennis de Roland-Garros, affaires Falco, Bolloré, Kolher par exemple).

Loin de s'être transformées en procureur privé, les associations de lutte contre la corruption se sont révélées des partenaires fort utiles pour le parquet dans la détection des infractions, dans la compréhension de certains éléments des dossiers souvent techniques et pour lesquels, avec le temps, elles ont développé une véritable expertise. L'action de ces associations conduit également le parquet à se saisir de certains dossiers dont il pouvait avoir connaissance mais pour lesquels il pouvait manquer de motivation.

Comme nous l'avons vu, c'est le pouvoir exécutif qui délivre ou renouvelle l'agrément des associations qui luttent contre la corruption et qui, dans le cadre de cette action, ont pu mettre en cause des hommes ou femmes publics et/ou politiques. De quoi faire naître le soupçon relayé parfois par les médias d'une relation de cause à effet avec les difficultés qu'ont pu rencontrer ces associations à obtenir l'agrément ou le renouvellement des agréments ministériels. Sherpa a obtenu son agrément dix-huit mois après le dépôt de sa demande initiale. Le refus implicite d'agrément l'avait conduite à former un recours amiable puis un recours contentieux. Le renouvellement de l'agrément d'Anticor a pris neuf mois.

---

devant la Cour de justice de la République contre M. Éric Dupond-Moretti pour des soupçons de prise illégale d'intérêts. Pour ces faits, le ministre a été relaxé par la Cour de justice de la République le 29 novembre 2023, Voir AJ pénal 2024, p. 99.

53. A. 15 févr. 2018, JO 23 févr., renouvellement par A. 2 avr. 2021, JO 3 avr.
54. A. 20 nov. 2019, JO 22 nov., renouvellement par A. 18 nov. 2022, JO 19 nov.
55. A. 4 sept. 2020, JO 13 sept.
56. Dossier « Mieux appréhender la corruption », AJ pénal 2023, p. 159 et s.

Les risques d'instrumentalisation de ces difficultés et l'insécurité juridique que ces difficultés génèrent pour les associations ont conduit la commission des lois de l'Assemblée nationale à confier à deux de ses députés une mission « flash » sur la capacité des associations à agir en justice qui a rendu ses conclusions en décembre 2021 [57]. Les associations agréées de lutte contre la corruption auditionnées dans ce cadre n'ont pas remis en cause le principe de l'agrément qui facilite et sécurise leur action. Faisant le constat du désordre qui caractérise le dispositif législatif d'habilitation des associations en utilisant des termes très forts (habilitations législatives erratiques introduisant des régimes d'habilitation divers, impressionnisme juridique, grande hétérogénéité, absence de lisibilité des dispositifs), la mission « flash » énonce différentes propositions dans l'objectif d'améliorer à la fois les conditions d'habilitation et la procédure d'agrément.

S'agissant des conditions d'habilitation, la proposition consiste à harmoniser le critère de la durée d'existence minimale de l'association pour être habilitée. En l'état du droit positif, cette durée est différente selon les habilitations législatives : souvent cinq ans, parfois trois ans ou même deux ans. La mission « flash » propose d'harmoniser à trois ans le critère d'ancienneté minimale qu'une association doit remplir pour être habilitée à agir en justice. Une autre proposition se situe dans le renforcement des exigences déontologiques des dirigeants d'associations habilitées à agir en justice en étendant aux présidents, vice-présidents et trésoriers des associations l'obligation de déposer une déclaration d'intérêts auprès de la Haute Autorité pour la transparence de la vie publique.

S'agissant de l'agrément, la mission « flash » propose tout d'abord d'harmoniser la durée des agréments. Cette durée varie aujourd'hui entre trois et cinq ans. Compte tenu de la lourdeur administrative que fait peser la procédure d'agrément sur les associations, une durée de cinq ou de sept ans est proposée.

Elle propose ensuite d'objectiver le processus de délivrance de l'agrément des associations de lutte contre la corruption en le confiant à la Haute Autorité pour la transparence de la vie publique après un avis public du ministère de la Justice ou en le laissant au ministère de la Justice mais en renforçant le caractère contradictoire et collégial de la procédure (par exemple en instituant un avis public de la Haute Autorité pour la transparence de la vie publique sur la qualité des actions menées par l'association, en auditionnant le président de l'association). Enfin, la mission « flash » propose d'instituer un contrôle des comptes des associations sollicitant un agrément par la Cour des comptes.

57. Mission « flash » sur la capacité des associations à agir en justice, Communication de M. Bruno Questel et de Mme Cécile Untermaier, 8 déc. 2021.

Ces propositions d'harmonisation des durées des habilitations, d'allongement et d'harmonisation des durées des agréments ne peuvent qu'être appuyées. Il en va de même de la proposition d'enlever au pouvoir exécutif la compétence de la délivrance de l'agrément.

La réforme du dispositif pour les associations habilitées en général et pour les associations de lutte contre la corruption agréées en particulier devient urgente. Si l'actualité récente à l'occasion du renouvellement des agréments a invité le législateur à se saisir de cette question, l'actualité la plus récente doit l'inciter à agir sans tarder. Cette actualité montre également que la menace qui peut peser sur l'action des associations de lutte contre la corruption face aux élites délinquantes peut également venir de l'intérieur [58]. En effet, la juridiction administrative a été saisie de l'annulation de l'arrêté du 2 avril 2021 renouvelant l'agrément d'Anticor par un ancien adhérent exclu de l'association en 2020 et par un adhérent en rupture avec la direction de l'association. À propos des conditions de l'agrément posées par le décret n° 2014-327 du 12 mars 2014, l'arrêté du 2 avril 2021 énonce qu'un certain nombre d'éléments, en particulier l'absence de transparence sur un don conséquent, « sont de nature à faire naître un doute sur le caractère désintéressé et indépendant des activités passées de l'association, et que l'absence de formalisation, par les statuts de l'association, des procédures d'information du conseil d'administration conjuguée à la non-information effective de celui-ci n'ont pas, par le passé, garanti l'information de ses membres et leur participation effective à la gestion de l'association ». Malgré tout, l'arrêté renouvelle l'agrément aux motifs que « l'association a, dans le cadre de la procédure d'instruction de sa demande de renouvellement d'agrément, manifesté l'intention de recourir à un commissaire aux comptes pour accroître la transparence de son fonctionnement financier, ainsi qu'une refonte de ses statuts et de son règlement intérieur ». Selon les requérants, l'association ne remplit pas les conditions tenant, d'une part, au caractère indépendant et désintéressé de ses activités et, d'autre part, à l'information des membres de l'association et à leur participation effective à sa gestion. L'arrêté est entaché d'une erreur de droit dès lors que l'administration a accordé le renouvellement de l'agrément au regard, non pas du respect des conditions posées par le décret de 2014, mais d'un engagement à les respecter à l'avenir.

Par une décision du 23 juin 2023 [59], le tribunal administratif de Paris annule l'arrêté de renouvellement d'agrément du 2 avril 2021. Selon le tribunal administratif, les dispositions du décret de 2014 ne permettent pas à l'administration d'accorder l'agrément à une association qui n'en remplit pas les condi-

58. Dupré R., « Incertitude juridique pour Anticor, privé de son agrément », *Le Monde*, 25-26 juin 2023, p. 11.
59. N° 2111821/6-1. Pastor J.-M., « Anticor ne peut plus se porter partie civile », *Dalloz Actualité*, 4 juill. 2023 ; Delpech X., « Lutte contre la corruption – Annulation du renouvellement de l'agrément de l'association Anticor », *Juris associations 2023*, n° 683, p. 10.

tions. En conséquence, le Premier ministre ne pouvait, sans commettre d'erreur de droit, se fonder sur la circonstance que l'association se serait engagée à prendre des mesures correctives visant à se mettre en conformité avec ses obligations postérieurement à la date de la décision d'agrément. L'annulation d'un acte administratif ayant un effet rétroactif, l'association Anticor avait saisi la juridiction administrative d'une demande de modulation dans le temps des effets de l'annulation dans l'hypothèse où celle-ci serait prononcée afin de sécuriser les procédures en cours dans lesquelles Anticor a formé une plainte avec constitution de partie civile ou s'est constituée partie civile en cours d'instruction ou de jugement. Selon l'association, l'annulation rétroactive porterait des conséquences manifestement excessives quant à la lutte contre la corruption, le travail judiciaire en cours et l'intérêt général qui s'attache à ce que justice soit rendue dans ces affaires. Le tribunal administratif ne fait pas droit à cette demande en considérant qu'il ne résulte pas des éléments produits par l'association que cet effet serait par lui-même de nature à emporter des conséquences manifestement excessives en raison des effets que l'agrément avait produit sur elle ou d'un intérêt général pouvant s'attacher à un maintien temporaire de ses effets [60].

Une première décision de la chambre criminelle de la Cour de cassation [61] permet de mesurer certains effets de l'annulation de l'agrément d'Anticor. Dans le cadre d'une enquête puis d'une instruction ouvertes en février 2009 à la suite d'une dénonciation anonyme de malversations susceptibles d'être imputées au président d'un conseil général, l'association Anticor s'est constituée partie civile devant le tribunal correctionnel à l'audience du 30 mars 2021. L'arrêté du 2 avril 2021 de renouvellement de son agrément ayant été annulé rétroactivement par jugement du tribunal administratif du 23 juin 2023, la chambre criminelle en déduit que si la constitution de partie civile d'Anticor, antérieure à l'arrêté annulé, était recevable, l'arrêt attaqué du 30 mars 2022 encourt l'annulation en ce qu'il a fait partiellement droit aux demandes de réparation de l'association alors qu'à cette date, celle-ci ne bénéficiait plus, par l'effet rétroactif du jugement de la juridiction administrative, de l'agrément lui permettant de solliciter la réparation d'un préjudice.

À la suite de la décision du tribunal administratif annulant son agrément, craignant des annulations de procédures, notamment celles où elle a initié l'action avant que le procureur de la République n'exerce l'action publique, l'association Anticor a réagi de deux manières. D'une part, elle a fait appel de la

60. Selon le tribunal administratif de Paris, les éventuelles décisions d'irrecevabilité des constitutions de partie civile formées par Anticor interviendront pour les constitutions de partie civile postérieures à la date de l'agrément. Par ailleurs, le juge administratif relève que ces décisions d'irrecevabilité sont sans effet sur l'action publique, qu'Anticor peut faire appel de ces décisions et que deux autres associations sont agréées et peuvent exercer les mêmes droits. Ainsi, l'effet rétroactif de l'annulation a pour unique conséquence de faire perdre à l'association sa qualité de participer au procès pénal.
61. Cass. crim., 13 mars 2024, n° 22-83.689.

décision du tribunal administratif de Paris. D'autre part, elle a saisi immédiatement la Première ministre d'une demande de nouvel agrément. Le 16 novembre 2023, la cour administrative d'appel de Paris a confirmé la décision d'annulation de l'agrément d'Anticor [62]. Quant au gouvernement, il n'a pas répondu à sa demande d'agrément [63]. Ce silence vaut décision implicite de rejet de la demande. Après la décision du tribunal administratif de Paris en juin 2023, certains parlementaires venus soutenir Anticor ont annoncé le dépôt d'un amendement dans le cadre du projet de loi d'orientation et de programmation de la justice 2023-2027 [64] alors en discussion à l'Assemblée nationale ; amendement qui donnait compétence à la Haute Autorité pour la transparence de la vie publique pour délivrer l'agrément. Cet amendement, déposé pour le groupe Socialistes et apparentés par Madame Untermaier, a été rejeté. Pourtant, une action législative s'impose afin de sécuriser l'action essentielle et indispensable des associations de lutte contre la corruption face aux élites délinquantes.

62. Décision n° 23PA03813, AJ pénal 2024, p. 97.
63. Dupré R., Motet M., « Le gouvernement ne renouvelle pas l'agrément d'Anticor », *Le Monde*, 28 déc. 2023, p. 12.
64. Loi n° 2023-1059 du 20 novembre 2023 d'orientation et de programmation du ministère de la justice 2023-2027, JO 21 nov. 2023.

De l'École nationale de la magistrature à Anticor

Retour sur quatre décennies d'anticorruption à l'intersection des mondes judiciaire, associatif et politique

Entretien avec Éric ALT
Propos recueillis par Anthony AMICELLE et Benjamin LOVELUCK

Anthony Amicelle est maître de conférences à Sciences Po Bordeaux et rattaché au Centre Émile Durkheim (UMR 5116) ainsi qu'au Centre de recherche sociologique sur le droit et les institutions pénales (CESDIP-UMR 8183). Il est aussi professeur associé à l'Université de Montréal et membre du Centre de recherche et d'études en politique internationale (REPI) de l'Université libre de Bruxelles. Il a codirigé la revue Champ pénal *de 2020 à 2023 et ses travaux portent principalement sur les politiques de lutte contre les illégalismes économiques et financiers. Il a récemment publié avec M. Darley et J. de Maillard (dir.), « État, savoirs experts et sécurité »,* Gouvernement & action publique, *vol. 12, n° 3, 2023.*

Benjamin Loveluck est professeur junior en science politique à l'université Paris-Panthéon-Assas, titulaire de la Chaire régulation du numérique. Il est membre du Centre d'études et de recherches de sciences administratives et politiques (CERSA). Ses travaux portent sur les pratiques politiques en ligne, les transformations de l'espace public ainsi que l'intervention de la puissance publique dans le champ numérique. Il a récemment publié avec F. Daucé et F. Musiani (dir.), Genèse d'un autoritarisme numérique. Répression et résistance sur Internet en Russie, 2012-2022, *Paris, Presses des Mines, 2023.*

En revenant par le menu sur sa trajectoire professionnelle ainsi que sur ses engagements associatifs et syndicaux, cet entretien avec Éric Alt donne à voir autrement plus de trente ans de corruption et d'anticorruption en France et en Europe. Depuis les années 1990, ce magistrat de formation n'a cessé d'évoluer à l'intersection de différents univers sociaux dont la mise en relation dessine les contours d'une configuration de lutte contre les illégalismes des élites dirigeantes. Sur le plan professionnel, d'une part, il est conseiller à la

Cour de cassation après avoir occupé des fonctions de substitut du procureur, de magistrat à l'administration centrale du ministère de la Justice et de vice-président au Tribunal de grande instance – devenu Tribunal judiciaire – de Paris, sans oublier un passage en cabinet ministériel. Sur le plan associatif et syndical d'autre part, Éric Alt est administrateur de l'association Anticor – dont il a assuré la vice-présidence pendant près de dix ans – après avoir aussi été administrateur de l'association Sherpa, et successivement vice-président du Syndicat de la magistrature et de l'association des Magistrats européens pour la démocratie et les libertés. Enfin, à l'aune de cette double carrière professionnelle et militante, il entretient également des liens durables avec le monde académique, qui se manifestent entre autres par des publications dans des presses et revues universitaires, dont *Cultures & Conflits* [1].

De par son parcours, sa multipositionnalité et les formes de son engagement contre la corruption, l'entretien avec Éric Alt revêt un double intérêt, crucial dans le cadre de ce numéro spécial. Premièrement, il contribue à éclairer d'un jour nouveau l'équilibre dynamique de tensions qui structure cette configuration de lutte contre les illégalismes des élites dirigeantes, et en particulier les rapports de force à l'œuvre dans et entre les mondes judiciaire, associatif et politique. Cet échange de deux heures et demie regorge d'illustrations de ces relations de pouvoir entre acteurs alliés ou adversaires selon les cas, et ce aussi bien à l'échelle individuelle – Éric Alt ayant par exemple été un temps l'objet d'une enquête de l'inspection générale de la justice sur demande politique relative à sa neutralité comme magistrat et son obligation de réserve – que collective, au regard notamment des interactions conflictuelles entre Anticor et le gouvernement autour du renouvellement de l'agrément anticorruption de l'association. Deuxièmement, l'entretien permet de rendre compte des manières contemporaines de policer les élites dirigeantes en entrant justement dans le fonctionnement d'Anticor, à commencer par la gestion des signalements de ses référents locaux et autres lanceurs d'alerte susceptibles d'initier ou de relancer des poursuites judiciaires et d'aboutir à des condamnations pénales. En abordant les conditions d'articulation entre le plaidoyer associatif et l'action en justice, il s'agit ainsi d'interroger à nouveaux frais les enjeux et usages de l'arme du droit aux fins de transformation sociale. Cet entretien est complété par la communication prononcée par Éric Alt à l'occasion de la journée d'étude « Société civile et lutte contre la corruption », à l'origine de ce double numéro spécial de *Cultures & Conflits*.

Cultures & Conflits (C&C) : Commençons par l'entame de votre carrière professionnelle et la manière dont vous avez été amené à y croiser les enjeux de corruption et de délinquance économique et financière.

1. Alt E., « La coopération judiciaire dans un "espace de liberté, de sécurité et de justice" », *Cultures & Conflits*, n° 46, 2002, pp. 19-26.

Éric Alt (E. A.) : J'ai passé le concours de l'École nationale de la magistrature en 1987, j'entre dans la magistrature comme substitut du procureur en 1990, et ces années 1990 sont extraordinairement effervescentes, riches sur le terrain de la corruption. Auparavant, il y avait certes déjà eu des cas et des enquêtes de journalistes, avec l'affaire des piastres [2], l'affaire du gaullisme immobilier [3], etc., et il y a dans les années 1980 un numéro de la revue *Pouvoirs* qui peut faire référence [4]. Cependant, on ne parle pas du tout de vision systémique de la corruption. Le premier qui met ça dans le champ du débat, c'est Yves Mény, au début des années 1990, avec *La corruption de la République* [5], et à partir de là on se pose la question de savoir s'il y a peut-être plus que des défaillances individuelles. En 1988, pour la première fois, on avait légiféré sur le financement des partis politiques [6]. On avait très mal légiféré puisque cela s'accompagnait d'une amnistie, ce qui n'avait pas du tout été bien reçu. Dans ce contexte, je débute comme substitut du procureur à Angers et je vois Thierry Jean-Pierre, juge d'instruction au Mans, qui est dans la même cour d'appel que moi. Il commence à enquêter [sur le dossier Urba] et il est violemment écarté de l'enquête [7]. À l'époque, sa perquisition dans les locaux de la société Urba a été qualifiée de « cambriolage judiciaire » par Maître Georges Kiejman, alors au ministère de la Justice [comme ministre délégué auprès du Garde des Sceaux] [8]. Ironie du sort, le dossier a été transféré et c'est Renaud van Ruymbeke qui l'a repris [9].

Et puis en 1996, c'est « l'appel de Genève [10] ». C'est toujours au début de ma carrière d'une certaine façon même si, après avoir été substitut du procureur, j'ai choisi de passer un temps comme magistrat à l'administration cen-

---

2. Tertrais H., *Le piastre et le fusil. Le coût de la guerre d'Indochine. 1945-1954*, Vincennes, Institut de la gestion publique et du développement économique, 2002 ; Despuech J., *Le trafic des piastres*, Paris, Table ronde, 1974.
3. Orange M., « Les fondations secrètes de la Ve République : la manne de l'immobilier », in Faligot R., Guisnel J. (dir.), *Histoire secrète de la ve République*, Paris, La Découverte, pp. 503-514.
4. « La corruption », *Pouvoirs, revue française d'études constitutionnelles et politiques*, n° 31, 1984.
5. Mény Y., *La corruption de la République*, Paris, Fayard, 1992.
6. François A., Phélippeau E., *Le financement de la vie politique : réglementations, pratiques et effets politiques*, Paris, Armand Colin, 2015.
7. Sur l'affaire Urba, portant sur le financement occulte du parti socialiste *via* des attributions frauduleuses de marchés publics par des collectivités territoriales, et dont le juge d'instruction Thierry Jean-Pierre est dessaisi en avril 1991, voir Roussel V., « Les magistrats dans les scandales politiques », *Revue française de science politique*, vol. 48, n° 2, 1998, pp. 245-273 ; Garraud P., « Les nouveaux juges du politique en France », *Critique internationale*, n° 3, 1999, pp. 125-139.
8. « La contre-attaque du Garde des Sceaux dans "l'affaire" Urba », *Le Monde*, 11 avril 1991.
9. Sur cette figure de la magistrature en matière d'anticorruption, et son instruction de l'affaire Urba, voir Roussel V., *Affaires de juges. Les magistrats dans les scandales politiques en France*, Paris, La Découverte, 2002 ; van Ruymbeke R., *Mémoires d'un juge trop indépendant*, Paris, Taillandier, 2021.
10. Bertossa B., Bruti Liberati E., Colombo G., Dejemeppe B., Garzòn B., Jiménez Villarejo C., van Ruymbeke R., « L'appel de Genève », in Robert D. (dir.), *La justice ou le chaos*, Paris, Stock, 1996.

trale de la justice. Avec l'appel de Genève, c'est la première fois que les juges prennent la parole pour inaugurer une sorte de diplomatie judiciaire, à un moment où les frontières sont encore quasiment hermétiques au passage de commissions rogatoires d'un pays à un autre. C'est un mécanisme très laborieux, très long, qui passe par le ministre de la Justice, le ministère des Affaires étrangères… C'est une inefficacité organisée, en particulier sur ces affaires-là [économiques et financières]. Déjà à l'époque, quand il y avait une volonté politique, ou une nécessité, par exemple en matière de terrorisme, ça pouvait passer. Mais pour ce qui était des affaires économiques et financières en particulier, c'était très difficile. Et là, des juges inaugurent une diplomatie judiciaire, et vont même un peu plus loin que cela. Il y avait sept juges au départ, dont certains ont marqué l'histoire : Renaud van Ruymbeke, Baltasar Garzón et d'autres, accompagnés par MEDEL [Magistrats européens pour la démocratie et les libertés] qui est une organisation regroupant à l'époque environ une quinzaine d'organisations progressistes de magistrats, au nombre desquelles le Syndicat de la magistrature en France, Magistratura democratica en Italie, Juezas y Jueces para la Democracia en Espagne, et d'autres [11]. C'est donc un mouvement qui dépasse les sept qui ont pris la parole en premier, à l'initiative du journaliste Denis Robert d'ailleurs, dans son ouvrage *La justice ou le chaos* [12]. Il y a une thèse de Natacha Paris sur tout ce qu'a fait MEDEL après [13].

Donc, on s'aperçoit qu'il faut construire une Europe de la justice. À l'époque, on ne parlait même pas encore d'espace européen de la justice et de la police. Cette société civile-là prend la parole, s'organise et fait bouger un peu les choses [14]. C'était tabou à l'époque. Je me souviens que Renaud van Ruymbeke avait failli être poursuivi pour avoir pris la parole, sur le mode du devoir de réserve, ces choses sont très classiques. Et le Syndicat de la magistrature suivait ça de très près. Moi, je suis à l'époque jeune magistrat, mais déjà, j'accompagne le Syndicat de la magistrature dans un certain nombre de ses initiatives. En sachant qu'il y a une résonance avec le *corpus juris* de Mireille Delmas-Marty, qui n'est pas commandé par l'appel de Genève, mais qui vient un an après, sur l'idée qu'on peut construire une Europe de la justice à partir d'un parquet européen [15]. Cela mettra vingt ans à venir, mais ça sort en

11. Alt E., « Les organisations de magistrats en Europe : une histoire politique », *Les Cahiers de la Justice*, n° 3, 2016, pp. 465-475 ; Voir le site de MEDEL : https://medelnet.eu/ (consulté le 16 avril 2024).
12. Robert D., *La justice ou le chaos*, Paris, Stock, 1996.
13. Paris N., *L'appel de Genève : une mobilisation européenne de magistrats contre « la criminalité organisée » et pour la mise en place d'un espace judiciaire pénal européen : contribution à une sociologie de l'activisme politique de la magistrature en Europe et de ses usages politiques dans l'Union européenne (1996-2001)*, Université Strasbourg III, thèse de doctorat sous la direction d'Yves Déloye, 2006 ; Paris N., « L'européanisation de la justice pénale au nom de la lutte contre "la criminalité organisée" dans les années 1990 : le rôle d'acteurs à la marge du processus décisionnel européen », *Cultures & Conflits*, n° 62, 2006, pp. 79-105.
14. Alt E., « La société civile face à la corruption », *Archives de politique criminelle*, n° 39, 2017, pp. 89-101.

1997 [16], avec l'idée qu'on peut unifier un certain nombre de règles basiques de preuves et d'incrimination. Donc, tout ça se met peu à peu en place, mais l'idée vient dans les années 1990. Et puis, il y avait aussi une prise en charge politique, puisque c'est le rapport Montebourg-Peillon sur le blanchiment de capitaux, avec les premières auditions à la fin de ces années 1990 [17]. C'est également le grand travail institutionnel de l'OCDE avec la Convention contre la Corruption d'agents publics étrangers [18]. Il y a une convention civile et une convention pénale du Conseil de l'Europe qui interviennent aussi à cette époque-là, et c'est la naissance du GRECO [Groupe d'États contre la corruption [19]].

On a donc un moment d'effervescence mais… Même si tout ce que j'énonce concerne pour la plupart des avancées qui seront mises en place, en pratique dans les années 2010-2020 pour le parquet européen, jamais le pouvoir politique n'a pour autant réussi à saisir le *kairos*, ce petit dieu dont on saisit la chevelure pour signifier qu'on a pris la mesure de l'enjeu, qu'on a saisi l'opportunité. Jamais le pouvoir politique ne saisit l'opportunité. Il reste extrêmement réticent. Je parlais des déclarations de « cambriolage judiciaire » tout à l'heure, mais il y a l'affaire de l'hélicoptère quelques années après, où on s'imagine qu'on peut intervenir sur le cours de la justice en substituant à un premier substitut du procureur le procureur lui-même qu'on rapatrie d'urgence [20]. Cette affaire concerne directement ou indirectement Jean Tiberi [alors maire de Paris], avec une enquête menée à Évry à l'initiative d'un magistrat qui s'appelle Hubert Dujardin. C'est un bon juriste, mais il ne tient pas compte des contingences politiques. Au moment où le procureur d'Évry, M. Davenas, fait un trek dans l'Himalaya, il décide d'ouvrir une procédure et de mener une enquête concernant des agissements relatifs à des faits dont l'origine est dans l'Essonne, mais qui peuvent effectivement concerner la majorité parlementaire de l'époque. Jacques Toubon était Garde des Sceaux, et fut un médiocre ministre de la Justice, autant qu'il fut un excellent défenseur des droits. Et au cabinet du ministre, on s'imagine qu'on peut écarter Dujardin en rapatriant Davenas d'urgence. Comme il fait un trek dans l'Himalaya, on envoie un hélicoptère pour le rapatrier. Au final, tout ceci est

15. Delmas-Marty M. (dir.), *Corpus juris, portant dispositions pénales pour la protection des intérêts financiers de l'Union européenne*, Paris, Economica, 1997.
16. The independent public prosecution office of the EU, dates clés, Bruxelles, https://www.eppo.europa.eu/fr/contexte (consulté le 16 avril 2024).
17. Peillon V., Montebourg A., *Délinquance financière et blanchiment des capitaux. Mission d'information commune sur les obstacles au contrôle et à la répression de la délinquance financière et du blanchiment des capitaux en Europe*, Paris, Assemblée Nationale, 2002.
18. Convention sur la lutte contre la corruption d'agents publics étrangers dans les transactions commerciales internationales, Paris, OCDE, 1997.
19. Voir le site du GRECO : https://www.coe.int/fr/web/greco (consulté le 16 avril 2024).
20. Thoraval A., « Interview. Hubert Dujardin, procureur adjoint, mis à l'écart depuis l'affaire Xavière Tiberi. "Une sanction disciplinaire déguisée" », *Libération*, 1er décembre 1997 ; Rayner H., *Dynamique du scandale. De l'affaire Dreyfus à l'affaire Clearstream*, Paris, Le Cavalier Bleu, 2007.

foireux et *le Canard enchaîné* en fait ses gorges chaudes [21], et d'une certaine façon c'est très pédagogique sur la manière dont cela se déroulait… Et ça c'est au milieu des années 1990 et je reviens à l'idée que le pouvoir politique n'a jamais saisi l'occasion.

Après, en 1997, Jacques Chirac mandate une commission à la tête de laquelle il y a Pierre Truche, très grand magistrat ; mais cette commission était aussi composée d'une vingtaine de personnalités aux opinions divergentes [22]. L'idée, déjà, c'est de donner une certaine indépendance au parquet, avec la métaphore classique selon laquelle il faut couper le cordon ombilical entre le parquet et le pouvoir politique. Ce qui répond à une partie des questions qui se sont posées depuis les années 1990. Cette commission se focalise sur l'idée d'une politique pénale absolument nécessaire, mais justifie le rattachement avec le ministère de la Justice. Ils ne voient pas qu'il peut y avoir d'autres façons de construire une politique pénale comme c'est en train de se mettre en place en Belgique ou en Espagne, avec une politique pénale dirigée par un collège d'avocats généraux. Donc, la Commission est sur cette idée de politique pénale, et cette opportunité qui aurait éventuellement permis au pouvoir politique d'aller plus loin en matière d'indépendance du parquet, n'est pas saisie [23].

Puis, c'est aussi un moment de grande effervescence parce que les juges prennent la parole, parfois sous forme de monographies, parfois sous forme d'ouvrages collectifs, où ils défendent leur idée de ce que doit être la justice. Les juges parlent. Je suis dans cette période-là et il y a plusieurs éléments qui m'interpellent. D'abord, quand j'étais jeune substitut à Angers, j'avais un secteur qui était celui de Cholet, et j'apprends à l'époque qu'il y a une forte probabilité que le maire ait commis ce qu'on appelle aujourd'hui « prise illégale d'intérêt », ce qu'on appelait à l'époque « ingérence ». J'en parle au procureur, qui ne voit pas de problème pour lancer une enquête. Je fais un soit-transmis à la police pour demander notamment quelles sont les dates exactes, parce que c'est une affaire un peu ancienne qui risquait d'être atteinte par la prescription. Prescription courte à l'époque, de trois ans en matière délictuelle. Donc, cette enquête part normalement. Mais le procureur général me convoque pour me dire que, même si le procureur était d'accord pour enquêter, c'est à lui que je devais en parler, que c'est une affaire très sensible, que j'aurais même dû lui en parler avant. En réalité, c'est une sorte de recadrage, dont je sors… alors pas ébranlé, parce que je pense que j'avais fait ce qui devait être fait mais… cela me

21. « Toubon et Debré affrètent un hélico dans l'Everest pour sauver Xavière Tiberi », *Le Canard enchaîné*, 13 novembre 1996.
22. Accès au texte intégral de la « Déclaration de M. Jacques Chirac, Président de la République, sur le programme de travail de la commission de réflexion sur la justice, l'indépendance de la justice, la légitimité du pouvoir des juges et la présomption d'innocence, Paris le 21 janvier 1997 » https://www.vie-publique.fr/discours/134457-declaration-de-m-jacques-chirac-president-de-la-republique-sur-le-pro (consulté le 16 avril 2024).
23. Truche P., *Rapport au Président de la République de la commission de réflexion sur la justice*, Paris, Présidence de la République, 1997.

porte quand même à considérer que pour une affaire, qui n'était pas une affaire gigantesque, mais qui bouleversait le petit landerneau politique autour de la Cour d'appel d'Angers, pour cette affaire-là il y a des connivences, des bienveillances, des choses qui ne sont pas normales, et qui ont conduit ce procureur général à me recadrer. Là, on est encore dans les années 1991-1992 puisque je suis à Angers, c'est mon premier poste et c'est ce qui m'a marqué en matière de corruption. J'ai également l'occasion de parler avec Thierry Jean-Pierre, puisqu'on est dans la même Cour d'appel, donc on a des réunions ensemble et nous sommes tous les deux au Syndicat de la magistrature. Et lui aussi, avec d'autres juges d'instruction et d'autres substituts du Mans, il part sur une opportunité qui s'offre dans un de ses dossiers (enquêter sur le financement du Parti socialiste au pouvoir à l'époque) et je mesure la violence avec laquelle il a été recadré institutionnellement, puisqu'il a été évincé de l'affaire comme je le mentionnais précédemment. Certains substituts du Mans ont alors décidé symboliquement de requérir la mise en liberté de détenus en considérant que si les infractions les plus importantes, celles qui concernent les puissants, ne sont pas traitées, alors pourquoi traiter avec une forte sévérité les autres. Donc il y a un petit mouvement, avec même une grève, et ça, effectivement, ça me marque.

Puis, cette fois à la fin des années 1990, je suis magistrat à l'administration centrale de la justice, où je m'occupe des questions d'environnement, ce qui me vaut d'être nommé conseiller technique au ministère de l'Environnement. Donc, je suis au cabinet de la ministre de l'Environnement d'alors, Dominique Voynet. J'ai en gros le secteur juridique et, parmi tous les problèmes qui se posent, il y a celui des fédérations de chasse [24]. C'est encore un problème qui se pose de façon contemporaine, mais qui se posait à l'époque avec encore plus d'acuité. Et j'ai toute la documentation pour faire un article 40, soit l'article du code de procédure pénale qui impose à tout fonctionnaire, à tout agent public ayant connaissance d'une infraction dans le cadre de ses fonctions, de la signaler au parquet. Et je ne le fais pas clandestinement puisque je mets à la signature du directeur du cabinet un signalement article 40 au parquet sur un certain nombre d'agissements des fédérations de chasse, notamment de la fédération de chasse de Paris. On est en 1999, il doit la signer, il ne peut pas faire autrement. Cela porte en gros sur des détournements d'argent public, avec des subventions versées aux fédérations de chasse qui ne reçoivent pas du tout l'affectation prévue. Cela a tellement gêné le directeur qu'en réalité, après, je quitte le cabinet à sa demande. À ma demande dans le *Journal officiel*, mais à sa demande concrètement. Je le quitte parce qu'il n'a pas supporté de se trouver mis en porte-à-faux avec les fédérations de chasse, même si la ministre était elle-même attaquée. De toute façon, ça a toujours été difficile entre les écolo-

24. Sur la gestion des illégalismes en matière de chasse, voir dans ce numéro thématique : Scheer D., « Chasseur et braconnier "hors-la-loi" : gestion différentielle des illégalismes et incitation à jouer avec la loi ».

gistes et les fédérations de chasse… Mais, il y avait là aussi des connivences entre le ministère et ces fédérations. Connivences telles que le seul fait de signaler des infractions pouvait poser problème. Je voyais bien que c'était un sujet sensible, mais je pensais aussi qu'on ne pouvait pas fermer les yeux dessus, et que si on m'avait fait venir non seulement comme juriste mais comme magistrat, c'était aussi pour traiter ce genre de situations et dire : là, il y a un vrai problème, il y a de fortes probabilités qu'une infraction ait été commise.

Les années 1990 sont aussi des années où commence à se structurer modestement la société civile [25]. Transparency International est créée en 1993, mais avec juste une petite section en France, qui fait une conférence par an et édite une lettre [26]. Je suis invité à l'une ou l'autre de ces conférences. Et il y a en germe, mais cela ne va émerger que dans les années 2000/2001, l'association Sherpa contre la criminalité économique et pour la responsabilité sociale et environnementale, contre les flux financiers illicites [27]. Puis, Anticor en 2002. Et moi, en 1996-1997, je suis donc au ministère de la Justice en charge des questions d'environnement et de droit immobilier, puisque le droit de l'environnement était à l'époque rattaché à un bureau du droit immobilier. Je fais essentiellement du travail législatif et du travail de suivi de la législation, à la fois la législation produite par le ministère de la Justice et celle produite par le ministère en charge de l'Urbanisme et par le ministère de l'Environnement, mais qui sont suivies en interministériel par le ministère de la Justice. J'ai une homologue qui s'appelle Irène Luc et fait la même chose à la Direction des affaires criminelles [28]. Et à un moment, après une interministérielle sur un texte, on se dit qu'il y a beaucoup de choses qui se passent. Il y a la loi Sapin I en 1993 et la loi de 1995 sur l'interdiction du financement politique par les personnes morales. Mais en réalité, malgré tout ça, il manque des choses et on se dit que ce serait pas mal de faire un bouquin un peu critique sur la façon dont on pourrait améliorer le système. Alors finalement, on fait un bouquin académique, mais en creux assez critique, qui sort dans la collection « Que sais-je ? [29] ». Ce bouquin ne va pas se vendre massivement, enfin il va se vendre comme un « Que sais-je ? », à quelques milliers d'exemplaires, et il va servir de carte de visite et permettre de nous identifier parmi un petit nombre de personnes qui ont modestement essayé de théoriser sur le sujet de la corruption.

25. Voir dans ce numéro thématique : Lascoumes P., « Les associations, la société civile et l'État ».
26. Voir le site de Transparency International France : https://transparency-france.org/ (consulté le 16 avril 2024).
27. Voir le site de Sherpa : https://www.asso-sherpa.org/accueil (consulté le 16 avril 2024).
28. Irène Luc a travaillé à la direction des affaires criminelles et des grâces au ministère de la Justice, sous-direction de la législation pénale de 1993 à 1996, après avoir été successivement présidente du Tribunal de grande instance de Tulle de 1990 à 1992, et au bureau du budget au ministère de la Justice, Direction des affaires générales de 1992 à 1993. Elle occupe la fonction de vice-présidente de l'Autorité de la concurrence depuis 2019.
29. Alt E., Luc I., *La lutte contre la corruption*, Paris, PUF, coll. "Que sais-je ?", 1997.

Et dernier sujet, à l'époque je suis au Syndicat de la magistrature et il y a ATTAC qui se construit. ATTAC était le laboratoire d'idées de la gauche, beaucoup plus qu'aujourd'hui, et il y a des économistes au conseil scientifique d'ATTAC avec qui on décide de proposer un bouquin sur la criminalité financière. Il se construit à partir d'un colloque qui a lieu au Syndicat de la magistrature. Il permet de faire le diagnostic d'un certain nombre de situations, et là aussi d'esquisser des propositions sur la lutte contre la corruption, et plus généralement la lutte contre la criminalité financière, puisque le volet économique est traité également. Il paraît dans la collection « Mille et une nuits », plutôt sous la forme d'un bouquin d'université populaire, de sensibilisation, de vulgarisation [30]. Donc, voilà le début, voilà mes années 1990.

C&C : Vous naviguez ainsi très vite entre plusieurs mondes : monde professionnel judiciaire et syndical, monde associatif, et un rapport au politique déjà très prégnant.

E. A. : Oui, tout à fait. Je pense que, sinon, j'aurais fait une autre carrière... J'aurais été substitut, magistrat, peut-être que je serais aussi à la Cour de cassation aujourd'hui, mais avec un itinéraire différent. Là, j'ai une autre trajectoire entre ces mondes. Ce sont les circonstances de la vie, et puis mon intérêt personnel aussi, parce que j'entre dans la carrière avec l'idée que le droit et l'État peuvent changer les choses. Aujourd'hui, cela paraît totalement utopique, mais à l'époque on pouvait le penser. Il y avait une tradition de grands commis de l'État qui ont fait changer les choses, et mon idée c'était qu'effectivement je pouvais un peu les changer dans mon univers professionnel.

Et donc, oui, j'adhère au Syndicat de la magistrature parce qu'en réalité il n'y a pas de fonction critique dans la magistrature... Il y a eu depuis l'Institut des hautes études de la justice, qui a été transformé en IERDJ [Institut des études et de la recherche sur le droit et la justice [31]], mais à l'époque cela n'existe pas. En gros, à l'ENM, on regarde ce que font les anciens. On a un stage qui permet de bien les observer, et ils nous disent comment on peut s'améliorer, et on reproduit ce qu'ils font. Donc, il n'y a pas du tout de fonction critique, celle-ci est assumée par le Syndicat de la magistrature. On est à l'intérieur du système, on est en situation de juger, de dénoncer les dysfonctionnements, on le fait savoir, de façons diverses. Parfois, c'est à un très grand niveau de recherche, puisque Michel Foucault a été invité à Goutelas [32], mais c'était avant que j'entre dans la magistrature. J'ai en revanche participé à la formation de Goutelas de 2021, où nous avons travaillé avec Mireille Delmas-

30. ATTAC, Syndicat de la magistrature, *En finir avec la criminalité économique et financière*, Paris, Fayard, coll. Mille et Une Nuits, 2002.
31. Voir le site de l'IERDJ : https://gip-ierdj.fr/fr/ (Consulté le 16 avril 2024).
32. Château de Goutelas, ancien lieu de stage du Syndicat de la magistrature. Foucault M., « La redéfinition du justiciable. Michel Foucault, intervention au séminaire du Syndicat de la Magistrature, 1977 », *Vacarme*, n° 29, 2004, pp. 54-57.

Marty autour de la « boussole des possibles », une sculpture inaugurée à ce moment, et figurant les idées développées dans son dernier cours au Collège de France [33]. Parfois, c'est sur le terrain, mais encore une fois cette fonction critique-là, cette instance critique, il n'y a que le Syndicat de la magistrature qui la mène. Et, de ce point de vue, je serai toujours reconnaissant au Syndicat de la magistrature de m'avoir donné cette distance par rapport à ma profession. Cette fonction critique se prolonge à l'international, puisque MEDEL prend son essor à cette époque-là. Une organisation internationale de magistrats, qui n'est pas très connue, mais qui fait un travail en amont assez intéressant.

Puis, effectivement un travail politique, avec mon expérience de dix-huit mois quand même chez Dominique Voynet, ce qui n'était pas mal au regard des carrières extrêmement brèves en cabinet qu'on a vues par la suite. Et aussi un travail politique plus de plaidoyer, avec ATTAC, où, à partir de la taxe Tobin, on va avoir un ensemble de propositions économiques et juridiques qui pourraient être prises en charge par la gauche, à un moment d'ailleurs où la gauche est au pouvoir depuis 1997, avec le gouvernement Jospin après la dissolution de 1997. Mais cela n'imprime pas. Ils ne sont certainement pas corrompus. Je pense que Jospin est un honnête homme, mais il n'imprime pas qu'il y a quelque chose à faire dans ce registre, dans ce champ. Peut-être parce qu'il a été traumatisé, ou parce que son parti a été traumatisé par l'affaire Urba, qui est quand même la première grande affaire de financement politique. Peut-être aussi parce qu'il pense que, après la loi Sapin I de 1993, tout a été fait. Mais enfin quand même, tous ces ouvrages, toutes ces requêtes, il en a manifestement connaissance mais il n'imprime pas, et c'est très dommage. Il imprime si peu qu'à l'époque c'est Jean-Marie Le Pen qui a quasiment le monopole du discours « mains propres et tête haute », ce qui est quand même très agaçant. Anticor naît dans ce contexte-là.

J'ajoute simplement un dernier élément dans tout ce qui se passe au cours des années 1990, avec l'opération « Mains propres » en Italie [34]. Dans le cadre de MEDEL, un certain nombre de dialogues se construisent à partir de ce qu'il est possible de faire en Italie, qui est à l'époque plutôt un modèle, un exemple, puisque le parquet y est indépendant. Je pense d'ailleurs que cela a été très utile par la suite d'avoir un parquet indépendant. Cela a notamment permis de maintenir un État de droit sous Berlusconi. Mais, à l'époque de *Mani pulite*, c'est le parquet qui modifie les rapports de force entre les différentes composantes du pouvoir politique et qui met à bas un certain nombre de mécanismes

---

33. Delmas-Mary M., *Une boussole des possibles. Gouvernance mondiale et humanismes juridiques*, Paris, Collège de France, 2011.
34. Rayner H., *Les scandales politiques. L'opération "Mains propres" en Italie*, Paris, Michel Houdiard éditeur, 2005 ; Briquet J.-L., « Les conditions de félicité d'une croisade morale. Lutte anticorruption et conflits politiques dans l'Italie des années 1990 », *Droit et Société*, n° 72, 2009, pp. 285-301.

clientélistes, et tout ce qui a bloqué le système et ne permettait pas à l'Italie de prendre son essor. À un moment on espère, et d'ailleurs ça se fait en partie, parce qu'il y a quand même de nombreuses personnes qui sont impliquées, on espère que cela va changer les choses en Italie. En réalité, cela accouchera d'autres « monstres », comme Berlusconi. Mais ça, on ne le sait pas à l'époque, donc on admire l'Italie, on se réfère à un système dont le parquet est indépendant, mais aussi à sa police judiciaire avec des officiers rattachés directement aux sections du parquet dans certains tribunaux, comme à Milan. Et il y a aussi ces grands procès contre la mafia, qui sont un peu périphériques par rapport à notre champ de préoccupation, mais qui marquent la volonté de l'Italie de maintenir l'État de droit dans une période extrêmement troublée. C'est une référence dont on fait état dans les multiples réunions à MEDEL, et qui nous porte à produire des chartes, des textes et des recommandations, qui vont ultérieurement être reprises par le Conseil de l'Europe. Il y a donc des recommandations au Conseil de l'Europe, et il y a le Conseil consultatif des juges européens [35], puis le Conseil consultatif des procureurs européens [36]. Tout cela donne un cadre un peu plus officiel que le cadre syndical ou intersyndical évidemment, mais beaucoup du travail fait par MEDEL va d'une façon ou d'une autre remonter au Conseil de l'Europe et être transformé, parfois un petit peu amodié. Cela va devenir des recommandations sur le statut des juges [37], sur l'indépendance des juges, sur les fonctions du parquet, etc. L'idée, à l'époque, c'est aussi d'avoir un *corpus* qui serve de référence aux nouveaux « pays de l'Est », qui ont intégré le Conseil de l'Europe dans les années 1990. Avec des succès modérés, mais c'est l'idée, donc accueillir une vingtaine de personnes pour travailler pendant trois ou quatre jours sur des textes, c'est un pari rentable au regard de l'ampleur du défi qui se dessine dans ces pays. Voilà ce que je peux encore une fois vous dire sur mes années 1990, sur la première période de ma carrière.

C&C : Pour revenir sur le cas français et le contexte qui précède la création d'Anticor : vous parlez d'un pouvoir politique qui ne saisit pas le moment, à savoir le gouvernement Jospin et cette majorité « gauche plurielle » de 1997 à 2002. Comment peut-on le comprendre ?

E. A. : À vrai dire, pour moi, l'absence de réflexion de la gauche jospinienne sur ce volet de l'action publique, et d'ailleurs aussi de la gauche hollandaise d'une certaine façon jusqu'à l'affaire Cahuzac, est toujours une déception, mais sans qu'il n'y ait de clé d'interprétation. Du point de vue du pouvoir politique, c'est vrai que beaucoup ne comprennent pas la fonction de la justice. Beaucoup voient la justice comme une menace diffuse. Aujourd'hui

35. Voir le site du Conseil consultatif de juges européens : https://www.coe.int/fr/web/ccje (consulté le 16 avril 2024).
36. Voir le site du Conseil consultatif de procureurs européens : https://www.coe.int/fr/web/ccpe (consulté le 16 avril 2024).
37. Conseil de l'Europe, *Charte européenne sur le statut des juges*, Strasbourg, 1998.

encore d'ailleurs, c'est partiellement le cas, alors que même Anticor ne signale qu'un nombre très réduit d'affaires. Ils ne comprennent pas la justice et ils ne comprennent pas non plus l'enjeu économique de la corruption.

Dès les années 1990, le Conseil de l'Europe a fait quelques recherches à Milan, avant et après l'opération « mains propres », et on s'aperçoit que les problèmes sur les marchés publics diminuent fortement quand la transparence réelle peut s'affirmer. Ensuite, il y a eu des recherches dans les années 2010, en 2016, sur le coût économique de la corruption [38]. Mais, tout ceci n'est pas du tout mesuré à l'époque et on théorise très peu. À Sciences Po, il y a Pierre Lascoumes qui travaille sur la criminalité en col blanc, mais il n'a pas encore travaillé sur le rapport de la société à la corruption. Ce sont des travaux qui vont survenir dans les années 2000, publiés dans les années 2010 [39]. Donc, il travaille sur la criminalité en col blanc, et il y a peu de recherches et de réflexions sur la corruption. En réalité, il y a comme un tabou, comme un gros mot qu'il ne faut pas prononcer, ce qui d'ailleurs explique en partie que le Service central de prévention de la corruption, créé par la loi Sapin I en 1993, n'a jamais fonctionné. Il a été saisi une fois dans une affaire qui a permis de recadrer Alain Juppé, sur la façon dont il mettait à disposition des appartements HLM à des gens qui n'étaient pas légitimes pour ça [40]. Mais il n'a jamais été saisi autrement et il n'a jamais eu les moyens d'exercer sa mission [41]. Parce que peut-être on s'est dit que si on le saisissait, c'était franchir un tabou. Et je me souviens que dans certaines directions législatives, dont celle où j'étais en droit de l'immobilier et où il pouvait y avoir parfois des sujets juridiques pointus sur lesquels on pouvait avoir besoin d'une expertise, et bien les seules transmissions qui ont été refusées sont des transmissions pour avis au Service central de prévention de la corruption. J'ai une fois fait un stage dans ce service, dans les anciens bâtiments de Canal +. Ils étaient effectivement sept, avec des gens très estimables, comme M. Pons qui a beaucoup travaillé sur le sujet d'un point de vue pratique [42]. L'activité se limitait à quelques participations à des conférences internationales et à faire chaque année non pas un colloque mais à confier à chaque fonctionnaire ou agent du service la rédaction d'un article sur un thème qui était donné. Donc, c'était assez pauvre. Ils n'ont d'ailleurs jamais imaginé, comme cela allait être le cas par la suite et comme c'est le cas à Anticor, qu'il pourrait y avoir des liens avec le monde académique, qu'il

---

38. van Ballegooij W., Zandstra T., *Criminalité organisée et corruption. Rapport sur le coût de la Non-Europe*, Bruxelles, Parlement européen, 2016.
39. Lascoumes P. (dir.), *Favoritisme et corruption à la française. Petits arrangements avec la probité*, Paris, Presses de Sciences Po, 2010.
40. Thoraval A., « Le Service central de prévention de la corruption a rendu son avis. D'après le SCPC, Alain Juppé pourrait être poursuivi pour délit d'ingérence », *Libération*, 26 septembre 1995.
41. Sur ce sujet, voir Lascoumes P., *Corruption*, Paris, Presses de Sciences Po, 1999.
42. Ancien inspecteur des impôts et conseiller au Service central de prévention de la corruption, Noël Pons est l'auteur de nombreux ouvrages de vulgarisation sur la corruption et les problématiques de délinquance économique et financière. Pons N., *La corruption, comment ça marche ? Fraude, évasion fiscale, blanchiment*, Paris, Odile Jacob, 2021.

pourrait y avoir une légitimation sur ce terrain-là. Ils étaient un peu seuls, sans alliances politiques, sans alliances dans le monde intellectuel, sans associations qui n'existaient pas encore de façon très structurée.

Alors pourquoi effectivement les représentants politiques n'ont-ils pas imprimé, comme je l'ai dit tout à l'heure ? Pourquoi n'ont-ils pas pris la mesure des enjeux ? Pour moi, c'est un mystère. Cela allait d'ailleurs se révéler de façon très violente au moment de l'affaire Cahuzac, après un début de quinquennat très décevant, le pouvoir n'ayant pas du tout réagi, notamment à une importante tribune des magistrats [43]. Cela explique qu'au moment où est révélé le scandale Cahuzac, une législation va être produite dans la panique. Une législation qui sera très imparfaite, mais qui fait avancer les choses. Avant cela, dans les années 2000, il ne se passe pas grand-chose. Parce que 2000 c'est 2001 et c'est le choc du terrorisme. L'attention est détournée vers cette matière, et là on parle du financement du terrorisme et de noircissement de l'argent propre [44]. Puis, ça remonte à la fin des années 2000, en 2008 à l'occasion de la grande crise financière, mais là on est plutôt sur la richesse volée des nations. Et en même temps, en France, c'est le début de la prédation de Nicolas Sarkozy, sujet qui allait se révéler extraordinairement fertile par la suite, mais à l'époque on a juste le sentiment que dans la façon dont l'affaire Bettencourt est traitée, il y a un certain nombre de dysfonctionnements et que les choses ne se passent pas comme elles devraient se passer [45].

C&C : Il y a aussi différentes échelles d'action, avec cette échelle peut-être plus domestique relative aux questions qui se posent aux représentants politiques français, et l'échelle européenne où les choses avancent en parallèle. Différents échelons de prise en charge commencent ainsi à se dessiner et qui ne sont peut-être pas tous à appréhender à la même vitesse ou de la même manière.

E. A. : Oui et en même temps… Au niveau européen, c'est le traité de Nice [signé en 2001 et entré en vigueur en 2003]. Et le traité de Nice, c'est aussi une occasion où on manque de saisir l'opportunité puisqu'on met pour mémoire ce qui allait devenir le parquet européen, et ce qui aurait pu devenir une coopération renforcée dans ce domaine beaucoup plus tôt. Mais l'idée d'un parquet effectivement indépendant, enfin nommé dans des conditions qui permettent à peu près de garantir son indépendance, à l'époque, ça choque. Et je pense que la France, qui avait la main au moment du traité de Nice, n'a pas voulu du parquet européen [46]. Et pendant les vingt années qui vont suivre, on est entre Eurojust, Europol, l'OLAF [Office européen de lutte antifraude],

43. « Tribune : Agir contre la corruption : l'appel des juges contre la délinquance financière », *Le Monde*, 27 juin 2012.
44. Dupuis-Danon M-C., *Finance criminelle*, Paris, PUF, 2004.
45. Arfi F., Lhomme F., *L'affaire Bettencourt : un scandale d'État*, Paris, Don Quichotte, 2010.
46. Alt E., « La coopération judiciaire dans un "espace de liberté, de sécurité et de justice" », *op. cit.*

donc un mécanisme un peu compliqué [47]. L'OLAF pour l'administratif, Eurojust mais qui n'est pas un parquet européen, Europol qui permet des équipes communes d'enquête et qui permet de progresser incontestablement, mais qui n'est pas non plus une police fédérale. On perd beaucoup de temps et, à mon avis, pour des raisons idéologiques, parce qu'au moment du traité de Nice, Élisabeth Guigou [ministre de la Justice du gouvernement Jospin de 1997 à 2000] ne voulait pas d'un parquet européen. Je m'en souviens, on avait fait des plaidoyers au Parlement européen en présence d'un certain nombre de députés sur le sujet avec MEDEL. Mais ces plaidoyers se heurtent à un mur, avec la France ayant la main mais ne le souhaitant pas… et les autres pays ne le souhaitant pas non plus avec une force extraordinaire. En réalité, on perd vingt ans, puisque le parquet va être constitué ultérieurement. Il va être constitué uniquement sur la question de la protection des intérêts financiers de l'Europe et non pas d'une façon très générale sur la criminalité organisée européenne. On perd vingt ans, à mon avis faute de penser le sujet, faute de construire le sujet, faute de le comprendre, et pour des raisons en partie idéologiques, parce qu'on pensait, et on pense toujours comme Emmanuel Macron l'a répété, que la justice n'est qu'une autorité et on n'acceptera jamais que ce soit un pouvoir. Et, à mon avis, ça freine beaucoup. Alors, est-ce que ça freine aussi sur le terrain des moyens ? Sans doute. Il y a toujours l'idée que, finalement, le système va produire ce qu'il doit produire et que, s'il y a un peu moins de juges d'instruction, peu importe. À la fin des années 2000, Nicolas Sarkozy envisage même la suppression des juges d'instruction sans donner l'indépendance au parquet [48]. À un moment, une résistance va quand même se construire, mais beaucoup plus tard. À l'époque, on est encore dans l'espoir utopique que finalement, dans la mesure où il y a un collège très légitime, avec Mireille Delmas-Marty à sa tête, qui propose des solutions, à un moment ou à un autre il faudra bien les saisir ces solutions parce qu'il y a un vrai problème : l'Europe ne peut pas se construire s'il n'y a pas d'État de droit européen et de possibilité de lutter contre la criminalité organisée à l'échelle européenne. Mais ceci tarde beaucoup à être compris et ne sera mis en place que beaucoup plus tard.

C&C : Pour reprendre le fil de la fin des années 1990 et du début des années 2000, on arrive à 2002 et la création d'Anticor. De manière intéressante, si on regarde les propriétés sociales des co-fondateurs, il y a à la fois un professionnel de la justice, qui décide de créer une association anticorruption, Éric Halphen, avec Séverine Tessier qui avait alors un engagement politique. Donc, des acteurs émanant des mondes judiciaire et politique, qui considèrent que les solutions ne se situent pas ou plus seulement dans ces univers sociaux et vont aller ailleurs. Dans ce contexte, comment se fait le lien avec Anticor nouvellement créé, comment y arrivez-vous ?

---

47. Mégie A. (dir.), « Arrêter et juger en Europe. Genèse, luttes et enjeux de la coopération pénale », *Cultures & Conflits*, n° 62, 2006.

E. A. : Alors, à l'époque, je ne suis pas à Anticor. Il y a Éric Halphen, qui a un rôle un peu particulier, et qui a subi le choc traumatique d'une cabale montée contre lui à un moment où il enquête sur l'affaire des HLM de la ville de Paris [49]. Et puis, il y a beaucoup de personnes, dont Séverine Tessier, qui à un moment ou à un autre ont été candidats à des élections politiques, notamment dans les Hauts-de-Seine. Et cela se construit de façon… à bas bruit, sans plan complètement préétabli. Ce n'est pas comme si on lance un appel, on se construit, on se structure, etc. C'était un certain nombre de personnes qui se disent : on va faire un plaidoyer et vont naturellement venir à nous des personnalités politiques qui font la même analyse, à savoir que la corruption est un sujet qui n'est pas traité par la gauche, et pas traité par la droite non plus comme il devrait l'être, et qui laisse tout l'espace discursif à l'extrême droite.

En réalité, cette initiative fait long feu parce qu'il n'y a pas beaucoup de personnalités politiques qui rejoignent Anticor au début. En revanche, l'idée prospère qu'il peut y avoir sur le terrain des choses à proposer, à faire concrètement. À un moment, on crée, autour du noyau dur des personnalités politiques qui ont fondé Anticor, une autre association : les amis d'Anticor. Finalement, tout ceci est unifié à la fin des années 2000 pour devenir Anticor. Mais, encore une fois, Anticor s'est construit vraiment au fil de l'eau, et au début c'est une sorte de club qui fait un plaidoyer. Le nombre de personnes qui gravitent autour n'est pas bien supérieur à celui qui gravite autour de Transparency International ou autour de Sherpa. Ils se voient une fois toutes les six semaines pour prendre une initiative ou adopter un texte, et puis voilà, ce sont les années 2000 pour Anticor. C'est vrai qu'on a des évènements, on remet par exemple une petite Marianne, l'ancêtre des prix éthiques, à Simone Veil, et il y a quelques réunions dans des mairies d'arrondissement, mais c'est quand même très modeste à l'époque.

C&C : Quand vous dites « plaidoyer », dans ce contexte, c'est vraiment pour mettre la thématique à l'agenda, lui donner une visibilité publique ?

E. A. : Oui, et à l'époque, pour les plaidoyers, il n'y avait pas les réseaux sociaux, il n'y avait pas internet, donc c'était sous la forme d'une fiche, un quatre pages qui paraissait une fois par trimestre et avait une diffusion confidentielle. C'était l'équivalent de la lettre de Transparency International, qui n'était pas non plus sur internet et paraissait à peu près à la même cadence. Il faut se rendre compte de cela, et c'est vrai que, rétrospectivement, ça peut paraître étonnant car on peut imaginer qu'immédiatement il y a eu une volonté forte à la suite de cette effervescence des années 1990, mais non. Au début, c'est encore une fois très modeste et peut-être que ça monte en puis-

48. Garapon A., « La réforme de la justice, au-delà de la disparition du juge d'instruction », *Esprit*, n° 3-4, 2009, pp. 13-30.
49. Roussel V., *Affaires de juges*, *op. cit.* ; Halphen E., *Sept ans de solitude*, Paris, Éditions Denoël, 2002.

sance, peut-être trop rapidement, mais c'est un autre sujet, après l'affaire de la ville de Paris et de Jacques Chirac pour laquelle nous nous constituons partie civile. Cette demande de constitution ne sera pas reçue à la fin mais ça nous permet de plaider [50]. On a une sorte de défaite judiciaire, et j'avais d'ailleurs prévenu qu'on ne pouvait pas être reçu comme partie civile à l'époque dans ce genre de dossier. C'était en 2010/2011, et c'est le moment où Anticor effectivement plaide alors que le parquet refuse de requérir. Donc, ça marque les esprits. Jérôme Karsenti, qui était un jeune avocat pas très connu à l'époque, doit se frayer son chemin à travers une forêt de robes noires, avocats de puissants, qui lui jettent un regard méprisant. Comment se fait-il que cet avocat ose se prétendre partie civile dans un dossier où il sait que la partie civile ne sera pas reçue... Alors, nous avons été déboutés pour des raisons très élégantes. Non pas parce que nous n'avions pas intérêt à agir, mais parce que nous nous étions constitués en tant qu'association postérieurement à l'affaire. Juridiquement, cela peut poser question, mais c'est vrai que c'était à mon avis la façon la plus élégante de nous débouter dans ce domaine. Et, en même temps qu'on est déboutés, on a parlé, donc on a pris une parole citoyenne dans le prétoire à côté de la parole officielle du parquet qui défend la société, mais qui, là, n'a pas voulu défendre la société, ou en tout cas qui avait une conception de l'intérêt social et de l'intérêt général qui n'était pas partagée par tous. Donc, on introduit une parole citoyenne dans le prétoire et ça nous vaut une crédibilité et une réputation nouvelle, qui fait qu'Anticor commence à devenir ce qu'elle va être par la suite.

En réalité, à la fin des années 2000, on sent que la justice ne fonctionne pas bien. D'ailleurs, le Syndicat de la magistrature fait paraître une lettre ouverte [51], parce qu'il y a énormément d'affaires qui sont arrêtées, qui ne font pas l'objet d'enquête, et pas seulement les affaires qui sont directement autour de Nicolas Sarkozy. On sent que quelque chose ne va pas. On sent confusément que Sarkozy non seulement n'est pas indifférent à la justice, mais qu'il la freine. Et on se dit avec Irène Luc, qui était depuis passée au Conseil de la concurrence, qu'il faut remettre ça et que peut-être on va faire un ouvrage un peu plus militant sur la corruption, qu'on va prendre la mesure de ce qui s'est passé, puisque le « Que sais-je ? » était un peu ancien et que beaucoup de choses s'étaient passées depuis. Dans cette perspective, comme un « petit chercheur », je fais du terrain, ce qui consiste à aller voir les associations. C'est assez facile, puisque j'ai ma carte de visite et c'est un petit monde. On s'est tous connus, croisés à un moment ou à un autre. On a nos numéros de téléphone.

50. de Senneville V., « Procès Chirac : Anticor joue les procureurs et manque sa cible », *Les Échos*, 19 septembre 2011.
51. Syndicat de la magistrature, « Lettre ouverte à ceux qui feignent de croire en l'indépendance du parquet », 29 octobre 2009, https://www.syndicat-magistrature.fr/notre-action/independance-et-service-public-de-la-justice/independance/1435-lettre-ouverte-a-ceux-qui-feignent-de-croire-en-lindependance-du-parquet.html (Consulté le 16 avril 2024).

Je vais alors voir Transparency International, qui à l'époque donne chaque année un prix à une personnalité en matière de lutte contre la corruption, et je propose Renaud van Ruymbeke, parce qu'il était poursuivi par le ministère de la Justice dans ce qui allait être le volet judiciaire de l'affaire Clearstream [52]. Je dis qu'il a fait pas mal de choses et qu'il est dans une situation délicate, précisément parce qu'il a enquêté mais… Je sens que, même si ce sont des gens très sympathiques et qui vont un peu changer par la suite, ce n'est pas l'état d'esprit de Transparency International, qui est alors quand même un peu dans le système. Ils sont certes critiques, mais ils sont critiques de façon très modeste. Ils ne sont pas du tout sur ce type d'action politique, même si soutenir van Ruymbeke était quand même un risque politique mineur. Donc voilà, les choses se passent bien, mais je sens que ce n'est pas là que j'ai envie d'aller. Cela me permet quand même de commencer à rédiger la quatrième partie de *L'esprit de corruption* sur la citoyenneté de vigilance et de surveillance [53].

Ensuite, je vais voir Sherpa avec William Bourdon, qui était une personnalité très sympathique, fondateur de Sherpa, mais qui prenait l'essentiel des décisions pour l'association. Les choses ont changé aussi par la suite. C'est vrai que les enjeux économiques traités par l'association sont intéressants. Et quelques années après, l'opportunité se présente à moi d'être au conseil d'administration de Sherpa. En réalité, à l'époque le conseil d'administration de Sherpa, c'est Sherpa. Parce qu'à Sherpa il y a un conseil d'administration, il y a un président, et puis il y a beaucoup de doctorants, de post-docs et de futurs avocats, qui passent un moment à travailler concrètement sur les flux financiers illicites et la responsabilité sociale et environnementale et à faire des propositions, comme, notamment, celle qui est à l'origine de la loi sur le devoir de vigilance [54]. Sherpa travaille beaucoup sur les très grandes entreprises, dont les agissements demeurent largement impunis [55]. L'association fonctionne comme une grande clinique de droit. C'est intéressant de piloter modestement, collégialement la clinique de droit et de travailler avec des doctorants, comme Sophie Lemaître, qui faisait à l'époque une thèse Cifre [Convention industrielle de formation par la recherche] dans le cadre de l'association [56].

Enfin, il y a Anticor, qui est encore relativement modeste même si elle commence à monter en puissance, et le contact se fait facilement. On me demande très gentiment d'être une personne ressource. On se réunit une fois

52. Rayner H., *Dynamique du scandale. De l'affaire Dreyfus à l'affaire Clearstream*, Paris, Le Cavalier Bleu.
53. Alt E., Luc I., *L'esprit de corruption*, Bordeaux, Éditions Le Bord de l'eau, 2012.
54. Sherpa, « Le radar du devoir de vigilance : plan-vigilance.org », 2019. https://www.asso-sherpa.org/entreprises-soumises-devoir-de-vigilance-radar-ong (consulté le 16 avril 2024).
55. Alt E., « Délinquance économique et financière, un long combat », *Revue Projet*, n° 353/4, 2016, pp. 23-29.
56. Lemaître S., *Le droit à l'épreuve des flux financiers illicites dans le secteur extractif : entre manipulation et double discours*, Université de Rennes 1, thèse de doctorat sous la direction de Nathalie Hervé-Fournereau, 2017.

toutes les six semaines dans un café qui n'est pas très loin de l'Assemblée nationale. Ce sont des gens intéressants et on va construire dans ce cadre la première université à la fois citoyenne et de recherche, qui va avoir lieu à Aix-en-Provence en 2013 [57]. Après, il y a d'autres problématiques avec Anticor puisque, là, pour le coup, il y a désormais des adhérents même s'ils ne sont pas aussi nombreux qu'aujourd'hui. Il y a une vitalité démocratique. Il y a beaucoup de juristes au départ, mais il n'y a pas que des juristes et ça crée des turbulences, qu'il va falloir surmonter.

Donc, je viens à ces associations dans l'idée de me documenter, d'en savoir plus, de ne pas me cantonner, comme c'était le cas dans le « Que sais-je ? », à une critique du droit tel qu'il se présente, mais aussi à une critique du droit tel qu'il se fait. Et cette liaison entre la théorie et la pratique est le cœur du plaidoyer de Sherpa et d'Anticor. Aujourd'hui, les trois associations [Transparency International, Sherpa et Anticor] ont chacune leur champ. Elles s'entendent bien. Les rapports ne sont pas des rapports de concurrence, parce que, d'une certaine façon, il y en a pour tout le monde, et que chacune a son secteur. À l'époque, ce n'était pas tout à fait évident. Anticor était le dernier venu et on ne savait pas très bien quel était cet objet. On n'était pas forcément aussi bien reçu que les autres. Parce que Transparency International avait, par exemple, un siège à Berlin, alors que nous, au début, c'était l'appartement du président, et ce n'est que par la suite qu'on a construit un siège, une comptabilité, etc. Tout ce qui fait une association, mais à l'époque c'était vraiment très modeste. C'était une dizaine, une vingtaine de personnes qui se réunissaient, et une quarantaine, soixantaine de personnes qui tournaient un peu autour.

C&C : Et sans la structuration et les relais en région avec les groupes locaux, qui sont devenus un des fondements du fonctionnement de l'association [58] ?

E. A. : Au début, il y avait une personne qui était très branchée sur les régions, et il y avait parfois des gens qui se signalaient en région pour dire qu'ils avaient un sujet personnel qui leur tenait à cœur. Au début, c'est beaucoup la philosophie NIMBY [*Not In My Backyard*]. Après, il y a des gens qui viennent pour des raisons plus politiques, plus structurées. Et donc, oui, cette personne faisait partie du bureau, allait voir en région et, si la personne tenait à peu près la route, elle devenait référente locale… Vraiment, ce n'était pas comme aujourd'hui où il y a deux personnes au conseil d'administration qui entendent ces personnes pendant une heure. À l'époque, c'était vraiment « allez, tiens, cette personne me semble tenir la route, très bien, elle va devenir référente départementale d'Anticor ». C'est d'ailleurs ce qui fait aussi qu'on a

57. Bonfils P., Mucchielli L., Roux A. (dir.), *Comprendre et lutter contre la corruption*, Marseille, Presses universitaires d'Aix-Marseille, 2015.
58. Voir la liste des groupes locaux d'Anticor : https://www.anticor.org/en-region-groupe-locaux/ (consulté le 16 avril 2024).

eu un certain nombre de référents qui n'ont pas tenu la route. Parce qu'estimer comme ça dans un entretien informel qu'une personne peut devenir référent, ce qui signifie à la fois avoir un vrai rapport avec le national, avoir quelques réflexes juridiques à défaut d'être juriste, avoir un sens politique, savoir jusqu'où aller loin et ne pas aller trop loin, ce qui signifie avoir un sens de l'organisation, donc tout ça est quand même très difficile à évaluer. Aujourd'hui, on l'évalue un peu mieux, mais c'est vrai que ce sont toujours des talents délicats à trouver. En tout cas, c'est comme ça que les choses se faisaient à l'époque.

Et tout cela, le plaidoyer [59], la stratégie, tout ce que vous pouvez aujourd'hui suivre sur notre site et dans ce bilan qui est *Résister à la corruption* [60], en fait un plaidoyer simplifié et destiné à un grand public sous forme de tract publié par Gallimard, tout ça se fait vraiment « en marchant ». C'est en cheminant qu'on trouve le chemin et pas du tout sur la base d'une idée initiale aboutie. D'ailleurs, ce n'était pas la façon dont Eric Halphen imaginait Anticor avant de s'éloigner et de choisir ensuite une carrière politique qu'il n'a pas réussie ; en réalité, il avait pensé à un club de plaidoyer exclusivement. Et c'est vrai que le fait d'avoir un nombre de plus en plus important d'adhérents, d'avoir une hétérogénéité des profils, oui, ça coûte beaucoup d'énergie.

Depuis les enjeux liés à l'agrément [61], on est aussi dans une situation un peu particulière, même si Anticor reste à mon sens une association modeste, parce qu'on est structuré et crédible sur les dossiers qu'on porte à la justice, et même si on n'a pas d'autre possibilité que de porter devant la justice des dossiers, et éventuellement de passer du parquet au juge d'instruction. Même si ce n'est pas forcément ça qui est déterminant, il se crée une tension entre le politique et Anticor. Et cette tension fait que l'agrément est toujours difficile à obtenir. Mais là, le ver est dans le fruit. Cette possibilité de se constituer partie civile naît plus tôt, au moment de l'affaire des biens mal acquis au début des années 2010 [62]. Transparency International, qui pour une fois s'était vraiment impliquée, était allée devant la justice et avait obtenu de la Cour de cassation que l'association puisse se constituer partie civile dans cette affaire des biens mal acquis, donc des dictateurs africains ayant des biens en France. Et il y a Anticor, qui ne réussit pas à être partie civile mais qui prend la parole. Donc, au moment de l'affaire Cahuzac à partir de fin 2012/2013. Après cette affaire, on a cherché dans l'urgence des idées pour légiférer, et il y avait notamment

59. Anticor, *Axes de réforme contre la corruption, pour l'éthique en politique et une démocratie renforcée*, Paris, 2024.
60. Alt E., Van Beneden E., *Résister à la corruption*, Paris, Gallimard, 2022.
61. Sur les controverses juridiques et politiques autour de l'agrément en général, et sur la situation d'Anticor en particulier, voir dans ce numéro thématique : Laronde-Clérac C., « Aspects juridiques de l'action des associations de lutte contre la corruption face aux élites délinquantes ».
62. Pigeaud, F., « L'affaire des "biens mal acquis". Entretien de Fanny Pigeaud avec Marc Ona Essangui et Grégory Ngbwa Mintsa », *Politique Africaine*, n° 115, 2009, pp. 67-73.

cette proposition dans les tiroirs. Mais il n'y avait alors aucune vision au niveau du gouvernement, aucune idée sur ce que devait être une approche globale et pertinente de la corruption. La preuve c'est qu'il y a eu par la suite la loi Sapin II. Mais enfin, il fallait trouver quelque chose et on a notamment donné ça [l'agrément] aux associations.

Au sein du gouvernement et de la majorité, ils se sont dits « bon, de toute façon la Cour de cassation l'admet avec l'affaire des biens mal acquis, donc le législateur va entériner cette évolution jurisprudentielle et on renvoie à un décret l'autorité qui va agréer les associations » ; parce que le politique a un peu peur quand même. Ils se disent que ce type d'action ne peut pas être porté par n'importe qui, qu'il faut être un peu crédible, satisfaire un certain nombre de conditions et on renvoie à un décret [63]. La Haute autorité pour la transparence de la vie publique n'avait pas encore été créée. Il y avait aussi des petites discussions puisque certains pensaient que, de toute façon, une association ayant une certaine durée d'existence devait pouvoir se constituer partie civile. D'ailleurs, il y a les articles 2-1 et suivants du code de la procédure pénale, avec énormément d'associations qui ont juste à satisfaire une condition d'objet et une condition de durée d'existence pour pouvoir se constituer. On n'a pas eu le réflexe à l'époque d'insister sur ce point, et je ne sais pas si on aurait pu convaincre les politiques. Mais, on n'a pas eu le réflexe de dire : c'est absurde de confier l'agrément au ministère de la Justice ou au gouvernement, parce que forcément, à un moment ou à un autre, on va se trouver en situation d'attaquer des intérêts si ce n'est du pouvoir en place, du moins des intérêts affiliés au pouvoir en place, et à un moment ou à un autre on va trouver la limite [64]. Donc, on n'a pas eu ce réflexe et effectivement ça s'est révélé très délétère par la suite puisqu'il y a une tension. Même saisir la justice et se constituer partie civile, c'est encore trop pour le pouvoir en place. En même temps, c'est une tension qui parfois nous permet de constater qu'on pèse plus que ce que nous pensons. En réalité, on se voyait comme une association de plaidoyer, on fait un peu de recherche, on fait un peu de sensibilisation. C'est un combat culturel, mais qui est modeste. Mais, au moment où il était question de retirer l'agrément, peut-être parce qu'il y a eu des articles de presse coordonnés contre nous à ce moment-là, qu'il y a eu une tension politique très importante qui s'est manifestée par un flot de questions incroyablement nombreuses de l'administration en charge du dossier auxquelles on a dû répondre à la dernière minute. Et on a eu des interventions politiques, des collectivités qui ont pris des résolutions en notre faveur, y compris à Paris. Des partis politiques se sont mobilisés, avec des interrogations à l'Assemblée nationale sur ce sujet, donc… L'idée qu'on puisse attenter à Anticor a été un vrai sujet politique.

63. Laronde-Clérac C., « Aspects juridiques de l'action des associations de lutte contre la corruption face aux élites délinquantes », *op. cit.*
64. Maurel R., « Tribune - Anticor : "Il faut réformer d'urgence la procédure d'agrément des associations anticorruption" », *Le Monde*, 24 juin 2023.

C&C : Vous avez l'impression d'avoir été soutenu dans le champ politique ?

E. A. : Oui, on a été soutenus [65], et je dirais même qu'on a également été relativement bien soutenus aussi après la décision du tribunal administratif d'annulation de l'agrément en juillet dernier [2023]. C'était le moment où était examiné le projet de loi d'orientation et de programmation du ministère de la Justice, et il y a eu des amendements de dernière minute déposés en séance, qui ont été discutés dans la nuit du 3 juillet [66]. Évidemment, les partis d'opposition ne s'étaient pas coordonnés sur un seul amendement, ce qui n'a pas facilité les choses, mais ils ont défendu l'idée que l'on soit agréé par une autorité indépendante, ou qu'une autorité indépendante nous donne l'agrément et que le garde des Sceaux ait une sorte de compétence liée, ou encore qu'il n'y ait pas d'agrément du tout. Il y avait non seulement les parlementaires de la NUPES, mais aussi Les Républicains qui n'ont pas pris la parole dans ces débats, mais Olivier Marleix, le chef du groupe, est venu à la conférence de presse. On avait un arc républicain très large et il y avait juste les parlementaires du groupe Renaissance qui ne voulaient pas, pour des raisons d'extrême mauvaise foi, comme quoi il faudrait une étude d'impact, que ça vient trop tard, qu'on ne va pas adopter en séance un amendement non discuté en commission, etc. Et puis, le Rassemblement National qui n'en pense rien puisqu'ils n'ont rien dit. Donc, on a eu ce soutien [67], mais c'est vrai que le rapport entre le pouvoir et les associations en général s'est dégradé.

Par ailleurs, j'ai aussi été très soutenu quand le ministère de la Justice a eu l'idée de lancer une enquête administrative contre moi, abandonnée par la suite [68]. On avait alors bien compris l'importance pour un magistrat d'intervenir dans l'espace public sur les questions de corruption, comme un citoyen actif, qui accompagne la réflexion démocratique [69]. Toujours est-il qu'on est bien loin des chartes qu'on faisait signer à certains candidats à la mairie au début des années 1990, ce que nous avons abandonné parce qu'à un moment c'était trop difficile d'apprécier le suivi. On a, quand même, une étudiante de Sciences Po qui a fait un mois de stage chez nous pour évaluer la façon dont les chartes étaient respectées par ceux qui avaient été élus [70]. Bon, il y en a quelques-uns qui ont manifestement assumé le fait que pour eux c'était juste démago, qu'ils n'entendaient absolument pas répondre à nos questions. Mais

---

65. Liste des soutiens enregistrés et publicisés par l'association Anticor : https://www.anticor.org/2021/03/30/soutiens-a-anticor/ (consulté le 16 avril 2024).
66. Assemblée Nationale, Session extraordinaire de 2022-2023. Compte rendu intégral : 2e séance du lundi 3 juillet 2023, Paris, Assemblée Nationale, 2023.
67. Voir aussi : « Tribune / L'Appel des 176 en soutien à Anticor », *Le Nouvel Obs*, 12 janvier 2024.
68. Deléan M., « Le magistrat Éric Alt blanchi par ses pairs », *Mediapart*, 1er septembre 2020.
69. « Tribune Anticor : "L'enquête qui vise Éric Alt opère un retour à une vision périmée du rôle du magistrat" », *Le Monde*, 13 décembre 2019.
70. Vérier V., « Charte éthique : Anticor épingle 16 villes françaises », *Le Parisien*, 18 novembre 2019.

pour ceux qui voulaient répondre à nos questions, il y avait beaucoup de difficultés entre ceux qui avaient satisfait partiellement, ceux qui se retranchaient derrière l'ancienne municipalité, et ceux qui avaient quand même fait un petit quelque chose. On avait synthétisé cela sous forme de feu rouge, orange et vert. Et puis, on s'est rendu compte que, si on voulait être un minimum rigoureux, c'était extraordinairement difficile de faire des appréciations qualitatives. Il y a des éléments objectifs, tu as cumulé des mandats ou pas, ça c'est objectif, mais il y a d'autres éléments et c'est si difficile qu'on a abandonné. Maintenant, on fait des recommandations. Si les élus ont envie d'intégrer ces recommandations à leurs promesses, ils les intègrent. Les électeurs font leurs choix. Si les électeurs par la suite considèrent que les promesses n'ont pas été tenues, ils en tiennent compte ou pas, mais ce n'est plus nous qui allons, je dirais, signer des chartes et prendre une photo avec quelques élus. Mais, au début on avait cette illusion de pouvoir sensibiliser un certain nombre de candidats à ces questions, et qu'en réalité la charte ce n'était pas seulement pour obtenir des promesses. On se doutait bien que certaines promesses ne seraient pas tenues parfaitement. L'idée c'était d'aller faire quasiment du porte-à-porte pour à la fois motiver les groupes locaux, leur permettre d'avoir un contact avec des personnes qui pour certaines allaient être élues, et sensibiliser ces élus. D'ailleurs, un certain nombre de nos recommandations à l'époque ont finalement été intégrées dans la loi. Je pense notamment à l'idée de non-cumul des mandats sur laquelle certains sont en train d'essayer de revenir.

On a donc eu ce travail plus pédagogique que véritablement politique. C'est une période antérieure. Aujourd'hui, j'ai le sentiment que les objectifs de notre plaidoyer seront toujours inatteignables par le pouvoir en place. Bon, il y a l'opposition qui nous invite aux universités d'été, mais je me demande si le jeu sera toujours, pour Anticor, d'être dans l'opposition car, par la force des choses, les affaires où Anticor doit intervenir concernent avant tout la majorité. Pour ce qui est de l'opposition, les institutions, y compris répressives, fonctionnent normalement.

C&C : Ce passage à l'agrément marque ou, à tout le moins, confirme aussi un certain changement ou un élargissement du répertoire d'action de l'association. Comment passe-t-on d'une dynamique assez classique, avec plaidoyer, sensibilisation, construction d'un problème public, mise à l'agenda, recommandation, suivi, etc., à une action qui peut participer, voire être à l'origine d'une réaction judiciaire et pénale ? En vous écoutant, on a presque l'impression que cette évolution s'est faite un peu par hasard, de façon fortuite et contingente suite à l'initiative de Transparency International dans l'affaire des biens mal acquis. Est-ce simplement une question d'opportunité ou bien cela a été réfléchi en amont et articulé plus généralement avec l'idée de dire : « notre arme c'est le droit » ?

E. A. : Oui, évidemment. Mais, au début ce n'était pas possible. D'ailleurs, j'ai rappelé ironiquement que, lorsque j'étais à l'époque personne ressource, la question s'est posée de se constituer comme partie civile dans l'affaire Chirac, et j'ai dit non, on ne peut pas. Parce qu'en France l'intérêt à agir est considéré de façon très stricte, et encore plus stricte devant le juge judiciaire. Il faut avoir un intérêt direct et certain [71]. En France, contrairement à la plupart des autres parquets en Europe occidentale, on a un parquet hiérarchiquement subordonné au ministère de la Justice ; avec des appréciations très variables, notamment depuis 2013 où il est inscrit dans le code de procédure pénale que le parquet ne peut pas recevoir de directive ou d'ordre du ministère de la Justice. Mais, tout de même, on a par exemple la Cour de justice de Luxembourg, qui considère que le parquet est suffisamment indépendant pour apprécier les mandats d'arrêt européens et, dans une autre jurisprudence, on a la Cour de justice de Strasbourg, qui dit que le parquet n'est pas une autorité judiciaire. Donc, on a ce sujet, qui peut-être va évoluer parce que je pense que l'agacement provoqué par le ministre de la Justice Éric Dupond-Moretti, paradoxalement, va amener un certain nombre de procureurs à prendre plus de distance que jamais par rapport au pouvoir politique.

Enfin, en attendant, on a ce parquet-là, et on a une information qui ne remonte pas forcément à la justice parce que toutes ces institutions de contrôle, la Cour des comptes, le Service central de prévention de la corruption devenu AFA [Agence Française Anticorruption], les commissaires aux comptes dans les entreprises privées, soit elles ont l'obligation de le faire mais elles font très peu le travail (commissaires aux comptes), soit elles ont la possibilité de le faire mais ça nécessite une traduction juridique et elles ne le font pas (Cour des comptes), soit c'est une information qui existe sur la place publique, dans la presse mais, même si les parquets peuvent la lire, ils ne se sentent pas forcément invités à agir alors même qu'ils ont parfois de quoi se servir sur un plateau. On est alors dans une situation où des affaires ne remontent tout simplement pas à la justice.

Et, pour répondre précisément à votre question : oui, j'ai lu *L'arme du droit* [72]. Nous aimons les « forces imaginantes du droit » pour reprendre l'expression de M. Delmas-Marty. Nous pensons que le droit peut être un instrument de transformation sociale. Mais nous savons aussi que le droit n'est pas tout, et qu'il faut apprendre à l'utiliser avec une vision stratégique.

C&C : Vous aviez donc pu y penser collectivement avant, mais en vous disant malgré tout que cela ne faisait pas partie du champ des possibles juridiques ?

---

71. Laronde-Clérac C., « Aspects juridiques de l'action des associations de lutte contre la corruption face aux élites délinquantes », *op. cit.*
72. Israël L., *L'arme du droit*, Paris, Presses de Sciences Po, 2020.

E. A. : Ce champ des possibles était terriblement fermé. Parce qu'au début, on n'a aucune légitimité en face d'un parquet qui reçoit une plainte d'une association. S'il veut mettre ça à la poubelle, il le fait, et on ne peut pas relancer. On ne peut pas de toute façon saisir un juge d'instruction. Donc ça, l'arrivée de l'agrément, ça modifie les circonstances [73]. Mais, en réalité, on ne s'est pas mis à saisir le parquet d'affaires de corruption sans limite. Cela a été très difficile à construire entre nous, mais on a essayé d'avoir les affaires les plus importantes. Typiquement, la seule affaire où nous avons vraiment pu faire jouer notre agrément pour saisir un juge d'instruction, et pour laquelle il a accepté d'être saisi et d'enquêter, c'est l'affaire Kohler [74]. Là, très étrangement, le parquet national financier, malgré sa relative autonomie, a pris une décision de classement très mal motivée, selon nous. On sentait que c'était manifestement quelque chose qui était dicté et cela a été surmonté avec l'agrément et la saisine d'un juge d'instruction.

Dans beaucoup d'autres affaires, le parquet nous a suivi mais on peut penser qu'il ne se serait jamais saisi par lui-même. Typiquement, l'affaire Health Data Hub sur la plateforme des données de santé et le marché public à Microsoft, qui fait qu'un certain nombre de nos données de santé sensibles sont aujourd'hui stockées aux États-Unis dans des conditions d'hébergement moins « garantistes » qu'en Europe [75] ; l'affaire d'Alstom : condamnée aux États-Unis en personne morale, mais aucun des dirigeants n'a été condamné, donc on a saisi la justice de ce point de vue-là [76] ; l'affaire des concessions d'autoroutes [77], etc. L'affaire Dupond-Moretti est un peu particulière, puisqu'on ne pouvait pas se constituer partie civile, juste attirer l'attention du parquet général de la Cour de cassation [78]. Il y a donc un certain nombre d'affaires qui devaient être construites préalablement et qui ne seraient jamais venues à la

73. Laronde-Clérac C., « Aspects juridiques de l'action des associations de lutte contre la corruption face aux élites délinquantes », *op. cit.*
74. Breteau P., Laurent S., Faussabry T., Pouzadoux M., « Tout comprendre à l'affaire Kohler, après la mise en examen pour "prise illégale d'intérêts" du secrétaire général de l'Elysée », *Le Monde*, 4 octobre 2022 ; Anticor, « Suite à la constitution de partie civile d'Anticor, Alexis Kohler est mis en examen », 3 octobre 2022, https://www.anticor.org/2022/10/03/suite-a-la-plainte-danticor-le-secretaire-general-de-lelysee-alexis-kohler-a-ete-mis-en-examen/ (consulté le 16 avril 2024).
75. Anticor, « Affaire Health Data Hub », 22 juin 2021, https://www.anticor.org/affaires-anticor/affaire-health-data-hub/ (consulté le 16 avril 2024).
76. Anticor, « Anticor relance le dossier Alstom en se constituant partie civile », 29 juin 2021, https://www.anticor.org/2021/06/29/anticor-relance-le-dossier-alstom-en-se-constituant-partie-civile/ (consulté le 16 avril 2024).
77. Anticor, « Privatisation des autoroutes : Anticor porte plainte pour favoritisme », 28 juin 2023, https://www.anticor.org/2023/06/28/privatisation-des-autoroutes-anticor-porte-plainte-pour-favoritisme/ (consulté le 16 avril 2024).
78. Dagorn G., « Procès Dupond-Moretti : pourquoi le ministre de la justice est accusé de "prises illégales d'intérêts" », *Le Monde*, 5 novembre 2023 ; Anticor, « Affaire Dupond-Moretti : le ministre de la justice renvoyé devant la Cour de justice de la République », 3 octobre 2022, https://www.anticor.org/2022/10/03/anticor-demande-a-la-cour-de-justice-de-la-republique-denqueter-sur-les-agissements-de-m-dupond-moretti-ministre-de-la-justice/ (consulté le 16 avril 2024).

connaissance du parquet s'il n'y avait pas eu cette intermédiation d'Anticor. On joue ce rôle-là, qui en réalité est un rôle très modeste, et qu'on pourra continuer de jouer, parce qu'on a une réputation, une crédibilité. Et on peut toujours faire des signalements. Même sans agrément, on aura cette possibilité qu'on n'aurait pas eu avant parce qu'on n'avait pas la crédibilité, la légitimité, la structuration nécessaire. Aujourd'hui, on est structuré, avec des dossiers construits par des salariés qui sont de futurs avocats. On a aussi notre petite clinique du droit maintenant. C'est ensuite repris par des avocats ou envoyé directement, mais après révision par la présidente ou par quelqu'un d'autre, on a un professeur de droit aussi qui est avec nous, le nouveau vice-président, Paul Cassia [professeur des Universités à Paris 1 Panthéon Sorbonne], et on peut toujours transmettre une plainte au parquet.

En fait, je crois que l'intérêt de l'agrément et de la montée en puissance de l'association, c'est d'avoir acquis cette crédibilité, cette légitimité, cette réputation qui fait qu'on ne peut pas passer outre notre plainte et que, si on décide de communiquer sur le sujet, on a des chances d'être repris. Parce qu'il fut une époque, on était si petit qu'on pouvait bien faire un communiqué, ça n'intéressait personne. Aujourd'hui, quand quelque chose se passe et qu'Anticor est derrière, ça peut présenter un intérêt. Souvent, autant que possible, mais ce n'est pas toujours le cas, on essaye d'avoir une articulation entre le plaidoyer et l'action en justice, et le champ des possibles est beaucoup plus ouvert.

C&C : Cela nous amène au travail quotidien effectué au sein d'Anticor. Comment fonctionnez-vous concrètement sur ce volet « action en justice » ?

E. A. : D'abord, on a des groupes locaux qui sont très actifs, si actifs qu'il faut un regard du national [bureau et conseil d'administration d'Anticor] pour qu'il n'y ait pas n'importe quoi qui soit présenté au parquet en région. On a pris la décision de ne pas donner la personnalité morale aux groupes locaux, ce qui aurait été un facteur de fragmentation incroyable, même si la question s'est posée à un moment. Mais les groupes locaux peuvent agir et, dans certaines collectivités locales, il suffit de regarder attentivement la façon dont les choses se passent pour trouver une multitude d'affaires. Donc, il peut y avoir des lanceurs d'alerte qui nous saisissent au niveau national. Nous avons même une « boîte noire », qui permet de nous saisir anonymement au début, même s'il est clair que ça permet juste d'entamer un dialogue parce qu'on ne fera jamais de signalement sans connaître la personne qui en est à l'origine. Sur le site internet, on a également la possibilité d'envoyer des documents à l'association, et on entame un dialogue à partir de ça.

Ensuite, on a beaucoup d'affaires où il suffit d'être un tout petit peu plus attentif. Par exemple, les affaires des chambres régionales des comptes, les affaires de la Cour des comptes, avec qui le problème est celui de la traduction, parce qu'ils usent du langage financier et ce n'est pas toujours traduisible immédiatement en langage pénal. Alors, ce n'est parfois pas facile, mais une très mauvaise gestion peut révéler un détournement de fonds publics ou un octroi d'avantages injustifiés. Je me souviens qu'on avait transmis au parquet national financier les rapports de la Cour des comptes sur un certain nombre de constructions du Grand Paris et que ça n'avait pas été possible d'aller jusqu'au bout. Mais souvent c'est possible, et les rapports des chambres régionales des comptes sont une bonne base. C'est un travail de veille. Parfois, la presse se fait aussi l'écho de rapports et il suffit alors d'aller sur internet pour les consulter. Et parfois, il y a des articles de presse qui sont très bien documentés. Les articles de Martine Orange dans *Mediapart*, par exemple. Et puis, d'autres qui sont beaucoup moins documentés, mais qui ne demandent qu'à être un peu creusés. Beaucoup d'affaires sont des cas un peu creusés à partir de ce que dit la presse. Par exemple, pour l'affaire des autoroutes, c'est à la fois un rapport d'inspection, la presse, etc., il y a des croisements. Pour l'affaire Alstom, c'est à la fois la presse, ce qui se passe aux États-Unis, et la partie énergie d'Alstom qui passe à General Electric, avec tout le scandale qui est attenant, et on décide de se concentrer sur l'absence de sanction concernant les dirigeants qui ont favorisé la corruption.

Il y a donc énormément d'informations qui ne sont pas saisies par le parquet et par les institutions, et nous permettons qu'elles soient portées à leur connaissance. Quand elles ne sont pas portées à la connaissance du parquet, il y a toujours le « test du vampire », comme Nosferatu qui s'évanouit, qui s'évapore lorsque le soleil arrive. En d'autres termes, on se dit parfois que le seul fait de proposer un sujet à la presse est utile. Par exemple, ce qu'on a fait avec Bloom sur les portes tournantes [cas de haut-fonctionnaires transfuges entre le public et le privé dans le secteur de la pêche [79]], sur les choses un peu choquantes de ce point de vue-là, cela peut peut-être prospérer devant le parquet, mais le seul fait qu'il y ait une interrogation et que ça entre dans le débat public, cela peut éventuellement servir d'alerte et un peu réduire ce type de tendance. Bon, pour les portes tournantes pas du tout, puisque ça leur est égal, ils assument, il y a de l'argent à gagner et ils assument le risque de réputation. Mais dans certaines situations, ça peut être intéressant de les porter dans le débat public.

C&C : Concernant ces différents cheminements qui font que des affaires vous parviennent : constatez-vous une évolution au cours du temps, à la fois du type d'affaires dont vous décidez de vous saisir ou qui vous sont remontées, et aussi sur la part respective de ces différents canaux, comme les signalements des lanceurs d'alerte, par exemple ?

79. BLOOM, « Conflits d'intérêts et destruction environnementale : BLOOM et ANTICOR alertent », 14 novembre 2022, https://bloomassociation.org/conflits-dinterets-et-destruction-environnementale-bloom-et-anticor-alertent/ (consulté le 16 avril 2024).

E. A. : Pour ce qui est des affaires dont nous sommes saisis, il faut avouer qu'il y en a beaucoup qui ne sont pas assorties d'éléments de preuves. Dans certains cas, on peut éventuellement essayer de voir si le signalement est fondé, et on demande des éléments de preuves. Dans d'autres, ce sont des affaires qui correspondent juste à une indignation absolument pas structurée, et il y en a déjà pas mal qui sont écartées pour la simple raison qu'elles n'ont aucune chance de prospérer. Parfois, cela peut venir de personnes qui se pensent lanceurs d'alerte, mais qui ne le sont pas vraiment. Parfois, ce sont des affaires comme, par exemple, celle du voyage à Tahiti de Mme Hidalgo [80], qui a été prise en charge par une association minuscule. Ce sera difficile d'obtenir une condamnation dans ce dossier parce qu'elle a réussi à accrocher ça à une fonction. C'est très inopportun politiquement, mais pour nous, ce n'était pas une affaire pénale. Ensuite, il y a des affaires qui suivent normalement leurs cours. Et là, la question est de savoir si on peut apporter une plus-value. Par exemple, en Corse, dans l'affaire Giacobbi [81], on apporte une plus-value. À côté du parquet qui est identifié à l'État, qui défend une conception d'une société et de l'intérêt général, mais qui est identifié à l'État, c'est intéressant que des associations puissent prendre la parole dans le prétoire. De ce point de vue, c'était symboliquement assez important.

C&C : Quand vous dites « plus-value » dans ce cas-là, c'est-à-dire que vous vous raccrochez à une affaire en cours ?

E. A. : Oui, on se raccroche parfois à une affaire en cours. Alors, soit ce sont des affaires qui n'avancent pas, l'affaire de la chaufferie de La Défense par exemple [82], ou l'affaire des achats de vote à Corbeille-Essonne [83]. Donc, on entre dedans, on regarde la façon dont les choses se présentent. Ça nous permet de voir le juge d'instruction s'il y a en a un. Ça nous permet de demander à un avocat d'aller voir le parquet si c'est le parquet qui continue à enquêter. La plus-value, c'est qu'on va jeter un regard sur une affaire qui est enlisée, ou qui est mal partie, et apporter des éléments supplémentaires qui ne sont pas forcément dans le dossier, dans certains cas de figure un peu particuliers. Ça,

80. El Idrissi A., Vaudano M., « La Mairie de Paris perquisitionnée dans l'affaire du voyage d'Anne Hidalgo à Tahiti », *Le Monde*, 5 mars 2024.
81. « Corse : l'ex-député Paul Giacobbi définitivement condamné », *Le Parisien*, 17 avril 2019 ; Anticor, « Affaire des gîtes ruraux de Haute-Corse : la Cour de cassation confirme la condamnation de Paul Giacobbi », 17 avril 2019, https://www.anticor.org/2019/04/17/affaire-des-gites-ruraux-de-haute-corse-la-cour-de-cassation-confirme-la-condamnation-de-paul-giacobbi/ (consulté le 16 avril 2024).
82. Bureau O., « Prison avec sursis dans l'affaire de la chaufferie de La Défense, un dossier vieux de vingt-deux ans », *Le Parisien*, 17 janvier 2024 ; Anticor, « Marché de la chaufferie de la Défense : le parquet de Nanterre fait appel », https://www.anticor.org/2021/01/14/marche-de-la-chaufferie-de-la-defense-la-verite-restera-cachee/ (consulté le 16 avril 2024).
83. « Achat de votes à Corbeil-Essonnes : prison ferme pour l'ancien maire, proche de Serge Dassault », AFP, 17 décembre 2020 ; Anticor, « Affaire des achats de votes à Corbeil-Essonnes : le système "Dassault" condamné », 23 décembre 2020, https://www.anticor.org/2020/12/23/affaire-des-achats-de-votes-a-corbeil-essonnes-le-systeme-dassault-condamne/ (consulté le 16 avril 2024).

c'est la plus-value, parce qu'aller dans une affaire à chaque fois qu'il y a une infraction, ça ne présente aucun intérêt pour nous. On réfléchit à la plus-value. Parfois, c'est une plus-value modeste, parfois c'est plus substantiel.

Actuellement, il y a cinq salariés, dont une sur la communication, un sur l'administration et puis trois juristes ; donc, compétences pénales, administratives et compétences générales. Il y a deux juristes salariés et un avocat qui fait son stage chez nous. Les salariés font déjà un pré-tri des dossiers qu'ils soumettent au bureau [84]. Si le bureau considère que c'est intéressant, il demande une fiche pour le conseil d'administration. Une fiche, c'est une sorte de synthèse qui présente à la fois un résumé de l'affaire, les enjeux de l'affaire, la stratégie possible, l'intérêt pour Anticor d'agir. Le conseil d'administration se positionne par rapport à cette fiche. C'est examiné par potentiellement vingt-et-une personnes. Actuellement, c'est plutôt dix-huit ou dix-neuf. C'est réfléchi collectivement. Est-ce qu'on va dans cette affaire ou pas ? Il y a un vote. Pour chaque conseil d'administration, qui se tient une fois toutes les six semaines, cela représentait environ cinq à six fiches l'année passée. Il y en a généralement trois ou quatre qui sont prises parce que, quand ça vient jusqu'au conseil d'administration, c'est que les salariés ont déjà travaillé et que le bureau a validé l'idée que c'était digne d'être discuté, ce sont alors plutôt des fiches solides. Mais, par exemple, les affaires qui nous posent un peu problème, ce sont celles qui sont bien structurées, mais qui sont de très petites affaires des groupes locaux. Elles sont symboliquement importantes pour le groupe local.

C&C : Et ce type d'affaires remonte également jusqu'à vous sous forme de fiche ?

E. A. : Oui, si la personne n'a pas la possibilité ou l'audace d'aller elle-même voir le parquet, ou si elle l'a fait sans conséquence, ça peut remonter jusqu'à nous. Effectivement, il y a des référents locaux qui nous font monter des affaires locales, parfois très structurées, parfois manifestement constitutives d'infraction, mais ce sont des petites affaires. Ce n'est pas forcément des affaires qui vont illustrer stratégiquement notre plaidoyer. Et là, oui, on peut avoir de vraies discussions sur le fait de savoir si l'on doit la prendre ou pas. Si l'on n'y va pas, on risque de frustrer énormément le référent local. Parfois, on y va en disant, bon, il y a de la matière, on verra bien ce que le parquet en fera.

C&C : Mais, ce référent local aurait-il l'autonomie de prendre des actions ?

E. A. : Il pourrait mais, en réalité, on sent que, dans un certain nombre de cas, le groupe local n'est pas assez structuré. À Paris, il a deux cents membres,

84. Sur l'organigramme d'Anticor, voir : https://www.anticor.org/organisation-danticor/ (consulté le 16 avril 2024).

donc là, il n'y a pas de problème, mais les affaires de Paris sont souvent des affaires nationales. Disons qu'il y a aussi des affaires locales qui sont intéressantes… Par exemple, en Lozère, l'affaire Morel-A-L'Huissier est bien une affaire locale, mais c'est une personne qui fait la loi en Lozère [85]. Pour cette affaire, on y est allé [86]. En plus, c'est un député qui se prétendait chevalier blanc et qui faisait sur place tout l'inverse de ce qu'il prétendait, et qui méritait d'être un peu recadré [87]. On a cette hésitation dans les affaires où le référent local n'a pas la compétence pour aller par lui-même devant le procureur.

L'initiative locale est quelque chose qu'on encouragerait plutôt. On va faire des ateliers pour former un peu plus quelques adhérents locaux, qui sont juristes et qui peuvent notamment prendre la parole en audience [88]. Parce que se constituer partie civile, c'est la possibilité, si l'affaire vient à l'audience, de prendre la parole pour demander un intérêt moral et surtout pour simplement porter une parole citoyenne à l'audience. L'idée c'est d'avoir quelques adhérents qui prennent cette parole, de sorte que lorsqu'Anticor est à l'origine de l'affaire, on puisse le vérifier et le dire à la fin. Or, prendre la parole à l'audience, c'est un enjeu. Ce n'est pas évident du tout. C'est une sorte de témoignage, on ne lit généralement pas son texte à l'audience, et être son propre avocat n'est jamais évident. Il y a donc des affaires comme ça, qui viennent au national pour ces raisons, et ensuite il y a soit un avocat, soit parfois un salarié qui va à l'audience, et qui expose pourquoi Anticor s'est impliquée dans la procédure et ce qu'on demande.

C&C : Au regard de cette apparente disparité à l'échelle locale, quelles sont les conditions ou les étapes à satisfaire pour qu'une affaire soit portée par Anticor ?

E. A. : Oui, il y a une extraordinaire disparité dans les fonctionnements locaux, et la première condition à satisfaire c'est que chaque cas soit relu au moins par un salarié du national. Parce que sinon, on a déjà eu des gens qui ont pris des initiatives totalement inopportunes et on les a écartés. Ils ont été sanctionnés. Dans un département, on a un référent qui a flashé sur une députée. Or, pour résumer rapidement et à grands traits, l'attirance n'était pas réciproque et le référent a pris sa revanche en sortant des affaires. Évidemment

85. *Le Monde* avec AFP, « Le député Pierre Morel-A-L'Huissier visé par une enquête pour des soupçons de détournement de fonds publics », *Le Monde*, 20 avril 2023.
86. Anticor, « Affaire PIERRE MOREL-À-L'HUISSIER », 20 avril 2023, https://www.anticor.org/affaires-anticor/affaire-pierre-morel-a-lhuissier/ (consulté le 16 avril 2024).
87. Anticor, « Anticor porte plainte contre le député Pierre Morel-À-L'huissier, surnommé le chevalier blanc de l'Assemblée nationale », 20 avril 2023, https://www.anticor.org/2023/04/20/anticor-porte-plainte-contre-le-depute-pierre-morel-a-lhuissier-surnomme-le-chevalier-blanc-de-lassemblee-nationale/ (consulté le 16 avril 2024).
88. Sur l'information des référents, voir par exemple : https://www.anticor.org/2021/10/07/guide-la-transparence-et-de-lethique-dans-les-mairies-outil-pratique-pour-citoyen-vigilant/ (consulté le 19 avril 2024).

non, ce n'est pas possible, donc *out*. Il n'avait pas du tout pris contact avec le national. Il a été exclu, on ne peut pas fonctionner comme ça. Mais ça, c'est un risque quand on a une centaine de référents locaux.

C&C : Le conseil d'administration est amené à statuer sur ce type de situation ?

E. A. : Oui, le conseil d'administration a aussi cette fonction. Il y a un comité d'éthique, constitué d'adhérents volontaires et tirés au sort, qui met en état les dossiers et qui éventuellement permet une conciliation s'il y a simplement deux adhérents qui ne sont pas d'accord. Si le comité d'éthique décide que ça justifie la saisine du conseil d'administration, celui-ci statue comme en matière disciplinaire. Ce n'est pas ce que nous aimons le plus et il n'y en a d'ailleurs pas beaucoup qui ont fait l'objet de ce type de traitement, mais je cite cet exemple avec la députée parce que, là, on ne peut pas le tolérer, c'est un détournement de fonction. Et c'est la raison pour laquelle, dans tous les cas, le référent local doit impérativement demander l'avis d'au moins un salarié, dans tous les cas, en toute connaissance de cause et sans rien dissimuler. Ce qui permet également d'avoir une homogénéisation de l'écriture car certains n'ont pas forcément l'habitude d'écrire « en droit ». Il ne suffit pas d'être juriste pour pouvoir construire un dossier. Il y a des gens qui sont passés en faculté de droit, mais qui n'ont jamais vu des dossiers d'avocat ou des dossiers de plaidoirie. Ça sert à ça et ça sert aussi à éviter ce type d'initiatives un peu caricaturales [avec la députée], qui sont toujours un risque.

C&C : Il y a donc un filtre au niveau des salariés sur la pertinence des informations transmises et sur leur traitement adéquat à des fins judiciaires.

E. A. : Oui, et il doit y avoir un filtre, parce que s'il n'y en a pas, cela peut être assez vite n'importe quoi. Il y a eu quelques affaires en diffamation contre nous qui n'ont pas prospéré, mais c'est vrai qu'on n'est pas à l'abri d'une procédure pour dénonciation calomnieuse ou des choses de ce genre. En plus, si ce sont des personnes importantes qui sont visées, on risque des procédures ou poursuites-bâillons [89], alors on évite parce que c'est de l'énergie perdue. J'ai toujours insisté là-dessus quand j'étais vice-président d'Anticor. L'association doit avoir une crédibilité et, donc, avoir des affaires « bétonnées ». Certes, il y

89. « Les poursuites stratégiques altérant le débat public (poursuites-bâillons) sont régulièrement utilisées contre les observateurs critiques, qui jouent un rôle actif dans la protection de la démocratie et de l'État de droit dans l'Union européenne. Les cibles de ces poursuites comprennent des journalistes, des supports médiatiques indépendants, des universitaires, la société civile et des organisations non gouvernementales de défense des droits de l'homme. Les déclarants peuvent être des sociétés, des personnes fortunées, ou même des organes gouvernementaux dans certains cas. Les poursuites stratégiques ne sont pas restreintes à des catégories spécifiques d'actions en justice et peuvent prendre des formes très différentes. La caractéristique principale des poursuites-bâillons est leur tendance à détourner le débat de la sphère politique à la sphère juridique ». https://www.europarl.europa.eu/RegData/etudes/STUD/2021/697288/IPOL_STU(2021)697288_FR.pdf

a toujours l'aléa judiciaire, qu'on ne peut jamais parfaitement maîtriser. Mais, il faut des affaires bien ficelées et, après, c'est le procureur qui prend le relais et, puis, le tribunal qui suit ou ne suit pas. Si l'on donne une affaire et que le procureur, après avoir enquêté, dit que, tout compte fait, il y a un trop grand risque d'échec pour des raisons juridiques, on le suit le plus souvent. Les parquets reçoivent énormément de procédures. On ne va pas donner un appui à des procéduriers quérulents, vous savez ceux qui saisissent à la fois Anticor et le président de la République. Il y a toujours ce risque si le référent local n'est pas « construit » juridiquement. On en a de moins en moins parce qu'on s'assure de plus en plus de leur qualité, de leur capacité, d'une intelligence collective sur le plan local, etc. Ce filtre est absolument indispensable. Et plus on s'implique, plus on communique, plus ce qui remonte va être important, et donc ça remonte au bureau et au conseil d'administration.

C&C : Comment se poursuit ensuite ce processus de filtrage des affaires potentielles ?

E. A. : Quand l'affaire est suffisamment construite, on signale au parquet et on voit la façon dont il réagit. S'il réagit en reprenant l'affaire, tant mieux. Ensuite, on décide ultérieurement si on se constitue partie civile ou non, mais en réalité on est content que le parquet ait pris en charge le dossier. Soit il fait une réponse motivée, et ils font maintenant des réponses motivées pour dire pourquoi ils ne poursuivent pas, et dans ce cas, on apprécie la réponse motivée. Par exemple, dans cette affaire sur le Grand Paris [90], on avait une réponse très motivée, marché par marché, où on voyait qu'il y avait un aléa important en cas de poursuite. Le parquet n'osait pas y aller. On apporte de la matière, mais on n'a pas toute la matière. Le parquet peut, à la faveur d'une enquête, compléter cette connaissance d'un dossier. Si les rapports sont bons avec le parquet, il nous dit pourquoi, souvent par écrit, au moins par oral. Ça signifie qu'on a un bon rapport avec les procureurs. Ce qui est nouveau. Jusqu'à une période récente, il y avait des procureurs qui nous aimaient bien et d'autres pas du tout. Paradoxalement, c'est nouveau, depuis l'enquête parlementaire « mission flash » sur la possibilité pour les associations de se constituer partie civile et de porter plainte [91]. On a eu le président de la chambre criminelle, aujourd'hui président de la cour de cassation, on a eu François Molins [alors procureur général de Cour de cassation] et puis d'autres qui ont dit : « les associations participent à l'œuvre de justice ». Donc, c'est reconnu, et si on

90. *Le Monde* avec AFP, « Le Parquet national financier ouvre une enquête sur le Grand Paris Express », *Le Monde*, 23 janvier 2019 ; Anticor, « Société du Grand Paris : le Parquet national financier ouvre une enquête », 23 janvier 2019, https://www.anticor.org/2019/01/23/societe-du-grand-paris-le-parquet-national-financier-ouvre-une-enquete/ (consulté le 16 avril 2024).
91. Assemblée Nationale, Mission « flash » sur la capacité des associations à agir en justice, Paris, Commission des lois constitutionnelles, de la législation et de l'administration générale de la République, 2021 ; Laronde-Clérac C., « Aspects juridiques de l'action des associations de lutte contre la corruption face aux élites délinquantes », *op. cit.*

participe avec un certain poids à cette œuvre de justice, alors on est pris en considération. Le parquet effectivement dit ce qu'il en pense, parfois l'affaire prospère ou permet d'ouvrir une nouvelle porte, et même si le parquet a fait son travail, cela peut présenter un intérêt pour nous de nous constituer partie civile. Souvent, on se constitue à l'origine. On annonce au parquet que c'est une plainte avec constitution de partie civile. De toute façon, il a trois mois pour décider ce qu'il fait. Mais, à part cette affaire que je signalais à l'instant, généralement il nous suit, ne serait-ce qu'en reprenant à son compte les éléments principaux de notre dossier.

C&C : Avant d'effectuer ce signalement et d'entreprendre vraiment une action, vous avez évoqué la nécessité de faire des arbitrages. Avez-vous des critères arrêtés à cet égard ? Des critères en termes de succès, ou en termes médiatiques ou encore en termes de types d'infractions ?

E. A. : Premièrement, on a des affaires emblématiques qui ont valeur d'exemplarité. Reste à définir « emblématique », bien sûr, mais il y a des affaires dont on sent qu'elles sont emblématiques. Deuxièmement, il y a des affaires qui vont permettre d'essayer d'avancer dans la jurisprudence. Typiquement, sur les détournements de fonds publics imputables à un député, c'est l'affaire Grosdidier, prise en charge par Anticor à Metz [92]. C'est une petite affaire, mais qui a permis de sanctionner d'autres cas, non pas pour abus de confiance mais pour détournement de fonds publics. On passe à dix ans de peine encourue. Enfin, troisièmement, des affaires où il y a une nécessité politique, du fait, par exemple, de l'implication de groupes locaux, ou de l'exposition d'un lanceur d'alerte. On réfléchit plus particulièrement à ça mais, encore une fois, vu les trois critères [national-emblématique/jurisprudentiel/local-politique], chacun permet une marge d'appréciation importante. C'est une sorte de filtre politique en sachant que, quand il y a une nécessité par rapport à un groupe local, on peut se limiter à un signalement et on voit ce que fait le parquet. On ne s'implique pas, on vérifie simplement que c'est solide, mais c'est un signalement pris en charge par le national.

C&C : Il y a donc à la fois la nécessité de se positionner pour savoir si un signalement doit être fait, et pour savoir ensuite quelle stratégie adopter en fonction de la réaction suscitée par ce signalement, avec un investissement qui peut être différencié de votre part.

E. A. : Oui, parfois on est assez sûrs de notre dossier et, si le parquet ne répond pas, on se constitue partie civile. Cela a été fait dans quelques affaires

92. *Le Monde* avec AFP, « François Grosdidier, maire de Metz, condamné à six mois avec sursis pour "prise illégale d'intérêts" », *Le Monde*, 7 février 2023 ; Anticor, « Affaire de la réserve parlementaire : l'ancien sénateur François Grosdidier condamné », 7 février 2023, https://www.anticor.org/2023/02/07/affaire-de-la-reserve-parlementaire-lancien-senateur-francois-grosdidier-condamne/ (consulté le 16 avril 2024).

concernant des stations de sports d'hiver, par exemple, on saisit un juge d'instruction et il faut espérer que le juge d'instruction en ait envie, parce que c'est difficile sinon. Vous pouvez demander des actes à un juge d'instruction, mais il est très dépendant en termes de moyens, notamment pour obtenir l'exécution rapide des commissions rogatoires ; il faut encore qu'il y ait des gendarmes et des policiers en nombre suffisant pour exécuter la commission rogatoire, ce qui n'est pas toujours le cas. Si le parquet répond, on accepte souvent la réponse du parquet. Si le parquet ne répond pas ou il répond à côté, on peut se constituer partie civile. On a déjà fait le test d'écrire au procureur général pour contester la décision du procureur. Dans 90 % des cas, il couvre son procureur, mais parfois il donne un avis différent.

En fait, le vrai filtre est au niveau de l'association et, ensuite, soit l'affaire prospère et c'est très bien, soit il y a quelque chose de plus à apporter et on se constitue partie civile, soit elle ne prospère pas du tout, mais on est quand même assez sûrs de notre dossier, et on se constitue également partie civile. Finalement, l'arborescence des choix et décisions possibles est assez simple.

C&C : Au-delà des trois critères évoqués, y-a-t-il également un critère de ressources ?

E. A. : C'est vrai, bien sûr, parce qu'il y a entre un tiers et la moitié de nos fonds qui sont consacrés à rémunérer des avocats, même si ce sont des tarifs militants. Il y a d'abord des ressources qui sont des investissements. Par exemple, dans l'affaire des sondages de l'Élysée [93], l'avocat y est allé tous les jours et il facture 24 000 euros. Mais ce travail a été reconnu au titre de l'article 475-1 du code de procédure pénale [94]. On exige des avocats qu'ils produisent ces notes de frais dans la procédure parce que souvent ils ne le font pas. Pour nous, c'est un investissement, on est sûr qu'on va obtenir gain de cause. Dans l'affaire des sondages de l'Élysée, ça présentait un intérêt particulier parce que, notamment, nous avons obtenu la citation de Nicolas Sarkozy comme témoin. Et même s'il n'a rien dit lors de son interrogatoire à l'audience, c'était symboliquement important d'avoir cette possibilité d'un interrogatoire à l'audience, et c'est Anticor qui l'a provoqué. Le tribunal était d'accord, mais il n'aurait

93. Forey E., « Affaire des sondages de l'Élysée : plaidoyer pour une meilleure articulation des contrôles sur la présidence de la République », Le blog de *Jus Politicum : Revue de droit politique*, 2021 ; Anticor, « Affaire des sondages de l'Élysée : plus de 10 ans après la première plainte d'Anticor, le procès s'ouvre à Paris », 15 octobre 2021, https://www.anticor.org/2021/10/15/affaire-des-sondages-de-lelysee-plus-de-10-ans-apres-la-premiere-plainte-danticor-le-proces-souvre-a-paris-ce-lundi/ (consulté le 16 avril 2024).

94. L'article 475-1 du code de procédure pénale stipule que : « Le tribunal condamne l'auteur de l'infraction ou la personne condamnée civilement en application de l'article 470-1 à payer à la partie civile la somme qu'il détermine, au titre des frais non payés par l'État et exposés par celle-ci. Les parties peuvent produire les justificatifs des sommes qu'elles demandent et le tribunal tient compte de l'équité ou de la situation économique de la partie condamnée. Il peut, même d'office, pour des raisons tirées des mêmes considérations, dire qu'il n'y a pas lieu à cette condamnation ».

pas pu prendre cette initiative tout seul. Ensuite, on a demandé 24 000 euros et on les a eus, parce que le tribunal a considéré qu'on avait vraiment fait un travail, que l'avocat était en effet là tous les jours.

C&C : Il faut tout de même une certaine trésorerie.

E. A. : Oui, mais on l'a cette trésorerie. Simplement, on ne peut pas jeter de l'argent de nos adhérents par les fenêtres. Ensuite, pour les petites affaires dont je parlais à l'instant, elles suivent leur cours et si jamais elles viennent à l'audience, il y a un salarié ou un militant qui y va. C'est généralement beaucoup moins cher qu'un avocat. Pour les affaires importantes, il y a les frais d'avocat. On insiste d'ailleurs pour les payer, parce qu'on a eu quelques avocats qui, en réalité, captent pour eux l'avantage réputationnel d'être avocat d'Anticor, ce qui leur sert pour se vendre dans d'autres situations. Ils ne demandent rien, mais ne font rien non plus ou très peu dans la procédure. Ça n'en vaut pas la peine. On insiste pour les payer, même si c'est un tarif militant, comme ça ils sont nos mandataires et ils engagent leur responsabilité par rapport à nous. Ils sont proches de l'association, mais ils ne sont pas membres de l'association. Au début, nous avions des avocats membres de l'association, mais finalement on s'est dit qu'il valait mieux qu'ils ne soient pas membres, parce qu'ils pourraient avoir envie de certaines affaires et nous influencer. Alors, il y a toujours nos avocats et d'autres, qui parfois nous envoient de beaux dossiers en disant : est-ce que vous ne voulez pas y être ? Ça, ok. Après, on statue en toute indépendance, on sait que c'est un bon dossier par un bon avocat, la question est de savoir si on veut y être. Parfois, pour l'avocat, l'enjeu est qu'il a déjà un client, et il sait qu'avoir Anticor en plus permet d'aller au tribunal avec une autre étiquette. Ce qui peut être intéressant pour son client. On n'est pas dupe de ce genre de stratégie. Donc, la question est de savoir si le client est un homme suffisamment estimable ou pas. Et, oui, il y a une limitation des moyens assurément. En réalité, les seules affaires qui nécessitent une trésorerie sont les affaires plaidées. Les affaires d'une semaine ou deux semaines où l'avocat doit rester ou envoyer un membre du cabinet pendant cette durée. On peut effectivement y aller au début et faire une constitution de partie civile par lettre, mais ce n'est pas du tout la même chose. On l'a fait une fois et ça n'a pas donné grand-chose. Donc, si l'avocat veut y être, poser des questions, il faut le rémunérer à cette hauteur-là, et c'est uniquement les affaires qui font l'objet d'une semaine ou deux semaines d'audience, et elles ne sont pas si fréquentes.

C&C : En parallèle, il y a aussi la question du contexte médiatique, de son évolution et de la manière dont cela affecte votre travail, y compris sur le lien avec ce que vous appelez les lanceurs d'alerte. Vous avez parlé, par exemple, de cette « boîte noire » que vous avez sur le site. Il s'agit ici du contexte médiatique au sens large, incluant les réseaux sociaux et l'idée de fuites de données qui peu-

vent donner lieu aussi à des affaires, notamment depuis le moment Wikileaks à la fin des années 2000, où la question d'avoir des dispositifs sociotechniques pour recueillir des informations et les publier s'est posée. Avez-vous vu une évolution par rapport à ce contexte sur ce que veut dire être un lanceur d'alerte, et quel est votre positionnement par rapport à ça ? Sur des enjeux encore plus proches de l'association, on peut penser au Consortium international des journalistes d'investigation avec les Panama Papers, les Paradise Papers et les Pandora Papers [95].

E. A. : Le moment Wikileaks a été très important. C'est un moment où une nouvelle forme de journalisme semblait possible et aussi une nouvelle manière de lancer des alertes. Cette opportunité a été partiellement neutralisée par le sort qui a été réservé à Julian Assange. Pour nous, c'est un prisonnier politique, un combattant de la liberté et c'est pourquoi nous lui avons remis un prix éthique Anticor. Nous travaillons aussi avec les journalistes français du Consortium international, qui ont également reçu un prix éthique.

Les lanceurs d'alerte, ça ne vous a pas échappé qu'ils se découvrent très peu souvent, notamment dans les Pandora Papers et autres. Ceux qui le font, préfèrent se découvrir vis-à-vis d'associations, parce que tous ceux qui ont lancé l'alerte seuls en grande sincérité ont subi des conséquences. Je pourrais vous faire la liste et beaucoup ont eu des prix éthiques Anticor, mais ils ont subi des conséquences dans leur travail, dans leur vie, etc., malgré une législation qui a très positivement évolué : la loi du 21 mars 2022, qui est plutôt une bonne loi, même si elle peut toujours être perfectionnée. Je pense que l'alerte désormais ne concernera que des faits de petite et moyenne importance, c'est-à-dire des affaires qui peuvent éventuellement être traitées par le N+2 ou N+3 [le supérieur hiérarchique à deux ou trois niveaux au-dessus] dans une grande entreprise, ou éventuellement être divulguées au référent déontologique dans l'entreprise, qui sera aussi un référent alerte. Toutes les affaires qui dépassent un certain seuil d'enjeux sont des affaires où on dit aux lanceurs d'alerte en toute sincérité : « N'y allez pas tout seul. Allez-y avec un syndicat, avec une association », et Anticor fait partie de ces associations. Ensuite, si jamais vous êtes le seul à avoir l'information, on devra à un moment ou à un autre divulguer l'identité, mais entre le moment où l'affaire sera instruite et le moment où vous devrez divulguer l'identité, nous, on porte le dossier et ça permet de reculer l'échéance. Parce que, si l'affaire est bien construite au moment où on connaît l'identité du lanceur d'alerte, les représailles se présentent d'une façon différente.

95. Voir dans ce numéro thématique : Amicelle A., Bérard J., Chaudieu K., « Informer pour punir ? Pandora Papers, un non-scandale sans précédent » ; Gagey N., « Visibiliser les illégalismes de dominants. Enquêtes journalistiques et réaction sociale à l'heure des *big data* ».

Donc, oui, on reçoit des lanceurs d'alerte, ce n'est pas la majorité des signalements. Et on fait partie, avec pas mal d'autres, d'une association qui a du mal à monter en puissance, La Maison des lanceurs d'alerte [96]. Ce qui permet d'orienter vers le bon interlocuteur selon l'affaire. Par exemple, si jamais on considère que fondamentalement c'est une affaire de droit du travail, c'est accompagné plutôt avec un syndicat, parce qu'il y a des syndicats qui en sont membres [97]. Il y a aussi des journalistes [*Mediapart*]. Et on a, par ailleurs, de bons rapports avec des journalistes en dehors de cette structure. On peut dire à un journaliste que, sur tel cas on a une bonne base, est-ce que cela l'intéresse d'enquêter ? Et ensuite, le journaliste fait ce qu'il veut. Par exemple, l'affaire Moudenc, qui n'a pas beaucoup prospéré, est une affaire où le maire de Toulouse est à la fois maire et administrateur civil à Paris, et est payé pour les deux, c'est une affaire *Mediacité*, avec des aller-retours avec le journaliste [98]. Donc, on a aussi cette possibilité d'aller voir des journalistes, et de tirer profit des articles qu'ils ont fait à partir de l'initiative. Parfois, plus modestement, on peut leur signaler des affaires qui ne sont pas encore tout à fait construites, pas suffisamment matures pour aller devant la justice, mais qui peuvent justifier une enquête. L'idéal, c'est le croisement de sources, comme par exemple dans l'affaire des autoroutes, qui est complexe mais où il y a énormément de sources. Les rapports d'inspection sont des sources qui sont parfois connues et parfois pas.

Dans l'affaire sur les marchés publics du cabinet de conseil McKinsey [99], on s'y est collé mais, quand on a demandé les rapports d'exécution on ne les a jamais eus, et quand on a demandé les contrats après avis de la CADA [Commission d'accès aux documents administratifs], ils étaient tellement caviardés, tellement rendus illisibles, que c'en était inexploitable. On avait des spécialistes de marchés publics avec nous, mais heureusement le parquet de Paris y est allé sur le fondement de ce que le Sénat [100] avait réussi à avoir pour sa part, parce qu'il y a des affaires qui sont très difficiles à instruire. Et ce n'est pas faute de s'y être collé pour les marchés McKinsey et autres. On a eu plusieurs séances, on a fait plusieurs demandes. On a, d'ailleurs, des articles sur notre site sur ce qu'on a obtenu, ce que nous n'avons pas obtenu, et les conséquences qu'on en tire. Parfois, il y a des affaires qui résistent aussi, qu'on n'arrive pas à construire jusqu'au bout, et il faut l'accepter. Donc oui, filtre, lanceurs d'alerte dans certains cas, construction du dossier et puis, la suite.

---

96. Voir le site de la Maison des Lanceurs d'Alerte : https://mlalerte.org/ (consulté le 16 avril 2024).
97. Voir la liste des syndicats membres : https://mlalerte.org/les-organisations-membres-de-la-maison-des-lanceurs-dalerte/ (consulté le 16 avril 2024).
98. Cérez G., « *Mediacités* mis à l'index par la mairie de Toulouse », *Mediacités*, 22 novembre 2021.
99. Vaudano M., Romain M., Martinon L., Sénécat A., « McKinsey et Macron : le vrai et le faux sur la polémique », *Le Monde*, 29 mars 2022 ; Anticor, « Cabinets de conseil : la transparence à l'ombre du secret des affaires », 20 mars 2022, https://www.anticor.org/2022/03/20/anticor-saisit-la-cada-dans-le-dossier-mckinsey/ (consulté le 16 avril 2024).

C&C : Toujours en lien avec ce contexte médiatique, n'y-a-t-il pas aussi une évolution dans le rapport des publics aux « scandales » ? Comme sur d'autres thématiques liées aux illégalismes des élites dirigeantes, la multiplication du nombre d'affaires de corruption peut paradoxalement donner l'impression de nourrir soit une forme de défiance généralisée, soit une forme de banalisation et d'habituation à ces pratiques transgressives. Il y aurait un épuisement du scandale : à l'inflation des révélations au sujet de faits présumés scandaleux correspondrait une déflation de l'attention publique qui leur est portée. Cette question se pose avec d'autant plus d'acuité pour une association comme Anticor dont la stratégie est précisément d'appréhender les affaires et l'action en justice comme un levier de développement du travail de plaidoyer.

E. A. : Je vois deux façons de répondre. Si ça marche bien, il y a un cercle vertueux. Il y a une affaire, il y a un scandale et la législation progresse souvent par le scandale. Par exemple, après Cahuzac, on aurait pu faire mieux [101], mais on a créé le parquet national financier et l'Agence française anticorruption [AFA], c'est un progrès. Et effectivement, notre plaidoyer peut prospérer de cette façon-là. Soit, il y a un cercle vicieux, c'est-à-dire que les politiques font le dos rond et il y a une sorte de lassitude de l'opinion publique, et de sentiment que, même si ce n'est pas du tout notre discours, tous en font partie d'une façon ou d'une autre, tous sont pourris, et donc une sorte de rejet qui se traduit par l'abstentionnisme, par le vote pour les extrêmes, et pas du tout par un investissement citoyen. C'est très ambigu, mais on ne peut pas dire *a priori* que ça va être négatif ou positif, l'espoir nous fait vivre. On a marqué quelques points avec des éléments qui sont entrés dans la législation, on a attiré l'attention de l'opinion publique. Et on fait des pas de côté sur la recherche. On a un moment festif chaque année avec les prix éthiques où l'on peut à la fois honorer des personnalités et travailler parfois avec elles si les choses vont bien après. Ça, c'est l'aspect positif.

L'aspect négatif, c'est qu'en réalité, depuis quelques années, rien ou pas grand-chose ne se passe depuis la loi pour la confiance dans la vie politique de septembre 2017 [102], et même du point de vue de la façon dont travaillent les institutions... On a cette loi pour solder le scandale Fillon en 2017 [103], et ensuite rien ne se passe alors qu'il y a d'autres scandales documentés. Là, on en vient au caractère systémique de l'analyse, avec plusieurs problèmes. Parce qu'au début, c'est vrai qu'à Anticor on se disait : on a des cas, des individus, on

100. Assassi E., *Un phénomène tentaculaire : l'influence croissante des cabinets de conseil sur les politiques publiques* – Rapport n° 578, Paris, Sénat, 2022.
101. Alt E., « La République à l'épreuve de la corruption », *Tumultes*, n° 45, vol. 2, 2015, pp. 23-24.
102. Loi n° 2017-1339 du 15 septembre 2017 pour la confiance dans la vie politique.
103. Jadot A., Roche E., Borrell A., « L'affaire Fillon et sa couverture médiatique négative : une sensibilité contrastée des électeurs, entre scandale et complot », *Questions de communication*, n° 38, 2020, pp. 173-200.

va les pointer et, une fois qu'on en aura pris un certain nombre, les autres vont en tirer la leçon. Puis, le problème ne sera pas forcément résolu parce qu'il y a toujours cette possibilité et ces tentatives, mais on aura fait notre mission – et en réalité non, c'est systémique.

Le premier problème systémique, c'est qu'il n'y a pas de contrepouvoir suffisant. Pour la justice, c'est vrai qu'on a créé le parquet national financier, mais il aura toujours des moyens modestes, et les moyens de la police sont encore plus modestes. Les autorités anticorruption sont segmentées. On a l'AFA, la Commission des comptes de campagne, la Haute autorité pour la transparence de la vie publique. Parfois, cela pose de petits problèmes de chevauchement entre l'AFA et la Haute autorité, parfois pas, mais ils sont segmentés. Il n'y a pas d'Autorité de la probité. Nous, on défend l'idée qu'on peut avoir une telle autorité avec un ancrage constitutionnel, comme le défenseur des droits. Mais il n'y a pas d'autorité de la probité, et il n'y a pas non plus de contrepouvoir citoyen. On parle de grand débat, etc., mais en réalité à quoi devrait-il aboutir ce grand débat ? À un vote, à un référendum. On ne rentre pas ici dans le détail des avantages et des inconvénients du référendum et des conditions dans lesquelles on pourrait le construire, mais, en réalité, l'opinion publique, elle vote, elle peut éventuellement manifester, mais elle peut avoir le sentiment que, dans bien des circonstances, ça ne sert pas à grand-chose. Donc voilà, on a un contre-pouvoir citoyen faible.

Ensuite, le second grand problème systémique est cette porosité entre le public et le privé. Quand je suis entré dans la magistrature, servir l'État, cela avait encore un sens. Il y avait des grands fonctionnaires de l'État, François Bloch-Lainé, etc. Aujourd'hui, j'ai le sentiment que l'on cherche beaucoup à se placer, pas tous évidemment, mais beaucoup, et que cette porosité entre le public et le privé… Le plus choquant, c'est de se placer dans le privé en fonction des responsabilités exercées dans le secteur public. Si c'est simplement aller dans le privé pour avoir une expérience, il n'y a pas de problème. Mais, si je suis ministre des Transports et que je vais dans un secteur dont j'avais la supervision, avec lequel j'avais des rapports étroits en tant que ministre, c'est différent. C'est surtout ça le sujet. Je suis haut-fonctionnaire en matière de pêche, je vais à Bruxelles dans une autorité qui a pour charge de relayer les lobbys de la pêche, oui, il y a un problème : c'est l'affaire Bloom dont je parlais tout à l'heure.

Ce sont les deux problèmes systémiques qui doivent être résolus avant tous les autres. Et nous, nous constituons un tout petit remède, un tout petit contrepouvoir citoyen, qui permet d'amorcer ce que Pierre Rosanvallon appelle citoyenneté de vigilance et de surveillance dans *Le bon gouvernement* [104]. Ce livre commence par exposer l'idée que nous vivons dans un pays dont les formes sont démocratiques, mais que nous ne sommes pas gouvernés démocratiquement. C'est cela le problème, cette négation des contrepouvoirs – et je ne parle pas seulement des contrepouvoirs associatifs. Il y a une sorte de verticale du pouvoir, qui fait qu'on n'accepte plus, ou de moins en moins, les contrepouvoirs. La Ve République n'était déjà pas très bien dotée en matière de contrepouvoirs, mais il y en avait quand même. Actuellement, je crois qu'on est dans une verticale du pouvoir où les contrepouvoirs ne sont plus entendus et, s'il y a un certain nombre de blocages ça tient aussi à ça [105].

L'agrément d'Anticor, par exemple, dépend du fait qu'on accepte qu'une association joue ce petit rôle de contrepouvoir… ou on ne l'accepte pas [106]. Il est probable qu'on l'accepte si peu, qu'on ne va pas lui renouveler son agrément, qui lui permettrait de jouer ce rôle de contrepouvoir. Donc, c'est un élément de cette corruption systémique. C'est vrai que « systémique » est un mot fort, mais ça veut bien dire ce que ça veut dire. C'est le système qui nourrit et assume cela, et ce ne sont pas des dysfonctionnements individuels, qui certes peuvent être nombreux, mais qui ne sont pas extérieurs au système.

Si les gens assument aujourd'hui, s'ils restent au pouvoir jusqu'à la condamnation éventuelle, que typiquement un ministre aille au tribunal – et non pas juste mis en examen car on peut concevoir que la « jurisprudence Balladur » était un peu sévère [107] – mais qu'il aille au tribunal, donc qu'il y a charges suffisantes qu'il ait commis une infraction, et qu'il reste jusqu'à une condamnation éventuelle, c'est quand même un sujet. Ce n'est pas normal. Ça veut dire que de la justice, on ne fait pas grand cas. Et c'est là où je dis qu'il y a corruption systémique.

104. Rosanvallon P., *Le Bon Gouvernement*, Paris, Seuil, 2015 ; *La Contre-démocratie. La politique à l'âge de la défiance*, Paris, Seuil, 2006.
105. Alt E., « Il faut une société civile vigilante et des institutions mieux armées », *Les Cahiers de la Justice*, n° 2, vol. 2, 2022, pp. 261-267.
106. Alt E., « Il faut que le pouvoir arrête le pouvoir », *Revue politique et parlementaire*, 2021, https://www.revuepolitique.fr/il-faut-que-le-pouvoir-arrete-le-pouvoir/ (consulté le 16 avril 2024).
107. « Jurisprudence » dite Balladur-Bérégovoy selon laquelle un ministre mis en cause dans une affaire judiciaire devait démissionner de son poste.

Lutter contre une démocratie défaillante. Résister à la corruption [1]

Éric ALT

Éric Alt est vice-président d'Anticor.

La corruption : un glissement progressif, difficilement réversible

Deux ouvrages majeurs décrivent la pente douce qui mène des personnages profondément honnêtes vers la corruption. Pramoedya Ananta Toer dans *Corruption* et Tahar Ben Jelloun dans *L'Homme rompu* décrivent le destin de deux fonctionnaires, de fortune médiocre. Un jour, ils craquent : ils acceptent une enveloppe, puis une autre. Ils découvrent les délices de l'argent facile. Ils prennent une maîtresse. Le voyage est sans retour, jusqu'à leur perte. C'est aussi le propos du film *Baccalauréat*, du roumain Cristian Mungiu. Ces récits de la contagion d'hommes honnêtes par la corruption disent évidemment beaucoup de la société dans laquelle ils vivent. Cela permet de comprendre que, lorsque la corruption est la norme sociale, il est difficile pour un individu d'y résister. Frank Serpico est un policier qui avait obstinément refusé la corruption, durant les années 1960 dans la police de New-York. Après onze ans d'épreuves, il est décoré pour « héroïsme ». Depuis, son histoire a fait l'objet d'un livre, d'un film et d'une série. À ce stade de corruption, la résistance est possible, mais il faut pour cela des figures héroïques qui mettent leur carrière, voire leur vie, en danger. Celui qui dit la vérité peut aussi devenir *l'Ennemi du peuple*, comme dans la pièce d'Ibsen. Davide Dormino est un artiste, auteur d'une installation artistique : *Anything to say* ? Elle représente trois lanceurs d'alerte désignés par les puissants comme des ennemis : Chealsea Manning, Julian Assange et Edward Snowden. À côté d'eux, une place libre : on peut l'occuper, en se posant la question : « Aurions-nous leur courage ? »

1 . Communication introductive prononcée à l'occasion de la Journée d'étude « Société civile et lutte contre la corruption » qui s'est tenue à La Rochelle, le 23 septembre 2022, en partenariat avec la Faculté de Droit, de Science Politique et de Management de la Rochelle Université, le Centre Émile Durkheim (UMR 5116, CNRS, Sciences Po Bordeaux, Université de Bordeaux) et l'association Anticor.

Mais parfois la réalité est pire encore. Le documentaire *L'Affaire collective* d'Alexandre Nanau est sidérant dans sa description d'un système de santé rongé par la corruption. L'affaire commence par l'incendie de la discothèque Colectiv de Bucarest – le propriétaire avait acheté la commission de sécurité. Mais le film se concentre sur le destin des grands brûlés. Du fait des détournements de fonds, les hôpitaux manquaient de tout, même pour la désinfection. Un responsable avait aussi détourné les fonds de l'hôpital public pour financer à son profit une clinique en Suisse… En conséquence, certains malades n'étaient pas soignés. Le film montre les images de la chair d'un blessé encore vivant et dont les plaies étaient rongées par la vermine. Ces images ont été diffusées à la télévision. Ce corps humain livré à la corruption était la terrible métaphore d'un corps social lui-même corrompu. La réaction de la société civile a été très vive. J'ai eu l'occasion de rencontrer ceux qui étaient à l'origine des manifestations, qui ont réuni des centaines de milliers de participants en plein hiver, en 2017. L'une des associations se nomme : « La corruption tue » (*Corupţia ucide*). Mais quand la corruption arrive à ce niveau, changer l'ordre des choses demande un effort considérable.

La comparaison médicale est pertinente : il est impératif de traiter la maladie, comme la corruption, dès les premiers symptômes. Si elle parvient à se généraliser, il pourrait être trop tard pour agir.

La corruption : une richesse volée aux nations

La richesse captée par la corruption et la fraude se paie en services publics dégradés ou en augmentation d'impôts pour tous ceux qui ne peuvent pratiquer l'optimisation. La corruption, prise dans un sens large, au-delà des qualifications du code pénal, est toujours un abus de pouvoir au détriment des citoyens – un détournement à des fins privées d'un pouvoir confié en délégation. Cette situation érode la confiance dans les institutions. Chaque année, le Centre de recherches politiques de Sciences Po (CEVIPOF) publie un baromètre de la confiance politique. En 2022, seuls 35 % des Français ont confiance dans le gouvernement, 38 % dans l'Assemblée nationale, 46 % dans la justice. Les partis politiques n'inspirent confiance qu'à 21 % des personnes interrogées. Nous sommes tous victimes, sans vraiment nous en rendre compte, sauf lors de la révélation de grands scandales. C'est comme cela aussi pour le réchauffement climatique : ce problème nous concerne tous mais on l'oublie vite, sauf quand il se rappelle à nous sous la forme d'évènements météorologiques extrêmes…

S'agissant de la corruption, le prix à payer pourrait s'élever à 120 milliards d'euros chaque année pour la France, selon une étude commandée par le Parlement européen [2], soit environ 6 % du PIB. Pour l'Union européenne, la même étude avance une fourchette entre 179 et 990 milliards d'euros. Ils confirment l'importance du coût économique. En Italie, des différences importantes ont été relevées dans les coûts de plusieurs grands projets d'investissement à Milan avant et après les enquêtes anti-corruption du début des années 1990, restées dans l'histoire comme l'Opération mains propres. S'agissant du coût de la construction d'une ligne de métro, d'une ligne ferroviaire et de l'extension de l'aéroport, l'étude milanaise met en évidence des économies de l'ordre de 35 à 40 % [3].

Il faut rapprocher ces chiffres des dépenses par ministère en France en 2020, selon le projet de loi de règlement : 76 milliards pour l'Éducation, 9,3 milliards pour la Justice, 2,9 milliards pour la Culture. Il faut également les rapprocher des recettes de l'État la même année : 75 milliards au titre de l'impôt sur le revenu, 48 milliards pour l'impôt sur les sociétés, 125 milliards pour la TVA.

Rendre visible la corruption et mobiliser l'opinion

Pourquoi, alors que personne n'ose soutenir ouvertement la corruption, est-il si difficile de la combattre ? Les acquis de la recherche permettent de mieux comprendre pourquoi des associations de lutte contre la corruption, comme Anticor, peuvent apparaître gênantes, alors qu'il existe un consensus dans le discours politique.

Une première explication tient à la différence de perception de la corruption. Ainsi, le sociologue américain Arnold J. Heidenheimer décrit une corruption noire, qui fait l'objet d'une réprobation unanime. La corruption blanche est perçue comme vénielle : il s'agit par exemple de certaines formes de clientélisme. Entre les deux se développe une corruption grise. C'est une zone de dissensus : la perception des dirigeants ne coïncide pas avec celle du reste de la population. Anticor travaille dans cette zone de dissensus. Par exemple, dans l'affaire des sondages de l'Élysée, les débats devant le tribunal correctionnel n'ont pas porté sur la réalité des faits ou sur leur qualification juridique, mais sur la reconnaissance d'une tradition qui voudrait que le sommet de l'État soit affranchi du code de la commande publique…

En deuxième lieu, la corruption n'est pas seulement un problème juridique. Pierre Lascoumes écrit que la corruption est une étiquette posée avec succès sur un abus de pouvoir : « Pour qu'une réaction sociale soit possible, il faut qu'elle soit perçue, rendue visible et qu'elle ait mobilisé des acteurs [4]. » Par exemple, Éric Dupond-Moretti, devenu ministre de la Justice, a utilisé ses nouvelles prérogatives pour poursuivre une vindicte personnelle. Ces agisse-

2 . van Ballegooij W., Zandstra T., *Criminalité organisée et corruption. Rapport sur le coût de la Non-Europe, Bruxelles*, Parlement européen, 2016.
3 . Conseil de l'Europe, *La corruption dans les marchés publics*, Strasbourg, Conseil de l'Europe, 1997.
4 . Lascoumes P., *Une démocratie corruptible*, Paris, Seuil, 2011.

ments auraient pu rester un simple abus de pouvoir. Cependant, Anticor, suivie par les syndicats de magistrats, a désigné ces actions comme une prise illégale d'intérêts, c'est-à-dire comme une infraction imputable à tout agent public qui confond intérêt public et intérêt privé.

En troisième lieu, le fonctionnement normal des institutions laisse beaucoup d'angles morts. En principe, les rapports de chambres régionales des comptes sont transmis aux procureurs. En réalité, il est parfois nécessaire de traduire ces rapports dans la langue du droit pénal pour que toutes les conséquences en soient tirées. Certains dossiers naissent aussi d'enquêtes journalistiques. Ainsi c'est *Mediapart* qui a révélé l'affaire Kohler, avant qu'Anticor ne saisisse la justice : le secrétaire général de l'Élysée aurait dissimulé ses liens familiaux avec l'entreprise de transport maritime MSC et aurait mis les moyens de l'État à disposition de cette entreprise.

Enfin, l'association attaque des îlots d'impunité. Ainsi, Alstom était un des fleurons de l'industrie française. Elle construisait les turbines qui équipent les centrales nucléaires, le porte-avion Charles de Gaulle et les sous-marins. Pour avoir eu recours à la corruption d'agents publics étrangers, elle a payé 772 millions de dollars aux États-Unis. Elle en est sortie affaiblie et la branche énergie a été vendue à General Electric. La France a perdu 1 500 emplois et des actifs stratégiques. Mais aucune enquête n'a été menée sur les faits de corruption commis par le PDG d'Alstom. En novembre 2015, l'entreprise a même provisionné 10,5 millions d'euros afin de financer la retraite chapeau de celui-ci. Anticor a déposé plainte en 2019. Face à l'inertie du parquet, l'association s'est constituée partie civile en 2021.

Un combat culturel

Michel Foucault parlait de « gestion différentielle des illégalismes [5] » : le droit pénal en général et la prison en particulier sont conçus pour certaines formes de délinquance, dont est exclue la délinquance économique et politique. Le sociologue américain Edwin Sutherland, travaillant sur la délinquance en col blanc, a été l'un des premiers à s'interroger sur cette impunité ainsi que sur l'écart entre des comportements au coût social considérable et la faiblesse de leur répression. Il soulignait à quel point la qualification des transgressions commises par les détenteurs du pouvoir est toujours problématique. Cette situation perdure, et on mesure l'importance du combat culturel qui reste à mener.

Car la corruption a un caractère systémique. La condamnation de personnalités politiques est symboliquement importante. Elle fait peser un risque sur ceux qui se complaisent dans l'insouciance éthique. Mais elle ne modifie pas

5 . Foucault M., *Surveiller et punir. Naissance de la prison*, Paris, Gallimard, 1975.

radicalement l'ordre des choses. En effet, la corruption en France est avant tout la conséquence de la verticale du pouvoir, qui souvent s'impose sous la Ve République : les contre-pouvoirs sont faibles, la justice n'est qu'une autorité et les citoyens ont peu d'occasions d'exercer leur souveraineté. C'est aussi la conséquence de la porosité entre pouvoir économique et pouvoir politique, qui s'est accentuée. L'action des lobbies, les allers-retours entre secteurs public et privé, les recours abusifs aux cabinets de conseil : tout cela facilite la confusion des intérêts et la captation de la richesse par un petit nombre.

Mener un combat culturel, cela impose de donner aux citoyens les armes pour qu'ils se réapproprient un pouvoir dont ils ont été en partie dépossédés. Il s'agit de préserver les fondamentaux de la République. En effet, la Déclaration de 1789 proclame que « l'ignorance, l'oubli ou le mépris des droits de l'Homme sont les seules causes des malheurs publics et de la corruption des Gouvernements ». Les droits proclamés sont aussi des moyens de résister à la corruption : égalité devant la loi, égalité devant l'impôt, droit de demander compte à un agent public de son administration, séparation des pouvoirs... Nous devons imaginer, dans les conditions du XXIe siècle, ce qui nous permettra d'être à la hauteur de cet héritage.

Une action de transformation sociale

Anticor a vingt ans en 2022. L'association a beaucoup évolué depuis le club de juristes engagés qu'elle était à son origine. C'est une association de plaidoyer. Les actions juridiques ont leur objet propre. Mais elles s'inscrivent aussi dans une perspective où des contentieux stratégiques font bouger les lignes, modifient des rapports de force, font évoluer la jurisprudence. L'association agit comme une force de transformation sociale.

Beaucoup souhaiteraient empêcher l'action d'Anticor en justice. En effet, l'association dispose d'un agrément pour agir, délivré par le gouvernement pour trois ans. Lors du renouvellement de 2021, une certaine presse tente de faire naître un doute sur le financement et l'organisation de l'association. Mais Anticor réussit son test de résistance et l'agrément est renouvelé la veille de son expiration. Enfin, Anticor doit subir une dernière épreuve : un député prend l'initiative d'une mission « flash » sur la capacité des associations à agir en justice, avec l'idée de restreindre leurs droits. Anticor en sort également renforcée. En particulier, la commission auditionne François Molins, procureur général de la Cour de cassation, et Christophe Soulard, alors président de la chambre criminelle de la Cour de cassation, qui confirment « l'apport incontestable des associations dans l'œuvre de justice [6] ».

---

6 . Assemblée Nationale, Mission « flash » sur la capacité des associations à agir en justice, Paris, Commission des lois constitutionnelles, de la législation et de l'administration générale de la République, 2021.

Aujourd'hui, du fait des associations de lutte contre la corruption et de la Maison des lanceurs d'alerte, ceux qui disposent d'informations ne sont plus seuls à s'exposer. Car ce combat contre la corruption ne peut pas compter seulement sur l'héroïsme de quelques-uns. Sans doute faut-il toujours du courage pour s'impliquer dans la lutte contre la corruption, mais l'émergence des associations et l'évolution, encore très imparfaite, du paysage institutionnel ont changé la donne.

La France fait partie des pays qui ont ce relatif privilège d'être victimes d'une corruption sourde, qui capte une richesse considérable, mais qui ne concerne que rarement les rapports entre le citoyen et l'administration. Cependant, l'importance du nombre de ministres mis en examen, à commencer par le ministre de la Justice, la récurrence des scandales et l'érosion de la confiance politique, qui se traduit par une abstention de plus en plus importante, sont des indicateurs d'alerte d'une dérive possible. Dans une démocratie défaillante, il est normal que la corruption progresse. Mais il arrive que le pouvoir se délite par ses abus et que le peuple se refuse à l'oligarchie corrompue.

Visibiliser les illégalismes de dominants

Enquêtes journalistiques et réaction sociale à l'heure des *big data*

Numa GAGEY

Numa Gagey est doctorant en science politique à Sciences Po Bordeaux et rattaché au Centre Émile Durkheim (CED). Ses recherches portent sur les dynamiques de lutte étatique contre les illégalismes économiques et financiers à l'aune des scandales médiatiques transnationaux.

Depuis le début des années 2010, l'actualité internationale est marquée par la multiplication des « *leaks* », « *papers* » et autres « *files* [1] ». Cette nouvelle dénomination des scandales, qui met l'accent sur les données plutôt que sur les protagonistes de l'affaire [2], témoignerait d'une nouvelle manière d'enquêter et de faire face aux illégalismes des classes dominantes. Une des particularités de ces enquêtes est en effet qu'elles s'appuient sur de vastes fuites de données préalablement fournies par des lanceurs d'alerte ou des *hackers*. Afin d'appréhender la profusion des fichiers reçus, certaines rédactions s'arment désormais de professionnels de l'informatique et d'outils sociotechniques sophistiqués pour exploiter les données sensibles dont elles disposent, et qui recèlent des indices utiles à la détection d'infractions économiques (fraude fiscale, corruption, blanchiment d'argent, etc.). Les médias français font désormais partie de ceux qui intègrent et diffusent ces nouvelles pratiques du « datajournalisme », comme en témoigne leur participation systématique aux projets collaboratifs du Consortium international des journalistes d'investigation (ICIJ). Cet organisme, créé en 1997 par le journaliste américain Charles Lewis et composé de journalistes d'investigation, datajournalistes, développeurs et programmeurs, constitue un acteur clé de la pratique conjointe de l'investiga-

---

1. Offshore Leaks (2013), LuxLeaks (2014), Swiss Leaks (2015), Football Leaks (2016), Panama Papers (2016), Malta Files (2017), Paradise Papers (2017), Implant Files (2018), #29Leaks (2019), FinCEN Files (2020), Pandora Papers (2021), DrahiLeaks (2022), Cyprus Confidential (2023), etc.
2. Elle est en effet à rebours des nombreux scandales nommés en référence aux acteurs mis en cause : affaire Pechiney-Triangle, scandale du Crédit Lyonnais, scandale Enron, affaire Cahuzac, affaire Woerth-Bettencourt, affaire Bygmalion, Pénélope Gate, etc.

tion et du journalisme de données [3]. Depuis 2013, en partenariat avec de nombreux médias nationaux – dont *Le Monde*, Radio France et la société de production Premières Lignes, cet organisme pilote des enquêtes transnationales qui dévoilent la prédominance des illégalismes fiscaux chez les multinationales, acteurs politiques, hommes d'affaires, sportifs de haut niveau et artistes de renom.

Le datajournalisme s'étend néanmoins bien au-delà de ces seuls projets collaboratifs. La diversité des pratiques que recouvre le terme, et la multiplicité des catégories idéales-typiques construites pour en rendre compte – *computational journalism* (journalisme computationnel), *data-driven journalism* (journalisme conduit par les données), *automated journalism* (journalisme automatisé), *computer-assisted-reporting* (reportage assisté par ordinateur) [4], etc. – en fait une notion polysémique qui embrasse de nombreux usages, allant de la simple exploitation d'informations en sources ouvertes sur Internet, à l'analyse, *via* des outils d'intelligence artificielle, de grandes quantités de données ayant fuité. Le datajournalisme renvoie ainsi davantage à une catégorie aux contours flous par laquelle s'expriment les innombrables façons d'utiliser les ressources informatiques à des fins journalistiques, qu'à une notion stable incarnant des pratiques clairement circonscrites [5]. Il importe donc de ne pas seulement le considérer au travers de son usage dans le cadre des projets de l'ICIJ, et d'envisager également les autres activités journalistiques qui s'y rapportent, et qui ont pour objet la collecte, l'analyse ou la restitution de données numériques.

Le présent article entend interroger l'incorporation de ces nouvelles pratiques dans les enquêtes de journalistes lorsque celles-ci portent sur les « illégalismes [6] » des classes dominantes. Plus précisément, l'enjeu consiste à appréhender les pratiques du datajournalisme à l'aune du rôle qu'elles jouent dans la « réaction sociale » à ces illégalismes, c'est-à-dire « non seulement le bout de

3 . Bromley M., "Transnational Investigative Journalism and Scandal", in Tumber H., Waisbord S. (eds.), *The Routledge Companion to Media and Scandal*, New York, Routledge, 2019, pp. 225-235.

4 . Voir les différentes tentatives de classification des pratiques du datajournalisme : Gynnild A., "Journalism Innovation Leads to Innovation Journalism: The Impact of Computational Exploration on Changing Mindsets", *Journalism*, vol. 15, n° 6, 2014, pp. 713-730 ; Coddington M., "Clarifying Journalism's Quantitative Turn", *Digital Journalism*, vol. 3, n° 3, 2015, pp. 331-348 ; Splendore S., "Quantitatively Oriented Forms of Journalism and Their Epistemology", *Sociology Compass*, vol. 10, n° 5, 2016, pp. 343-352.

5 . Croissant V., Touboul A., « Le *datajournalism* par ses acteurs, autodéfinition d'une pratique en émergence », *Recherches en communication*, vol. 40, 2013, pp. 133-149.

6 . Le concept foucaldien d'illégalisme renvoie à « l'ensemble des pratiques qui soit transgressent délibérément, soit contournent ou même détournent la loi ». Voir Gros F., « Foucault et la société punitive », *Pouvoirs*, vol. 135, n° 4, 2010, p. 10 ; Foucault M., *Surveiller et punir. Naissance de la prison*, Paris, Gallimard, 1975 ; Lascoumes P., « L'illégalisme, outil d'analyse », *Sociétés & Représentation*, vol. 3, n° 2, 1996, pp. 78-84 ; Amicelle A., Nagels C., « Les arbitres de l'illégalisme : nouveau regard sur les manières de faire du contrôle social », *Champ pénal/Penal field*, vol. 15, 2018. Cf. l'introduction de ce numéro de revue.

chaîne des condamnations judiciaires ou administratives, mais en amont tout le processus qui détermine la visibilité de la transgression, son signalement à une autorité de contrôle et son éventuelle poursuite [7] ». Loin de restreindre son usage à la seule action des autorités étatiques, la notion de réaction sociale est selon nous opérante dans la mesure où elle permet de prendre en compte la multiplicité des acteurs (agents administratifs, acteurs de la société civile, magistrats, lanceurs d'alerte, etc.) pris dans la lutte contre les illégalismes de dominants, suggérant par-là que les journalistes puissent en faire partie. Nous nous focaliserons plus exactement sur la question de la mise en visibilité des illégalismes, et envisagerons donc les journalistes d'investigation à la mesure de leur rôle dans la révélation d'informations sensibles qui, à l'origine, devaient être dissimulées. La divulgation des comportements transgressifs est un enjeu d'autant plus important s'agissant des classes dominantes que celles-ci se distinguent par leur forte capacité à « réduire la visibilité de leurs comportements illicites » grâce notamment à « leur statut, les multiples ressources sociales et juridiques dont elles disposent, ainsi que les réseaux qui les appuient [8] ». Leurs transgressions s'accomplissent plus facilement « en dehors du regard des autorités chargées de faire respecter ces règles » et « demeurent méconnues des publics susceptibles de faire pression sur ces mêmes autorités pour qu'elles assurent leurs missions de contrôle et de sanction [9] ». Le journalisme d'enquête apparaît ici déterminant en ce qu'il permet de renverser ponctuellement cette invisibilité sociale grâce aux révélations qu'il met en œuvre, et qui incitent parfois les acteurs étatiques à agir. Ainsi, dans quelle mesure la pratique du datajournalisme vient-elle renouveler les pratiques d'enquête et influencer la réaction sociale au travers de la mise en visibilité des illégalismes ?

Pour répondre à cette question, l'article s'appuie sur dix-sept entretiens semi-directifs menés entre janvier 2022 et avril 2023 avec des journalistes français ayant participé à des enquêtes nationales et transnationales [10]. Si plusieurs sont spécialisés dans le journalisme de données et s'en revendiquent ouvertement (huit enquêtés sur dix-sept), d'autres y ont seulement eu recours ponctuellement pour leurs enquêtes et ne se présentent pas comme des spécialistes en la matière. La grille d'entretien comporte deux parties distinctes : la première concerne les caractéristiques sociodémographiques et le parcours personnel de l'enquêté ; la seconde, plus longue, porte sur ses pratiques concrètes d'investigation et en particulier celles se rapportant au datajournalisme. Cette contribution repose en outre sur une analyse *a posteriori* des productions médiatiques (articles de presse, documentaires, vidéos sur le web, émissions

7. Nagels C., Lascoumes P., *Sociologie des élites délinquantes*, Paris, Armand Colin, 2018, p. 58.
8. *Ibid.*, p. 66.
9. Kaciaf N., « "Fort avec les faibles, faibles avec les forts" ? Prudence et audace journalistique face aux déviances des élites », in Hastings M., Villalba B. (dir.), *De l'impunité : Tensions, controverses et usages*, Villeneuve d'Ascq, Presses universitaires du Septentrion, 2017, p. 123.
10. Certains journalistes ont fait le choix de figurer de manière anonyme tandis que d'autres ont préféré laisser apparentes leurs informations personnelles.

radios, etc.) portant sur la méthodologie des enquêtes auxquelles les journalistes ont fait référence durant l'entretien. L'objectivation des pratiques d'investigation est ainsi renforcée par la confrontation du discours officieux et rétrospectif des journalistes, avec les productions médiatiques officielles publiées au moment des révélations et retraçant la manière dont les investigations se sont déroulées.

Les multiples révélations de l'ICIJ et ses médias partenaires depuis 2013 – qui dévoilent la détention, par des personnalités de premier plan, d'actifs dissimulés dans les juridictions *offshore* – sont au cœur de cette tension entre visibilité médiatique et invisibilité des illégalismes. L'utilisation de méthodes et outils informatiques lors de ces enquêtes en fait un cas particulièrement intéressant pour comprendre la manière dont le journalisme de données réinterroge les pratiques routinières d'enquête et influence la réaction sociale. Par la mise en perspective de ces investigations *leaks*, il s'agira de mettre en évidence deux dynamiques distinctes liées au datajournalisme. D'une part, en se focalisant dans une première partie sur le renouvellement des pratiques d'enquête qui précèdent la visibilité de la transgression. D'autre part, en questionnant dans une seconde partie la pratique de mise à disposition des bases de données au public, en tant qu'elle permet de rendre visible la transgression aux yeux des autorités étatiques qui s'en saisissent à des fins de sanction.

Rupture ou continuité ? Les pratiques d'enquête à l'ère des scandales *leaks*

Les scandales *leaks* de l'ICIJ [11] sont régulièrement présentés comme la résultante d'enquêtes d'exception eu égard aux pratiques d'investigation classiques. La quantité de données obtenues et la complexité des outils informatiques utilisés pour les manipuler serait symptomatique du « basculement de l'investigation dans l'ère du *big data* [12] », voire d'une « révolution [13] » propre à un journalisme désormais collaboratif et porté par le numérique. Revenant sur les multiples scandales révélés par son consortium, le directeur de l'ICIJ, Gérard Ryle, se targue de l'invention d'« une nouvelle manière de faire du journalisme [14] ». Si de nombreux acteurs avancent l'idée d'un renouveau saillant des pratiques d'enquête, il nous semble important de ne pas considérer ce type d'assertion comme allant de soi. Nous cherchons ainsi à réinterroger l'idée selon laquelle les scandales *leaks* témoigneraient d'un bouleversement de l'enquête telle qu'elle est habituellement menée en France. En mettant l'ac-

11. Par scandales *leaks*, il faut entendre les enquêtes publiées par l'ICIJ et ses médias partenaires depuis 2013, dont notamment Offshore Leaks (2013), LuxLeaks (2014), Swiss Leaks (2015), Panama Papers (2016), Paradise Papers (2017) et Pandora Papers (2021).
12. Fenoglio J., « Éditorial. Panama papers : le tournis, le vertige et la nausée », *Le Monde*, 4 avril 2016.
13. Prieur C., « Panama Papers, la révolution du journalisme collaboratif », *Le Monde*, 12 avril 2016.
14. « Dix ans de *Leaks* et de *Papers* : "Nous avons inventé une nouvelle façon de faire du journalisme" », *Le Soir*, 3 avril 2023.

cent sur leur dimension numérique, il s'agit d'analyser les pratiques concrètes des journalistes lors de ces enquêtes transnationales afin de comprendre la manière dont elles s'inscrivent dans leur travail quotidien.

Le datajournalisme en France, émergence d'un autre visage de l'investigation

Comprendre l'évolution du datajournalisme en France nécessite de resituer son développement dans le droit fil du contexte états-unien au sein duquel il a émergé. Ce que le journaliste américain Philip Meyer nomme *precision journalism* (journalisme de précision) en 1973 [15], et qui se diffuse plus largement dans les années 1980-1990 sous l'appellation de *computer-assisted-reporting* (reportage assisté par ordinateur ou CAR) constitue les prémices d'une nouvelle manière d'enquêter et de produire l'information. Calquées au départ sur les méthodes quantitatives des sciences sociales, ces nouvelles pratiques s'enrichissent au milieu des années 2000 de l'ensemble des techniques et savoir-faire de l'informatique [16]. En plus d'analyses statistiques par ordinateur, les journalistes utilisent désormais les outils de la *data science* pour obtenir et exploiter les vastes ensembles de données dont ils disposent. Le CAR est, dès le départ, fortement lié à l'investigation. La création du National Institute for Computer-Assisted Reporting (NICAR) en 1989 au sein de l'Investigative Reporters and Editors (IRE) entérine à cet égard les premières relations qui se nouent entre le monde de l'enquête et celui de l'informatique [17].

Ces dynamiques ne se déploient que tardivement en France où il n'existe pas de tradition similaire au CAR états-unien. Cela s'explique en partie par le fait que le traitement de données, les statistiques et l'enquête de manière générale, en tant que pratiques d'objectivation du réel, viennent s'opposer « à la tradition française du journalisme de commentaire dont les fondements sont politiques et littéraires [18] ». L'apparition du datajournalisme dans les années 2000 se comprend d'ailleurs également dans la mesure où l'investigation est une spécialité plutôt récente à l'époque [19]. Il n'émerge au départ que par l'intermédiaire de quelques médias marginaux – tels que le site d'information OWNI – et de projets collaboratifs menés à l'échelle européenne ou internationale. Les enquêtes transnationales coordonnées par l'ICIJ font partie de ces

15. Meyer P., *Precision Journalism. A Reporter's Introduction to Social Science Methods*, Bloomington, Indiana University Press, 1973.
16. Parasie S., « Justicier, chercheur ou *hacker* ? Le journalisme d'enquête à l'ère du traitement de données », in Carmes M., Noyer J.-M. (dir.), *Les débats du numérique*, Paris, Presses des Mines, 2013.
17. Gynnild A., *op. cit.*
18. Croissant V., Touboul A., *op. cit.* ; voir aussi Chalaby J K., "Scandal and the Rise of Investigative Reporting in France", *American Behavioral Scientist*, vol. 47, n° 9, 2004, pp. 1194-1207.
19. Parasie S., *Computing the News: Data Journalism and the Search for Objectivity*, New York, Columbia University Press, 2022.

projets ayant favorisé l'accoutumance des médias français au journalisme de données. Leur contribution atteste, sur plusieurs points, du renouvellement du journalisme d'investigation français tel qu'il était pratiqué depuis les années 1960 par des organes de presse comme *L'Express*, *Le Canard Enchaîné* ou *Le Monde*.

En privilégiant l'analyse de données plutôt que le terrain – les deux n'étant pas incompatibles –, ces enquêtes déplacent en premier lieu le « centre de gravité [20] » du travail des journalistes d'investigation, qui reposait jusqu'alors sur une tradition de « grand reportage » favorisant plutôt les interviews, les déplacements, le contact aux parties prenantes, etc. [21] Les enquêtes *leaks* de l'ICIJ apparaissent ainsi en rupture avec l'investigation classique, en particulier car elles s'appuient sur l'exploitation et le recoupement de grandes quantités de données par ordinateur, et non plus sur un travail de terrain à proprement parler. Ce déplacement n'est d'ailleurs pas sans susciter des luttes symboliques internes au monde de l'investigation, qui prennent place pour la définition légitime de ce que doit être l'enquête journalistique. En effet, les nouveaux profils investissant les rédactions – datajournalistes, programmeurs, infographistes, etc. – relaient une autre manière de pratiquer l'investigation, qui vient parfois concurrencer la tradition d'enquête façon « grand reportage » héritée des grandes figures telles que Jacques Derogy ou Edwy Plenel.

La participation des médias français aux enquêtes *leaks* témoigne également d'un « élargissement des épistémologies journalistiques [22] », qui se traduit par le fait que les journalistes d'investigation ne s'appuient plus uniquement sur les sources du droit et de la justice pour leurs enquêtes. En France, leurs pratiques sont, à l'origine, fortement liées au travail du réseau police-justice et aux grandes affaires politico-judiciaires qui en découlent [23]. Alliant cette perspective avec celle du travail de terrain, Jean-Marie Charon caractérise le journaliste d'investigation comme celui qui, « plus que d'autres […] travaille au contact et dans la durée avec toutes les parties […] planque souvent aux abords des cabinets des juges d'instruction, près des locaux de service de police […] essaie d'être présent lors d'actes d'instruction qui se tiennent à l'extérieur du tribunal […] assiste aux différentes communications publiques des avocats, du parquet, voire des tutelles hiérarchiques des enquêteurs [24] ». Cette importance du travail de la police et de la justice pour l'investigation se voit

20. Vauchez Y., « Les mythes professionnels des fact-checkeurs. Un journalisme de données au service de la vérité », *Politiques de communication*, vol. 12, n° 1, 2019, pp. 21-44.
21. Marchetti D., « Le journalisme d'investigation : Genèse et consécration d'une spécialité journalistique », in Briquet J.-L., Garraud P. (dir.), *Juger la politique : Entreprises et entrepreneurs critiques de la politique*, Rennes, Presses Universitaires de Rennes, 2002, pp. 167-191.
22. Parasie S., « Justicier, chercheur ou *hacker* ? Le journalisme d'enquête à l'ère du traitement de données », *op. cit.*
23. Marchetti D., *op. cit.*
24. Charon J.-M., « Le journalisme d'investigation et la recherche d'une nouvelle légitimité », *Hermès La Revue*, vol. 35, n° 1, 2003, p. 141.

toutefois réduite lors de ces enquêtes *leaks*, les journalistes ne se reposant pas tant sur ces sources que sur des fuites de données massives provenant de banques, cabinets d'audit et cabinets d'avocat. Pour autant, le droit constitue toujours une référence pour les journalistes qui s'appuient notamment sur les normes juridiques en vigueur pour caractériser les transgressions (fraude fiscale, blanchiment d'argent, etc.) dont ils sont témoins lorsqu'ils exploitent les bases de données. Du fait de cette double distance – vis-à-vis du terrain et des sources judiciaires –les enquêtes *leaks* apparaissent comme des moments de rupture avec l'enquête telle qu'elle a été pratiquée en France par une large part des journalistes d'investigation.

Un jeu de données unique, des approches distinctes

Il importe désormais de s'attarder plus avant sur la manière dont le datajournalisme s'insère concrètement dans les pratiques routinières d'enquête. Le scandale des Swiss leaks publié en février 2015 en donne un exemple particulièrement probant. Dans la continuité des révélations de l'ICIJ et de ses médias partenaires depuis 2013, il dévoile l'implication de nombreuses personnalités – hommes politiques, vedettes du showbiz, chefs d'entreprise, sportifs de haut niveau – dans le système d'évasion fiscale encouragé par la filiale suisse (HSBC Private Bank) de la banque HSBC. Cette enquête puise ses racines en 2008, lorsque l'informaticien de la banque Hervé Falciani décide de transmettre aux services fiscaux français des archives numérisées dévoilant l'identité de plus de 100 000 clients susceptibles de s'être soustraits à l'impôt *via* la filiale suisse. Début 2014, le journal *Le Monde* reçoit une clé USB contenant les fichiers bancaires détenus par l'administration fiscale [25]. Pour faciliter son travail et celui des autres services fiscaux, cette dernière a remis en forme les données brutes transmises par Falciani et a notamment élaboré des tableaux Excel dans lesquels sont déclinées les informations des différents clients de la banque [26]. Alexandre Léchenet était datajournaliste au sein de la rédaction du *Monde* lorsque le journal a reçu les données. Il se souvient de la manière dont il les a exploitées avec les journalistes Gérard Davet et Fabrice Lhomme :

> « Ce sont deux journalistes qui ont récupéré ça sur une clé USB d'une source qu'ils connaissaient, qui est venue et qui a dit "tenez". Au début, ils ont essayé de faire ça tout seuls, avec leur méthode, donc une imprimante et lire tous les documents. Ils ont pété l'imprimante. Moi je me suis mis dans la boucle et j'ai essayé de les aider aussi en essayant de trouver des infos, en croisant ces fichiers-là avec

25. Lhomme F., Davet G., « SwissLeaks : révélations sur un système international de fraude fiscale », *Le Monde*, 4 février 2015.
26. Léchenet A., « Comment nous avons travaillé avec les données de SwissLeaks », *Le Monde*, 9 février 2015.

Wikipédia, voir qui était connu ou pas [...] Après, ça permettait aussi de voir des gens qui n'étaient pas forcément connus... enfin bref, il y avait toutes sortes de trucs, et on a essayé vraiment différentes méthodes pour voir ce qui était intéressant, et ensuite on a aussi fait des statistiques un peu plus larges, de combien il y avait de... il y avait beaucoup de femmes au foyer dans la base de données, c'est intéressant [27]. »

D'un point de vue méthodologique, les enquêtes *leaks* apparaissent en rupture avec les canons traditionnels du journalisme d'investigation. Alors que la méthode qui y est généralement associée repose avant tout sur l'élaboration d'hypothèses en lien avec une réalité à démontrer et des pistes à prouver [28], l'investigation des données de la fuite se construit, elle, à partir du jeu de données lui-même. Elle est d'ailleurs à rebours des méthodes du *computer-assisted-reporting*, dont l'un des préceptes était justement de faire précéder l'angle journalistique plutôt que le traitement de données [29]. Ici, l'exploitation du *leak* n'est pas tant provoquée par une hypothèse précise qu'il s'agirait de vérifier en l'analysant, que par la réception soudaine d'une grande quantité de documents. Cette opposition méthodologique est identifiée par Sylvain Parasie comme la bipartition entre « *hypothesis-driven approach* » (approche conduite par les hypothèses) et « *data-driven approach* » (approche conduite par les données) [30]. L'extrait ci-dessus témoigne de cette dernière approche. Après avoir rassemblé les tableurs de l'administration fiscale dans une unique base de données, les journalistes se sont donnés pour tâche de croiser cette dernière avec d'autres susceptibles de contenir également le nom des clients de la banque HSBC (tableurs contenant les noms propres de Wikipédia, liste des parlementaires français, individus recherchés par Interpol, etc.) [31]. Ce couplage, réalisé grâce à l'outil OpenRefine [32], leur permet de repérer quels individus de notoriété publique se retrouvent dans les fichiers de l'entreprise. L'objectif des journalistes du Monde était de pouvoir appréhender l'ensemble des données à leur disposition pour identifier de potentielles transgressions commises par des personnalités de premier plan. C'est la complétude des fichiers qui importait et constituait le cœur de l'enquête et non un trait particulier de la base de données. Alexandre Léchenet affirme avoir essayé « toutes sortes de trucs » sur cette dernière, notamment des statistiques générales sur la population de la base, pour « voir ce qui était intéressant ». Une certaine indé-

27. Entretien avec le journaliste de *Politico* Europe Alexandre Léchenet, décembre 2022.
28. Lee Hunter M., *L'enquête par hypothèse : manuel du journaliste d'investigation*, Paris, UNESCO, 2009 ; voir aussi Desjardins L., « Journalisme Justicier : essai de typologie », *Les cahiers du journalisme*, n° 14, 2005, pp. 278-287.
29. Parasie S., "Data-driven revelation? Epistemological tensions in investigative journalism in the age of big data", *Digital Journalism*, vol. 3, n° 3, 2015, pp. 364-380.
30. *Ibid.*
31. Léchenet A., *op. cit.*
32. OpenRefine est un logiciel informatique *open source* de mise en forme de données. Écrit en langage Java, il permet de nettoyer, convertir et traiter de grandes quantités d'informations.

termination méthodologique caractérise ainsi l'approche conduite par les données. Les journalistes explorent de manière aléatoire les fichiers sans être nécessairement guidés par une histoire précise les incitant au départ à y avoir recours.

La méthode ne diffère pas une fois la base de données transmise à l'ICIJ. Après avoir tenté d'analyser l'ensemble des informations par eux-mêmes – à la main et par le croisement du jeu de données principal – les journalistes du *Monde* décident finalement de les transmettre à l'organisme, dans le but de construire une enquête collaborative et transnationale. La quantité et la manière dont elles sont structurées empêche les journalistes d'appréhender toutes les informations qui y sont contenues. Comme l'explique Serge Michel, journaliste au *Monde* au moment des révélations, « nous n'avions pas les moyens de traiter seuls cent mille comptes secrets. Pour décortiquer le fonctionnement d'une banque mondialisée, il fallait une enquête mondiale. Et nous n'avons pas été trop de cent cinquante journalistes de quarante-sept pays pour le faire [33]. » L'approche centrée sur ces multiples données nécessite en effet d'importantes ressources humaines et matérielles que n'ont pas nécessairement les rédactions qui les obtiennent. Elle requiert l'utilisation de logiciels informatiques performants et le recours à des professionnels capables de les manipuler. L'ICIJ dispose d'une telle équipe technique (datajournalistes, programmeurs, développeurs), ce qui lui permet de réaliser les tâches nécessaires à la structuration et à l'analyse des bases de données. Le travail le plus important de l'organisme a été d'indexer et de rendre accessibles les fichiers aux cent-cinquante-quatre journalistes du projet collaboratif. Deux interfaces utilisateurs ont ainsi été élaborées : l'une sous forme de moteur de recherche pour accéder aux documents de la base de données, grâce à l'outil d'indexation Apache Solr et au logiciel Blacklight [34]; l'autre sous forme de graphes pour visualiser les liens entre individus et entités *offshore*, grâce à l'utilisation des logiciels Linkurious, et de la plateforme Neo4j [35]. De cette manière, l'ICIJ permet à quiconque ayant accès à ces deux interfaces de chercher librement dans les dizaines de giga-octets de documents, sans avoir à les clarifier et à les structurer au préalable. En plus de mettre en évidence la méthodologie particulière de ces enquêtes, cet exemple montre l'importance des ressources qu'il est nécessaire de déployer pour parvenir à les réaliser.

33. « SwissLeaks : Nous publions les noms des personnalités dont la fraude est manifeste », *Le Monde*, 9 février 2015.
34. Apache Solr est un logiciel développé en *open source* par l'organisation Apache Software Foundation, qui permet d'indexer des bases de données. Blacklight est un logiciel développé en *open source* par l'université de Virginie, qui permet de créer des interfaces de recherche.
35. Linkurious est un logiciel de visualisation développé par l'entreprise française du même nom, qui permet d'exploiter et d'analyser des jeux de données complexes. Neo4j est une base de données graphiques développée en *open source* par la société Neo Technology, qui permet de stocker et gérer de grandes quantités de données sous forme de graphes.

Si, de ce point de vue, les enquêtes *leaks* renouvellent sensiblement les pratiques traditionnelles du journalisme d'investigation, l'usage qui en est fait dépasse largement le cadre des scandales qui en découlent. Même en construisant une enquête transnationale, il est très rare que les journalistes parviennent à explorer et analyser l'entièreté des informations contenues dans les données de la fuite. Comme l'admet un journaliste ayant participé à plusieurs de ces enquêtes collaboratives, « il n'y a aucun *leak* de l'ICIJ dont on peut s'assurer que tous les documents ont été lus un par un parce qu'il y en a trop [36] ». C'est pourquoi l'organisme développe des outils informatiques dans le but de réutiliser ultérieurement les données massives qu'il obtient, et de permettre à d'autres journalistes de les exploiter pour leurs enquêtes respectives. Un des outils qui permet cette réutilisation se nomme Offshore Leaks Database et est accessible gratuitement sur Internet. C'est une base de données qui contient des informations sur quelque 810 000 entités *offshore* identifiées dans les paradis fiscaux, provenant des multiples affaires d'évasion fiscale révélées par le consortium et ses médias partenaires depuis 2013.

Cette base constitue une ressource importante pour les journalistes d'investigation qui peuvent, à l'occasion, y avoir recours pour leurs enquêtes. Lors de l'entretien, un journaliste explique par exemple avoir utilisé ces données en dehors du cadre des grands projets collaboratifs, dans un média non-partenaire de l'ICIJ [37]. Il a récemment travaillé sur une enquête portant sur un conflit d'intérêt liant politiciens et grandes entreprises françaises. Afin d'établir la preuve d'une relation entre ces différents acteurs, il a dû consulter plusieurs sources de données, dont l'Offshore Leaks Database. Cette dernière prospection lui a notamment permis de vérifier l'hypothèse du lien entre un dirigeant d'entreprise et une société civile immobilière (SCI). Il a donc effectué des recherches dans la base de données en vue d'identifier cette relation supposée. La démarche est à cet égard différente de celle qui consiste à exploiter l'entièreté des fichiers, et doit donc plutôt être considérée comme une approche par hypothèse. En effet, c'est ici l'échantillonnage par la sélection d'une population, entité, ou relation particulière du jeu de données qui importe et non la totalité de celui-ci. En outre, il ne s'agit pas de se reposer sur une source d'information principale, mais de recourir à une multiplicité de sources de données en partant de suppositions venant confirmer ou infirmer les pistes tangibles de l'enquête. Il importe donc de ne pas considérer les scandales *leaks* comme la seule expression de l'usage qui est fait des données de la fuite, mais d'appréhender plutôt ces dernières comme une forme sociotechnique dont l'usage, non exclusif, diffère dans le temps et selon les contextes.

36. Entretien avec un journaliste salarié dans un média de presse écrite, janvier 2022.
37. Entretien avec un journaliste salarié dans un média de presse écrite, novembre 2022.

De l'articulation entre données ayant fuité et données ouvertes

À cet égard, les scandales *leaks* entretiennent parfois l'illusion selon laquelle l'utilisation du datajournalisme dans l'enquête ne se ferait que par l'intermédiaire de données ayant fuité ou ayant été dérobées. Si ces dernières figurent parmi les éléments privilégiés par les journalistes lors de ces projets, elles sont néanmoins systématiquement recoupées avec des éléments extérieurs. Durant l'enquête qui a conduit aux Panama Papers, l'analyse des informations contenues dans les fichiers internes du cabinet d'avocat Mossack Fonseca – qui constituent le *leak* obtenu par les journalistes du *Süddeutsche Zeitung* et transmis ensuite à l'ICIJ – a, par exemple, été complétée par celle de différents registres du commerce, cela permettant d'obtenir de plus amples informations sur certaines des structures *offshore* mentionnées dans les documents [38]. De manière générale, le recours à d'autres éléments, en plus du *leak*, répond à la nécessité du recoupement et de la vérification de l'information contenue dans le jeu de données principal. Une journaliste ayant travaillé sur plusieurs enquêtes collaboratives exprime clairement cette dimension : « si on a un *leak*, on va commencer par les données du *leak*, et essayer de les comprendre et de creuser ces données-là. Mais ensuite, pour les valider, pour être sûr qu'elles existent bien, on va avoir besoin de sources humaines, voire d'aller chercher sur Internet qui était l'ancien directeur, etc. Donc tout est vraiment imbriqué, toutes les sources sont imbriquées les unes aux autres [39]. »

Plus encore, de nombreux journalistes d'investigation et datajournalistes, lors des entretiens, affirment n'avoir que très rarement accès à des données provenant de fuites. Analysant les articles d'enquête publiés par la presse suisse francophone, Léna Wuergler et Pauline Cancela notent en ce sens que les « *leaked stories* » n'en constituent qu'une faible part, comparé aux « *follow-up stories* » ou « *project stories* [40] ». Le datajournalisme ne semble ainsi pas faire exception à l'idée selon laquelle les enquêtes journalistiques reposeraient, pour une certaine part, sur des informations accessibles publiquement. De la même manière qu'ils font la part entre informations confidentielles (confidences orales ou écrites) et informations publiques, les journalistes d'investigation font – lorsqu'il s'agit d'enquêter par les données – la part entre données ayant fuité et données en sources ouvertes. Ils s'appuient notamment sur le renseignement d'origine sources ouvertes (OSINT ou *open source intelligence*) pour nourrir leurs enquêtes, pratique qui consiste à rechercher des

38. Baruch J., Vaudano M., « Panama papers : un défi technique pour le journalisme de données », *Le Monde*, 8 avril 2016.
39. Entretien avec une journaliste salariée dans un consortium, décembre 2022.
40. Les « *follow-up stories* » renvoient aux enquêtes lancées sur la base de communications officielles, scoops publiés par d'autres journalistes, évènements, etc. Les « *project stories* » renvoient aux enquêtes initiées par les journalistes eux-mêmes. Voir Wuergler L., Cancela P., "How Do Investigative Journalists Initiate Their Stories? Exploring the Investigative Ecosystem of Switzerland", *Journalism Practice*, 2022, pp. 1-22.

preuves tangibles à travers l'analyse d'informations disponibles sur Internet [41]. Certains médias en ont d'ailleurs fait leur spécialité, à l'instar de l'ONG britannique Bellingcat qui publie régulièrement des révélations sur les conflits armés de plusieurs pays à partir d'images satellitaires.

Toutefois, si le recours à des données en sources ouvertes doit beaucoup à leur facilité d'accès, plusieurs journalistes évoquent les difficultés auxquelles ils sont confrontés lorsqu'ils souhaitent exploiter certaines informations provenant de sites web :

> « Le travail de datajournalisme, c'est beaucoup de sources ouvertes, parce que sinon, l'autre solution ce serait un *leak* de données par quelqu'un. Ça, je n'ai jamais eu à travailler dessus. Moi, j'ai toujours travaillé sur des données plus ou moins disponibles, plus ou moins ouvertes. Je prends l'exemple de données qui sont sur le site d'une entreprise, dans une carte interactive. Elles sont accessibles mais elles ne sont pas non plus faites pour que vous les téléchargiez. Donc on est un peu dans une zone entre les deux. En général, c'est ce genre de données-là qui m'intéresse, et couplées à des données officielles, publiques. Et là, en général, ce sont des données statistiques qui permettent d'affiner un peu le contexte dans lequel se déroule l'enquête [...]. Et ça peut être frustrant parce qu'on peut passer pas mal de temps à essayer de récupérer des données, notamment parce qu'il faut écrire certaines lignes de code pour aller les chercher, et ce n'est pas toujours évident selon la manière dont c'est structuré. Donc ça peut prendre plusieurs jours parfois, comme ça peut prendre deux heures [42]. »

La possibilité de webscraper – extraire et convertir les données d'un site web dans un format structuré (CSV, JSON, Excel, etc.) – dépend notamment de la concordance entre le « capital informatique [43] » détenu par le journaliste et la structure des données du site qu'il souhaite analyser. La réappropriation des informations nécessite en premier lieu la maîtrise d'outils et de techniques informatiques complexes. Si quelques logiciels offrent désormais la possibilité d'extraire des données sans nécessairement savoir coder, le *web scraping* requiert la plupart du temps la maitrise d'un ou plusieurs langages de programmation (C++, Python, JAVA, etc.) et la possession de logiciels et maté-

---

41. Roumanos R., Le Deuff O., « Les défis de l'investigation journalistique en sources ouvertes », *Multitudes*, vol. 89, n° 4, 2022, pp. 67-74.
42. Entretien avec un journaliste pigiste membre d'un collectif, janvier 2023.
43. Le « capital informatique » est ici envisagé sous sa forme « matérielle » (possibilité d'accéder à des ressources informatiques tels que des ordinateurs, logiciels, etc.), « intériorisée » (savoir-faire, compétences techniques, schèmes d'utilisation, etc.) et « institutionnalisée » (titres scolaires, reconnaissance sociale, diplômes, etc.). Voir Fluckiger C., « Les collégiens et la transmission familiale d'un capital informatique », *Agora débats/jeunesses*, vol. 46, n° 4, 2007, pp. 32-42.

riels informatiques adéquats. En outre, l'aspiration des données dépend des contraintes inhérentes au site web en question, et donc de l'espace technique dans lequel se réalise le capital informatique de l'individu. Le peu de structuration des données du site ainsi que la présence de systèmes d'authentification en amont de la page web contribuent par exemple à limiter la capacité des journalistes à extraire les différentes informations [44]. Le journaliste exprime ainsi le caractère chronophage du *web scraping* lorsque l'anatomie du site n'est pas propice à l'extraction des données. Bien qu'il dispose d'un capital informatique important, il lui est parfois difficile d'utiliser certaines des données en sources ouvertes.

L'accès aux bases de données rendues publiques par les administrations de l'État constitue un autre exemple des difficultés que peuvent rencontrer les journalistes lorsqu'ils veulent se servir de données ouvertes. En effet, si la « loi pour la République numérique » d'octobre 2016 a considérablement accéléré le mouvement *open data* (données ouvertes) en France, certains journalistes qui veulent y accéder se heurtent, en pratique, à des déboires administratifs qui entravent le travail d'investigation. L'instauration de « l'ouverture des données publiques par défaut », censée permettre l'accès direct aux informations sur Internet sans passer par une demande préalable, n'a pas été suivie d'une libération complète des données. Le rapport publié par l'association OpenDataFrance révèle ainsi qu'en 2022, seulement 16 % des collectivités territoriales respectaient l'injonction législative instituée par la loi de 2016 [45]. En pratique, cela contraint les journalistes à demander aux administrations publiques, voire à la commission d'accès aux documents administratifs (CADA), de leur transmettre certains documents, comme le stipule l'article 2 de la loi du 17 juillet 1978 sur le droit d'accès aux documents administratifs [46]. En plus de prendre du temps, ces demandes font parfois l'objet de refus, au motif par exemple que les données ne répondraient pas à l'usage qui en est souhaité, ou qu'elles nécessiteraient un traitement informatique trop important de la part de l'administration [47]. Un journaliste, qui effectue régulièrement de telles requêtes, affirme faire face à la résistance des agents administra-

---

44. Gray J., Bounegru L., Chambers L., Kayser-Bril N. (dir.), *Guide du datajournalisme. Collecter, analyser et visualiser les données*, Paris, Eyrolles, 2013.
45. Voir « Observatoire open data des territoires édition 2022. État des lieux et mise en perspective des stratégies de publication des données au sein des collectivités locales », OpenDataFrance, mars 2023, https://www.observatoire-opendata.fr/wp-content/uploads/2023/03/Copie-de-Observatoire_Open_Data_Territoires_Edition2022.pptx-1.pdf (consulté le 26 septembre 2023).
46. Article 2 : « Sous réserve des dispositions de l'article 6, les autorités mentionnées à l'article 1er sont tenues de communiquer les documents administratifs qu'elles détiennent aux personnes qui en font la demande, dans les conditions prévues par le présent titre. », loi n° 78-753 du 17 juillet 1978 « portant diverses mesures d'amélioration des relations entre l'administration et le public et diverses dispositions d'ordre administratif, social et fiscal », https://www.legifrance.gouv.fr/loda/id/JORFTEXT000000339241/ (consulté le 26 septembre 2023).
47. Gray J., Bounegru L., Chambers L., Kayser-Bril N. (dir.), *op. cit.*

tifs qu'il juge « frileux » à l'idée de fournir des données aux journalistes : « Ils ne comprennent pas forcément ce qu'on veut faire, ils ont peur des données personnelles, ils se disent "oh mon dieu je ne sais pas ce qu'ils vont faire de ce fichier, comment ils vont le diffuser, ce qu'ils vont y trouver" [48]. » Cette résistance des acteurs institutionnels vient corroborer l'idée selon laquelle « la libération des données ne s'inscrit pas véritablement dans les routines administratives et dans les pratiques quotidiennes des agents [49] ». Les interactions se caractérisent par des négociations souvent longues et fastidieuses, qui n'aboutissent pas nécessairement à l'accès aux documents dont les journalistes ont besoin. Lorsque ces derniers essuient un refus, ils peuvent saisir la CADA qui est susceptible de rendre un avis contraire à la décision initiale des administrations. Mais celle-ci ne leur donne pas toujours raison, ce qui conduit, dans certains cas, les journalistes à engager un recours devant le tribunal administratif, afin d'enjoindre certaines institutions à libérer les données. Il est donc souvent difficile pour les journalistes de triompher de ce filtrage administratif qui entrave leur accès aux documents publics.

À ces complications s'ajoute le fait que peu d'informations exclusives et sensibles sont contenues dans les données mises à disposition, ce qui en fait une source d'informations peu prisée par les journalistes d'investigation. Cela découle notamment des choix de sélection opérés par les administrations, qui ne publient pas ou tronquent une partie des données qu'elles jugent sensibles. L'article 6 de la loi de 1978 le précise : sont d'emblée exclues des données ouvertes, les informations pouvant compromettre les intérêts de l'État, celles « dont la communication porterait atteinte à la protection de la vie privée, au secret médical et au secret en matière commerciale et industrielle » ; « celles portant une appréciation ou un jugement de valeur sur une personne physique, nommément désignée ou facilement identifiable » ; « celles faisant apparaître le comportement d'une personne, dès lors que la divulgation de ce comportement pourrait lui porter préjudice [50] ». Difficile dès lors, pour les journalistes d'investigation, de détecter de potentiels cas de transgression parmi les données ouvertes des administrations publiques. Pour cette raison notamment, l'*open data* est davantage perçue par les journalistes comme un moyen de mettre en contexte et d'illustrer l'enquête que comme une source de données favorisant la détection de comportements délictueux.

Ces considérations nous incitent par ailleurs à interroger la pertinence de la dichotomie entre données ayant fuité et données ouvertes. L'accession res-

48. Entretien avec un journaliste salarié dans un média de presse écrite, décembre 2022.
49. Goëta S., Mabi C., « L'*open data* peut-il (encore) servir les citoyens ? », *Mouvements*, vol. 79, n° 3, 2014, p. 85.
50. Voir l'article 6 de la loi n° 78-753 du 17 juillet 1978 « portant diverses mesures d'amélioration des relations entre l'administration et le public et diverses dispositions d'ordre administratif, social et fiscal », https://www.legifrance.gouv.fr/loda/id/JORFTEXT000000339241/ (consulté le 27 septembre 2023).

treinte et l'exploitation informatique que nécessitent ces dernières invitent en effet à mettre en contraste le caractère « ouvert » qui leur est associé, et qui participe à masquer les difficultés que peuvent rencontrer les journalistes qui tentent d'y accéder et de les exploiter.

Objectivité et datajournalisme : vers une nouvelle économie de l'erreur ?

Le travail de vérification des informations obtenues et traitées, consubstantiel à l'enquête journalistique, est un autre trait que le datajournalisme vient remettre en question. L'attention portée au risque d'erreur apparaît indispensable dès lors que les professionnels de l'information souhaitent s'assurer de la véracité des éléments qu'ils publient. Elle s'impose d'autant plus aux journalistes d'investigation que lors des révélations, ceux-ci « mettent en jeu une crédibilité qui repose avant tout sur la véracité des faits mis à disposition du public », et font face « au danger d'être perçus comme "partisans" s'ils rendent compte d'informations […] qui ne seraient pas adossées à des preuves incontestables ou imputées à des sources institutionnelles [51] ». Ces journalistes sont en plus régulièrement confrontés aux représailles et poursuites des individus qu'ils mettent en cause – dont l'objectif est notamment de trouver les failles de l'enquête qui a conduit à les incriminer –, et qui portent en elles le risque du retournement de l'accusation scandaleuse et de la reconversion du « scandale » en « affaire [52] ». Prêter attention aux opérations sociotechniques effectuées par les journalistes et les acteurs chargés de la production des bases de données, en tant que considération de la part subjective et interprétative des choix qui président à leur manipulation (sélection, nettoyage, structuration, traitement algorithmique, etc.), vient ainsi s'opposer à la rhétorique positiviste qui accompagne le développement du datajournalisme dans les rédactions, que ce soit en France [53], aux États-Unis [54], ou en Russie [55]. Dans la mesure où elle porte l'idée d'une plus grande objectivité de l'enquête par les *data* et d'une neutralité intrinsèque des bases de données, cette rhétorique se heurte à l'impératif de prudence épistémologique qui incombe aux journalistes d'investigation.

Les entretiens réalisés nous suggèrent cependant que, dans le cas de l'investigation, c'est la prudence qui l'emporte sur l'objectivisme. Non seulement

51. Kaciaf N., « "Fort avec les faibles, faibles avec les forts" ? Prudence et audace journalistique face aux déviances des élites », *op. cit.*, p. 125.
52. La sociologie pragmatique entrevoit trois issues possibles au scandale : le « scandale avéré », le « non scandale » et l'« affaire ». Voir De Blic D., Lemieux C., « Le scandale comme épreuve », *Politix*, vol. 71, n° 3, 2005, pp. 9-38.
53. Vauchez Y., *op. cit.*
54. Parasie S., « Justicier, chercheur ou *hacker* ? Le journalisme d'enquête à l'ère du traitement de données », *op. cit.*
55. Daucé F., « Le data-journalisme : enquêter et intervenir dans un espace public censuré », in Loveluck B., Musiani F. (dir.), *Genèse d'un autoritarisme numérique*, Paris, Presses des Mines, 2023.

du point de vue du discours – les datajournalistes ne défendant pas l'idée d'une plus grande objectivité de l'enquête par les données – mais également du point de vue des pratiques d'enquête. Plus précisément, ils nous permettent de situer à deux échelles distinctes la prise en compte du risque d'erreur. D'une part au niveau de l'attention portée aux conditions de production des bases de données, ou autrement dit la reconnaissance tacite de la part subjective des choix et des jugements opérés par les acteurs qui en sont à l'origine ; d'autre part au niveau de la vigilance à l'égard du traitement algorithmique qui y est associé, ou autrement dit la reconnaissance tacite de la part subjective des opérations sociotechniques effectuées par les journalistes, qui cherchent à identifier de potentiels illégalismes. Pierre Romera, directeur technique de l'ICIJ, exprime clairement ces deux dimensions dans l'extrait suivant :

> « À l'ICIJ on est très méfiant vis-à-vis du *machine learning*, parce que comme je vous le disais, on vérifie tout. Et on ne peut pas se permettre de publier une information qui est fausse parce qu'un algorithme a déterminé qu'une personne était intéressante. Je peux vous donner un exemple très concret. Il y a quelques années, on a fait une enquête sur les dispositifs médicaux. Un dispositif médical, c'est un pacemaker, un stérilet, un déambulateur, vous voyez c'est très large. On avait accès à tout une liste d'incidents avec ces dispositifs médicaux, mais ces rapports d'incidents étaient assez mal faits. Par exemple, on ne connaissait pas le genre de la personne, on ne savait même pas si la personne était morte à la suite de l'incident. Donc on a essayé d'utiliser du *machine learning* pour lire ces rapports automatiquement et extraire le genre du patient ou de la patiente, pour savoir si la personne était morte ou ce genre de choses. On a réussi plus ou moins à entraîner nos algorithmes à le faire, mais cette information était tellement délicate qu'on ne pouvait pas publier une information en disant qu'un patient était mort s'il ne l'était pas. On a donc dû reprendre tous les rapports, toutes les classifications faites par ces algorithmes et les vérifier à la main. Donc l'intérêt de l'algorithme ici est quand même très limité. Si après, il y a un humain qui doit tout vérifier à la main, autant commencer par ça et ne pas utiliser l'algorithme [56]. »

Il fait ici référence à l'enquête Implant Files révélée en novembre 2018 par le consortium et ses cinquante-huit médias partenaires. Cette dernière mettait en lumière les failles de la certification et de l'implantation de dispositifs médicaux (stérilet, stent, prothèse de hanche, valve, etc.) dans le corps des patients, ce qui s'explique en partie par le conflit d'intérêt liant les fabricants qui souhaitent faire certifier leurs dispositifs et les organismes notifiés qui en ont la charge (« les contrôlés payent leurs contrôleurs ») [57].

56. Entretien avec Pierre Romera, directeur technique de l'ICIJ, décembre 2022.

Pour l'enquête, les journalistes ont notamment dû exploiter la base de données Manufacturer and User Facility Device Experience (MAUDE) produite par l'autorité de santé américaine Food and Drug Administration (FDA). Elle contient et structure plusieurs millions de « rapports d'évènements indésirables » transmis par différents acteurs – professionnels de santé, fabricants, patients, avocats – à la FDA et attestant de dommages causés par un ou plusieurs dispositifs médicaux. Comme le souligne Pierre Romera, de nombreuses imprécisions et erreurs sont contenues dans le jeu de données, en particulier s'agissant de l'ordonnancement des cas de décès. En premier lieu, la mort du patient est exprimée par une centaine de termes différents – « décès », « le patient a expiré », etc. –, ce qui empêche les journalistes de réaliser des opérations statistiques à partir d'une seule et même variable [58]. D'autre part, les cas de décès avérés ont parfois été classifiés comme des incidents moins graves, ce qui s'explique par le fait que ce sont les entreprises elles-mêmes qui, la plupart du temps, notifient l'incident causé par leur propre dispositif [59]. L'ICIJ note à cet égard que plus de 2 200 évènements mortels signalés n'ont pas été répertoriés comme tels dans la base de données, ce qu'atteste également un article scientifique de la revue JAMA Internal Medecine publié en juillet 2021, qui démontre que 23 % des rapports qui devaient être catégorisés comme des cas de décès, l'ont été au titre de blessures, dysfonctionnements ou autres [60]. Enfin, la relation entre le dispositif médical et le dommage causé n'est pas toujours explicitée dans les rapports transmis à la FDA, ce qui limite la possibilité d'établir un lien de causalité entre la présence du dispositif et le décès du patient.

Ces erreurs et imprécisions dans la base de données encouragent l'ICIJ à utiliser des algorithmes d'apprentissage automatique (ou algorithmes de *machine learning*) [61] permettant d'explorer, sélectionner, assembler et classifier « les évènements qui ne sont pas toujours décrits de manière cohérente

57. Schirer A., El Mokhtari M., « Implant Files : comprendre le scandale de la surveillance des dispositifs médicaux », *Le Monde*, 25 novembre 2018.
58. Díaz-Struck E., Carvajal R., "Algorithms, Analysis and Adverse Events: How ICIJ Used Machine Learning to Help Find Medical Device Issues", ICIJ, 19 décembre 2018, https://www.icij.org/investigations/implant-files/algorithms-analysis-and-adverse-events-how-icij-used-machine-learning-to-help-find-medical-device-issues/ (consulté le 28 septembre 2023).
59. "Medical Devices Harm Patients Worldwide As Governments Fail On Safety", ICIJ, 25 novembre 2018, https://www.icij.org/investigations/implant-files/medical-devices-harm-patients-worldwide-as-governments-fail-on-safety/ (consulté le 26 février 2024).
60. Lalani C. et al., "Reporting of Death in US Food and Drug Administration Medical Device Adverse Event Reports in Categories Other Than Death", *JAMA Internal Medicine*, vol. 181, n° 9, 2021, pp. 1217-1223.
61. La notion d'apprentissage automatique (ou *machine learning*) doit être comprise ici dans le sens que lui donne la Commission nationale de l'informatique et des libertés (CNIL), à savoir le « champ d'étude de l'intelligence artificielle qui vise à donner aux machines la capacité d'apprendre à partir de données, *via* des modèles mathématiques. Plus précisément, il s'agit du procédé par lequel les informations pertinentes sont tirées d'un ensemble de données d'entraînement », voir https://www.cnil.fr/fr/definition/apprentissage-automatique (consulté le 19 octobre 2023).

dans les différentes parties des données [62] ». La multiplicité des termes utilisés pour qualifier le décès des patients incite par exemple les membres de l'ICIJ à entraîner des algorithmes pour identifier et agréger toutes les formules qui relatent de la mort d'un individu. Ils ont par ailleurs tenté de savoir si le dispositif médical y avait effectivement contribué [63]. Toutefois, le risque d'erreur, accentué ici par les nombreuses imperfections de la base de données MAUDE, les conduit également à vérifier une à une les classifications faites par l'algorithme d'apprentissage. L'utilisation des outils de *machine learning* s'est en effet doublée d'un contrôle manuel, par une équipe de journalistes, de l'ensemble des catégorisations faites à partir du jeu de données. C'est ce que signifie Pierre Romera dans l'extrait ci-dessus, lorsqu'il évoque la vérification « à la main » du traitement automatisé. D'une manière générale, il s'avoue particulièrement méfiant à l'idée d'utiliser des outils d'intelligence artificielle dans les enquêtes, notamment pour la raison qu'il est nécessaire de regarder dans le détail la manière dont les informations ont véritablement été classées. De fait, l'algorithmie, comme moyen « de choisir, trier, filtrer ou ordonner les informations selon certains principes [64] », n'est pas considérée comme une manipulation neutre par les journalistes qui y associent un intense travail de contrôle des opérations effectuées sur la base de données.

Cet exemple n'est pas un cas isolé et témoigne en premier lieu de la prudence des journalistes vis-à-vis des données qu'ils utilisent et qu'ils ne considèrent pas comme une forme sociotechnique neutre et dépourvue de subjectivité. Qu'elles proviennent d'entreprises, d'ONG ou d'administrations publiques, les données font l'objet d'une vérification intense de la part des journalistes qui tentent de cerner la manière dont elles ont été produites. L'économie de l'erreur se perçoit également dans l'attention accordée au traitement algorithmique associé, qui porte toujours le risque de dénaturer les informations destinées à être publiées. De fait, l'automatisation du traitement des données n'est pas systématiquement considérée comme le moyen le plus efficace pour enquêter. Le capital informatique des journalistes et la structure des informations qu'ils exploitent les incitent parfois à effectuer le travail « à la main », sans avoir recours aux algorithmes.

Si le journalisme de données réinterroge le processus d'enquête à travers la méthode, le type de données et la production d'un savoir fiable, son influence dans la mise en visibilité des illégalismes de dominants est d'autant plus perceptible qu'il vient directement renouveler les supports visuels des révélations médiatiques, notamment par la publication des données de l'enquête.

62. Díaz-Struck E., Carvajal R., "Algorithms, Analysis and Adverse Events: How ICIJ Used Machine Learning to Help Find Medical Device Issues", *op. cit.*
63. *Ibid.*
64. Cardon D., « Le pouvoir des algorithmes », *Pouvoirs*, vol. 164, n° 1, 2018, p. 65.

Une mesure de transparence sous contrôle : l'ouverture des « données » au « public »

L'ouverture des données apparaît en effet comme un des éléments permettant de renouveler et d'accroitre la visibilité des illégalismes. Cette pratique tend à s'imposer comme une exigence chez certains datajournalistes qui y voient un moyen de renforcer la confiance du public envers l'information [65]. C'est ce qui, en plus, participe à alimenter l'intervention des acteurs chargés de la lutte contre les illégalismes économiques et financiers qui se saisissent de certaines bases de données – notamment celles publiées après les enquêtes *leaks* – pour enquêter et sanctionner certaines transgressions. S'agissant du monde de l'enquête, la libération des données vient renforcer l'idée selon laquelle les journalistes d'investigation seraient des « professionnels de la transparence [66] », qui, non seulement divulguent une atteinte aux normes, mais en plus s'attachent à dévoiler la méthode et les données qui leur ont permis de l'authentifier. Néanmoins, plutôt que de considérer la mise à disposition des données comme allant de soi, il s'agit ici de réinterroger son inscription durable dans les pratiques des journalistes, et de comprendre sa capacité à constituer le point de départ d'une réaction sociale de plus long terme. Au-delà des effets d'annonce et du « marketing de soi [67] » qu'alimentent certains discours sur la transparence des données, dans quelle mesure permet-elle réellement de visibiliser les illégalismes de dominants et de nourrir l'action des acteurs chargés de lutter contre ? Il s'agira ici d'appréhender non plus les bases de données comme une source d'information à disposition des journalistes, contribuant au même titre que les autres à l'enquête et à la révélation des illégalismes, mais comme un instrument central de la « mise en visibilité des scandales » et donc de la « production des indignations collectives [68] ». Les journalistes ne jouant plus leur rôle d'intermédiation habituel entre informations et public – du moins en apparence –, ce sont désormais les bases de données elles-mêmes qui, étant exposées publiquement, participent à alimenter une réaction sociale dont nous tenterons de saisir la portée.

---

65. Gray J., Bounegru L., Chambers L., Kayser-Bril N. (dir.), *op. cit.*
66. Foegle J.-P., « Lanceur d'alerte ou "*leaker*" ? Réflexions critiques sur les enjeux d'une distinction », *La Revue des droits de l'homme. Revue du Centre de recherches et d'études sur les droits fondamentaux*, n° 10, 2016, pp. 1-17.
67. Laville C., « Le journaliste, un professionnel de la transparence ? », *Sens-Dessous*, vol. 20, n° 2, 2017, pp. 29-36.
68. Parasie S., « Des machines à scandale. Éléments pour une sociologie morale des bases de données », *Réseaux*, vol. 178-179, n° 2-3, pp. 127-161.

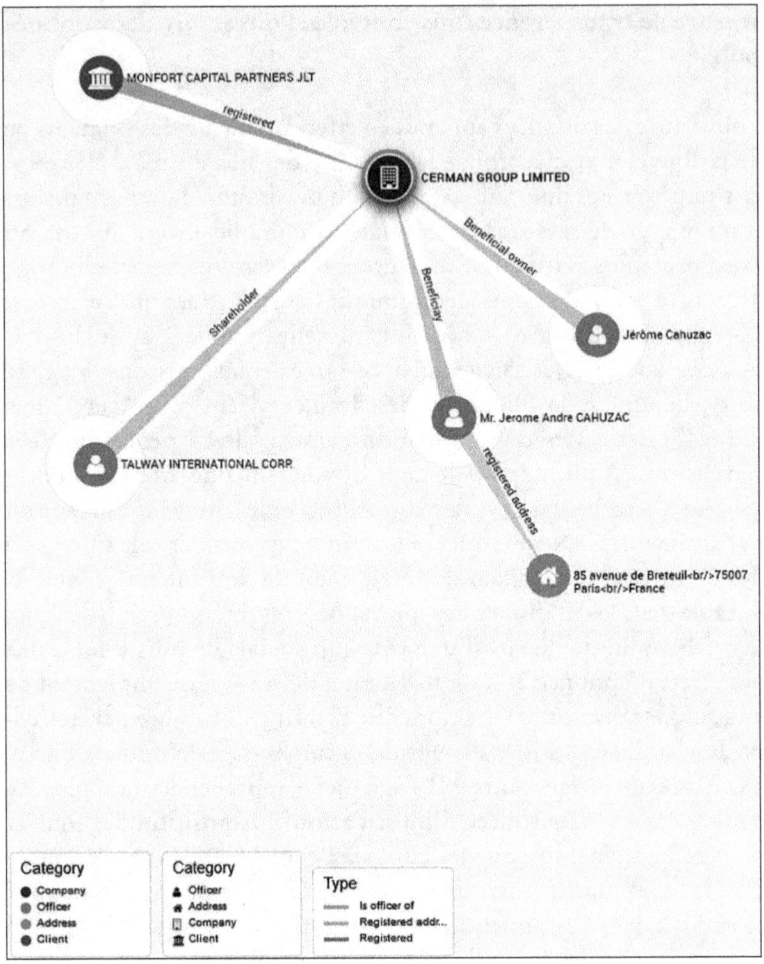

ICIJ, Offshore Leaks Database
@ Linkurious and Neo4j

Quel public ? Une transparence « citoyenne » au service de la régulation des illégalismes

Si la mise à disposition des données au « public » a pour particularité de permettre à quiconque d'accéder aux informations journalistiques, elle semble en réalité s'adresser prioritairement à certains acteurs, dont la mobilisation après le scandale paraît particulièrement légitime aux yeux des journalistes. La question de la publication des données fait l'objet de forts dissensus dans les entretiens, qui se structurent selon la perception plus ou moins active et passive que les journalistes ont du public [69]. Sylvain Parasie – en faisant référence à la discussion théorique qui prend place entre John Dewey et Walter Lippmann dans les années 1920 concernant la capacité du public à se saisir de données structurées – considère ces positions comme les deux manières d'attacher le public à une base de données [70]. Cette scission se vérifie aisément dans les entretiens, les journalistes considérant soit le public comme un acteur capable d'investiguer et de trouver des éléments intéressants dans les données, soit réaffirmant l'importance de l'intermédiation journalistique dans l'accès du public aux informations. La confrontation des deux extraits suivants, issus d'entretiens avec des journalistes d'investigation utilisant régulièrement des outils et techniques informatiques pour leurs enquêtes, le démontre plus particulièrement. Lorsque la question de la publication des données est évoquée, les deux journalistes tiennent un discours radicalement différent :

> « Oui dans l'idée, moi c'est une piste que je trouve intéressante, qui permet d'engager aussi la discussion différemment qu'on ne le ferait avec un article. Permettre aux gens de s'approprier le truc. Donc je pense que quand c'est possible, il faut le faire [71]. »

> « Ce n'est pas notre métier de faire ça [...]. Notre rôle, c'est de traiter les données, et de les rendre visibles [...]. Si vous donnez plein de données non traitées, brutes, comme ça, à des gens qui n'ont pas les armes ou les moyens techniques, je ne sais pas si ces données pourront avoir un sens pour eux [72]. »

Ces deux prises de position témoignent d'une perception différenciée de la manière de concevoir le rapport entre journalistes et public et plus précisément la façon dont l'information doit s'intercaler entre les deux. Pour l'un, le public est capable d'exploiter les données brutes et d'apporter une information que le journaliste n'aurait lui-même pas vu ou traité, il est donc légitime de les publier après l'enquête. Pour l'autre, le public n'est pas en mesure de tirer une information fiable des données, pour la raison notamment qu'il ne bénéficie pas des renseignements et armes suffisantes pour s'économiser des erreurs d'interprétation et d'analyse. Néanmoins, il s'agit moins ici de démontrer la prégnance de cette antinomie que d'insister sur le fait que le positionnement des enquêtés quant à la mise à disposition des données, dépend en grande partie du type de public qu'ils visent.

Dans plusieurs entretiens, se dessine l'idée implicite que si les données doivent être publiées, c'est à destination d'un type particulier de citoyens qui, eux, ont les ressources nécessaires pour investiguer et continuer l'enquête. Les

69. Le rôle accordé au public est une dimension structurante de l'épistémologie du journalisme de données et du journalisme d'enquête : voir Coddington M., *op. cit.* ; Splendore S., *op. cit.* ; Fee Jr F.-E., "Reconnecting with the Body Politic: Toward Disconnecting Muckrakers and Public Journalists", *American Journalism*, vol. 22, n° 3, 2005, pp. 77-102.
70. Parasie S., « Des machines à scandale. Éléments pour une sociologie morale des bases de données », *op. cit.*
71. Entretien avec un journaliste pigiste, décembre 2022.
72. Entretien avec un rédacteur en chef salarié dans un média de presse écrite, novembre 2022.

ONG comme les chercheurs font partie de ces acteurs ciblés et valorisés par les journalistes, qui les considèrent capables d'apporter une plus-value à l'enquête :

> « L'idée, c'est que ce ne soit pas juste, on met ça sur la place publique… C'est pour qu'ensuite, des ONG, des organisations, la société civile, des centres de recherche, s'emparent de ces documents, améliorent notre connaissance du sujet, et élargissent un peu l'espace démocratique dans lequel on est. C'est l'idée importante que quelques personnes, un petit pourcentage de gens qui nous lisent, vont pouvoir refaire l'enquête derrière, pouvoir l'approfondir, pouvoir tirer de nouveaux fils [73]. »

Les journalistes d'investigation, parce qu'ils révèlent la présence de comportements transgressifs, voient d'un bon œil la reprise de leurs enquêtes par des professionnels de la dénonciation tels que les ONG. Lors des entretiens, les discours de légitimation s'orientent notamment vers les associations anticorruption – Sherpa, Transparency International France, Anticor –, qui s'appuient usuellement sur deux pratiques que sont l'activité de plaidoyer (influence de la décision politique) et l'action en justice (influence de la décision judiciaire) [74]. Ces deux dimensions, qui renvoient à la division établie par Luc Boltanski entre « dénonciation d'ordre politique » et « dénonciation d'ordre judiciaire [75] », expliquent en partie la valorisation par les journalistes de certaines organisations de la société civile, qui constituent une des cibles prioritaires de la publication des données. Concernant la première dimension, il n'est pas rare de voir les ONG se saisir des révélations médiatiques pour pointer du doigt les manquements de certains individus ou entreprises, et ainsi renforcer l'argumentaire de leur plaidoyer. C'est par exemple le cas de la dénonciation, par les associations Sherpa et Les Amis de la terre, des dégâts environnementaux causés par l'entreprise pétrolière Perenco. L'exploration de l'Offshore Leaks Database – et plus spécifiquement de la partie constituée des éléments révélés par le scandale Bahamas Leaks – leur ont permis de découvrir qu'en plus de ces atteintes à l'environnement, trente-neuf sociétés du groupe étaient enregistrées dans des paradis fiscaux tels que les Iles Vierges et les Bahamas. L'opacité des activités de la multinationale a donc été signalée par les deux associations qui en appellent à plus de transparence [76]. La légitimité dont bénéficient certaines ONG se voit en outre renforcée en raison des

73. Entretien avec une journaliste pigiste, décembre 2022.
74. La question des aspects juridiques de l'action des associations de lutte contre la corruption est discutée dans ce numéro de revue par l'article de Céline Laronde-Clérac.
75. Boltanski L., *L'Amour et la justice comme compétences. Trois essais de sociologie de l'action*, Paris, Métailié, 1990, p. 317.
76. « Interpellation de Perenco : en finir avec l'opacité pour mettre fin à l'impunité de la multinationale », Sherpa, 29 juillet 2021, https://www.asso-sherpa.org/interpellation-de-perenco-en-finir-avec-lopacite-pour-mettre-fin-a-limpunite-de-la-multinationale (consulté le 24 septembre 2023).

actions en justice qu'elles mènent régulièrement et qui permettent d'entrevoir de potentielles sanctions après les révélations médiatiques. L'agrément en matière de corruption dont dispose Sherpa – pour les infractions définies à l'article 2-23 du code de procédure pénale – lui a par exemple permis de déposer une plainte avec constitution de partie civile à la suite des révélations Rafale Papers publiées par *Médiapart* en 2018, pour des faits présumés de « corruption et trafic d'influence actifs et passifs », « recel de corruption, de trafic d'influence et de favoritisme », « blanchiment de corruption et de trafic d'influence actifs » et « concussion [77] ». Cette possibilité de pouvoir influer sur le processus de décision judiciaire à partir des révélations médiatiques confère aux ONG une certaine légitimité auprès des journalistes que n'ont pas les citoyens « non-éclairés », et qui participe à en faire les cibles de la mise à disposition des bases de données.

Les chercheurs et chercheuses apparaissent également comme des acteurs légitimes aux yeux des journalistes, en raison notamment de l'idée selon laquelle l'ouverture des données représenterait un matériau intéressant pour les scientifiques familiarisés aux outils informatiques, et permettrait donc de faire avancer les connaissances dans des domaines variés. Un contraste émerge du discours de plusieurs journalistes spécialistes des données, mettant aux prises l'objectivité des chercheurs, capables d'investiguer de manière neutre et de produire un savoir intègre, et la subjectivité du reste des citoyens qui ne sont pas armés pour les exploiter, et dont on ne sait pas à l'avance comment ils vont se servir des données. Les oppositions à la mise à disposition de ces dernières sous-tendent parfois une peur de les voir faire l'objet d'une mauvaise utilisation par une partie des citoyens, et résultent ainsi de l'incertitude que crée le fait de les rendre « tout public ». Lors d'un entretien, une journaliste explique avoir renoncé à mettre en téléchargement libre la base de données qu'elle a constitué pour son enquête, de peur qu'elle soit mal réappropriée par des individus. Elle a ainsi hésité à instaurer un système permettant uniquement aux chercheurs et aux journalistes de faire une demande préalable pour les obtenir, après remplissage d'un formulaire dédié [78]. Cette valorisation du monde de la recherche se perçoit d'autant plus que le choix de publier les données brutes de l'enquête est parfois directement une référence à la déontologie du travail scientifique. Comme le signale le datajournaliste américain Stephen Doig, « ouvrir ses données, c'est perpétuer la tradition des sciences sociales qui consiste à permettre à d'autres chercheurs de répliquer son travail [79] ».

---

77. Phillipin Y., « Rafale Papers : l'ONG Sherpa dépose une nouvelle plainte pour corruption pour que la justice ouvre une enquête », *Médiapart*, 27 avril 2021, https://www-mediapart-fr.ezproxy.universite-paris-saclay.fr/journal/international/270421/rafale-papers-l-ong-sherpa-depose-une-nouvelle-plainte-pour-corruption-pour-que-la-justice-ouvre-un (consulté le 4 mars 2024).
78. Entretien avec une journaliste pigiste membre d'un collectif, avril 2023.
79. Gray J., Bounegru L., Chambers L., Kayser-Bril N. (dir.), *op. cit.*, p. 177.

Les professionnels du contrôle et du pénal font également partie des acteurs qui se saisissent des bases de données rendues publiques par les journalistes. Pour autant, ils n'apparaissent pas dans le discours des enquêtés lors des entretiens, et ne semblent pas explicitement faire partie des acteurs à qui la publication des données est destinée. C'est ce qui apparaît dans cet extrait d'article du *Monde*, qui fait suite à la décision de l'ICIJ de renflouer l'Offshore Leaks Database avec certains des éléments révélés par les Paradise Papers :

> « En mettant ces informations d'intérêt public à la disposition de tous, l'ICIJ entend favoriser la transparence sur des structures *offshore* souvent prisées pour leur opacité, dans des juridictions caractérisées par leur discrétion. Bien qu'incomplète et incapable de lever totalement le voile du secret, cette base de données vise à aider journalistes, chercheurs et citoyens à rechercher les bénéficiaires effectifs des montages économiques passant par les paradis fiscaux [80]. »

Ce sont ici les « journalistes, chercheurs et citoyens » plutôt que les autorités étatiques qui sont ciblés par l'ouverture des données, alors même que la tendance qu'ont ces dernières à se saisir des révélations est connue. En effet, de nombreux articles de presse publiés après les révélations *leaks* abordent la question de leur impact, et plus particulièrement de la réappropriation, par certains acteurs institutionnels, des données rendues publiques par les journalistes. Leur mise à disposition sert parfois d'appui aux autorités étatiques pour enquêter, sanctionner voire condamner les individus mis en cause au moment des révélations. Cela participe, semble-t-il, à valoriser le travail des journalistes qui, en plus de permettre la révélation d'illégalismes de dominants, contribuent indirectement à les réguler grâce à l'action consécutive des instances administratives, policières et judiciaires spécialisées. Le scandale des Panama Papers, révélé par l'ICIJ et ses médias partenaires en avril 2016, offre à cet égard un exemple probant. Plusieurs acteurs institutionnels se sont saisis des données du consortium – rendues disponibles sur le site de l'Offshore Leaks Database un mois après les révélations – pour enquêter sur les contribuables qui y apparaissaient, en vue d'établir des sanctions. Cette réappropriation a plus particulièrement été l'apanage de certaines agences administratives, qui disposent d'un pouvoir coercitif et jouent donc un rôle dans la régulation de la délinquance d'élite [81]. Sur la base des informations révélées par les Panama Papers – jeux de données, articles de presse, etc. –, la Direction générale des finances publiques (DGFIP) a par exemple ordonné des sanctions administratives et des régulations sur 198 dossiers, ayant permis de recouvrer près de 176,7 millions d'euros entre avril 2016 et janvier 2023 [82]. Les divulgations de l'ICIJ ont par ailleurs contribué à nourrir l'action de l'Agence anticorruption (AFA). Dans son recueil de fiches pratiques recensant les « bases d'information publiques utiles à l'évaluation de l'intégrité des tiers », l'organisation précise en effet avoir recours à l'Offshore Leaks Database pour « rechercher des indices de criminalité financière », et détaille par ailleurs la procédure permettant d'accéder à la base de données graphique [83]. Cette réutilisation se voit en outre chez les acteurs du monde de la police et de la justice. Au lendemain du scandale, le Parquet national financier (PNF) a ouvert une enquête pour « blanchiment de fraudes fiscales aggravées » et saisi la Brigade nationale de répression de la délinquance fiscale (BNRDF) – service de l'Office central de lutte contre la corruption et les infractions financières et fiscales (OCLCIFF) – avec qui il collabore étroitement, afin de traiter les cas les plus complexes. Ce travail collaboratif, mené en partie grâce à la base de données de l'ICIJ, a permis l'ouverture de 29 enquêtes judiciaires, dont une partie s'est clôturée par l'attribution d'amendes pénales et de peines de prison [84]. La publication des jeux de données de l'enquête fait donc l'objet d'usages multiples de la part d'acteurs différenciés, dont l'objectif tient notamment à sanctionner les comportements trasngressifs (agences administratives, ONG, police, justice, etc.). Néanmoins, bien qu'elle accroisse la visibilité des illégalismes aux yeux de tous, cette mesure de transparence s'adresse prioritairement à des acteurs « citoyens » (par opposition à « étatiques ») capables de réutiliser les données et d'apporter une plus-value à l'enquête, et moins aux autorités qui pourtant y ont également recours. Si la décision de publier des données dépend de l'anticipation du type de public capable de s'en saisir, elle est parfois aussi limitée en raison des exigences déontologiques de la profession de journaliste.

Quelles données ? Une mise à disposition sous contrainte

Le choix d'ouvrir les données brutes de l'enquête est en effet lié aux contraintes inhérentes à l'exercice du métier, exacerbées dans le cas de l'investigation qui s'appuie sur des informations confidentielles et secrètes. La réticence à publier s'explique notamment par la nécessité de protection des sources, devoir clairement inscrit dans la charte d'éthique professionnelle des journalistes [85] ainsi que dans la charte de Munich à l'échelle européenne [86]. À

80. Baruch J., Vaudano M., « Paradise Papers : des dizaines de milliers de sociétés *offshore* rendues publiques dans l'Offshore Leaks Database », *Le Monde*, 14 février 2018.
81. Nagels C., Lascoumes P., *Sociologie des élites délinquantes*, *op. cit.*
82. « Les Panama Papers et les Paradise Papers ont rapporté près de 200 millions d'euros au fisc français », *La Croix*, 23 janvier 2023.
83. Voir « Recueil de fiches pratiques – Bases d'information publiques utiles à l'évaluation de l'intégrité des tiers », Agence française anticorruption, mars 2023, https://www.agence-francaise-anticorruption.gouv.fr/files/files/AFA_recueil%20de%20fiches%20pratiques%20bases%20publiques.pdf (consulté le 21 octobre 2023).
84. Baruch J., Vaudano M., Michel A., Fitzgibbon W., « Panama Papers : cinq ans après, des milliards récupérés et plusieurs condamnations », *Le Monde*, 8 avril 2021.
85. « C'est dans ces conditions qu'un journaliste digne de ce nom [...] garde le secret professionnel et protège les sources de ses informations », voir Charte d'éthique professionnelle des journalistes, SNJ, 9 mars 2011, https://www.snj.fr/content/charte-d%E2%80%99%C3%A9thique-professionnelle-des-journalistes (consulté le 19 septembre 2023).

cette norme déontologique s'ajoute l'injonction législative de la loi n° 2010-1 du 4 janvier 2010 qui garantit leur protection et renforce le droit au secret : « Le secret des sources des journalistes est protégé dans l'exercice de leur mission d'information du public [87]. » Pour plusieurs journalistes, cet impératif constitue une entrave à la possibilité d'ouvrir spontanément leurs documents au public. Pierre Romera, directeur technique de l'ICIJ, fait régulièrement face à ce tiraillement entre devoir de protection des sources et libération des données. La transparence, mot d'ordre du consortium [88], se heurte à la nécessité de protéger les lanceurs d'alerte qui sont à l'origine de l'enquête. Le fait que certains restent anonymes et soient soumis au risque de divulgation de leur identité incite les journalistes à prendre des précautions quant à la publication des données qui contiennent des renseignements susceptibles de la révéler. Les données renferment par ailleurs des informations personnelles sur d'autres individus, ce qui renforce encore l'hésitation des journalistes à les publier.

De fait, l'ouverture des données ne se fait que rarement par défaut, et résulte plutôt de multiples arrangements réalisés entre les professionnels de l'information et leurs sources. Ils conduisent notamment les journalistes à tronquer une partie de leurs documents, et à modifier ceux pouvant faire l'objet d'une publication, en anonymisant par exemple les éléments susceptibles de divulguer l'identité de la source. Les données ouvertes au public sont sélectionnées et modifiées pour répondre à l'impératif de leur protection, et ne contiennent donc pas nécessairement des informations exclusives en dehors de celles que les médias ont choisi de dévoiler au moment des révélations. C'est ce que signale Maxime Vaudano, journaliste au pôle Les Décodeurs du *Monde*, qui a participé à plusieurs enquêtes *leaks* coordonnées par l'ICIJ : « Un mois ou deux après la publication des articles, une partie des données très expurgées est mise en ligne. Ce sont des informations très basiques, sur le nom de la société, et qui devraient être dans l'espace public [89]. » La base de données ne contient par exemple pas les comptes bancaires, boîtes mails et transactions financières qui constituent pourtant une partie importante des *leaks*. Cette sélection est de nature à compliquer le travail des autorités éta-

86. « Les devoirs essentiels du journaliste, dans la recherche, la rédaction et le commentaire des événements, sont [...] garder le secret professionnel et ne pas divulguer la source des informations obtenues confidentiellement », voir Charte de Munich 1971, CFDT Journalistes, https://cfdt-journalistes.fr/charte-deontologique-de-munich/ (consulté le 2 octobre 2023).
87. Loi n° 2010-1 du 4 janvier 2010 « relative à la protection du secret des sources des journalistes », https://www.legifrance.gouv.fr/jorf/id/JORFTEXT000021601325/ (consulté le 19 septembre 2023).
88. "Transparency is at the center of everything we do" (« La transparence est au centre de tout ce que l'on fait »), voir site de l'ICIJ, https://www.icij.org/about/ (consulté le 1er octobre 2023).
89. Donada E., « Pandora papers : quelles sont les suites données aux enquêtes sur l'évasion fiscale en France ? », *Libération*, 10 octobre 2021, https://www.liberation.fr/checknews/pandora-papers-quelles-sont-les-suites-donnees-aux-enquetes-sur-levasion-fiscale-en-france-20211010_672DXAN7VJDFHHVG6B6L4YXSMM/ (consulté le 25 octobre 2023).

tiques lorsqu'elles souhaitent se servir des données. C'est notamment ce que signale un rapport du Sénat datant d'octobre 2022 : « le caractère souvent fragmentaire des informations dévoilées rend particulièrement délicat leur exploitation par les pouvoirs publics, d'autant plus que les principes déontologiques auxquels les journalistes s'astreignent les conduisent souvent à refuser de leur transmettre des informations complémentaires [90]. »

En plus de ce travail de sélection et modification, les données sont généralement restructurées de sorte qu'elles soient lisibles aux yeux du public non familier de l'informatique. L'Offshore Leaks Database est par exemple organisée sous forme de graphes, ce qui témoigne d'une intermédiation persistante des journalistes qui ne mettent pas à disposition les données telles qu'elles leur ont été fournies. De fait, les bases de données publiées ne sont jamais « brutes [91] », au sens où elles font l'objet d'opérations multiples de la part des journalistes qui gardent un contrôle sur la manière de rendre visibles les éléments de l'enquête. Plusieurs journalistes ayant participé à ces investigations assurent par ailleurs l'impossibilité de redéfinir le cadre ainsi délimité. L'ICIJ et ses médias partenaires refusent en effet les demandes d'informations complémentaires provenant d'individus qui ne sont pas journalistes, comme l'affirme l'extrait ci-dessus. *Le Monde* a déjà reçu ce type de requête de la part des autorités étatiques françaises. Dans une note publiée en fin d'article après les révélations Pandora Papers d'octobre 2021, la rédaction soutient toutefois que « ni *Le Monde* ni aucun des médias partenaires de l'enquête ne transmettra d'informations supplémentaires aux autorités [92] ». La dialectique du secret et de la transparence trouve donc une issue dans la possibilité pour les journalistes de définir et de maintenir un cadre strict qui délimite la publication des données.

Néanmoins, cela en fait une pratique coûteuse et chronophage, ce qui rebute parfois les journalistes à s'y investir, d'autant plus qu'elle ne constitue pas une plus-value financière pour les entreprises de presse. La retenue des journalistes quant à la publication de leurs documents s'explique donc également par le manque de temps et d'argent qu'il est nécessaire d'allouer à cette activité, considérée comme subalterne. Gael Cérez, rédacteur en chef de *Médiacités Toulouse*, évoque à cet égard les difficultés financières auxquelles ses collègues et lui sont confrontés :

> « Non, de fait, on n'ouvre pas les données au public. Déjà parce que ça demande du temps et qu'on n'a pas ce temps-là. C'est une réflexion qu'on a, et je pense que c'est quelque chose qu'on pourrait

90. Rapport d'information du Sénat n° 72, 25 octobre 2022, https://www.senat.fr/rap/r22-072/r22-07215.html#fnref102 (consulté le 28 février 2024).
91. Gitelman L. (ed.), *Raw Data Is an Oxymoron*, Cambridge, MIT Press, 2013.
92. « À la suite des Pandora Papers, Bercy vérifie si des résidents fiscaux français ont fraudé », *Le Monde*, 5 octobre 2021.

mener à bien si on était moins acculé par le besoin de survivre. Mais de fait aujourd'hui on ne le fait pas [...]. Honnêtement, c'est plus une question de temps parce que, faire ça, c'est allouer de la ressource temps et homme, à une activité qui ne va pas nous rapporter de l'argent [93]. »

Les contraintes financières supportées par le média d'investigation limitent la possibilité d'allouer du temps et de l'argent à des activités non rentables telles que l'ouverture des données. Dans la monographie qu'il consacre à *Médiacités Lille*, Nicolas Kaciaf note en ce sens que les contraintes budgétaires qui pèsent sur le journal indépendant, dont les financements proviennent à 85 % de l'abonnement de ses lecteurs, accroissent le besoin de « rentabiliser l'investigation [94] ». C'est ce qui semble ici expliquer la position de Gael Cérez quant à la mise à disposition des données. Il n'est pas réfractaire à cette idée mais semble rattrapé par le besoin de rentabiliser ses enquêtes pour « survivre ».

Souvent présentée comme une pratique inhérente au datajournalisme, la publication des données n'en reste pas moins une activité subsidiaire, qui n'est envisagée que lorsque certaines conditions sont réunies et qui, le cas échéant, ne concerne qu'une certaine partie des données. Il convient ainsi de mettre à distance les discours qui présentent l'ouverture des données comme le signe de la disparition de l'intermédiation journalistique et de la quintessence de l'interaction public-données, et considérer plutôt, à l'instar de Rayya Roumanos, que « le journaliste qui consent à se mettre en retrait pour laisser au lecteur le soin d'examiner les faits par lui-même, ne perd pas pour autant le contrôle sur une narration visuelle dont la visée est, somme toute, plus persuasive qu'informative [95] ». L'analogie avec l'*open data* des administrations publiques apparaît alors évidente. De même que pour les agents de l'État, il semblerait que la libération des données ne s'intègre pas non plus véritablement parmi les pratiques routinisées des journalistes d'enquête. On peut donc s'interroger sur la capacité de cette mesure à constituer un des ressorts de l'action des acteurs chargés de la lutte contre les illégalismes. En effet, non seulement elle n'est pas envisagée à cette fin, mais elle est également restreinte dans son contenu en raison des exigences déontologiques du métier de journaliste, qui leur imposent de ne pas publier d'informations sensibles en dehors de ce qu'ils ont déjà révélé.

93. Entretien avec Gael Cérez, rédacteur en chef de *Médiacités Toulouse*, novembre 2022.
94. Kaciaf N., « Faire rendre des comptes. Les conditions de l'investigation journalistique à l'échelle locale », *Politiques de communication*, vol. 15, n° 2, 2020, pp. 139-166.
95. Roumanos R., « Quand quantifier sert d'abord à qualifier : Le cas de la data-visualisation Allô Place Beauvau ? C'est pour un bilan (provisoire) », *Interfaces numériques*, vol. 9, n° 3, 2020, pp. 1-20.

***

Deux arguments ont été exprimés pour interroger l'idée selon laquelle le datajournalisme permettrait d'offrir une nouvelle visibilité des illégalismes de dominants. L'un mettait l'accent sur l'enquête journalistique qui la précède et la détermine ; l'autre interrogeait l'idée selon laquelle l'ouverture des bases de données au public permettrait d'alimenter l'action des acteurs chargés de les réprimer. Les enquêtes leaks menées par les médias français dans le cadre des projets de l'ICIJ apparaissent de prime abord comme des conjonctures tout à fait particulières au regard du travail classique d'investigation. Néanmoins, plutôt que d'insister sur cette exceptionnalité, nous avons souhaité focaliser l'attention sur le fait que les pratiques déployées s'inscrivaient pour autant dans une certaine continuité avec les manières de faire usuelles du journalisme d'investigation. Il a donc fallu réinterroger certaines évidences, et réarticuler le propos autour des oppositions qui structurent les débats portant sur le datajournalisme, en particulier ceux qui se concentrent sur la méthodologie (approche par les données *vs* approche par les hypothèses), le type de données (données ayant fuité *vs* données ouvertes) et la prudence journalistique (objectivité *vs* subjectivité). Le datajournalisme tend également à offrir de nouvelles possibilités de visibiliser les illégalismes et d'accroître l'action des acteurs chargés de lutter contre, en particulier lorsque les journalistes décident d'ouvrir leurs bases de données au public. Néanmoins, cette pratique ne s'effectue que rarement par défaut et ne constitue pas un ressort essentiel du travail des journalistes. Lorsqu'elle est envisagée, elle ne s'adresse d'ailleurs pas aux autorités étatiques mais à des acteurs « citoyens » tels que les chercheurs et les ONG. En outre, cette mise à disposition est parfois restreinte du fait de la nécessité de protection des sources et des données personnelles.

La question du renouvellement de l'enquête et des révélations médiatiques par le datajournalisme doit être envisagée dans le cadre d'une réflexion plus générale sur les transformations contemporaines du journalisme d'investigation. La numérisation et l'informatisation de l'enquête apparaît à cet égard indissociable d'une autre dynamique esquissée dans cet article, celle de la transnationalisation des pratiques d'investigation. Grâce à l'appui des réseaux tissés entre journalistes de pays divers, des enquêtes de grande ampleur voient désormais le jour, rassemblant de nombreux médias nationaux généralement coordonnés par des organismes indépendants, tels que le Consortium international des journalistes d'investigation (ICIJ), l'Organized Crime and Corruption Reporting Project (OCCRP) ou encore l'European Investigative Collaborations (EIC). L'essor de ce journalisme collaboratif, en favorisant la coopération, l'entraide, et le partage des ressources le temps d'une enquête au long cours, permet aux journalistes d'appréhender les grandes quantités de données dont ils disposent, et qu'il leur semble difficile d'exploiter à la seule échelle nationale. Les deux dynamiques dont il est question ici – développement du datajournalisme et transnationalisation de l'enquête – peuvent de ce point de vue être interprétées de manière similaire, comme le signe de l'adaptation des journalistes à la déferlante de données massives (ou « *big data* ») à laquelle ils sont confrontés depuis plusieurs décennies.

L'accent mis sur le processus d'enquête et la révélation des pratiques transgressives constitue en outre le point de départ d'une recherche plus complète de la réaction sociale engendrée par les révélations médiatiques transnationales. Cette contribution s'inscrit dans un mouvement plus large, qui n'envisage pas tant les scandales comme la médiatisation soudaine de comportements transgressifs que comme une des sources dans lesquelles viennent puiser les autorités étatiques chargées de leur régulation. Certaines révélations transnationales sont en effet réappropriées par des acteurs institutionnels qui mènent à leur tour des enquêtes – administratives, judiciaires et policières – en vue de sanctionner les illégalismes, dont une part importante s'avère être commis par des individus appartenant aux classes dominantes. À l'interface du journalisme d'investigation et du contrôle étatique se joue ainsi une nouvelle articulation des différents maillons de la réaction sociale, telle qu'elle s'enracine dans les révélations médiatiques transnationales et fleurit de leur retentissement administratif et judiciaire.

Informer pour punir ? Pandora Papers, un non-scandale sans précédent [1]

Anthony AMICELLE, Jean BÉRARD, Killian CHAUDIEU

Anthony Amicelle est maître de conférences à Sciences Po Bordeaux et rattaché au Centre Émile Durkheim (UMR 5116) ainsi qu'au Centre de recherche sociologique sur le droit et les institutions pénales (CESDIP-UMR 8183). Il est aussi professeur associé à l'Université de Montréal et membre du Centre de recherche et d'études en politique internationale (REPI) de l'Université libre de Bruxelles. Il a codirigé la revue Champ pénal *de 2020 à 2023 et ses travaux portent principalement sur les politiques de lutte contre les illégalismes économiques et financiers. Il a récemment publié avec M. Darley et J. de Maillard (dir.), « État, savoirs experts et sécurité »,* Gouvernement & action publique, *vol. 12, n° 3, 2023.*

Jean Bérard est maître de conférences à l'École normale supérieure Paris-Saclay et chercheur à l'Institut des sciences sociales du politique (UMR 7220). Ses travaux portent sur l'histoire du droit et de la justice. Il a récemment publié « La vie des choses et la nature du droit. Étude sur les normes environnementales de l'époque contemporaine », Histoire, économie & société, *vol. 42, n° 4, 2023.*

Killian Chaudieu est docteur en criminologie et en science forensique. Ses travaux portent sur l'analyse des pratiques de lutte contre le blanchiment de capitaux et le financement du terrorisme. Il a récemment soutenu sa thèse de doctorat intitulée : « À quoi sert le renseignement financier ? De la trace financière à la "fabrique de la criminalité" en Suisse et au Canada », Université de Lausanne, Université de Montréal.

1 . Les auteurs tiennent à remercier les évaluateurs de la revue ainsi que Laurent Bonelli, Paul Le Derff et Léo Mignot pour leurs précieux commentaires sur une version antérieure du présent article.

« Personnes politiquement exposées, PPE en bref, politiciens, dirigeants, puissants intermédiaires, voilà une source qui semblait prometteuse. Des mois plus tard, j'étais assis sur le siège arrière, sans aucun contrôle alors que la voiture roulait à beaucoup trop vive allure le long d'un paysage désolé. Il y avait une tempête à l'extérieur, aucune visibilité, je retenais mon souffle. Une multitude de communications secrètes et des bribes de données analysées par notre équipe. Des milliers de kilomètres parcourus, l'enjeu était de taille. J'étais loin de chez moi et du commencement de cette histoire : un disque dur reçu par courrier plus de dix ans auparavant a été le point de départ d'un voyage dans un monde financier entièrement caché. L'ICIJ a constitué une vaste équipe d'enquêteurs et d'experts en données, et a suivi des pistes par-delà les frontières et les continents. Ensemble nous avons utilisé les données pour mettre au jour de la corruption, des méfaits et des injustices à l'échelle mondiale [2]. »

Prononcés en voix *off* sur fond de musique digne d'un thriller politico-financier dans une courte vidéo à la mise scène qui se veut haletante, ces mots sont ceux de G. Ryle. Il ne s'agit pas d'un agent de l'État au cœur d'une vaste enquête de police transnationale sur les puissants de ce monde, à l'ère du capitalisme financier et de la surveillance numérique. C'est le directeur du Consortium international des journalistes d'investigation – *International Consortium of Investigative Journalists* (ICIJ), dont le siège est à Washington D.C. et à qui l'on doit depuis 2013 une série de *leaks*, *papers* et autres *files* sur le recours aussi discret que systémique des élites dirigeantes aux paradis fiscaux et autres circuits *offshore* [3]. Près de trois cents professionnels et plus de cent-quarante médias d'une centaine de pays y sont affiliés, dont *Le Monde*, la cellule investigation de Radio France ainsi que l'agence de presse et société de production Premières lignes [4]. L'organisation dirigée par M. Ryle constitue bien le nœud d'un réseau transnational d'investigation, simplement l'expérience est ici journalistique et non policière [5]. Troublant malgré tout à la lec-

2. "Pandora Papers: The Origin of a Global Investigation", vidéo disponible à cette adresse : https://www.icij.org/investigations/offshore/ten-years-exposing-offshore-tax-havens-secrets/ (consulté le 15 avril 2024).

3. Suivant un rythme croissant, les membres de l'ICIJ ont été à l'origine d'une vingtaine d'enquêtes transnationales depuis 2013, soit plus de deux par an en moyenne sur une décennie et un quart concernant directement les enjeux et usages des places financières *offshore* – Offshore leaks (2013), Panama Papers (2016), Bahamas Papers (2016), Paradise Papers (2017), Pandora Papers (2021), dont les informations fuitées ont été regroupées dans une base de données commune : « Offshore Leaks Database » - https://offshoreleaks.icij.org/ ; on peut y ajouter les Lux Leaks (2014), les Swiss Leaks (2015), les Luanda Leaks (2020), les FinCen Files (2020) et Cyprus Confidential (2023). Voir la liste exhaustive des investigations menées sous l'égide du Consortium, y compris avant 2013 : https://www.icij.org/investigations/ (consulté le 15 avril 2024).

4. Les équipes de Premières lignes produisent notamment l'émission Cash investigation diffusée sur France 2 et régulièrement associée aux investigations de l'ICIJ.

5. Bigo D., *Polices en réseaux. L'expérience européenne*, Paris, Presses de Sciences Po, 1996.

ture de la citation placée en exergue, le parallèle entre ces deux univers de pratiques (d'enquête) et de rationalités, *a priori* différenciés [6], n'est pas fortuit ni accidentel. Il est sciemment dressé et entretenu par la direction et les membres de l'ICIJ, prompts à mesurer l'impact de leurs révélations au nombre de changements réglementaires et d'enquêtes parlementaires, fiscales et surtout pénales initiées, avec un décompte régulier des arrestations, poursuites et sanctions à travers le monde [7].

Oscillant entre la figure de l'entrepreneur de cause en croisade morale contre les illégalismes des classes dominantes, et celle du justicier auxiliaire aux velléités punitives plus affirmées, ce positionnement journalistique est loin d'être une nouveauté. Il s'inscrit dans la lignée des fameux « *muckrackers* », ces « fouille-merdes » qui ont incarné aux États-Unis l'essor du journalisme d'investigation au tournant du XXe siècle [8]. À l'instar de Lincoln Steffens dénonçant dans ses articles « la honte des villes américaines » en proie à une corruption systémique [9], les membres de l'ICIJ appellent à la mobilisation collective pour « un monde débarrassé de la corruption, des injustices et des inégalités [10] ». Présentant leur Consortium sous la forme d'un « *muckraker* mondial », ils se décrivent eux-mêmes comme des « *muckrakers* modernes [11] », avec pour signes distinctifs la transnationalisation croissante de leurs pratiques, et leur instrumentation algorithmique permettant de traiter de grandes masses d'informations à l'heure du datajournalisme [12]. Et si ces fouille-merdes des temps présents revendiquent un pouvoir d'enquêter et de nuire à l'égard des élites dirigeantes, ils l'exercent concrètement par la mise en visibilité publique de faits présumés scandaleux. Or, en matière d'illégalismes économiques et financiers, et en particulier ceux répandus chez les dominants, force est de constater que ce sont souvent des « révélations privées relayées par les médias qui [font] office de gendarme [13] ». Avec le slogan « *Leak to us* » [Divulguez nous], l'ICIJ en a fait sa marque de fabrique, en encourageant les « lanceurs d'alerte » à lui soumettre sous divers formats des informations d'intérêt général *via* des procédures sociotechniques sécurisées [14]. Depuis la figure

6. Marchetti D., « Les révélations du "journalisme d'investigation" », *Actes de la recherche en sciences sociales*, vol. 131-132, 2000, pp. 30-40 ; Bonelli L., Lemaire E., Proteau, L., « Pour une sociologie du champ policier : introduction du dossier Frontières policières », *Sociétés contemporaines*, vol. 122, 2021, pp. 5-24.
7. Voir par exemple leur mise en valeur de l'impact des investigations menées sous l'égide ICIJ pour 2023 : https://www.icij.org/investigations/cyprus-confidential/how-the-world-responded-to-icijs-investigations-in-2023/ (consulté le 15 avril 2024).
8. Filler L., *The Muckrakers*, Stanford, Stanford University Press, 1993 [1ère édition 1939] ; Weinberg A., Weinberg, L. (eds.), *The Muckrakers*, Chicago, University of Illinois Press, 2001 ; Muhlmann G., *Une histoire politique du journalisme*, Paris, Presses universitaires de France, 2004 ; Schiffrin A., "Global Muckraking", in Vos T., Hanusch, F. (eds.), *The International Encyclopedia of Journalism Studies*, Hoboken, Wiley Blackwell, 2019.
9. Steffens L., *The shame of the cities*, New York, P. Smith, 1904.
10. "Donate to ICIJ" , 2024. https://www.icij.org/donate/ (consulté le 15 avril 2024).
11. Coronel S., "Technology, Tradition, and a Golden Age of Muckraking", ICIJ, octobre 2014.
12. Voir l'article de Numa Gagey dans ce dossier thématique.
13. Lascoumes P., « Contre l'argent illicite, non aux lois de panique », *Mediapart*, 2013, p. 1.

héroïque et solitaire de Daniel Ellsberg à l'origine des Pentagon Papers en 1971 [15], autre référence historique revendiquée par les fondateurs du Consortium international, l'évolution est frappante en matière d'institutionnalisation, de protocolisation et de « collectivisation » du rôle de lanceur d'alerte. Et c'est précisément l'objet de la vidéo, dont est extraite la citation en exergue, que de valoriser cette démarche et ses retombées en mettant en scène les origines de « la plus grande enquête de l'histoire du journalisme », les Pandora Papers.

Les Pandora Papers

Cette enquête journalistique est annoncée mondialement le 3 octobre 2021 par la parution et la reprise multilingue d'un premier article au titre percutant : « Paradis offshore et richesse cachée des dirigeants du monde et des milliardaires exposés dans une fuite de données sans précédent. Les Pandora Papers révèlent les rouages d'une économie clandestine qui profite aux nantis et aux puissants, au détriment de tous les autres [16]. » À leur sortie, les Pandora Papers sont mis en série avec les précédents *leaks* enquêtés et révélés sous l'égide de l'ICIJ, à commencer par les plus célèbres d'entre eux, les Panama Papers, à qui ils sont comparés dans une logique de distinction promotionnelle. La vidéo officielle accompagnant leur lancement médiatique débute ainsi par la phrase d'accroche suivante, également prononcée par G. Ryle : « Cette fuite, c'est vraiment les Panama Papers sous stéroïdes [17]. » La référence aux Panama Papers, érigés en nouvel étalon de mesure de tout scandale d'ampleur internationale [18], vise à souligner le caractère sans précédent des nouvelles révélations en termes de « taille, d'échelle et de portée [19] ». Alors que le nombre et le volume de fichiers confidentiels obtenus sont proches en chiffres absolus, avec respectivement 11,5 millions de documents pour 2,6 téraoctets de données en 2016 contre 11,9 millions pour 2,94 téraoctets en 2021, ceux-ci proviennent cette fois de quatorze prestataires de services financiers *offshore* et non plus du seul cabinet d'avocat panaméen Mossack Fonseca [20]. La quantité de bénéficiaires effectifs identifiés par les fuites de données a plus que doublé, avec 29 000 propriétaires de 27 000 sociétés écrans, tout comme le nombre de responsables politiques et de hauts fonctionnaires concernés par les révélations, avec 336 personnalités issues de 90 pays pour 956 sociétés enregistrées dans des places *offshore* en Europe, aux États-Unis, en mer de Chine et dans les Caraïbes [21]. Dans ces Pandora Papers à la démesure savamment orchestrée, ces professionnels de la politique et autres grands commis de l'État côtoient notamment cent-trente milliardaires du monde des affaires et des centaines de multinationales, d'intermédiaires financiers, de sportifs et d'artistes multimillionnaires.

14. "Leak to us", https://www.icij.org/leak/ (consulté le 15 avril 2024).
15. Alors analyste pour la Rand Corporation sous contrat avec l'État américain, Daniel Ellsberg avait communiqué au *New York Times* un document top secret de 7 000 pages du département de la Défense démontrant l'implication délibérée des États-Unis dans l'escalade du conflit au Vietnam, et ce avant même l'engagement officiel de son armée. Henkin L., "The Right to Know and the Duty to Withhold: The Case of the Pentagon Papers", *University of Pennsylvania Law Review*, vol. 120, n° 2, 1971, pp. 271-280.
16. "Offshore Havens and Hidden Riches of World Leaders and Billionaires Exposed in Unprecedented Leak", ICIJ, octobre 2021.

Prenant au sérieux le caractère sans précédent de ces Pandora Papers, le présent article propose d'interroger les réactions que leur parution a suscitées. En tant qu'acte de dénonciation publique posé par les journalistes de l'ICIJ, cette enquête visait à faire advenir des mobilisations à la hauteur de l'ampleur des révélations faites. Pour le formuler autrement et simplement, à révélations historiques, scandale historique. Or, ce double principe de causalité et de proportionnalité ne s'applique pas à la dynamique du scandale [22]. Ce qui varie dans l'incertitude et l'indétermination d'un processus émergent de scandalisation à l'autre, c'est leur amplitude, en fonction « de la tournure des relations entre différents intervenants qui, pris dans l'urgence du scandale, s'efforcent de dénoncer, de dénier et de mobiliser [23] ». En tant que jeu à protagonistes multiples, chaque scandale met en relation une pluralité d'acteurs et d'univers sociaux, avec pour enjeu principal l'imposition d'une définition légitime de la situation controversée. Dans cet espace relationnel, les luttes sémantiques et autres batailles lexicales sont avant tout faites d'accusations et de contre-accusations entre dénonciateurs et dénoncés [24]. Au regard des exigences de polyphonie dans le champ journalistique en général, et dans la presse écrite en particulier, sur le mode X a dit A, Y a dit B [25], de nombreux articles sont cadrés autour de ces luttes de (re)qualification des faits présumés scandaleux. Pour ces raisons, couplées aux objectifs commerciaux inhérents à toute entreprise de médias [26], les journalistes sollicitent et reprennent les réactions de personnalités qui, soit se font le relais amplificateur du premier acte de dénonciation publique, soit en sont la cible et/ou en réfutent les fondements, le sens et la portée. En cela, la presse est partie prenante des scandales, non seulement parce qu'elle peut compter dans ses rangs des agents et institutions à l'origine de la dénonciation publique initiale, mais aussi parce qu'elle apparaît « comme l'un des principaux sites où s'affrontent les camps en présence et se forment les définitions de la situation [27] ».

---

17. "Pandora Papers: an Unprecedented Leak Exposes the Inner Workings of a Shadow Economy", ICIJ : https://www.youtube.com/watch?v=dHAtIFyDB8k&t=1s (consulté le 15 avril 2024).
18. Amicelle A., « Panama Papers », in Theviot A. (dir.), *Petit dico critique du big data*, Paris, FYP éditions, 2023.
19. Starkman D., Shiel F., Diaz-Struck E., Boland-Rudder H., "Frequently Asked Questions About the Pandora Papers and ICIJ", ICIJ, octobre 2021.
20. https://www.icij.org/investigations/pandora-papers/secrecy-brokers/ (consulté le 15 avril 2024).
21. https://www.icij.org/investigations/pandora-papers/pandora-papers-by-the-numbers/ (consulté le 15 avril 2024).
22. Rayner H., *Dynamique du scandale. De l'affaire Dreyfus à Clearstream*, Paris, Éditions Le Cavalier Bleu, 2007.
23. *Ibid.*, p. 72.
24. Mazbouri M., Giddey T., Baubeau P., « Le scandale financier comme projet de recherche », *Entreprises et histoire*, n° 101, 2020, pp. 6-13.
25. Kaciaf N., Le Derff P., « Du devenir des enquêtes de *Médiapart* et du *Canard enchaîné*. Conditions et logiques de la "carrière médiatique" des dénonciations journalistiques », *Les cahiers du journalisme*, vol. 2, n°1, 2018, pp. 119-129.
26. Cagé J., Huet B., *L'information est un bien public. Refonder la propriété des médias*, Paris, Éditions du Seuil, 2021.
27. Rayner H., *op. cit.*, p. 31.

C'est cette dynamique que nous voulons analyser, en prenant pour objet l'espace médiatique dans le bref moment d'apparition et de disparition des Pandora Papers, soit les quinze jours qui suivent les révélations de l'ICIJ. Le résultat majeur qu'il s'agit d'explorer est que les « Panama Papers sous stéroïdes » ne tiennent pas cette distance, et que le scandale n'advient en réalité pas. La comparaison avec les réactions qui ont suivi les Panama Papers est de ce point de vue éclairante. Elle permet d'interroger à la fois la manière dont les réactions se routinisent et reproduisent un espace de prises de positions bien balisé, et la manière dont la répétition des scandales en épuise la nouveauté et la capacité à prendre, face à des élites mises en cause qui ont rodé et radicalisé leur argumentaire de défense, autour de l'idée que tout ce qu'elles font est légal. Pour ce faire, nous nous appuyons sur la collecte exhaustive des articles publiés dans la presse française au sujet des Pandora Papers dans les quinze jours qui ont suivi les révélations de l'ICIJ. Leur analyse systématique et les résultats qui en découlent ont été produits à l'aide du logiciel Tableau Desktop. Cela représente 464 articles issus de plus d'une quarantaine de rédactions différentes, contre 1 466 articles dans le même laps de temps au moment des Panama Papers. À partir de ce corpus des Pandora Papers, nous avons identifié 309 prises de parole différentes. Nous ne traitons pas celles que nous avons catégorisées seulement comme la description d'actions, sous la forme « X annonce l'ouverture d'une enquête sur Y », qui ne compte que 14 occurrences.

L'article suit deux lignes d'analyse. Il montre dans un premier temps de quelle manière les personnes mises en cause s'inscrivent dans un répertoire de riposte balisé tout en optant de manière générale pour sa forme à la fois la plus simple et la plus abrupte, qui est la défense de la légalité des pratiques dénoncées. Dans un second temps, il analyse l'échec des accusateurs à avoir prise sur cette défense, avec un manque relatif de mobilisation multisectorielle, un cantonnement des prises de paroles dans une déploration générale de l'inaction publique et une fermeture très rapide de l'espace de débat sur les propositions de transformation possible.

« C'est légal »

> « L'objectif de toutes les justifications, quelle que soit leur forme (déni, mise en controverse, déresponsabilisation, banalisation), est d'opérer un brouillage des codes normatifs avec lesquels sont évaluées les situations sociales. Cette confusion entretenue est d'autant plus importante à réaliser que les situations concernées sont problématiques du point de vue des règles et des valeurs [28]. »

28. Lascoumes P., *L'économie morale des élites dirigeantes*, Paris, Les Presses de Sciences Po, 2022, p. 180.

Mises en cause publiquement pour des transgressions d'ordre légal ou moral, supposées ou avérées, les cibles d'une enquête journalistique sont très tôt invitées à donner leur version des faits, avant même la parution des premières révélations par les journalistes menant l'investigation, puis immédiatement après par leurs confrères. C'est le cas pour les Pandora Papers et, avant eux, pour les Panama Papers. Face à « la proposition d'engagement à l'indignation [29] » lancée par les membres de l'ICIJ, les élites visées sont incitées à donner sens à tout un pan de leurs activités qui étaient jusque-là restées dans l'ombre des places *offshore* [30], avant d'être exposées pour un temps à la lueur médiatique. Sur le fond comme sur la forme, la nature, l'éventuel cumul et la gradation de leurs ripostes laissent transparaître leur perception évolutive de la situation de crise dans laquelle elles se retrouvent prises à partie, et donc parties prenantes bien malgré elles. Le type et la variété de leurs lignes de défense et de contre-attaque indiquent à quel point elles se sentent ou non menacées par la tournure des évènements, et jusqu'où elles estiment devoir aller pour défendre leur réputation et entretenir la théodicée de leur privilège, selon l'expression de Max Weber. Parmi l'ensemble des « privilèges de position » propres aux classes dominantes [31], l'un d'eux est précisément au cœur de ces enquêtes journalistiques, à savoir la capacité des plus fortunés à bénéficier d'échappatoires fiscaux *via* des montages et des circuits financiers inaccessibles au reste de la population [32]. À ce titre, la panoplie de ripostes déployées par les personnalités pointées du doigt est doublement éclairante, comme lignes d'action à la fois individuelles et inscrites dans une sociodicée collective, renvoyant « aux rhétoriques et autres stratégies argumentatives élaborées par les "dominant·e·s" pour justifier le monde social tel qu'il est, c'est-à-dire, le plus souvent, à leur avantage [33] ». Or, ce qui frappe d'emblée dans les réactions aux Pandora Papers, c'est la concentration des différentes fractions des classes dominantes autour d'un spectre rhétorique extrêmement restreint, dont n'émane peu voire pas de signes tangibles de vulnérabilité ni de perte de contrôle.

29. de Blic D., Lemieux C., « Le scandale comme épreuve. Éléments de sociologie pragmatique », *Politix*, n° 71, 2005, p. 16.
30. Godefroy T., Lascoumes P., *Le capitalisme clandestin : l'illusoire régulation des places offshore*, Paris, Éditions la Découverte, 2004.
31. Lascoumes P., *Les affaires ou l'art de l'ombre : les délinquances économiques et financières et leur contrôle*, Paris, Centurion, 1986 ; Lascoumes P., *L'économie morale des élites dirigeantes*, *op. cit.*
32. Chavagneux C., Murphy R., Palan R., *Tax Havens: How Globalization Really Works*, Londres, Cornell University Press, 2010 ; Zucman G., *La richesse cachée des nations. Enquête sur les paradis fiscaux*, Paris, Éditions du Seuil, 2017 ; "Offshore Havens and Hidden Riches of World Leaders and Billionaires Exposed in Unprecedented Leak", *op. cit.*
33. Bosvieux-Onyekwelu C., « "Droits humains" *vs* "droits de l'homme" : arguments en faveur de l'inclusivité du langage des droits », *Cahiers du genre*, n° 69, p. 133 ; Bourdieu P., « Stratégies de reproduction et modes de domination », *Actes de la recherche en sciences sociales*, n° 105, 1994, pp. 3-12.

Si la récurrence des scandales financiers internationaux et de leurs soubresauts a produit une forme de routinisation des répliques médiatiques au cours des dernières années [34], celles-ci font plus largement écho aux « techniques de neutralisation [35] », aux « narratifs défensifs [36] », aux « ripostes institutionnelles [37] », et aux « rhétoriques de justification [38] » identifiées dans la littérature. Dans ce répertoire de réactions standard, on retrouve sans surprise celles mobilisées à l'occasion des Pandora Papers. Cependant, ce dernier événement, d'une envergure présentée comme sans précédent, se singularise donc par l'inégale distribution des ripostes qu'il a suscitées.

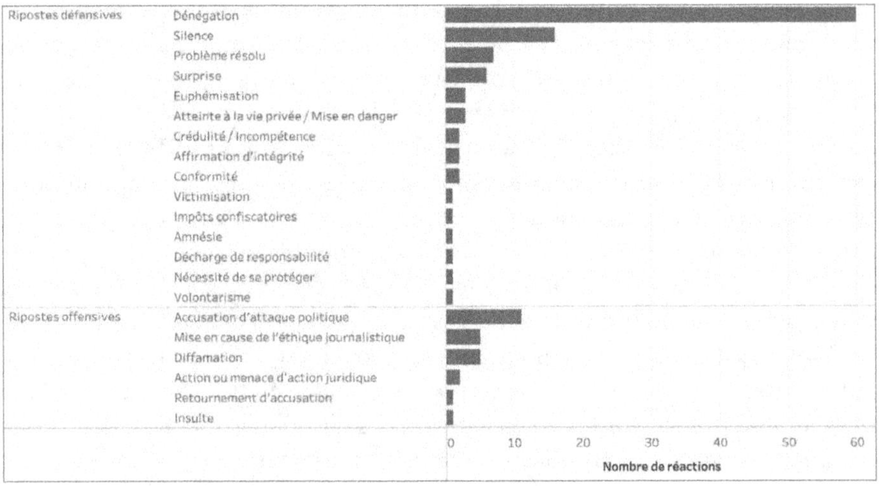

Graphique 1 – Typologie des ripostes

34. Amicelle A., Bérard J., « Défense des classes dominantes : la division du travail de légitimation à l'épreuve des scandales financiers internationaux », *Revue de la régulation*, n° 22, 2017, pp. 1-23.
35. Sykes G., Matza D., "Techniques of Neutralization: A Theory of Delinquency", *American Sociological Review*, vol. 22, n° 6, 1957, pp. 664-670 ; Lascoumes P., Nagels C., *Sociologie des élites délinquantes. De la criminalité en col blanc à la corruption politique*, Paris, Armand Colin, 2018.
36. Black W. K., "Corruption kills", in Pontell H. N., Geis G. (eds), *International handbook of white collar and corporate crime*, New York, Springer, 2007, pp. 439-455.
37. Rayner H., Voutat B., « Scandalisation », in Michel H., Lévêque S., Contamin J-G. (dir.), *Rencontres avec Michel Offerlé*, Paris, Éditions du Croquant, 2019, pp. 401-408.
38. Lascoumes P., *L'économie morale des élites dirigeantes*, *op. cit.*

Entre déresponsabilisation et passé révolu : usage limité des ripostes défensives

En comparaison avec les Panama Papers, certaines ripostes alors observables brillent par leur absence au moment des Pandora Papers. Aucune des personnalités identifiées ne fait par exemple appel à des loyautés supérieures [39], pour avouer à demi-mot des illégalismes fiscaux et en justifier la pratique, contrairement au premier ministre britannique d'alors, David Cameron, et à des parlementaires français avant lui [40]. Dans les deux cas, l'euphémisation des faits reprochés et la minimisation de leur responsabilité reposaient sur la mise en avant d'un « illégalisme hérité », lié à une opération financière – parfois ancienne – réalisée par leurs pères respectifs. La reconnaissance de cet illégalisme reçu et en quelque sorte perpétué en héritage allait de pair avec l'invocation de l'autorité paternelle à laquelle il avait fallu se conformer, comme si cette norme disposait d'une légitimité supérieure à la loi. Et plus globalement, aucune réaction immédiate aux Pandora Papers ne s'apparente à la reconnaissance d'un acte illégal, ou à tout le moins d'une quelconque responsabilité dans la commission d'un tel acte. Il n'y a pas trace de *mea culpa*, que ce soit sous forme de « mortification [41] », ou d'« autoflagellation [42] », ni même de banalisation des faits, sur le ton « tout le monde le fait dans ce milieu [43] ». Dans les rares cas de figure où l'éventualité d'une transgression n'est pas balayée d'un simple revers de la main, son évocation toujours ambigüe est systématiquement couplée à deux registres argumentatifs de défense.

D'une part, cette rare évocation s'accompagne d'une justification par déresponsabilisation, en attribuant la charge de l'infraction potentielle à une tierce partie. Ce rejet préventif de responsabilité se retrouve par exemple dans

39. Sykes G., Matza D., "Techniques of Neutralization: A Theory of Delinquency", *op. cit.* ; Lascoumes P., Nagels C., *Sociologie des élites délinquantes. De la criminalité en col blanc à la corruption politique*, *op. cit.*

40. Pour toutes les comparaisons avec les Panama Papers dans le corps du texte, nous renvoyons à ce précédent article : Amicelle A., Bérard J., « Défense des classes dominantes : la division du travail de légitimation à l'épreuve des scandales financiers internationaux », *op. cit.*

41. « Solution plus rare, la mortification, consistant à prendre sur soi et à implorer le pardon pour réparer l'offense, équivaut à une scène de réparation et peut se révéler efficace. Contraint d'admettre, le président Clinton s'est livré à une repentance publique en avouant son fourvoiement ("j'ai péché") durant l'un de ses discours à la nation, priant Dieu, adressant ses excuses à sa famille, à ses amis, à ses collaborateurs, à Monica Lewinsky et à sa famille et au peuple américain », Rayner H., *Dynamique du scandale. De l'affaire Dreyfus à Clearstream*, *op. cit.*, p. 36.

42. « L'autoflagellation […] joue sur une surenchère morale qui recherche l'apitoiement de l'auditoire : la sincérité, voire la surcharge, est censée jouer en faveur de l'accusé. S'il n'est pas innocenté, du moins sa disqualification peut s'en trouver réduite : à force d'être tellement coupable, le mis en cause doit être un innocent. Cette tactique a aussi pour but de distinguer le pénitent de ses confrères sur lesquels pèse toujours une présomption de mensonge et d'hypocrisie ». Lascoumes P., *L'économie morale des élites dirigeantes*, *op. cit.*, p. 175.

43. « Il est tentant de pondérer une transgression, même délictuelle, en la comparant aux pratiques communes à un milieu social donné. La banalisation permet de relativiser la portée des actes. Leur répétition, leur fréquence et le peu de réaction qu'ils suscitent sont invoqués pour étayer leur caractère ordinaire. Montrer leur généralisation et l'acceptabilité sociale dont ils bénéficient est censé normaliser la violation de la règle, la rendre excusable ». *Ibid.*, p. 178.

les propos des représentants de deux intermédiaires financiers de premier plan, à savoir la banque globale Morgan Stanley et le cabinet d'avocats d'affaires international Baker McKenzie, dirigé par Christine Lagarde de 1999 à 2005. Celle-ci deviendra ensuite ministre déléguée au Commerce extérieur sous la présidence française de Jacques Chirac, puis successivement ministre de l'Agriculture et de la pêche et ministre de l'Économie sous la présidence de Nicolas Sarkozy, avant de prendre la direction générale du Fonds monétaire international et enfin d'être nommée présidente de la Banque centrale européenne. Dès le premier jour des révélations, le 3 octobre 2021, c'est le porte-parole de Morgan Stanley qui affirme : « nous ne créons pas de sociétés *offshore*... C'est un processus indépendant de notre firme, et à la discrétion et selon instructions du client [44]. » Trois jours plus tard, c'est au tour de celui de Baker McKenzie de « refuser de s'étendre sur la raison d'être de ces sociétés *offshore* » dans lesquelles l'implication du cabinet est mentionnée, « en renvoyant la responsabilité aux intermédiaires [bancaires] ou aux clients finaux [45] ». La charge de la possible faute est à chaque fois reportée sur un autre maillon de la chaîne d'intermédiation financière et surtout sur la clientèle, qui parfois n'hésite pas à renverser l'argumentation, à l'instar de Juan Andres Donato Bautista, une figure politique philippine qui déclare avoir créé sa société *offshore* « sur les conseils des banquiers [46] ».

Ce rejet réciproque de responsabilité se lit dans les prises de position croisées de Guy Forget et de la compagnie IMG – International Management Group. Questionné sur la société *offshore* Mainland Group Limited dont il a été le bénéficiaire effectif jusqu'à sa liquidation en 2016, une semaine avant les Panama Papers dans lesquels cette société apparaissait déjà [47], celui qui est alors directeur du tournoi de tennis de Roland Garros indique aux journalistes être « dans l'incapacité de pouvoir répondre à [leurs] nombreuses questions techniques. Depuis mon adolescence, et au début de ma carrière professionnelle dans les années 1980, jusqu'à ma période de capitaine des équipes nationales, la société, mondialement connue IMG, gérait mes intérêts et mes contrats comme ceux de très nombreux sportifs de haut niveau dans la plus grande légalité [48] ». Cette ligne de défense, redoublée d'une posture d'« incompétence pour régler et gérer ces questions financières, juridiques et fiscales », est caractéristique des acteurs du monde sportif, à l'instar du footballeur argentin Ángel Di María dont « l'entourage a répondu à l'ICIJ que la

44. "Offshore Havens and Hidden Riches of World Leaders and Billionaires Exposed in Unprecedented Leak", *op. cit.*
45. Baruch J., Freedberg S., Michel A., Vaudano M., « La part d'ombre des avocats de Baker McKenzie », *Le Monde*, 6 octobre 2021.
46. "Offshore Havens and Hidden Riches of World Leaders and Billionaires Exposed in Unprecedented Leak", *op. cit.*
47. El Idrissi A., « Pandora Papers : sur les traces du patron de Roland Garros, Guy Forget, aux Îles Vierges britanniques », *France Inter*, 4 octobre 2021.
48. « Guy Forget a possédé une société offshore aux Iles Vierges Britanniques », *Le Parisien/Aujourd'hui en France*, 4 octobre 2021.

création de cette société [*offshore*] était une idée de son comptable de l'époque mais que Di María "ne savait pas que cette recommandation n'était pas raisonnable pour les autorités espagnoles" [49] ». Toujours est-il que dans le cas de l'ancien tennisman français demeuré résident suisse, la direction d'IMG a rétorqué « ne disposer d'aucune trace d'une association entre Mainland Group Ltd et IMG et que Forget n'était plus son client depuis la fin de sa carrière professionnelle, en 1997 [50] ». Cette riposte en termes de déni et de report de responsabilité reste encore une fois très marginale, avec cinq occurrences en tout et pour tout dans notre corpus lors des quinze premiers jours du scandale.

D'autre part, et de façon tout aussi limitée, une manière complémentaire de se distancier d'un éventuel problème est de le renvoyer à un passé révolu. Nombre de dirigeants de banques avaient eu recours à ce narratif défensif au moment des Panama Papers, en arguant que les faits reprochés étaient anciens, identifiés et traités au sein de leurs établissements, et donc que les révélations les concernant portaient au mieux sur des problèmes (presque) déjà tous réglés. Cette mise à distance temporelle de tout illégalisme potentiel a également été utilisée dans le sillage des Pandora Papers mais en mode mineur. On décompte seulement quatre occurrences dans notre corpus contre une vingtaine, cinq ans plus tôt, uniquement par des clients, principalement issus du monde politique, et non par des multinationales de l'intermédiation financière. Menacé de destitution à la suite des révélations, le président chilien Sebastián Piñera cherche par exemple à cloisonner et ramener les faits présumés scandaleux à une affaire classée. Le 9 octobre 2021, il déclare ne pas partager « "la décision annoncée aujourd'hui par le bureau du procureur d'ouvrir une enquête sur un cas qui était déjà connu et jugé" mais "j'ai pleinement confiance que la justice, comme elle l'a déjà fait, confirmera l'absence d'irrégularités et aussi ma totale innocence". "Les faits ne sont pas nouveaux", ont déjà fait en 2017 l'objet "d'une enquête approfondie du ministère public" et que c'est "une affaire close par la justice" [51] ». Les faits reprochés seraient entièrement connus et son innocence d'ores et déjà reconnue puisque les révélations de l'ICIJ n'apporteraient rien de nouveau selon le président et sa garde rapprochée. Quelques jours plus tard, son homologue équatorien, l'ancien banquier Guillermo Lasso, se prévaut à son tour de cette rhétorique, assurant « ne plus détenir aucune société *offshore*. Le chef de l'État a affirmé "s'être automatiquement débarrassé de toutes ces entreprises" en 2017, lorsque le président socialiste d'alors, Rafael Correa, a fait voter une loi interdisant aux candidats à la présidence d'avoir des actifs dans les paradis fiscaux [52] ». Le renvoi

49. *Ibid.*
50. « Pandora Papers : cité dans l'enquête, Guy Forget "dans l'incapacité" de répondre aux questions », *20 minutes*, 5 octobre 2021.
51. « Une enquête ouverte contre le président chilien Piñera », AFP, 9 octobre 2021.
52. Delcas M., « Les "Pandora Papers", un complot international, selon le président équatorien », *Le Monde*, 16 octobre 2021.

d'hypothétiques problèmes vers un passé plus ou moins circonscrit est aussi à l'œuvre en dehors du champ politique, avec la célèbre artiste Shakira. En délicatesse avec le fisc ibérique depuis la parution des Pandora Papers, elle « affirme que ses sociétés des Îles Vierges ont ête créées avant qu'elle ne réside en Espagne, qu'elles n'ont aucune activité et "sont en voie de liquidation" [53] ». La force de conviction de cette variante argumentative du problème déjà résolu ou en passe de l'être ne sera pas suffisante pour emporter l'adhésion en 2021, tout du moins pas celle des professionnels de la justice. Deux ans après les premières révélations, la chanteuse colombienne a finalement dû se résoudre à reconnaître des faits de fraude fiscale devant les magistrats, mais tout en réaffirmant dans le même temps son innocence devant les médias [54]. Oscillant ainsi entre aveu et déni selon l'arène d'expression, elle s'est acquittée d'une amende de 7,3 millions d'euros – en plus de 17,2 millions d'euros de régularisation – pour mettre fin aux poursuites et à la possibilité d'une peine de prison dans le cadre d'un accord avec le parquet espagnol.

Retournement d'accusation et complot (géo)politique : usage limité des ripostes offensives

Si les narratifs défensifs associés à la reconnaissance même implicite et ambivalente d'un problème et d'une responsabilité personnelle ou collective sont quasiment absents des ripostes immédiates aux Pandora Papers, il en est de même pour les stratégies plus offensives. La comparaison avec les Panama Papers est là encore éclairante puisqu'ils avaient donné lieu à une série de retournements d'accusation pour discréditer les sources de l'ICIJ, le travail de ses membres et leurs relais critiques dans l'espace public. Le « retournement de l'accusation scandaleuse en direction de l'accusateur » et de ses soutiens constitue en effet une technique classique de neutralisation d'un scandale émergent [55], et de tout processus de stigmatisation plus généralement [56]. Un ensemble d'acteurs s'était évertué à déplacer et à renverser l'effort de problématisation d'un système d'évasion fiscale au bénéfice exclusif de membres des classes dominantes. Sans être exhaustif, ces intervenants divers mais aux prises de position complémentaires avaient ainsi opposé à la dénonciation des paradis fiscaux celle des enfers fiscaux aux prélèvements jugés excessifs voire pousse-au-crime, tout en déplorant une haine culturelle de l'argent, des riches

53. Fourny, M. « Elton John, Shakira, Julio Iglesias : leurs comptes secrets dans les paradis fiscaux », *Le Point*, 5 octobre 2021.
54. « Dans un communiqué transmis par ses avocats, la chanteuse continue toutefois de clamer son "innocence" et affirme avoir fait le choix d'une reconnaissance de culpabilité pour protéger sa carrière ainsi que ses enfants, en s'évitant "des années" de procédure judiciaire ». « Fraude fiscale : Shakira écope de 3 ans avec sursis et d'une amende de 7,3 millions d'euros », *Euronews*, 20 novembre 2023.
55. de Blic D, Lemieux C., « Le scandale comme épreuve. Éléments de sociologie pragmatique », *op. cit.*, p. 17 ; Rayner H., *Dynamique du scandale. De l'affaire Dreyfus à Clearstream*, *op. cit.* ; Lascoumes P., *L'économie morale des élites dirigeantes*, *op. cit.*
56. Sykes G., *Criminology*, New York, Harcourt Brace Jovanovich, 1978.

et des puissants. Ces contre-attaques virulentes consistaient en outre à placer sur un pied d'égalité la figure montante et valorisée du lanceur d'alerte et celle ancienne et repoussoir du délateur, en regrettant le non-respect du secret bancaire, promu pour l'occasion en garant de la vie privée et des droits fondamentaux. Les Pandora Papers n'ont pas déclenché de telles réactions à fronts renversés sur la scène médiatique, que ce soit à l'encontre de l'ICIJ ou d'autres cibles connexes et désignées avec plus ou moins de précision. De plus, les quelques répliques constatées sont toutes l'œuvre d'élites dénoncées, non pas que les éditorialistes, intellectuels et autres commentateurs médiatiques précédemment solidaires ne le soient plus ou aient disparu, mais la secousse n'est cette fois pas considérée suffisante pour justifier une contre-mobilisation.

Parmi les 132 ripostes répertoriées, seule celle de Dominique Strauss-Kahn s'approche d'une tentative de retournement d'accusation contre les journalistes d'investigation. L'ancien ministre français de l'Économie, des finances et de l'industrie, directeur déchu du Fonds monétaire international, apparaît dans les Pandora Papers pour avoir fait transiter plusieurs millions d'euros – d'honoraires de conseil à des entreprises – *via* une société marocaine exonérée d'impôts pendant cinq ans [57]. Anticipant la diffusion de l'émission Cash investigation sur France 2 à ce sujet, il déclare : « Quand la méchanceté devient mensonge. Vos équipes de professionnels auraient pu vérifier que je suis résident fiscal marocain depuis 2013 et que j'y paye mes impôts a hauteur de 23,8 % de mes bénéfices, soit 812 000 euros pour les années 2018, 2019 et 2020 [58]. » Sans commune mesure avec la dureté de la plupart des contre-attaques proférées à la suite des Panama Papers, cette remarque sur le supposé manque de professionnalisme de ces journalistes recevra une réponse cinglante :

> « Nous parlons de deux choses différentes et de deux périodes différentes. Nous parlons de l'impôt sur les sociétés de 2013 à 2018. Il parle du fait qu'il est résident fiscal marocain et avance des chiffres sur les années postérieures de 2018 à 2020. […] Dans son tweet, il additionne deux impôts qui n'ont absolument rien à voir : les impôts sur les revenus et les impôts sur les sociétés. Puis il mélange les périodes. Il a additionné le 15 % d'impôts sur les revenus avec les 8,75 sur les sociétés, qu'il paye uniquement depuis 2018. Bizarre de la part d'un économiste de haut rang [59]. »

Quoi qu'il en soit, hormis cet échange sans suite, personne d'autre ne juge utile ni nécessaire d'aller jusqu'à remettre en cause le travail journalistique qui,

57. El Idrissi A., « Pandora Papers : DSK, du FMI aux paradis fiscaux », *France inter*, 4 octobre 2021.
58. Brelot, C., « "Cash Investigation" : Élise Lucet recadre Dominique Strauss-Kahn après ses accusations de mensonge », *Le Figaro*, 6 octobre 2021.
59. *Ibid.*

dans le cas présent, a débouché en novembre 2022 sur l'ouverture par le parquet national financier d'une enquête pour blanchiment de fraude fiscale aggravée à l'encontre de M. Strauss-Kahn [60]. Et ceux qui usent du retournement d'accusation en direction d'autres accusateurs – réels ou fantasmés – pour crier au complot ne sont guère plus nombreux, quatre exactement dans notre corpus.

On y retrouve les deux chefs d'État qui s'étaient déjà sentis suffisamment menacés pour brandir l'argument du « problème déjà réglé », et qui, réévaluant la dynamique du scandale et l'échec relatif de leur narratif initial, décident de le compléter en dénonçant cette fois une machination politique. Ainsi, le président équatorien Guillermo Lasso « s'est dit victime d'un "complot international", d'une "conspiration" intérieure ourdie par ses ennemis politiques, une tentative de "putsch contre la démocratie", avant d'évoquer [sans plus de précision] "le triumvirat de la conspiration" [61] ». De son côté, le porte-parole du gouvernement chilien, en soutien à Sebastián Piñera, « a accusé l'opposition de porter "une accusation sans base légale" avec des motivations politiques. "C'est la chose la plus sale de la campagne électorale" [62] ». Dans cette contre-offensive par victimisation, les deux chefs d'État sud-américains sont rejoints par le roi Abdallah II de Jordanie et le premier ministre tchèque Andrej Babis, qui ne cessent de multiplier les parades pour faire face aux révélations mettant en jeu leur réputation, et qu'ils estiment suffisamment mise à mal pour la défendre publiquement.

À la tête d'un des pays pauvres du Moyen-Orient et dépendant de l'aide internationale, le roi de Jordanie se voit contraint de justifier la création d'une trentaine de sociétés-écrans anonymes dans les Îles Vierges britanniques entre 1995 et 2017, utilisées pour acquérir secrètement quatorze résidences luxueuses au Royaume-Uni et aux États-Unis pour plus de cent millions de dollars. Celui qui apparaissait sous le nom de code « vous savez qui » dans les échanges de courriels entre les avocats du cabinet panaméen Alcogal et les conseillers financiers *offshore* à son service articule trois rhétoriques de justification, à savoir la dénégation – couplée à la marge avec l'argument d'un éventuel problème déjà réglé [63] –, la légitimation et le retournement d'accusation complotiste. Tout en niant le moindre acte illégal comme le mésusage d'argent public ou de fonds internationaux [64], et en légitimant le recours à des struc-

60. El Idrissi A., Michel A., « "Pandora Papers" : Dominique Strauss-Kahn dans le viseur de la justice française », *Le Monde*, 14 décembre 2022.
61. Delcas M., *op. cit.*
62. « Le président chilien visé par une destitution », *Corse Matin*, 14 octobre 2021.
63. « [Ses] avocats ont aussi dit que la plupart des sociétés et des propriétés identifiées par l'ICIJ n'ont pas de lien avec le roi ou bien n'existent plus, mais ils ont refusé de fournir des détails ». "Offshore Havens and Hidden Riches of World Leaders and Billionaires Exposed in Unprecedented Leak", *op. cit.*
64. Kodmani H., « Pandora Papers le roi de Jordanie sur la défensive après les révélations sur sa fortune immobilière », *Libération*, 4 octobre 2021.

tures *offshore* « pour des raisons légitimes de sécurité et de confidentialité [65] », son entourage a fustigé des informations « déformées » et « dénonce ce qu'il a qualifié de "campagne" contre son pays. "Les tentatives pour embarrasser la Jordanie existent depuis un certain temps, et il y a encore ceux qui veulent la saboter et semer les soupçons" [66] ». Le complot dénoncé est ici géopolitique, dépeint comme une atteinte à la sûreté de l'État jordanien et comme « une menace pour la sécurité du monarque et celle de sa famille [67] ».

En pleine campagne législative à l'issue indécise, Andrej Babis se montre encore plus radical dans sa contre-attaque. Le « Trump tchèque » oppose d'abord un démenti formel aux informations le concernant, niant en bloc être le bénéficiaire de trois sociétés-écrans par lesquelles il a acquis un château dans le sud de la France, sans en faire mention dans ses déclarations de patrimoine. Puis il se ravise et insiste ensuite sur la licéité de cette acquisition immobilière *via* des montages financiers par Monaco et les Îles Vierges britanniques, en affirmant simplement que « tout était légal [68] ». « C'était une recommandation d'une agence immobilière. Elle a recommandé de l'acheter par l'intermédiaire d'un avocat. Ce n'est pas illégal [69]. » Passant d'un démenti formel – au risque réel d'être contredit – à une dénégation d'illégalité, il maintient en revanche ses allégations de conspiration politique, y voyant pêle-mêle la main de l'opposition, des parlementaires européens et du crime organisé tchèque : « Eh bien, nous y voilà. J'attendais de voir ce qu'ils allaient me faire subir avant le scrutin pour me nuire et influencer les élections tchèques [qui auront lieu vendredi et samedi et pourraient lui permettre de conduire un nouveau gouvernement, ndlr] [70]. » « Ce n'est pas international, c'est notre mafia [71]. » « "Ce truc qui date de douze ans" a été "programmé avant les élections pour influencer le public" et "pour me faire du mal" [72]. » Son porte-parole, Milos Zeman, creusera le même sillon quelques jours plus tard en qualifiant les controverses

---

65. Chastand J.-B., Michel A., Baruch J., Vaudano M., « Un roi, des presidents et des dizaines de dirigeants », *Le Monde*, 5 octobre 2021. Une ligne argumentative similaire est adoptée par l'entourage du président ukrainien Volodymyr Zelensky, ciblé pour la détention de parts dans une société *offshore* anonyme, Maltex Multicapital Corp, enregistrée dans les Îles vierges britanniques et liée à des entreprises de production et de distribution de films. Un mois avant son élection d'avril 2019, l'ancien acteur a transféré ses parts de bénéficiaire effectif à un ami proche et partenaire d'affaires, également devenu homme politique à ses côtés, Sergiy Shefir. En réaction aux révélations d'octobre 2021, « l'administration présidentielle a expliqué que Volodymyr Zelensky, alors célèbre comédien, et ses associés tentaient ainsi de "protéger" leur groupe contre les "actions agressives" du régime "corrompu" de l'ex-président pro-russe Viktor Ianoukovitch, destitué en 2014 », voir « "Pandora Papers" : la presidence ukrainienne defend Zelensky », AFP, 4 octobre 2021.
66. « La Jordanie denonce des informations sur les avoirs du roi », AFP, 4 octobre 2021.
67. *Ibid.*
68. Mandraud I., « "Pandora Papers", une onde de choc mondiale », *Le Monde*, 7 octobre 2021.
69. François J.-B., « République tchèque : visé par les "Pandora Papers", Andrej Babis joue sa réélection », *La Croix*, 4 octobre 2021.
70. Didelot N., « La fin de la vie de château d'Andrej Babis, le Premier ministre tchèque ? », *Libération*, 5 octobre 2021.
71. *Ibid.*
72. Mandraud I., « "Pandora Papers", une onde de choc mondiale », *op. cit.*

autour des Pandora Papers « d'opérations renseignement-politique-médias pour porter à tout prix au pouvoir la coalition pro-Bruxelles [73] ». Ce cumul de répliques discursives n'empêchera pas, quelques mois plus tard, l'ouverture en France d'une procédure pour blanchiment de fraude fiscale sur les conditions d'achat non pas d'un mais de plusieurs biens immobiliers sur la Côte d'Azur *via* une cascade de sociétés *offshore* [74].

In fine, les réactions de ces quatre chefs d'État et de leurs entourages appellent deux remarques. Premièrement, elles rappellent que les ripostes ne sont pas exclusives l'une de l'autre, et qu'elles peuvent se combiner de différentes façons en fonction « des logiques de situation charriées par la dynamique du scandale [75] » et de la perception qu'en ont les intervenants. Deuxièmement, il n'en demeure pas moins que dans le cas des Pandora Papers, le déploiement de ces combinaisons variées de ripostes graduées a été très rare, et encore plus pour celles cumulant narratifs défensifs et contre-offensifs. Seule une infime minorité d'accusés, quatre protagonistes sur plus d'une centaine dans notre corpus, tous clients et jamais prestataires de services financiers, juridiques et comptables, se sont sentis suffisamment acculés par la tournure des événements pour se résoudre à ce choix et ainsi faire feu de tout bois. Si leurs répliques discursives ont été parmi les plus reprises dans l'espace médiatique, le roi, le premier ministre et les deux présidents sont les quelques branches agitées d'un arbre qui cache le calme de la forêt. Loin de s'estimer vraiment en danger par les révélations et la dynamique du processus de scandalisation au point de multiplier les prises de position, ils se sont contentés d'une riposte unique, formulée à une seule reprise, et choisie entre deux alternatives, le silence et le légalisme.

Tactique du silence et posture légaliste : avènement d'un cadrage dominant

Toujours en comparaison avec les Panama Papers, un nombre beaucoup plus élevé d'accusés s'est cette fois senti autorisé à faire comme si de rien n'était, en se permettant (de faire semblant) d'ignorer l'accusation publique des Pandora Papers. Alors qu'une poignée de grands patrons et de vieilles familles fortunées avaient opté pour la tactique du silence à la suite des révélations de 2016, ils sont désormais bien davantage en proportion et en chiffres absolus. Ils sont près d'une vingtaine à s'être tenus au *no comment*, en refusant de répondre aux sollicitations des journalistes. Et l'ensemble des catégories d'acteurs ciblés est représenté, avec des agents des champs économique, politique, artistique et sportif, qu'ils soient clients ou intermédiaires, professionnels de la finance, du droit ou du chiffre. Il y a : des chefs d'État et de gouver-

73. Chastand J-B., « La République tchèque dans l'incertitude », *Le Monde*, 12 octobre 2021.
74. El Idrissi A., « "Pandora Papers" : la justice française enquête sur l'ex-premier ministre tchèque Andrej Babis », *Le Monde*, 12 août 2022.
75. Rayner H., *Dynamique du scandale. De l'affaire Dreyfus à Clearstream*, *op. cit.*, p. 86.

nement tels que le président congolais Denis Sassou Nguesso et le premier ministre libanais Hassan Diab [76] ; des juristes tels que les dirigeants du cabinet chypriote Nicos Chr. Anastasiades and Partners – du nom de son fondateur devenu président du pays en 2013 [77], et Philippe Houman, alors installé à Dubaï après avoir été sanctionné pour ses services de conseil en tant qu'avocat suisse de l'ancien ministre français du Budget Jérôme Cahuzac, condamné pour fraude fiscale et blanchiment d'argent [78] ; des financiers tels que Marwan Kheireddine, président de la banque libanaise Al Mawarid et ancien ministre d'État [79], et Glenn Godfrey, devenu prestataire de services financiers *offshore* après avoir été procureur général et donc premier conseiller juridique du gouvernement du Belize [80] ; des artistes tels que le chanteur espagnol Julio Iglesias et l'ancien batteur des Beatles Ringo Starr [81] ; ou encore des institutions sportives telles que la Fédération française de tennis [82] ; et surtout des riches entrepreneurs tels que l'homme d'affaires guatémaltèque Federico Kong Vielman, cité par ailleurs dans des affaires pour des soupçons de corruption et de pollution à grande échelle [83], le milliardaire turc Erman Ilicak à la tête d'une entreprise florissante de construction et réputé proche du président Recep Tayyip Erdoğan, ou encore des oligarques russes dont le magnat de la sidérurgie Alexander Abramov, quant à lui proche du président Vladimir Poutine [84]. Qu'elle soit adoptée par des personnalités qui se sentent protégées politiquement et/ou juridiquement, ou qui feignent de n'accorder aucune importance aux accusations publiques portées à leur encontre, cette tactique du silence n'est cependant pas la plus utilisée malgré un usage sans commune mesure par rapport aux Panama Papers. Comme pour ces précédentes révélations, l'impératif de justification s'est là aussi largement « imposé aux institutions et personnalités politiques et financières ayant rapidement dû se défendre sur la scène médiatique au nom de la gestion du risque réputationnel et de ses conséquences sur leurs activités électives et professionnelles [85] ». Néanmoins, la spé-

76. Chastand J.-B., Michel A., Baruch J., Vaudano M., « "Pandora Papers" : du roi Abdallah II à Tony Blair, des dizaines de dirigeants politiques éclaboussés par le scandale », *Le Monde*, 3 octobre 2021 ; "Offshore Havens and Hidden Riches of World Leaders and Billionaires Exposed in Unprecedented Leak", *op. cit.*
77. *Ibid.*
78. Amicelle A., « "Deux attitudes face au monde" : la criminologie à l'épreuve des illégalismes financiers », *Cultures & Conflits*, n° 94-96, 2014, pp. 65-98 ; Lascoumes P., *L'économie morale des élites dirigeantes*, *op. cit.*
79. "Offshore Havens and Hidden Riches of World Leaders and Billionaires Exposed in Unprecedented Leak", *op. cit.*
80. *Ibid.*
81. Fourny M. « Elton John, Shakira, Julio Iglesias : leurs comptes secrets dans les paradis fiscaux », *Le Point*, 5 octobre 2021.
82. « Guy Forget épinglé par les Pandora Papers : la Fédération française de tennis refuse de commenter », *Le Parisien/Aujourd'hui en France*, 5 octobre 2021.
83. Michel A., « "Pandora Papers" : comment les États-Unis deviennent un important paradis fiscal », *Le Monde*, 3 octobre 2021.
84. "Offshore Havens and Hidden Riches of World Leaders and Billionaires Exposed in Unprecedented Leak", *op. cit.*
85. Amicelle A., Bérard J., « Défense des classes dominantes : la division du travail de légitimation à l'épreuve des scandales financiers internationaux », *op. cit.*

cificité des Pandora Papers est qu'une écrasante majorité d'entre eux s'est alors retranchée derrière une dénégation pure et simple des faits qui leur étaient reprochés, en se faisant les chantres d'une posture légaliste de circonstance.

Comme le résume Hervé Rayner, « la dénégation se veut une fin de non-recevoir. Il s'agit d'ôter tout fondement à l'accusation, voire même de nier l'existence d'une controverse [86] ». Pierre Lascoumes ajoute que la « tactique la plus fréquente chez les mis en cause est alors de faire semblant de ne pas comprendre ce qui leur est reproché et de considérer l'accusation comme dépourvue de tout fondement. Ils jouent à la fois sur le registre de la naïveté et de l'honneur outragé [87] ». Dans le cadre des Pandora Papers, l'écrasante majorité des réactions en termes de dénégation (54 sur 60) ne va même pas jusqu'à réellement jouer de ce double registre, les accusés se contentant soit pour une moitié de démentir formellement toute action illicite, soit pour une autre moitié d'assurer avoir agi en conformité avec leurs obligations fiscales, sans fournir plus de détails. Et contrairement aux réactions suscitées par les Panama Papers, seule une poignée d'entre eux se sent obligée de préciser qu'en plus d'être légal sur le plan juridique, leur recours aux sociétés-écrans et autres entités *offshore* est justifié et légitime sur le plan économique ; en raison d'investissements et/ou de règles fiscales complexes, selon des intermédiaires financiers tels qu'un cabinet d'avocats, ou « dans une logique de "planification fiscale et successorale légitime", et non de dissimulation », selon des particuliers tels que Julia Latchford, bénéficiaire avec son mari de deux trusts ouverts par son père décédé en 2020, Douglas A. J. Latchford, aventurier-marchand d'art britannique accusé entre autres choses d'avoir pillé des centaines d'antiquités au Cambodge pendant des décennies [88].

Ni *mea culpa* ni contre-offensive contre les lanceurs d'alerte, les réactions majoritaires des personnes mises en cause se cantonnent à nier l'illégalité de leurs pratiques. Ce faisant, elles récusent la dimension scandaleuse des révélations, ou la limitent à d'autres, minoritaires, qui auraient agi illégalement.

Dynamique de l'absence de scandale

Les personnes mises en cause ne sont pas les seules à s'exprimer. Elles ne maîtrisent qu'en partie le cadrage donné aux révélations, ce qui peut conduire à les faire reprendre leurs réponses en cas d'effet d'entraînement avec « une mobilisation multisectorielle et des défections [89] ». L'analyse de la dynamique du (non)-scandale nécessite de comprendre en quoi les réponses données

86. Rayner H., *Dynamique du scandale. De l'affaire Dreyfus à Clearstream*, *op. cit.*, p. 81.
87. Lascoumes P., *L'économie morale des élites dirigeantes*, *op. cit.*, pp. 136-137.
88. « Les décodeurs », « "Pandora Papers" : sur les traces du pilleur de temples khmers », *Le Monde*, 6 octobre 2021.
89. Rayner H., *Dynamique du scandale. De l'affaire Dreyfus à Clearstream*, *op. cit.*, p. 80.

autour de la légalité des pratiques suffisent à occuper l'espace médiatique en attendant que l'actualité passe à autre chose. L'échec des accusateurs à faire prospérer dans l'espace public les questions politiques posées par les Pandora Papers est l'objet de cette seconde partie.

Lassitude des accusateurs

Qui porte l'accusation dans l'espace médiatique une fois l'acte de dénonciation publique posé par les journalistes de l'ICIJ ? Leurs révélations suscitent-elles des mobilisations multisectorielles d'indignés, faisant des Pandora Papers un scandale survenant à l'intersection de plusieurs univers sociaux ? Sur les 309 réactions collectées, 68 renvoient à la catégorie d'« accusation » (22 %). Le graphique 2 représente le nombre de réactions renvoyant à ces accusations en fonction du type de personne ou d'institution qui les porte.

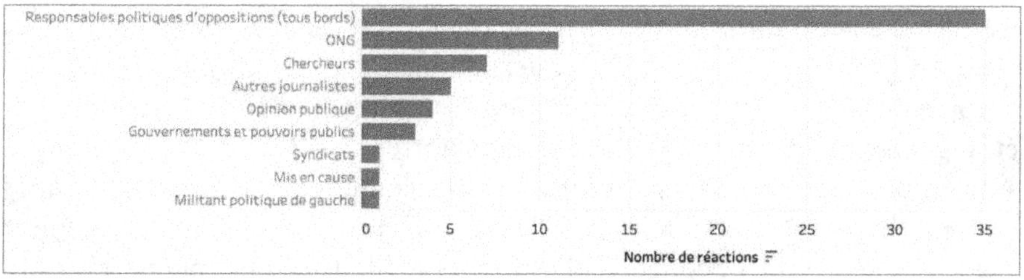

Graphique 2 – Typologie des accusateurs

Parmi ces 68 réactions, une seule concerne un mis en cause, en la personne du président kenyan Uhuru Kenyatta. Il est ciblé pour être à la tête d'un réseau de onze compagnies *offshore* avec six membres de sa famille, renfermant plus de 30 millions de dollars d'actifs. Ironie du sort, le président Kenyatta avait placé la lutte contre la corruption au cœur de son second mandat, avec notamment des mesures à destination des officiels kenyans telles que l'obligation de transparence sur leur patrimoine. Il se félicite de l'enquête de l'ICIJ dans un communiqué publié au lendemain des premières révélations. Il y affirme que celles-ci vont « contribuer à améliorer la transparence financière et l'ouverture nécessaires au Kenya et a travers le monde [90] », et ajoute que « les mouvements de fonds illicites, gains du crime et de la corruption prospèrent dans un environnement de secret et de ténèbres [91] », et ce sans un mot sur les accusations le concernant. Hormis ce cas exceptionnel, les accusateurs de la première heure ne sont pas cités dans les Pandora Papers. Avec 35 réactions,

90. « Le président kényan se félicite des Pandora Papers, sans répondre aux accusations contre lui », AFP, octobre 2021.
91. *Ibid.*

« les responsables politiques d'opposition » – tous bords confondus – arrivent largement en tête des accusateurs. Et en y additionnant les trois réactions des responsables de « gouvernements et/ou de pouvoirs publics », les « politiques » sont de loin les plus représentés, avec la moitié du total des accusations portées. Avec 11 réactions, les représentants des « ONG » arrivent en seconde position, suivi des « chercheurs » (7 réactions). Concernant la presse, la catégorie « autres journalistes » fait référence aux accusations portées par cinq d'entre eux puis relayées ensuite par certains de leur confrères auteurs des articles analysés. Il y a la reprise d'une déclaration du directeur de l'ICIJ [92] et d'un journaliste colombien [93], un éditorial dans un journal régional [94], un article d'un journaliste indonésien repris dans le *Courrier International* [95] et le communiqué d'un journal ivoirien déclarant dans un premier temps ne pas vouloir s'associer, faute d'éléments probants, aux révélations des Pandora Papers sur la présidence et le premier ministre ivoiriens [96].

Les réactions d'acteurs politiques d'opposition concernent pour 28 d'entre elles des accusations portées par des hommes et femmes impliqués dans la vie politique française à l'échelle locale, nationale et dans une moindre mesure européenne. Outre ces réactions franco-françaises, seulement 7 autres sont étrangères et concernent des accusations portées au Parlement européen et surtout par des opposants politiques à « la palanquée de décideurs politiques [...] impliqués [97] », et en particulier au président ukrainien Volodymyr Zelensky, au président congolais Denis Sassou Nguesso, au premier ministre tchèque Andrej Babis, au premier ministre britannique Boris Johnson – dont le Parti conservateur a été financé par trois donateurs cités dans les Pandora Papers. Ce résultat reflète en grande partie la focalisation de la presse sur des sujets domestiques et la place accordée par certaines rédactions à des acteurs politiques en particulier. C'est le cas du journal *L'Humanité*, historiquement proche du Parti communiste français (PCF). Publié deux jours après les révélations de l'ICIJ, un article y fait le « tour d'horizon des propositions [de la gauche française] pour lutter contre ce fléau [98] ». À côté de celle de Fabien Roussel, candidat du PCF à l'élection présidentielle de 2022, il y a les réactions d'Olivier Faure, premier secrétaire du Parti socialiste (PS), de Manon Aubry,

92. « Pandora Papers : plusieurs chefs d'État et de gouvernement mis en cause pour évasion fiscale », *Le Figaro*, 3 octobre 2021.
93. Bougon F., « Dans les Pandora Papers, une longue liste de dirigeants politiques peu transparents », *Mediapart*, 4 octobre 2021.
94. Bouguereau J., « Les Pandora Papers : la fraude fiscale encore et toujours », *La République des Pyrénées*, 6 octobre 2021.
95. « Pandora Papers : le gouvernement indonésien éclaboussé », *Courrier International*, 5 octobre 2021.
96. Afrikipresse, « Pourquoi l'éléphant déchaîné n'a pas publié Pandora Papers », *Afrikipresse*, 9 octobre 2021.
97. Lamant L., « Au Parlement européen, l'onde de choc des "Pandora Papers" », *Mediapart*, 6 octobre 2021.
98. Caddéo C., « La gauche ne s'économise pas sur l'évasion fiscale », *L'Humanité*, 5 octobre 2021.

eurodéputée de la France insoumise (LFI) ou encore de la députée dissidente de la majorité présidentielle Émilie Cariou. Publié dans *la Nouvelle République du Centre-Ouest*, quotidien généraliste régional, un autre article traite quant à lui plus spécifiquement d'une affaire locale dans le « scandale international ». L'eurodéputé Europe Écologie Les Verts du Loir-et-Cher, Claude Gruffat, y est sollicité pour réagir publiquement aux accusations portées contre l'ancien conseiller de la région Centre, Nicolas Perruchot, cité dans les Pandora Papers [99]. Enfin, d'autres responsables politiques vont demander tribune, comme la socialiste Anne Hidalgo dans le *HuffPost* [100], ou l'écologiste Yannick Jadot dans *Le Monde* [101], tous deux également candidats à l'élection présidentielle de 2022 et inscrivant leur intervention respective dans un agenda de campagne. Sur ces 28 accusations portées par des responsables politiques français, une seule concerne un élu régional de droite pour Les Républicains, qui intervient de surcroît sur les accusations à l'encontre de l'ancien premier ministre britannique Tony Blair et de son épouse [102]. Si « la condition de possibilité d'un scandale tient dans la pluralité des espaces sociaux intéressés [103] » et la capacité des acteurs qui se mobilisent à recruter des soutiens pour reprendre leurs accusations, alors, rien ne permet d'affirmer que les conditions d'émergence d'un « scandale des Pandora Papers » soient réunies dans les quinze jours qui ont suivi les révélations de l'ICIJ. On le mesure aussi à la rareté dans la presse de la sollicitation de l'avis du public sur le scandale : on ne trouve que 4 occurrences de réactions de citoyennes et citoyens dans notre base de données, et elles concernent l'Ukraine, la République Tchèque et le Liban [104].

Une autre manière de lire les réactions accusatrices est d'interroger le fonds de leur dénonciation en essayant d'en établir une typologie. Le graphique 3 représente le nombre de ces réactions en fonction de la nature des accusations portées.

99. Bossard B., « Claude Gruffat : "C'est attristant" », *La Nouvelle République du Centre-Ouest*, 6 octobre 2021.
100. Hidalgo A., « Après les Pandora Papers, faire de la lutte contre la fraude et l'évasion le cœur de la justice fiscale en 2022 », *HuffPost*, 7 octobre 2021.
101. Jadot Y., Carême D., « Le gouvernement français se rend complice de l'évasion fiscale à grande échelle », *Le Monde*, 9 octobre 2021.
102. « Brouillarta », *Sud Ouest*, 9 octobre 2021.
103. Rayner H., *Dynamique du scandale. De l'affaire Dreyfus à Clearstream*, *op. cit.*, p. 58.
104. Kamenka V., « Volodymyr Zelensky piégé par les Pandora Papers », *L'Humanité*, 7 octobre 2021 ; Sallon H., « Au Liban, l'élite politico-financière est la championne de l'évasion fiscale », *Le Monde*, 7 octobre 2021 ; Chastand J.B., « Versatile et affairiste, le "Trump tchèque" conserve sa popularité », *Le Monde*, 8 octobre 2021.

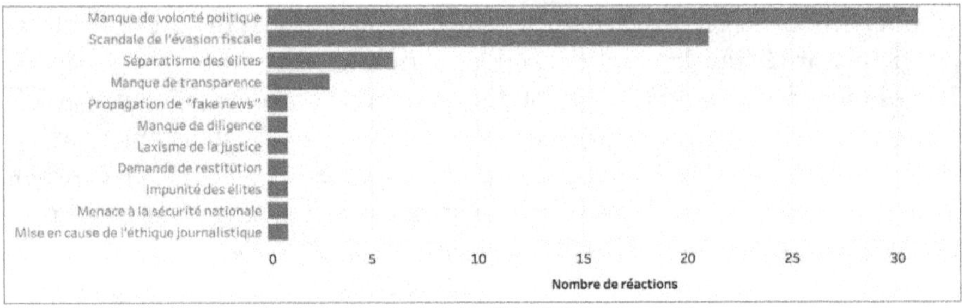

Graphique 3 – Typologie des accusations

Sur les 68 accusations portées, 31 relèvent d'une dénonciation du « manque de volonté politique » pour lutter contre les pratiques d'évasion fiscale ou d'optimisation fiscale dite agressive révélées par les Pandora Papers. L'analyse des journalistes de l'ICIJ est reprise par Raphaël Pradeau, porte-parole de l'Association pour la taxation des transactions financières et pour l'action citoyenne (ATTAC), qui dénonce précisément l'inaction du gouvernement sur ce sujet : « Peu de choses concrètes ont été faites dans ce quinquennat. L'aspect nouveau, dans les Pandora Papers, c'est qu'on se rend compte que ceux qui sont censés lutter contre l'évasion fiscale, comme des chefs de gouvernement ou des ministres, détiennent eux-mêmes des avoirs dans les paradis fiscaux ou pratiquent l'optimisation fiscale [105]. » Dans cette perspective, Yannick Jadot voit dans les Pandora Papers « le résultat d'une politique délibérée de protection des puissants, qui menace toute possibilité de vivre ensemble [106] », accusant le gouvernement français de faire le choix de « l'opacité plutôt que la transparence [107] ». C'est aussi la critique adressée par Julien Chouet, secrétaire départemental du PCF en Dordogne : « Il faut arrêter de nous dire qu'il n'y a pas d'argent pour financer les services publics, les retraites et l'emploi. De l'argent il y en a, il n'y en a jamais eu autant comme le révèle le scandale des Pandora Papers et les 11 300 milliards d'évasion fiscale. On arrive à quelques mois de la présidentielle, il est temps d'avoir des annonces concrètes pour aller chercher cet argent qui manque cruellement à notre pays et ne pas se contenter de dire "mon ennemi c'est la finance" [108]. » Plus de la moitié des accusations de ce type (17/31) sont portées par les responsables politiques d'opposition, devant les représentants d'ONG (8/31). Cela s'inscrit dans une perspective de plus longue durée, où la répétition des « scandales » tend à déplacer la responsabilité de la « faute » de celui qui la commet sur celui qui, par son inaction, permet qu'elle soit commise. Cette

105. « "Pandora Papers" : Pourquoi les scandales financiers font-ils les gros titres mais ne soulèvent-ils pas les foules ? », *20 Minutes*, 5 octobre 2021.

106. Jadot Y., Carême D., « Le gouvernement français se rend complice de l'évasion fiscale à grande échelle », *Le Monde*, 9 octobre 2021.

107. *Ibid.*

108. Jolivet P., « Rentrée sociale : le pouvoir d'achat en berne », *La Dordogne Libre*, 6 octobre 2021.

exaspération face à l'inaction du pouvoir politique en charge est exprimée par Olivier Faure demandant « combien faudra-t-il encore de scandales pour en finir avec ces paradis fiscaux, qui permettent à des escrocs de dérober aux peuples une part gigantesque de ce qui leur est dû [109] ? »

La deuxième catégorie significative d'accusation porte sur le « scandale de l'évasion fiscale ». Les accusateurs invoquent la dimension immorale des faits révélés afin de les disqualifier quand bien même les pratiques dénoncées ne seraient pas forcément illégales. Pour ce faire, ils font appel au registre de l'injustice sociale pour marquer le caractère immoral des pratiques visées d'évasion ou d'optimisation fiscale, comme le souligne ce représentant de l'ONG Oxfam : « Ils sont là [– désignant l'argent des Pandora Papers –], les hôpitaux manquants, les salaires des enseignants, les pompiers et les fonctionnaires supplémentaires dont nous avons besoin [110]. » C'est aussi la position d'Anne Hidalgo dénonçant dans sa tribune, « la honte » des paradis fiscaux qui « n'ont rien d'un paradis, sauf bien sûr pour ceux qui y portent leurs intérêts dans le seul objectif de s'enrichir aux dépens des autres [111] ». Là encore, avec 11 réactions sur 21, les responsables politiques d'opposition constituent la principale catégorie d'acteurs à porter ce type d'accusation loin devant les journalistes (2) et les représentants d'ONG (2).

Ces accusations ne sont pas directement adressées contre les individus effectivement mis en cause mais davantage contre la classe politique au pouvoir dont l'inaction constituerait la condition de possibilité de ces pratiques. Cette catégorie d'accusation donne à voir des accusateurs en mal de prises pour dénoncer concrètement des illégalismes de dominants, un système d'évitement de l'impôt qui leur est réservé dans les arcanes du capitalisme financier et de son fonctionnement contemporain. Ce trait se lit également dans une autre forme de prise de parole, qui ne formule pas directement une accusation mais commente les effets des révélations sur le public (18). Ces réactions se concentrent sur le cas de la République Tchèque pour constater l'absence d'effet des révélations sur Andrej Babis dans l'opinion publique. Dans le seul article qui pose la question à l'échelle de la France, un chercheur, Éric Vernier, et un porte-parole d'ONG, encore une fois Raphaël Pradeau d'ATTAC, font part de leur crainte d'un manque d'intérêt de l'opinion publique : « Je crains qu'on finisse par s'habituer à ces scandales, avec une forme de lassitude » ; « Les mémoires se réveillent à chaque affaire, et puis ça retombe très vite. Qui parle aujourd'hui des suites des Panama Papers [112] ? »

109. Caddéo C., « La gauche ne s'économise pas sur l'évasion fiscale », *L'Humanité*, 5 octobre 2021.
110. Coste P., « Pandora papers : Les idées fisc des grosses fortunes », *Libération*, 5 octobre 2021.
111. Hidalgo A., « Après les Pandora Papers, faire de la lutte contre la fraude et l'évasion le cœur de la justice fiscale en 2022 », *HuffPost*, 7 octobre 2021.
112. « "Pandora Papers" : Pourquoi les scandales financiers font-ils les gros titres mais ne soulèvent-ils pas les foules ? », *20 Minutes*, 5 octobre 2021.

Cette retombée rapide peut se lire dans la structure temporelle des réactions. Notre base de données couvre quinze jours après le premier jour des révélations. C'est une durée qui excède la couverture médiatique des Pandora Papers. Le graphique 4 ci-contre montre en effet le très bref moment durant lequel les réactions aux révélations sont concentrées. Elles augmentent entre le 1er (3 octobre) et le 3e jour (5 octobre) pour atteindre 66 prises de position avant de décliner rapidement pour revenir sous les 10 réactions au 6e jour. La médiatisation dure de quatre à cinq jours.

Une autre représentation de la même chronologie apporte un élément complémentaire (*cf.* graphique 5). Si on compare les temporalités des réactions des personnes mises en cause ou non mises en cause, on relève évidemment la tendance générale à une hausse rapide suivie d'un tout aussi rapide effondrement.

L'ordre n'est pas anodin. Les personnes mises en cause sont encore une fois les premières à réagir sur leur implication dans les Pandora Papers. Les autres intervenants, dont on a vu que ce sont eux qui tenaient un discours critique, les suivent avec un jour de retard, puis la présence des personnes mises en cause s'effondre encore plus radicalement que celle des personnes non mises en cause pour arriver presque à zéro au 6e jour (8 octobre). Cette structure montre que l'écrasante majorité des personnes mises en cause ne sont pas contraintes de répéter, reprendre ou transformer leur réaction initiale. La presse n'exerce pas de droit de suite pour exiger de plus amples explications.

Épuisement des propositions

Le scandale ouvre par ailleurs un bref espace de publicisation de propositions. Celles-ci semblent former un ensemble divers, mais elles peuvent être regroupées pour en saisir la portée entre un répertoire habituel de propositions et des propositions de rupture. En effet, la répétition des scandales à échéances rapprochées produit également une routinisation des propositions formulées. Les propositions habituelles s'inscrivent dans un répertoire balisé qui lie le renforcement de l'action au niveau national et européen et le constat de la difficulté à lutter contre un phénomène mondial. Par contraste, nous qualifions des propositions de rupture, non pour signaler leur radicale nouveauté – elles aussi ont trouvé un espace d'expression lors de précédents scandales, mais parce qu'elles formulent un répertoire d'action en rupture avec les formes héritées de lutte, ou de semblant de lutte contre l'évasion fiscale.

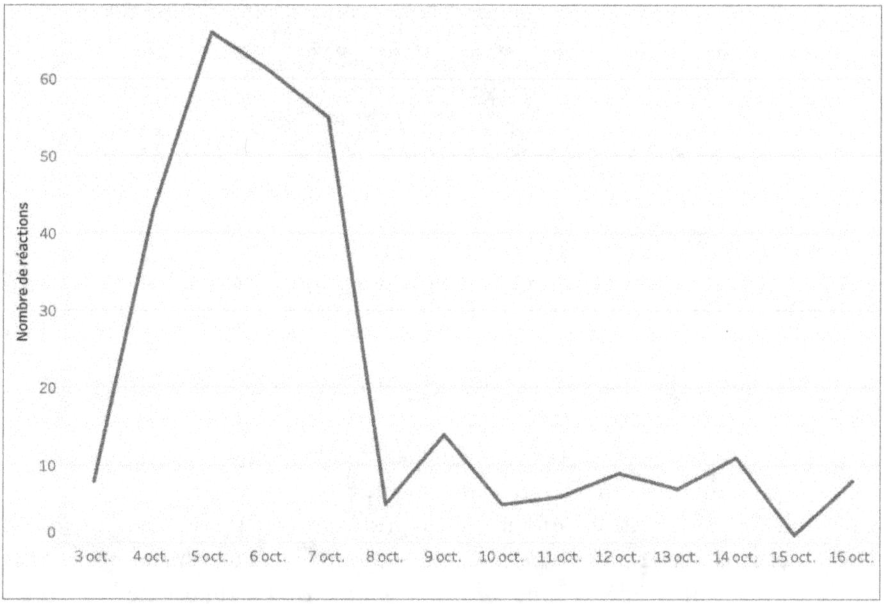

Graphique 4 – Évolution temporelle du nombre de réactions

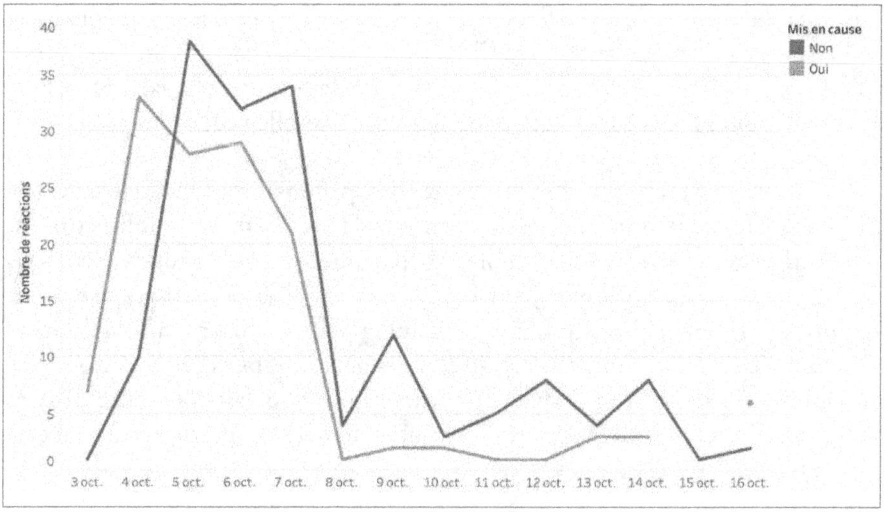

Graphique 5 – Évolution temporelle du nombre de réactions en fonction du statut de mis en cause

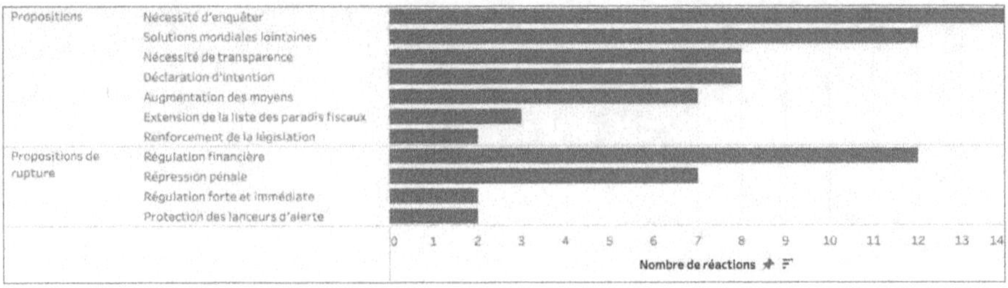

Graphique 6 – Typologie des propositions

Le premier trait de cet espace des propositions est sa faiblesse globale. On en trouve 77 sur la période à l'étude. C'est une confirmation sous un autre angle de l'absence de prise du scandale : la dénonciation d'un ensemble de cas ne se transforme pas en un débat de portée plus générale. Dans ce maigre ensemble, les propositions que nous qualifions de rupture sont minoritaires (23/77) et émanent d'un très petit nombre d'articles, dans *Mediapart* et dans *L'Humanité*. Un article de fond de *L'Humanité*, on l'a vu, donne la parole à des responsables politiques de gauche et à des chercheurs. Il fait la part belle aux idées de Fabien Roussel, alors candidat communiste à l'élection présidentielle. Il propose plusieurs mesures, parmi lesquelles « des peines de prison ferme et la perte des droits civiques pour les fraudeurs », « l'instauration d'un ministère dédié à la lutte contre la fraude fiscale », l'abrogation « des lois mises en place par Darmanin permettant de négocier le montant des amendes avec les fraudeurs fiscaux » ou que « les banques "prises la main dans le pot de confiture" à réaliser des bénéfices dans les paradis fiscaux soient "nationalisées ou fermées" [113] ». D'autres candidats de gauche déjà mentionnés, Anne Hidalgo, pour le Parti socialiste [114], et Yannick Jadot, pour le parti écologiste Europe Écologie Les Verts, tiennent un discours similaire [115].

L'économiste Thomas Piketty reprend la proposition formulée dans son *best-seller Le capital au 21e siècle* d'un « cadastre financier public et d'une imposition minimale de l'ensemble des patrimoines, ne serait-ce que pour produire une information objective à leur sujet [116] ». Elle est reprise par le député européen écologiste Philippe Lamberts : « Si l'on rend parfaitement complet, exhaustif et public ce registre, si des gens comme Tony Blair ou DSK [Dominique Strauss-Kahn] savaient que leur nom pourrait apparaître dans un registre public, je fais le pari que cela contribuerait a domestiquer leurs com-

113. Cité in Caddéo C., « La gauche ne s'économise pas sur l'évasion fiscale », *L'Humanité*, 5 octobre 2021.
114. Hidalgo A., « Après les Pandora Papers, faire de la lutte contre la fraude et l'évasion le cœur de la justice fiscale en 2022 », *HuffPost*, 7 octobre 2021.
115. Jadot Y., Carême D., « Le gouvernement français se rend complice de l'évasion fiscale à grande échelle », *Le Monde*, 9 octobre 2021.
116. Piketty T., « "Pandora Papers" : et si on passait a l'action ? », *Le Monde*, 11 octobre 2021.

portements [117]. » L'économiste Gabriel Zucman, alors professeur à Berkeley et proche des démocrates américains, spécialiste des paradis fiscaux, demande pour sa part l'interdiction des « coquilles vides », « entreprises sans réelle substance à part d'échapper à l'impôt et aux lois [118] ». Quelques propositions sont formulées par des ONG spécialisées. Les représentants d'Oxfam, une ONG qui lutte contre les inégalités, estiment que les mesures de lutte existantes sont radicalement insuffisantes et demandent des « réformes sérieuses » pour que l'argent qui échappe à l'impôt serve à financer écoles et hôpitaux [119]. Alex Cobham, directeur de l'ONG britannique Tax Justice Network, réseau créé en 2002 autour d'une coalition de chercheurs spécialistes de l'évasion fiscale estime que « à chaque fois ils diront "nous sommes désolés, nous avons changé", mais ils ne changeront pas jusqu'a ce que les sanctions pénales pour les individus montent d'un cran [120] ». On reconnaît deux motifs dans ces propositions. Certaines peuvent être dites structurelles, en ce qu'elles visent à rendre impossible l'opacité qui permet des montages d'optimisation fiscale *offshore* et forment ainsi un nouveau cadre de régulation financière (12/23). Les autres reposent sur des mécanismes de sanctions, à l'échelle des entreprises et des individus (7/23) ou sur la volonté d'une réponse forte et immédiate conjuguant la régulation financière à la répression pénale (2/23). Un dernier aspect vise à rendre possible la divulgation des faits en protégeant les lanceurs d'alerte (2/23). Le trait frappant du scandale des Pandora Papers est donc l'exiguïté de l'espace médiatique accordé aux propositions de transformations.

Par contraste, l'espace réduit des propositions est concentré sur les réponses routinières au scandale. Celles-ci ont deux modalités principales. La première concerne le renforcement des actions déjà initiées. Parmi celles-ci on trouve la nécessité d'enquêter sur les fraudeurs potentiels dont le nom apparaît dans les Pandora Papers (14/54), le renforcement des exigences de transparence en direction des entreprises (8/54), le renforcement des moyens des administrations fiscales (7/54), l'extension de la liste des paradis fiscaux (3/54).

La seconde forme des propositions habituelles désigne ce qu'on pourrait appeler les déclarations d'intention. Un modèle de ce genre est la déclaration de la présidente de la Commission européenne Ursula von der Leyen : « Bien que des progrès ont depuis été accomplis, de nouvelles actions sont encore nécessaires [121] » ; « ces pratiques sont "complètement inacceptables" et l'UE

117. Lamant L., « Au Parlement européen, l'onde de choc des "Pandora Papers" », *Mediapart*, 6 octobre 2021.
118. Zucman G., cité in « Le séisme Pandora papers », *Le Journal de Saone-et-Loire*, 5 octobre 2021.
119. Hubaut L., « L'Union européenne allège sa liste noire des paradis fiscaux », *Le Figaro*, 7 octobre 2021.
120. « Le Royaume-Uni "principal acteur" de l'évasion fiscale mondiale (ONG) », AFP, 5 octobre 2021.
121. « Paradis fiscaux : l'UE retire Anguilla, la Dominique et les Seychelles de sa liste noire », AFP, 5 octobre 2021.

doit “travailler davantage” sur la question[122]. » Dans cette optique, les commentateurs estiment que des solutions sont possibles, mais qu’elles ne peuvent être que mondiales et lointaines. Comme l’explique le professeur de droit Thierry Lambert, « le droit des sociétés, le droit bancaire et le droit des affaires, qui restent pour l’essentiel des droits d’abord nationaux, doivent encore être modifiés pour aller plus loin dans la lutte contre l’évasion fiscale. Tout ceci n’a de sens que si le chantier est ouvert au niveau mondial [123] ». Cette catégorie de proposition est ambivalente. D’une part, elle marque une forme de réalisme sur les dimensions globales de la circulation des flux financiers. C’est sans doute le sens de la formulation du juge Renaud Van Ruymbeke, qui a mené de nombreuses enquêtes politico-financières dans les années 1990 et 2000, et qui estime que « la lutte contre les paradis fiscaux, pour être efficace, ne peut être que mondiale [124] ». Mais d’autre part, elle forme une ressource rhétorique parfois employée à des fins dilatoires pour remettre à d’hypothétiques accords mondiaux toute forme d’action, en excluant donc les instruments qui sont dans la main des États pour traiter les pratiques fiscales de leurs ressortissants. Le Premier ministre des Îles Vierges Andrew Fahie parle par exemple de seulement « “travailler vers” des registres de propriétaires, “avec certaines réserves” [125] ». Impliqués dans les révélations, les représentants du cabinet d’avocat Baker McKenzie assurent « “soutenir” les efforts en cours de la communauté internationale pour mettre en place une taxation minimale des multinationales, “afin d’apporter plus de simplicité et d’équité au système [fiscal] mondial” [126] ». Par contraste, des propositions de rupture mettent l’accent sur la capacité des États comme la France à agir sans attendre. C’est le cas de Manon Aubry, de La France insoumise : « Pourtant, il y a beaucoup de choses à faire, et la France peut, si elle le veut, engager sans tarder des mesures unilatérales [127]. » Et de Philippe Poutou, du NPA : « Même si on prend acte qu’on ne sortira pas du capitalisme demain matin, il y a déjà des mesures transitoires extrêmement fortes qui peuvent être tentées, le monopole bancaire, par exemple [128]. »

Les propositions qui font suite aux Pandora Papers s’inscrivent ainsi dans un répertoire déjà connu, qui fait voisiner des propositions routinières empruntant les outils de politiques publiques existants et quelques proposi-

122. « Des dirigeants se défendent après les accusations des Pandora Papers », *Nord-Éclair*, 5 octobre 2021.
123. Lambert T., « Évasion fiscale : les Pandora Papers révèlent le chemin qu’il reste à parcourir », *La Tribune*,14 octobre 2021.
124. Baruch J., Michel A., Vaudano M. et ICIJ, « “Pandora Papers” : plongée mondiale dans les secrets de la finance *offshore* », *Le Monde*, 3 octobre 2021.
125. « Les Îles Vierges britanniques, les autres vedettes des Pandora Papers », AFP, 4 octobre 2021.
126. Vaudano M., Baruch J., Michel A., Freedberg S., « “Pandora Papers” : la part d’ombre de Baker McKenzie, cabinet d’avocats “global” », *Le Monde*, 4 octobre 2021.
127. Dejean M., Graulle P., Goannec M., « Après les “Pandora Papers”, les gauches tentent de monter au créneau », *Mediapart*, 7 octobre 2021.
128. *Ibid.*

tions plus radicales qui ne donnent pas lieu à l'ouverture d'un débat. On mesure la fermeture du débat politique à la rareté des réactions gouvernementales, encore bien plus accentuée que pour les Panama Papers. Dans la presse, cette catégorie ne compte que 27 occurrences. Qui plus est une part importante de ces réactions vient de l'étranger (22/27), qu'il s'agisse des présidents des États-Unis (Joe Biden), du Mexique (Andres Manuel López Obrador) ou du Sri-Lanka (Gotabaya Rajapaksa) ou de responsables européens (Ursula von der Leyen et Paolo Gentiloni, présidente de la commission et commissaire à l'Économie de l'Union européenne). Du côté du gouvernement français, seul Bruno Le Maire, ministre de l'Économie depuis 2017, prend la parole, avec un seul message :

> « Je serai intraitable avec ceux qui ont triché avec le fisc français [129]. »

> « Si des résidents fiscaux français devaient être impliqués dans des schémas d'optimisation abusifs, la Direction générale des finances publiques, à ma demande, engagerait sans aucun délai des démarches nécessaires en lien avec la justice pour récupérer toutes les sommes dues [...]. Nous avons donné consigne à la Direction générale des finances publiques d'exploiter et d'analyser chaque information rendue publique [130]. »

> « Le ministre n'était pas encore en mesure de dire si des contribuables français étaient bien concernés au vu du secret fiscal et des enquêtes en cours, mais il a déclaré qu'une "*task force*" serait constituée. "Elle sera composée du parquet national financier, avec la direction générale de la finance publique" et aura pour mission de récupérer l'argent [131]. »

Ces réactions manifestent une posture de fermeté, par l'emphase mise sur l'exhaustivité (« chaque information rendue publique »), la fermeté (« intraitable », « toutes les sommes dues ») et la mobilisation administrative (« donné consigne », « *task force* »). Elle n'en est pas moins minimaliste, pour deux raisons. D'une part, parce qu'elle se situe à l'intérieur de la rhétorique de riposte des personnes accusées en relayant de fait et en accentuant par la même occasion leur cadrage légaliste. Le ministre critique des « schémas d'optimisation abusifs » et maintient le doute sur cette caractérisation. Il ne parle pas d'évasion fiscale en général et n'interroge pas l'optimisation. Il adopte donc le regard que les bénéficiaires portent sur leur propre situation fiscale, qu'il s'agit

129. « Pandora Papers : Le fisc français saisi », *Les Échos*, 6 octobre 2021.
130. « Pandora Papers : Bercy a lancé des vérifications », *Bulletin Quotidien*, 6 octobre 2021.
131. « Pandora Papers : Le Maire promet d'être "intraitable avec ceux qui ont triché" », AFP, 6 octobre 2021.

d'optimiser. D'autre part, il ne prononce aucune critique générale du système financier qui permet ces formes d'optimisation agressives et, à plus forte raison, ne formule pas de proposition de régulation nouvelle. De ce fait, la réaction gouvernementale n'appelle pas à la poursuite du débat initié par les révélations, mais le ferme en laissant la main à l'administration pour traiter une série de cas individuels.

Une seule députée de la majorité prend la parole. Élue de la Meuse, Émilie Cariou s'exprime dans *L'Est Républicain* le 7 octobre. Elle porte un regard professionnel sur le sujet parce que, diplômée de l'École nationale des impôts, elle a, avant son passage en politique, fait l'essentiel de sa carrière au sein du ministère des Finances et particulièrement à la direction de la législation fiscale puis à l'Autorité des marchés financiers. Sa prise de parole concentre l'attention sur les dimensions techniques et les moyens de la lutte contre la fraude fiscale :

> « L'administration fiscale réceptionne des millions d'informations de comptes bancaires de citoyens français a l'étranger. Mais il faut les traiter ! Il faut donc investir aussi sur le contrôle fiscal, en renforçant les effectifs. Mais pas uniquement, car nous sommes aussi sur des activités frauduleuses multiformes. Il faut donner plus de moyens à la branche financière de la police judiciaire d'autant que la fraude financière a explosé ces dernières années notamment sur Internet. Je porte l'idée de la création d'un pôle (justice/police) de lutte contre la fraude avec une première ligne budgétaire de 1M€/an afin que l'on ait une vraie *task force*, alors que nos services sont aujourd'hui trop éparpillés [132]. »

La forme de l'expression la rattache autant si ce n'est davantage à l'expérience professionnelle qu'à la prise de position politique, en concentrant l'analyse sur la masse du travail nécessaire et sa complexité technique. La députée formule également une proposition qui représenterait une rupture en invitant à taxer à la source les « flux financiers » en direction des États qui ne pratiquent pas « l'entraide fiscale ». Mais cette dernière n'a aucun écho médiatique et ne connaît pas de reprise gouvernementale.

La structure temporelle du « scandale » montre que les accusations portées contre les fraudeurs ne peuvent que constater l'absence d'action politique pour mettre fin au phénomène, et que les propositions de réforme formulées sont vite confrontées à l'absence de relais médiatique et politique. La médiatisation du « scandale » devient, dans les rares espaces médiatiques où il est encore mentionné, l'analyse de l'absence de scandale. L'économiste d'ATTAC Maxime Combes met en balance la démonstration « systémique »

132. Cariou E., « Des trous dans la raquette à l'international », *L'Est républicain*, 7 octobre 2021.

de l'évasion fiscale et la recherche de noms médiatiques pour alimenter le scandale. Il estime que la première est « puissante » et devrait être plus importante que la seconde. Mais c'est, médiatiquement, l'inverse qui se produit [133]. Le socialiste David Assoulime estime dans *Mediapart* que « le propre d'un scoop, c'est qu'il met sur la table quelque chose d'inattendu, d'exceptionnel. Là, c'est vrai qu'il est relativement banalisé par le fait qu'il y a eu beaucoup d'autres scandales depuis dix ans [134] ». Le déclin rapide des Pandora Papers devient le sujet de chroniques humoristiques. Aymeric Lompret, un humoriste marqué à gauche, explique le 7 octobre sur France Inter que « des vrais journalistes impartiaux […] ont sorti une liste de responsables politiques, d'industriels, de millionnaires qui planquent leur argent dans les paradis fiscaux. Y a même DSK, il était quand même président du FMI. Alors en gros tous les gens qui peuvent lutter contre les paradis fiscaux planquent leur argent dans les paradis fiscaux. Donc forcément ils ne se donnent pas à fonds dans le combat [135] ». Paradoxalement, sa prise de parole sarcastique est celle qui, dans l'espace médiatique, formule l'analyse la plus proche de celle de l'ICIJ, lorsque le consortium de journalistes écrit que « les documents divulgués révèlent qu'un grand nombre d'acteurs puissants qui pourraient contribuer à mettre un terme au système *offshore* en profitent au contraire, en dissimulant des actifs dans des sociétés et des fiducies secrètes, tandis que leurs gouvernements ne font pas grand-chose pour ralentir un flux mondial d'argent illicite qui enrichit les criminels et appauvrit les nations [136] ». Quatre jours plus tard, le sujet est repris par Waly Dia, autre humoriste marqué à gauche, cette fois pour constater sa disparition. La chronique s'intitule « Ce dont on ne parle pas » et raille le silence médiatique si vite arrivé : « Les journalistes n'ont rien de neuf sur les Pandora Papers, par exemple. On n'a toujours pas le nom des 600 français impliqués. […] Et dans les 600 il doit y avoir des mafieux, des trafiquants d'armes, des chefs de réseaux, mais cette insécurité-là, ça ne dérange personne, vu que ça ne se passe pas en banlieue, ça ne compte pas. Il y a aussi des élus dans le tas, si ceux qui sont censés lutter contre la fraude fiscale sont ceux qui la commettent, il ne faut pas attendre de miracle [137]. » Waly Dia reprend la lecture critique classique du fonctionnement des médias et de la justice portant sur la gestion différentielle des illégalismes, en opposant les noms des personnes mises en cause dans les Pandora Papers et l'insécurité des banlieues, sujet d'innombrables articles et réactions politiques. Cet angle n'est pas neuf, mais le paradoxe ici est que quelques jours après les révélations, le chroniqueur de France Inter est pour ainsi dire le dernier à utiliser son espace d'expression médiatique pour le faire valoir.

133. Dejean M., Graulle P., Goannec M., *op. cit.*
134. *Ibid.*
135. Lompret A., « Les Pandora Papers », *France Inter*, 7 octobre 2021.
136. "Offshore Havens and Hidden Riches of World Leaders and Billionaires Exposed in Unprecedented Leak", *op. cit.*
137. Dia W., « Ce dont on ne parle pas », *France Inter*, 11 octobre 2021.

L'adaptation des illégalismes

Que deviennent les données révélées après une brève apparition médiatique ? L'ICIJ mène un travail de suivi qui consiste à compiler les effets positifs du scandale, sous la forme d'enquêtes des autorités ou des réformes législatives. Par exemple, une enquête aux Seychelles : « La police fait une descente dans une société de services financiers des Seychelles quelques heures après la nouvelle enquête sur les Pandora Papers [138]. » Ou, à plus large échelle, un rapport européen :

> « Lorsque les législateurs européens ont voté en juin dernier l'adoption d'un rapport sur les "leçons" tirées des Pandora Papers, le document commençait par un thème clair : "Les pratiques mises en lumière par les révélations des Pandora Papers ont un impact particulièrement grave sur l'espace fiscal et les dépenses publiques", poursuit le rapport, soulignant "l'importance de défendre la liberté des journalistes de rendre compte des questions d'intérêt public" [139]. »

Mais l'enregistrement des résultats obtenus voisine avec d'autres regards portés sur les révélations dans des rapports d'organismes de recherche liés aux institutions internationales. En effet, ceux-ci partent des Pandora Papers pour montrer les adaptations efficaces des acteurs financiers aux contraintes et scandales, pour parvenir à perpétuer leurs pratiques. Ainsi, un rapport de l'organe de suivi du Conseil de l'Europe MONEYVAL (comité d'experts sur l'évaluation des mesures contre le blanchiment d'argent et le financement du terrorisme) reconnaît l'apport des documents :

> « MONEYVAL accorde une place importante au travail du Consortium international des journalistes d'investigation (ICIJ) qui, au cours de la dernière décennie, a publié de nombreux articles sur les flux d'argent sale transitant par l'Europe vers le reste du monde. Citant le projet Pandora Papers de 2021 de l'ICIJ [...] MONEYVAL a déclaré que la collaboration journalistique mondiale montrait "l'ampleur croissante de la menace du blanchiment d'argent et la persistance des blanchisseurs" [140]. »

Mais c'est pour mieux constater l'absence de répression effective des auteurs et tout particulièrement des intermédiaires :

---

138. Boland-Rudder H., "Police Swoop on Seychelles Financial Services Firm Hours After New Pandora Papers Probe", ICIJ, 6 décembre 2023.
139. Boland-Rudder H., "How the World Responded to ICIJ's Investigations in 2023", ICIJ, 5 janvier 2024.
140. Woodman S., "Pandora Papers shed light on 'gatekeepers' of dirty money says European watchdog », ICIJ, 9 mai 2022.

« Dans son rapport, MONEYVAL indique qu'aucun gouvernement européen ne sanctionne efficacement les avocats, les comptables et les autres professionnels qui enfreignent la loi en facilitant la criminalité financière [141]. »

Dans le même registre, l'ICIJ relaie un rapport d'EUROPOL qui lui aussi s'appuie sur son travail pour documenter l'adaptation des auteurs de fraude :

« Près de 70% des groupes criminels opérant dans l'Union européenne ont recours à des techniques de blanchiment d'argent pour obtenir des revenus et dissimuler des actifs, ce qui nuit à la stabilité financière de la région et entrave sa croissance économique, selon le Financial and Economic Crime Threat Assessment report [rapport d'évaluation de la menace de la criminalité financière et économique], publié la semaine dernière par Europol. Le rapport d'Europol cite l'enquête 2021 Pandora Papers de l'ICIJ comme exemple de la manière dont les entreprises criminelles ont trouvé des moyens de dissimuler la propriété effective et d'échapper aux sanctions en recourant à des intermédiaires et à des sociétés *offshore* [142]. »

L'idée d'une criminalité qui adopte des moyens toujours plus sophistiqués pour tromper les agences de régulation et de sécurité peut être discutée. Mais la reprise de cette idée dans des rapports officiels marque une consécration ambivalente des lanceurs d'alerte et des acteurs de la dénonciation publique que sont les journalistes de l'ICIJ dans le cadre des Pandora Papers. D'un côté, ils documentent à une échelle inédite des flux financiers qui échappent à la fiscalité. De l'autre, leur ampleur même et la manière dont leurs auteurs se défendent d'être dans l'illégalité semble porter à sa limite la forme du scandale, voué à se répéter parce qu'inscrit dans des structures pérennes de fonctionnement du capitalisme financier.

Les Pandora Papers ou la domination mise à nue

« Mais le pire vraiment pour moi, c'est tous ces mecs qui sont là avec leurs millions de milliards cachés au Panama, et tu leur dis "non mais attends, c'est une honte", et ils sont là "oui mais hey c'est légal !" [rires]. Les gars ils vont gratter dans des recoins de légalité, vraiment dans des lois comme ça, et ça me fait penser que quand j'étais petit, moi, mes parents ils avaient un horrible livre qui s'appelait le guide de l'emmerdeur qui incitait à profiter de toutes les

141. *Ibid.*
142. Sampson E., "Money-Laundering Criminals are Adapting to New Technology Faster than Authorities Can Keep Up, EU Report Says", ICIJ, 26 septembre 2023.

> choses légales qu'on avait le droit de faire. Par exemple, il t'expliquait que tu pouvais aller dans une pâtisserie et demander à goûter d'abord. "Tiens je vais manger un bout de millefeuilles, je voudrais goûter le millefeuilles", "ouais d'accord", "euh attendez je vais goûter maintenant un bout d'éclair au chocolat", "ouais d'accord", "et je vais goûter un bout de paris-brest, mais finalement je ne vais rien prendre et je vais partir". Et le pâtissier il est là "non mais attends c'est un peu abusé", "oui mais c'est légal ! C'est légal !" [rires]. Et là c'est exactement pareil, c'est un mélange d'enculerie et de légalité, j'appelle ça l'enculégalité [143]. »

Le non-scandale des Pandora Papers semble être un échec flagrant pour ses promoteurs, celui de la croyance dans le pouvoir intrinsèque de l'information sur la transformation du monde. La répétition sur une décennie et à un rythme soutenu des révélations sur le « capitalisme clandestin » – *via* des fuites massives de données – n'a pas seulement permis une routinisation des réponses. Plus encore que les Panama Papers auxquels l'humoriste Thomas VDB avait consacré sa chronique acerbe citée en exergue, elle a également produit une concentration accrue de celles-ci autour d'un cadrage légaliste, qui triomphe au moment des Pandora Papers et fait perdre aux dénonciateurs leur prise sur les individus ciblés. L'accusation portée dans l'espace public glisse sur les personnes qui font valoir la légalité de leurs pratiques transnationales de jeu avec les règles fiscales, ce qui interroge en retour la démarche des accusateurs : si la finalité de l'information journalistique est une forme de dénonciation comportant des suites judiciaires, qu'en reste-t-il lorsque les accusés parviennent à faire valoir que, sauf exception, ils ne sont pas poursuivis ? La mise en scène de la révélation et de ses suites semble coincée entre l'évidence d'un système (international) scandaleux et le piège de la faute (pénale) introuvable. D'un côté, dans des cas minoritaires, les journalistes enquêteurs jouent un rôle déclencheur dans des poursuites, procès et démissions, dont ils tiennent soigneusement le compte au point de donner l'impression qu'informer sert d'abord à punir [144]. De l'autre, l'information publiée est à double face, entre l'affichage des montants faramineux, des structures opaques et des lieux suspects, et le discours plus ou moins technique de la plupart des personnes mises en cause et des intermédiaires qui défendent leurs offres de services juridico-financiers.

Entre les deux, le sens de la dénonciation perd de son évidence. On le lit dans un certain inconfort des journalistes de l'ICIJ dès le papier de lancement des Pandora Papers : « Au moins 11 300 milliards de dollars sont détenus à

143. VDB T., « Elise Lucet aka Wonderwoman – la chronique de Thomas VDB », *France Inter*, 6 avril 2016.

144. Scilla A., "Investigators worldwide continue to open 'Pandora's Box' to pursue criminals identified in Pandora Papers two years after ICIJ's landmark investigation", ICIJ, 3 octobre 2023.

l'étranger, "*offshore*", selon une étude réalisée en 2020 par l'Organisation de coopération et de développement économiques basée à Paris. En raison du caractère secret et complexe du système *offshore*, il n'est pas possible de savoir quelle part de cette richesse est liée à de la fraude fiscale et à d'autres crimes, et quelle part concerne des fonds provenant de sources légitimes et déclarés aux autorités compétentes [145]. » L'histoire a suffisamment montré qu'il ne faut pas forcément de transgressions avérées, et encore moins de transgressions de normes exclusivement légales pour qu'un scandale éclate et prenne une ampleur inattendue, mais les accusateurs semblent pris au piège du cadrage strictement légaliste imposé par les personnes dénoncées et relayé à l'échelon gouvernemental, ce qui rend les perspectives de transformation lointaines et incertaines.

Si la brève mobilisation observée peut dans une certaine mesure être qualifiée de multisectorielle, avec des réactions émanant des univers journalistique, politique, économique, juridique, associatif ou encore scientifique, elle n'a jamais débordé de son lit lui aussi habituel ni altéré les perceptions du possible. Comment expliquer cette absence de scandale ? L'analyse de ces réactions ne donne pas de clef unique d'interprétation mais ouvre plutôt des pistes de réflexion, complémentaires aux seules capacités de résistance des élites accusées qui ont su prévenir les défections et autres ruptures de collusion. Entre la lassitude de l'opinion publique devant les annonces répétées de *leaks* historiques et la transformation du paysage médiatique contribuant à verrouiller le débat, le manque de réaction gouvernementale mérite particulièrement d'être souligné. Alors que ses membres se sont sentis autorisés à s'abstenir de tout commentaire ou à réagir a minima aux Pandora Papers – d'autant plus en l'absence de révélations les concernant directement, le gouvernement a collectivement pris soin de ne pas poser la question de la responsabilité sociale des élites, de leurs conditions d'enrichissement par la circulation des capitaux, et de l'accentuation des inégalités à l'ère du capitalisme financiarisé. Le contraste ne pourrait pas être plus net avec, par exemple, le moment du *New Deal* et l'implication puissante du gouvernement américain pour faire tomber l'homme d'affaires, richissime banquier et ancien ministre des Finances Andrew Mellon [146].

L'ensemble dessine-t-il les contours d'une économie renouvelée des illégalismes des classes dominantes, dans lequel les pratiques d'évitement de l'impôt sont à nu, sans cesse exposées par des fuites de données et sans cesse justifiées comme légales si ce n'est légitimes par leurs auteurs ? Un tel diagnostic est évidemment susceptible d'être contredit par un scandale qui prendrait de

145. "Offshore Havens and Hidden Riches of World Leaders and Billionaires Exposed in Unprecedented Leak", *op. cit.*
146. Huret R., *Les millions de monsieur Mellon. Le capitalisme en procès aux États-Unis (1933-1941)*, Paris, La Découverte, 2023.

l'ampleur, occuperait durablement les médias et produirait des propositions de réformes systémiques. Mais il est malgré tout l'indice d'une transformation possible du côté de la critique. Après tout, le scandale qui occupe l'espace médiatique est aussi une forme qui a fait la preuve de son impuissance. Montrer que l'évasion fiscale ne répond pas aux caractéristiques de la dénonciation temporaire mais d'une structure pérenne de domination du capitalisme financier est peut-être également un enseignement valide pour celles et ceux qui cherchent à le transformer.

Quand des illégalismes économiques populaires répondent à ceux des puissants

Monopoles commerciaux et pillages alimentaires au Burkina Faso

Vincent BONNECASE

Vincent Bonnecase est chercheur en science politique au CNRS, membre de l'Institut des mondes africains. Il travaille sur la pauvreté, les sentiments d'injustice et la colère ordinaire en Afrique sahélienne. Il a notamment écrit La pauvreté au Sahel. Du savoir colonial à la mesure internationale *(Karthala, 2011),* Les prix de la colère. Une histoire de la vie chère au Burkina Faso *(Les éditions de l'EHESS, 2019) et* La vie chère. De l'Europe à l'Afrique : quand la colère passe par les prix *(Flammarion, 2023).*

« Il n'y a pas de monopole, c'est juste la loi du marché [1] ». Cette phrase émane d'un responsable marketing du groupe Kanis international, la principale société d'importation des biens de consommation courante au Burkina Faso. Au moment où elle est prononcée, le groupe domine la distribution du riz qui constitue la base des régimes alimentaires citadins [2], celle du ciment qui conditionne l'accès au logement et son entretien pour les foyers de classe populaire [3], et celle du sucre dont la consommation revêt une importance spécifique pour les populations musulmanes pendant les mois de ramadan [4]. Cela est resté le cas jusqu'à aujourd'hui. En cela, Kanis international a, depuis une vingtaine d'années, un pouvoir considérable dans « l'économie politique du quotidien [5] », en vertu de ce que ce responsable appelle la « loi du

1. Entretien avec un responsable de service à Kanis International, Ouagadougou, 7 avril 2015.
2. Bonnecase V., « Le goût du riz. Une valeur sensorielle et politique au Burkina Faso », *Genèses*, vol. 104, n° 3, 2016, pp. 7-29.
3. Choplin A., *La vie du ciment en Afrique : matière grise de l'urbain*, Genève, Métis Presses, 2020.
4. Bonnecase V., *Les prix de la colère. Une histoire de la vie chère au Burkina Faso*, Paris, Les éditions de l'EHESS, 2019, pp. 44-48.
5. Adebanwi W. (ed.), *The Political Economy of Everyday Life in Africa: Beyond the Margins*, Cambridge, Cambridge University Press, 2016.

marché » : les économies d'échelle réalisées par le groupe lui permettent d'effacer la concurrence et de dominer des secteurs d'activité dont dépendent la subsistance et la vie sociale de millions de personnes à travers le pays.

Cette absence de monopole commercial est avérée en droit au Burkina Faso : depuis la libéralisation économique du début des années 1990, « l'entrée sur le territoire national à des fins commerciales [...] de marchandises non prohibées, de toute origine et de toute provenance, est libre », ainsi que l'exprime la loi [6], ce qui permet aux ministres du Commerce de rappeler régulièrement, à l'encontre de rumeurs persistantes, qu'« il n'existe par conséquent de monopole dans aucun secteur d'activité économique [7] ». Et pourtant, personne ne semble vraiment croire en cette réalité légale, si l'on se réfère à ce qui se dit sur le sujet dans les quartiers populaires des grandes villes du pays : il est courant, lorsqu'on y parle du riz, du ciment, du sucre, mais aussi de l'huile, du pain, de l'essence ou de la téléphonie, de stigmatiser les « monopoles commerciaux donnés par l'État aux opérateurs économiques ». Le soir, n'importe quelle personne de plus de quinze ans sera capable de dire le nom des principaux distributeurs des biens qu'elle aura consommés depuis le lever du jour, tout en tenant pour évidents les liens tacites qui unissent ces opérateurs aux plus hautes autorités de l'État. En cela le capitalisme, mais aussi le « gouvernement privé indirect [8] », ne constituent pas des « synecdoques abstraction [9] » : ils ont des visages parfaitement identifiables.

Ces croyances populaires renvoient à des phénomènes de chevauchement entre détention d'une autorité publique et accès aux richesses privées, lesquels ont été extrêmement étudiés en Afrique. Après les indépendances, nombre de pays du continent ont ainsi vu se former une « *straddling class* » politico-commerciale qui, parce qu'elle bénéficiait du soutien des nouveaux gouvernements, a pu accumuler les positions favorables sur les marchés. L'importation des biens de consommation courante était tout particulièrement surveillée par la puissance publique, tant elle pouvait donner lieu à une accumulation importante de richesses dans des pays dont l'économie était largement extravertie. Mais pareil processus relevait alors, au moins partiellement, de règles offi-

---

6. Assemblée nationale du Burkina Faso, loi n° 12-2013 AN du 07 mai 2013, portant régime général des importations et des exportations au Burkina Faso.
7. Ministère du Commerce, de l'Industrie et de l'Artisanat, communiqué « Pas de monopole au Burkina Faso », 8 mars 2016, en ligne : https://www.sig.bf/2016/03/commerce-au-burkina-faso-pas-de-monopole (consulté le 6 octobre 2023).
8. Mbembe A., « Du gouvernement privé indirect », *Politique africaine*, vol. 73, n° 1, pp. 103-121.
9. Dans son analyse des pratiques de dénonciation, Luc Boltanski distingue les configurations où les responsables peuvent être identifiés et désignés nommément, et celles où l'on a recours à une « synecdoque d'abstraction », lorsqu'on incrimine par exemple des licenciements au « capitalisme ». Dans la situation qui nous intéresse ici, le capitalisme marchand est incarné par des personnes que l'on peut précisément identifier (« L'affaire comme forme sociale », dans *L'amour et la justice comme compétences. Trois essais de sociologie de l'action*, Paris, Éditions Métailié, 1990, pp. 253-265).

cielles avec lesquelles chacun essayait de s'arranger : en créant des sociétés spécialisées dans le négoce, les États se faisaient pourvoyeurs de richesses au grand jour, en vertu de ce que Jean-François Bayart a appelé « la politique du ventre [10] ». Celle-ci n'a pas disparu avec la libéralisation économique des années 1990 : elle a juste emprunté des voies plus opaques que par le passé. Aujourd'hui, les liens à l'État continuent de conditionner l'accès aux ressources et aux positions dans un pays comme le Burkina Faso. Mais leurs modalités de répartition sont elles-mêmes devenues plus obscures et, partant, plus injustes pour le sens commun, parce que moins maîtrisables [11] : parmi les classes populaires, la notion de « monopole » est tout particulièrement devenue synonyme d'injustice, dès lors qu'elle traduit des arrangements cachés entre les puissants en dehors de tout contrôle social.

Si ces thèses ont été développées par les politistes, leurs compréhensions ordinaires – et le fait qu'elles paraissent évidentes aux yeux du plus grand nombre avant même de constituer des objets académiques – n'a peut-être pas suffisamment retenu l'attention. Les manières usuelles de désigner les grands importateurs dans les quartiers populaires de Ouagadougou sont à ce titre éloquentes. Ici, ces commerçants passent pour des « prête-noms » du président ou de sa famille ; là, on les qualifiera de « ministres » de l'alimentation, de la construction ou encore du transport, selon leur secteur d'activité ; et dans tous les cas, ils auront « reçu le monopole de l'État », quand bien même ce n'est plus en vertu de la loi. En l'occurrence, les grands commerçants sont plutôt taxés de *jouer* avec la loi grâce à leurs soutiens politiques : en laissant plus ou moins passer les marchandises aux frontières, en appliquant de manière plus ou moins rigoureuse les contrôles techniques, en étant plus ou moins regardants sur les conditions de transport et de stockage, les agents de l'État peuvent favoriser les uns au détriment des autres, participant ainsi à la configuration hiérarchique des réseaux commerçants.

Si ces pratiques évoquent les « illégalismes » des élites, qui font l'objet de ce présent dossier, elles ne relèvent pas seulement d'une justice de classe ainsi que l'entendait Michel Foucault [12], puisqu'il s'agit surtout pour la puissance publique de déterminer, *parmi* les grands commerçants, lesquels joueront les premiers rôles dans l'économie politique du pouvoir [13]. Bien plus, dans cette configuration politico-commerciale, le statut social ne précède pas la « gestion différentielle des illégalismes » : il en procède. Ce n'est pas parce qu'un entre-

10. Bayart J.-F., *L'État en Afrique. La politique du ventre*, Paris, Fayard, 1989.
11. Hibou B., *Anatomie politique de la domination*, Paris, La Découverte, 2011, p. 38.
12. Foucault M., *Surveiller et punir. Naissance de la prison*, Paris, Gallimard, 1993, p. 311.
13. Dans cette optique, il est possible d'appréhender la gestion différentielle des illégalismes « non pas comme le privilège d'une classe sur les autres mais comme un mode de domination assuré par des agents de l'État, en particulier lorsque ceux-ci sont confrontés à des pratiques illicites qui ne visent pas les biens ou les personnes mais la transgression de lois ou de règlements » (Amicelle A., « "Deux attitudes face au monde" : La criminologie à l'épreuve des illégalismes financiers », *Cultures & Conflits*, n° 94-95-96, 2014, p. 81).

preneur est puissant qu'il bénéficie d'une plus grande latitude vis-à-vis de la législation (et qu'il est lui-même capable d'en jouer [14]) : c'est parce qu'il bénéficie de cette latitude, elle-même conditionnée par sa proximité aux autorités, qu'il peut développer et maintenir sa puissance. Sous le prisme des représentations ordinaires, le nœud de cette domination reste « l'État », sachant que cette appellation recoupe, plus que les seules autorités gouvernementales, un entrelacs de relations et d'intérêts réciproques noués par ces dernières et les opérateurs économiques – et certains plus que d'autres.

L'objectif de cet article est de prendre au sérieux cette croyance populaire aux monopoles, comme réalité à la fois économique et politique, tout en se demandant ce qu'elle charrie d'acceptions, de protestations ou d'accommodements. Je m'interrogerai plus précisément sur l'articulation entre les illégalismes économiques des grands commerçants et ceux des classes populaires, en revenant sur les pillages qui ont émaillé l'insurrection de 2014 au Burkina Faso. Cette révolte, qui a abouti à la chute du président Compaoré au pouvoir depuis vingt-sept ans, a été marquée par des faits à la portée politique évidente, tels que la prise de l'Assemblée nationale, les grandes marches vers le palais présidentiel ou les combats de rue avec les forces armées. Mais elle a aussi donné lieu au saccage de grands entrepôts céréaliers et à des vols de riz, lesquels ont été largement ignorés par la littérature alors que ces actes impliquaient des dizaines de milliers de personnes. Leur description, loin de donner l'image de débordements incontrôlés ou de comportements purement opportunistes, laisse paraître des logiques collectives articulées à des conceptions partagées du juste et de l'injuste – soit des « économies morales » au sens où l'entendait Edward Thompson [15]. En considérant que ces vols sont partie intégrante de l'insurrection, je me demanderai en quoi des illégalismes économiques populaires peuvent être interprétés comme une réponse ponctuelle à ceux des puissants.

Ce faisant, il s'agit aussi de déplacer le regard sur la « gestion différentielle des illégalismes » telle qu'elle a été le plus souvent appréhendée par la littérature. Loin de se cantonner à la sphère judiciaire, cette réalité est aujourd'hui abordée à travers un nombre grandissant d'acteurs, tels que les douaniers, les contrôleurs fiscaux ou les assistants sociaux, entre autres [16]. Mais elle n'en

14. La gestion différentielle des illégalismes peut être considérée sous une double entrée ainsi que l'exprime Grégory Salle : « celle de l'application différentielle du droit d'un côté (celui des juridictions) et celle des usages sociaux du droit de l'autre (celui des justiciables) » (« De l'illégalisme à la gestion différentielle des illégalismes : retour sur un concept », *Materiali Foucaultiani*, vol. 3, n° 5-6, 2014, p. 10).

15. Thompson E. P., "The Moral Economy of the English Crowd in the Eighteenth Century", *Past and Present*, n° 50, 1971, pp. 76-136.

16. Voir le travail coordonné par Nicolas Fischer et Alexis Spire, qui invite à déplacer le regard de l'appareil judiciaire à la sphère bureaucratique (« L'État face aux illégalismes », *Politix*, vol. 87, n° 3, 2009, pp. 7-20) ainsi que les travaux liminaires de Michael Lipsky sur la bureaucratie du quotidien (*Street-Level Bureaucracy: Dilemmas in the Individual in Public Services*, New York, Russel Sage Foundation, 1980).

reste pas moins considérée sous le prisme privilégié des instances officielles qui, par les pratiques quotidiennes plus ou moins conscientes de leur personnel, concourent à produire un ordre social inégalitaire [17]. Les illégalismes économiques populaires, eux-mêmes, ont été principalement questionnés sous l'angle des « politiques de l'ombre » qui les rendaient possibles, qu'il s'agisse de laisser prospérer l'industrie textile de la contrefaçon en Argentine au nom des bénéfices qu'en retire la collectivité [18], de s'abstenir de réprimer les squatteurs et les commerçants ambulants au Chili, en Colombie et au Pérou pour pallier l'absence de politique sociale [19] ou de tirer profit du marché de revente des voitures volées au Brésil de telle sorte que la frontière entre la légalité et l'illégalité s'en trouve obscurcie [20]. Il est plus rare de s'interroger sur la gestion des élites délinquantes – ou jugées comme telles – par les populations de condition modeste, et plus encore de se demander en quoi des illégalismes économiques populaires peuvent répondre à ceux des classes dominantes : c'est ce que je propose de faire ici en mettant en miroir les pillages alimentaires et les monopoles commerciaux au Burkina Faso.

Cet article repose sur sept ans d'enquêtes régulières réalisées entre 2013 et 2020, au cours desquelles j'ai mené des entretiens avec des habitantes et des habitants de deux quartiers populaires, la Zone une à Ouagadougou et Koko à Bobo-Dioulasso, portant sur l'expression ordinaire des sentiments d'injustice et de la colère sociale [21]. Tandis que le quartier de l'ancienne gare de Zone une se trouve en périphérie de la capitale burkinabè, à la limite immédiate des zones non loties, Koko est l'un des plus vieux quartiers de la seconde ville du pays, elle-même considérée comme sa capitale économique. Je m'appuie également sur des entretiens réalisés avec des commerçants de céréales aux diffé-

17. Dans le dossier coordonné par Anthony Amicelle et Carla Nagels sur « les arbitres de l'illégalisme », il est ainsi question de policiers, de juges et d'avocats, d'agents chargés du suivi des « jeunes délinquants », de services de contrôle financier et des employés de la Haute Autorité de lutte contre les discriminations et pour l'égalité (« Les arbitres de l'illégalisme : nouveau regard sur les manières de faire du contrôle social », *Champ pénal*, vol. XV, 2018).

18. Dans son ethnographie du marché de Salada en Argentine, Mathias Dewey a montré en quoi la production et la commercialisation illégales de vêtements à bas prix avaient prospéré à l'ombre des politiques locales, en insistant sur les justifications morales de cette activité par ses différents acteurs, au nom de la création de richesses, de la préservation de l'emploi ou de la lutte contre la criminalité (*Making It at Any Cost: Aspirations and Politics in a Counterfeit Clothing Market*, Austin, University of Texas Press, 2020).

19. En se basant sur une enquête réalisée dans des quartiers pauvres de Bogota, Lima et Santiago, Alisha Holland analyse cette « abstention » (*forbearance*) comme une forme d'aide sociale informelle que les hommes politiques manipulent pour améliorer la vie des contrevenants à la loi, tout en affichant leur engagement aux côtés d'un électorat pauvre (*Forbearance as Redistribution: The Politics of Informal Welfare in Latin America*, Cambridge, Cambridge University Press, 2017).

20. Gabriel Feltran, dans son ethnographie du commerce de voitures volées à São Paulo, montre en quoi l'absence de réglementation publique de cette économie amène des acteurs extrêmement variés à en bénéficier, de telle sorte que la frontière entre le légal et l'illégal est difficile à définir (« [Il]licit Economies in Brazil: An Ethnographic Perspective », *Journal of Illicit Economies and Development*, vol. 1, n° 2, pp. 145–154).

21. Cette recherche a notamment donné lieu à l'écriture d'un ouvrage (Bonnecase V., *Les prix de la colère…*, *op. cit.*) dans lequel je précise le protocole d'enquête.

rentes strates de leur distribution – même si on verra qu'il a été difficile d'approcher les plus grands d'entre eux –, ainsi que sur une ethnographie des ruines de l'insurrection burkinabè réalisée quelques mois après les événements, dont l'objectif était de décrire ce qui avait été saccagé et le sens donné à ces saccages par celles et ceux qui y avaient assisté [22].

Dans ce qui suit, il s'agira d'abord de considérer l'histoire éminemment politique des monopoles commerciaux au Burkina Faso, avant d'exposer en quoi ces derniers ont été ponctuellement bousculés par les pillages de 2014 dans un contexte insurrectionnel, et de montrer pour finir que ces illégalismes populaires n'ont pas bouleversé l'ordre économique, pas plus qu'ils n'ont mis un terme aux sentiments d'injustice que celui-ci peut susciter.

Entre le fait et le droit, une histoire de monopoles

Les monopoles commerciaux, et la place importante qu'ils occupent dans les imaginaires du pouvoir, s'ancrent dans une longue histoire au Burkina Faso, comme dans bon nombre de pays à l'économie extravertie : ils sont partie prenante de cette extraversion et de sa gestion par les élites politiques locales [23]. Le commerce extérieur faisait déjà l'objet d'un contrôle étroit de la part de la puissance publique en Afrique de l'Ouest avant la colonisation. Il occupait une place centrale dans l'économie politique des royaumes côtiers au plus fort de la traite atlantique : les souverains de ces royaumes avaient la primeur des échanges avec les Européens à qui ils vendaient des esclaves à des prix souvent plus élevés que les commerçants locaux, tout en étant les premiers à pouvoir acquérir les marchandises acheminées par la mer [24]. Si cette position n'a jamais constitué un monopole d'État comme l'a cru Karl Polanyi [25], elle n'en a pas moins pris une part importante dans la structuration des hiérarchies locales : outre les bénéfices directement tirés de la traite, les importations de biens étrangers permettaient aux élites d'accroître leur prépondérance matérielle et symbolique, puisqu'elles détenaient des biens auxquels la majeure partie de la population n'avait pas accès [26].

Le commerce de longue distance occupe une place tout aussi centrale dans l'extension des Empires coloniaux au cours du XIXe siècle. Dans les métropoles européennes, il constitue l'un des mobiles affichés des conquêtes colo-

22. Les conditions de réalisation de cette enquête spécifique sont précisées dans Bonnecase V., « Ce que les ruines racontent d'une insurrection. Morales du vol et de la violence au Burkina Faso pendant les journées insurrectionnelles des 30 et 31 octobre 2014 », *Sociétés politiques comparées*, n° 38, 2016.
23. Bayart J.-F., « L'Afrique dans le monde : une histoire d'extraversion », *Critique internationale*, vol. 5. 1999, pp. 97-120.
24. Polanyi K., *Dahomey and the slave trade. An analysis of an Archaic Economy*, Seattle, University of Washington Press, 1966.
25. Pour une critique de cette thèse, Law R., "Posthumous Questions for Karl Polanyi: Price Inflation in Pre-Colonial Dahomey", *Journal of African History*, vol. 33, n° 3, 1992, pp. 387-420.

niales, alors qu'une partie importante des opinions publiques est globalement opposée à ces entreprises coûteuses : au moment de la Grande Dépression en particulier, des hommes d'affaires soutiennent activement l'exploitation de ces territoires lointains qui promettent de fournir des matières premières à la métropole et d'offrir de nouveaux débouchés aux industries nationales. Il n'est pas question de réactiver le vieux régime colonial de l'Exclusivité alors que la pensée libérale domine les débats : ainsi Paul Leroy Beaulieu, parmi les grands inspirateurs du colonialisme français à la fin du XIXe siècle, dénonce-t-il à ce propos un « monopole contre-nature [27] ». Mais la majorité des économistes n'en reste pas moins partisane d'un commerce fortement encadré avec les colonies, afin que leur exploitation bénéficie aux intérêts métropolitains [28].

Cette ligne générale s'incarne de manières différentes selon les territoires. En Afrique équatoriale française, des compagnies se voient accorder des monopoles commerciaux dans des espaces circonscrits [29]. En Afrique occidentale française en revanche – où se trouve la Haute-Volta qui deviendra, plus tard, le Burkina Faso – le commerce reste officiellement libre. Mais cela n'empêche pas quelques grandes sociétés de s'imposer comme les principales exploitantes des matières premières locales, et les premières fournisseuses des colonies en produits manufacturés européens. Cette domination tient à leurs énormes facilités de crédit alors que la monnaie du colonisateur s'impose progressivement dans les échanges transfrontaliers. Mais elle bénéficie également du soutien de l'administration locale qui, tout en entravant la circulation des commerçants locaux, octroie des avantages fiscaux à ces grandes sociétés [30]. En retour, celles-ci peuvent être sollicitées par le pouvoir colonial dans les moments de crises sociales : dans les années 1930, elles sont invitées à participer à la « lutte contre la vie chère », alors que l'inflation attise les conflits sociaux dans les grandes villes [31]. Les monopoles de fait, loin de se cantonner au champ économique, constituent ainsi un maillon de l'ordre politique colonial.

Après la Seconde Guerre mondiale, l'affirmation de la puissance publique en matière économique réduit le poids relatif des grandes sociétés privées dans les échanges commerciaux. Ce phénomène s'accroît encore après les indépendances, alors que les nouveaux gouvernements s'attachent à exercer un contrôle étroit sur la circulation des ressources extérieures dans le pays.

26. Warnier J.-P., « Les politiques de la valeur », *Sociétés politiques comparées*, n° 4, avril 2008, pp. 20-21.
27. Leroy-Beaulieu P., *De la colonisation chez les peuples modernes*, Paris, Guillaumin, 1886 (3e édition), p. 76.
28. Clément A., « La question coloniale et la pensée économique libérale française (1830-1914) », *L'Économie politique*, vol. 64, n° 4, 2014, pp. 72-82.
29. Coquery-Vidrovitch C., *Le Congo au temps des grandes concessionnaires. 1898-1930*, Paris-La Haye, Mouton, 1972.
30. Assidon A., *Le commerce captif. Les sociétés commerciales françaises de l'Afrique noire*, Paris, L'Harmattan, 1989.
31. Bonnecase V., *Les prix de la colère...*, *op. cit.*, p. 109.

Officiellement, il s'agit d'éviter que ces dernières concurrencent la production locale, tout en assurant l'approvisionnement des populations, en particulier dans les villes. En Haute-Volta, cela se traduit par l'instauration de monopoles légaux sur les importations de biens jugés essentiels : des entreprises nationales sont chargées de réguler la circulation de produits tels que les céréales, le sucre, l'huile ou les hydrocarbures [32]. En pratique, ces dispositifs ne constituent pas que des outils chargés d'assurer la subsistance quotidienne des populations et de maintenir la paix sociale [33] : ils permettent surtout à de nombreuses personnes, aux intérêts différents, d'accéder à des ressources et à des positions dans les réseaux de distribution, depuis la base jusqu'au sommet. L'insertion conflictuelle dans ces réseaux apparaît ainsi comme un élément important de l'exercice du pouvoir et de la formation de l'État post-colonial [34].

À partir des années 1980, les programmes d'ajustement structurel de la Banque mondiale et du Fonds monétaire international remettent en cause les modalités d'intervention des pouvoirs publics dans les échanges commerciaux : les gouvernements africains sont sommés de réduire leurs déficits budgétaires, mais aussi de libéraliser le commerce, pour bénéficier des crédits internationaux [35]. Le Burkina Faso est le dernier pays ouest-africain à se rallier à cette politique, du fait de l'anti-impérialisme affiché par le régime révolutionnaire de Thomas Sankara entre 1983 et 1987 : c'est en 1991 qu'est adopté un premier programme d'ajustement structurel. Celui-ci met fin à la plupart des monopoles publics sur le commerce des biens de grande consommation : en dix ans, la plus grande partie des sociétés d'État est privatisée ou supprimée afin d'ouvrir les échanges à la concurrence [36]. Désormais, si on excepte certains biens considérés comme touchant à la sûreté nationale, toute marchandise peut être importée par qui veut au regard de la loi : il suffit de faire une déclaration préalable d'importation aux autorités compétentes, tout en satisfaisant un certain nombre de normes en matière de qualité, de transport, de stockage et de conservation des produits acheminés [37].

Cependant, ces normes techniques ne constituent pas des procédures politiquement neutres, avec lesquelles chacun peut également s'arranger : elles dessinent des espaces où se nouent des rapports de pouvoir et des relations

32. *Ibid.*, p. 121 et suivantes.
33. Voir à ce propos l'enquête menée par Valentine Schehl au Maroc, « Du blé au pain, que régule-t-on ? L'ambiguïté comme mode de gouvernement », dans Hibou B., Bono I. (dir.), *Le gouvernement du social au Maroc*, Paris, Karthala, 2016, pp. 121-157.
34. Berman B., Lonsdale J., *Unhappy Valley. Conflict in Kenya and Africa*, Londres, James Currey, 1992, p. 5.
35. World Bank, *Accelerated Development in Sub-Saharan Africa. An Agenda for Action*, Berg E. ed., Washington, 1981.
36. Thiombiano T., Thiombiano N., Ouiminga I., Zoungrana D., *Étude de la concurrence au Burkina Faso*, Ouagadougou, Cedres, 2008.
37. Entretien avec le directeur des Guichets uniques du Commerce, Ouagadougou, 25 janvier 2017.

asymétriques [38]. La simple détention d'entrepôts dans les zones littorales d'Abidjan, de Dakar ou Lomé, par où transitent les biens importés, est tributaire des bonnes relations nouées avec les autorités portuaires, elles-mêmes en lien étroit avec les gouvernements locaux [39]. Le transport jusqu'au Burkina Faso suppose de respecter les formalités imposées par le Conseil Burkinabè des Chargeurs et d'avoir des véhicules jugés conformes pour le chargement. Le passage de la frontière, à l'entrée du Burkina Faso, est conditionné par des contrôles de la qualité qui peuvent se faire de manière plus ou moins extensive par les agents de l'État. Quand les camions arrivent à Ouagadougou, ils sont encore supposés se rendre à la gare routière internationale où les chauffeurs doivent fournir la facture du fournisseur, la déclaration préalable d'importation et le certificat de contrôle de la qualité. L'ensemble de ces procédures légales laisse aux agents de l'État une latitude entre l'application et le laisser-faire, laquelle participe à la hiérarchisation des relations au sein de l'espace économique [40].

Cet interventionnisme sélectif n'est guère aisé à observer de l'intérieur, les situations d'« abstentions réglementaires » étant, par définition, difficiles à saisir lorsque l'on interroge les premiers concernés [41]. S'il arrive aux fonctionnaires chargés de contrôler la qualité ou le prix des marchandises de parler de « liberté déguisée » du commerce, il est rare qu'ils s'étendent davantage sur le sujet [42]. Il est tout aussi difficile d'enquêter auprès des grands importateurs. Les simples statistiques sur leur volume d'affaires sont extrêmement compliquées à obtenir, qu'on les sollicite auprès des sociétés elles-mêmes, des services de douane ou des bureaux ministériels, comme si l'on avait affaire à de l'« opacité recherchée [43] » : un agent du Système d'information sur la sécurité alimentaire peut lui-même expliquer que « les statistiques d'importation [sont] difficiles à avoir, on demande mais on n'a jamais », avant d'ajouter : « peut-être que c'est parce qu'ils ne veulent pas qu'on sache qui importe le riz au Burkina Faso [44]. »

L'interventionnisme sélectif dans le marché des importations s'appréhende davantage de l'extérieur, à travers les témoignages des commerçants

38. Sur la bureaucratie comme lieu d'énonciation du politique, d'exercice du pouvoir et de manifestation des conflits, voir Hibou B. (dir.), *La bureaucratisation néolibérale*, Paris, La Découverte, 2013.
39. Je me réfère à la thèse en cours de Manuel Roland, *Contribution à l'histoire économique des ports d'Afrique de l'Ouest. Les cas de Dakar et d'Abidjan*, Paris, EHESS.
40. Voir l'analyse qu'en propose Gilles Favarel-Garrigues en Russie (*La Police des mœurs économiques : de l'URSS à la Russie [1965-1995]*, Paris, CNRS éditions, 2007).
41. Dewey M., Di Carlo D., "Governing Through Non-Enforcement: Regulatory Forbearance as Industrial Policy in Advanced Economies", *Regulation & Governance*, n° 16, 2022, p. 931.
42. Bonnecase V., *Les prix de la colère…*, *op. cit.*, pp. 151-152.
43. Hibou B., *L'Afrique est-elle protectionniste ? Les chemins buissonniers de la libéralisation extérieure*, Paris, Karthala, 1996, p. 171.
44. Entretien avec un agent du Système d'information sur la sécurité alimentaire et nutritionnelle, Ouagadougou, 30 mars 2015.

qui, tout en admettant la banalité des fraudes dans les échanges transfrontaliers [45], évoquent la difficulté à rentrer dans le cercle étroit des grands importateurs. C'est particulièrement le cas dans les secteurs présentant un intérêt stratégique pour les autorités en place, comme celui du riz qui constitue la principale céréale consommée dans les villes du pays. Alors que la production nationale couvre à peine la moitié des besoins nationaux, quelques compagnies se partagent le marché des importations. S'il arrive à d'autres commerçants de tenter de s'y immiscer, beaucoup doivent renoncer devant ce qui est souvent présenté comme les « tracasseries administratives [46] ». Ainsi que peuvent l'exprimer nombre de grossistes en céréales, mais aussi les importateurs d'autres biens présentant un caractère moins sensible pour le pouvoir, « importer du riz au Burkina, c'est être politicien [47] », non que cela nécessite de s'engager directement en politique, mais parce qu'il est impossible de s'imposer sans nouer des relations de proximité tacites, faites d'intérêts réciproques, avec les autorités en place.

Sous cette perspective, les arrangements avec la loi ne constituent pas l'envers de l'ordre social : ils concourent à le produire dans ses structures inégalitaires. Alors que la non-application de la réglementation économique reste souvent lue sous le prisme de la déficience – partant de l'hypothèse sous-jacente que « les gouvernements sont disposés à appliquer la règle, même s'ils n'y parviennent pas forcément [48] » –, elle constitue une modalité de formatage des marchés et de leur gouvernement. Cette idée, développée par une littérature sur les illégalismes économiques [49], apparaît finalement assez commune au Burkina Faso, lorsqu'on s'intéresse à l'histoire des monopoles commerciaux et à leurs perceptions contemporaines.

L'ordre économique sous le feu de la critique insurrectionnelle

Mais parfois l'ordre social en vient à vaciller. En octobre 2014, une insurrection populaire renverse le président Blaise Compaoré, au pouvoir depuis vingt-sept ans, alors que celui-ci s'apprêtait à modifier la Constitution pour se présenter à un nouveau mandat. Les 30 et 31 octobre, journées où devaient se

45. Ainsi que l'exprime l'ancien président d'une organisation de commerçants au Grand Marché de Ouagadougou, « y a pas un commerçant qui ne dit pas qu'il fait la fraude. Mais moi, ma fraude, peut-être je peux partager 20 % la fraude, et 80 % l'honnêteté. […] Quelle est la fraude ? Un commerçant a payé ça à mille francs, il vient, il dit à la douane que c'est 100 francs. […] Y en a qui descendent le poids, d'autres qui diminuent la quantité. […] Moi je n'essaye jamais de diminuer la quantité. […] Si j'ai mille verres, je vais déclarer mille verres, mais peut-être en descendant le prix que j'ai payé » (entretien avec un ancien président de l'Organisation nationale des commerçants du Burkina Faso, Ouagadougou, 24 juillet 2013).
46. Je me réfère aux entretiens réalisés auprès des grossistes de riz à Bobo-Dioulasso et à Ouagadougou en 2013 et en 2014 (Bonnecase V., « Le goût du riz », *op. cit.*).
47. Entretien avec un importateur de quincaillerie et de pièces détachées de cinquante-cinq ans, Ouagadougou, 24 juillet 2013.
48. Dewey M., Di Carlo D., "Governing Through Non-Enforcement…", *op. cit.*, p. 932.
49. Pour une synthèse récente, Dewey M., Woll C., Ronconi L., "The Political Economy of Law Enforcement", *MaxPo Discussion Paper*, n° 21/1, 2021.

tenir les débats parlementaires autour de la révision constitutionnelle, les manifestations se multiplient dans les principales villes du pays, des émeutiers s'en prennent aux biens des élites politiques et économiques, l'Assemblée nationale est prise d'assaut par des manifestants et le président doit s'enfuir à l'étranger. Cette insurrection populaire a fait l'objet d'une abondante littérature. Beaucoup se sont attachés à décrire le temps court des mobilisations pour montrer comment la révolte avait pris, alors que le régime autoritaire de Blaise Compaoré promettait de s'ancrer dans la durée [50]. Certains se sont penchés sur le développement de nouvelles formes d'organisations citoyennes à travers le « Balai citoyen [51] », tout en interrogeant leurs articulations avec des formes plus anciennes de résistance [52]. D'autres ont questionné les modes de légitimation (ou de délégitimation) du régime déchu [53], et l'hétérogénéité des aspirations qui traversaient les mobilisations [54]. D'autres encore, plus rares, ont insisté sur les raisons économiques de l'insurrection, en montrant que les attaques proférées contre les biens privés avaient visé parmi les principaux entrepreneurs du pays, au-delà du seul entourage familial du président renversé [55]. Mais étrangement, un fait important par son ampleur n'a pas retenu l'attention de cette littérature, comme s'il ne faisait pas partie du périmètre légitime de la contestation : les vols de céréales qui se sont multipliés durant ces journées insurrectionnelles.

Cela est surprenant, ne serait-ce qu'au regard des chiffres. D'après le bilan fait un mois plus tard – bilan officiel n'englobant qu'une partie des vols réalisés –, plus de 12 000 tonnes de riz ont été dérobées en deux jours dans la seule ville de Ouagadougou, soit plus de 240 000 sacs de cinquante kilogrammes [56]. Si l'on considère que les sacs ont été principalement emmenés à pied, à bicyclette ou à moto, et que chacun n'a pu s'en accaparer qu'un petit nombre à la fois, les vols ont nécessairement concerné des dizaines, voire des centaines de

50. Frère M.-S., Englebert P., "Burkina Faso. The Fall of Blaise Compaoré", *African Affairs*, vol. 114, n° 455, 2015, pp. 295-307 ; Hagberg S., Kibora L., Ouattara F., Konkobo A., « Au cœur de la révolution burkinabè », *Anthropologie & développement*, n° 42-43, 2015, pp. 199-224.
51. Degorce A., Palé A., « Performativité des chansons du Balai citoyen dans l'insurrection d'octobre 2014 au Burkina Faso », *Cahiers d'études africaines*, vol. 229, n° 1, 2018, pp. 127-153 ; Kasanda A., "The African Youth Civic Movements and the Struggle for Peace: The Case of Balai Citoyen and Filimbi", *Critical Sociology*, vol. 45, n° 6, 2019, pp. 859-870.
52. Phelan C., « Plus ça change: Trade unions, the military and politics in Burkina Faso, 1966 and 2014 », *Labor History*, vol. 57, n° 1, 2016, pp. 107-125.
53. Bonnecase V., « Sur la chute de Blaise Compaoré. Autorité et colère dans les derniers jours d'un régime », *Politique africaine*, vol. 137, n° 1, 2015, pp. 151-168 ; Beucher B., « "À comportement du berger, réponse du mouton" ? Éléments pour une économie morale du soulèvement d'octobre 2014 au Burkina Faso », *Afrique contemporaine*, vol. 265, n° 1, 2018, pp. 39-58.
54. Diao-Klaeger S., Zongo R., « "Blaise dégage !" Graffiti et pancartes autour de la révolution burkinabè de 2014 », *Langues, cultures et sociétés*, vol. 3, n° 1, 2017, pp. 70-88.
55. Chouli L.., « L'insurrection populaire et la transition au Burkina Faso », *Review of African Political Economy*, vol. 42, n° 143, 2015, pp. 148-155.
56. Société nationale de gestion des stocks de sécurité, « Situation des pertes constatées lors des manifestations du 30 et du 31 octobre 2014 », Ouagadougou, 2014.

milliers de personnes. Pareil phénomène a un précédent de moindre envergure. En 2011, le pays avait été traversé par des mobilisations après l'assassinat d'un collégien par des militaires : parties des étudiants, elles avaient fini par s'étendre à différents corps de la société, depuis les soldats de troupe jusqu'aux magistrats, en passant par les commerçants. Durant cette année de conflits sociaux, des manifestants s'étaient attaqués à de nombreux sièges du pouvoir politique tels que des ministères, des mairies, des casernes ou des commissariats. Mais des magasins avaient également été pillés, parmi lesquels un entrepôt appartenant au principal importateur de riz du pays [57]. Si cela ne suffit pas à faire du vol de cette céréale une action subversive qui relèverait nécessairement du « banditisme social [58] », il importe d'interroger sa signification du point de vue de ses protagonistes, sans présupposer que ces derniers auraient été poussés par la seule nécessité.

Un tel questionnement s'inscrit à la suite du travail mené par Edward Thompson sur les émeutes frumentaires dans l'Europe du XVIIIe siècle. En décrivant le parcours et les pratiques des émeutiers, il a montré que ces derniers pouvaient reproduire avec une fidélité parfois troublante les mesures de protection sociale mises en œuvre par le passé, et qu'ils étaient liés par des conceptions communes de ce que devrait être un juste fonctionnement de l'économie – ce qu'il a appelé « l'économie morale des foules [59] ». Plus récemment, des travaux ont interrogé les raisons morales des émeutes de subsistance qui se sont multipliées au cours des dernières décennies dans les pays africains, asiatiques et latino-américains, certains liant ces mobilisations à la contestation globale d'une économie politique néolibérale [60], d'autres les inscrivant davantage dans leurs espaces de compréhension nationaux [61], et d'autres encore interrogeant les relations occultes qui favorisent le déploiement de la violence collective dans des cadres très localisés [62]. Si ces travaux divergent par leurs objets et leurs orientations, tous ont pour point commun de reconnaître la dimension politique de pratiques populaires illégales qui se déploient à la marge des mobilisations ouvertement contestataires, tout en partant de leur description précise pour en retracer le cours et en dénouer le sens.

57. Chouli L., *Burkina Faso 2011. Chronique d'un mouvement social*, Lyon, Tahin Party, 2012, p. 255.
58. Hobsbawm E., *Bandits*, New York, Delacorte Press, 1969.
59. Thompson E. P., "The Moral Economy of the English Crowd...", *op. cit.* L'usage de cette notion s'est, depuis lors, routinisé bien au-delà du champ économique. Pour une discussion critique de cette extension de sens, voir Siméant-Germanos, J., « "Économie morale" et protestation – détours africains », *Genèses*, vol. 81, n° 4, 2010, pp. 142-160.
60. Walton J., Seddon D. (eds.), *Free Markets and Food Riots. The Politics of Global Adjustment*, Cambridge, Blackwell, 1994. Voir aussi Patel, R., McMichael P., "A Political Economy of the Food Riot", *Review (Fernand Braudel Center)*, vol. 32, n° 1, 2009, pp. 9-35.
61. Dakhli L., Bonnecase V. (eds.), "When 'Adjusted' People Rebel: Economic Liberalization and Social Revolts in Africa and the Middle East (1980s to the Present Day)", *International Review of Social History*, n° 66 (S29), 2021.
62. Auyero J., "The Moral Politics of Argentine Crowds", *Mobilization. An International Quarterly*, vol. 9, n° 3, 2004, pp. 311-326 ; Auyero J., Mahler M., « Relations occultes et fondements de la violence collective », *Politix*, vol. 93, n° 1, 2011, pp. 115-139.

Les pillages de 2014 sont retraçables à travers les récits que j'ai recueillis plus tard, à proximité des ruines qu'ils ont laissées derrière eux, même si rares sont les personnes à assumer leur participation directe à ces actions collectives qui, une fois passé le moment insurrectionnel, se retrouvèrent passibles de répression policière [63]. On en retrouve aussi des images parmi les multiples vidéos réalisées pendant l'insurrection depuis des téléphones portables : une partie de ces vidéos a été collectée et compilée dans des disques numériques par une « Association de vendeurs de documents et d'images » créée au lendemain de la chute de Blaise Compaoré [64]. Ce matériau donne à voir l'insurrection sans qu'un triage préalable n'ait été fait pour la mettre en récit, les images se succédant en dehors de toute trame narrative (et, souvent, de tout ordre chronologique). Les scènes de pillages, si elles sont bien moins présentes que d'autres événements à la portée politique plus évidente, font partie de ce fil désordonné. Elles déjouent toute approche spasmodique de l'émeute, déjà décriée par E. Thompson [65]. On y voit des foules globalement calmes et silencieuses. Sur une des vidéos, de nombreuses personnes transportent des sacs de riz sur leur tête, parmi lesquelles des hommes et des femmes. Sur une autre, un camion de céréales est déchargé par une vingtaine de personnes jusqu'à ce que son contenu se retrouve sur la chaussée. Sur une autre encore, une foule compacte, en vélo ou en mobylette, est à l'arrêt sur la route sans que personne ne manifeste de signe d'impatience : plusieurs des bicycles sont chargés d'un ou deux sacs de céréales et l'on voit, sur l'un d'entre eux, une femme tenir le guidon avec un bébé au dos, tandis que sa passagère a une porte sur la tête.

De telles images coïncident avec les récits que j'ai pu recueillir à proximité des entrepôts pillés, de la part de riverains ou des gardiens des lieux. Dans la Zone d'activités diverses de Ouagadougou, deux établissements appartenant à une entrepreneure burkinabè ont été vidés de leur riz en 48 heures. L'essentiel des sacs a été revendu sur place à très bas prix – ce qui évoque les opérations de taxation populaire décrites par E. Thompson –, de telle sorte que « la zone ressemblait à un gigantesque marché alimentaire » ainsi que le raconte un riverain [66]. Des scènes similaires sont survenues dans le quartier de Tanghin, dans

63. Pareil évitement est assez classique, ainsi que le suggère Javier Auyero lorsqu'il s'attache à retracer le cours des émeutes survenues en Argentine en 2001, alors que nombreux magasins avaient été pillés : certains de ses interlocuteurs utilisaient la troisième personne pour parler de leurs propres actions, d'autres disaient qu'ils n'y étaient allés que pour regarder, d'autres qu'ils étaient restés à l'extérieur des magasins pillés, et d'autres encore qu'ils avaient pris moins de marchandises qu'ils ne l'avaient fait en réalité ("The Political Makings of the 2001 Lootings in Argentina", *Journal of Latin American Studies*, vol. 38, n° 2, 2006, p. 257).

64. *Quand le peuple se met debout, l'impérialisme tremble*, DVD, Ouagadougou, Good Luck, 2015 ; *Révolution burkinabè. 30 octobre 2014 – Tir à balle réelle, départ vers Kossiyam*, DVD, Ouagadougou, Leader, 2015.

65. Thompson E. P., "The Moral Economy of the English Crowd...", *op. cit.*

66. La majorité des personnes interrogées a parlé de sacs vendus à 2 000 francs CFA (quand ils en valaient environ 20 000 sur les marchés), en précisant que ces opérations de vente permettaient aux personnes d'acquérir le riz à l'extérieur des entrepôts, lorsqu'elles ne se sentaient pas suffisamment robustes pour le prendre à l'intérieur.

celui de Tampouy, dans la zone périphérique de Gampèla et dans la zone industrielle de Bobo-Dioulasso, les gardiens des lieux attestant par la suite du « calme » des assaillants et d'un « ordre » relatif dans les opérations, malgré deux accidents mortels : la rumeur d'une arrivée des forces de l'ordre, à Tampouy, a provoqué une bousculade fatale à une jeune femme, dont la tête a violemment heurté une dalle en béton, tandis que le brusque éboulement de sacs de riz, à Gampèla, a provoqué la mort d'un homme des suites de ses blessures [67].

Même s'il n'est pas question de sur-rationnaliser les comportements collectifs qui se dessinent le temps d'une insurrection, la description de ces pillages montre que ces derniers ont obéi à des logiques du point de vue de leurs protagonistes. La première, de nature topographique, tient aux bâtiments visés : ces derniers ont été ciblés de manière souvent sélective, comme cela apparaît clairement, au regard de la configuration des lieux concernés. Ainsi dans la Zone d'activités diverses de Ouagadougou, les entrepôts attaqués jouxtaient un magasin appartenant à un riche Libanais et contenant des « produits de luxe [68] ». On eût pu s'attendre à ce que celui-ci soit l'objet principal de la vindicte populaire, si l'on se réfère au rejet dont peuvent être parfois victimes les commerçants étrangers en Afrique de l'Ouest (comme ailleurs) [69] mais aussi, plus prosaïquement, à la plus grande valeur des marchandises qui y étaient entreposées. Or, il n'en a rien été : alors que certaines des personnes attroupées ont commencé à s'attaquer au magasin libanais, d'autres se sont interposées pour empêcher ce qu'elles apparentaient à un « vol ». La physionomie même de ces bâtiments, au lendemain de l'insurrection, témoigne du sort différent qui leur a été réservé : alors que les entrepôts de riz ont été saccagés – les pilleurs ont fait des trous dans les murs afin d'y entrer et ont arraché les portes –, les autres sont restés intacts. Ce contraste caractérise tout autant la zone de Gampèla, qui se trouve à l'orée de la ville. Pour l'atteindre, des individus en grand nombre ont parcouru une dizaine de kilomètres après l'ancienne barrière de péage. Sur la route, ils sont nécessairement passés devant de multiples établissements commerciaux, parmi lesquels un grand magasin d'engins et moteurs appartenant à un Français, situé juste avant l'entrepôt de riz. Mais seul ce dernier a été attaqué, malgré l'absence de toute force de l'ordre au moment des événements.

---

67. Ces deux accidents sont mentionnés dans le rapport d'une commission mise en place un an plus tard pour éclaircir les conditions dans lesquelles des personnes étaient mortes pendant l'insurrection (Commission d'enquête indépendante créée par la Transition, Rapport d'enquête de la CEI sur les événements des 30 et 31 octobre 2014, Ouagadougou, juin 2016).
68. Entretien avec un étudiant en droit de vingt-cinq ans, Ouagadougou, 28 mars 2015. Ces « produits de luxe » étaient principalement alimentaires : ainsi qu'il l'explique, « quand les deux entrepôts ont été vidés, y en a qui ont commencé à attaquer le Libanais et à vendre des produits de luxe, du champagne et du vin sur la rue, mais ça n'intéressait personne ».
69. Voir par exemple le travail de Laurence Marfaing et d'Alena Thiel sur les rumeurs à l'encontre des commerçants chinois au Ghana et au Sénégal (« Petits commerçants chinois en Afrique et saturation des marchés ouest-africains. Déconstruction d'une rumeur [Dakar-Accra] », *Migrations Société*, vol. 149, n° 5, 2013, pp. 137-158).

Une seconde logique, de nature matérielle, tient aux objets volés. Si le riz ne constitue pas l'unique bien visé [70], il occupe de très loin le premier rang sur le critère du nombre d'actes commis. Plusieurs types de riz ont été dérobés pendant ces journées insurrectionnelles : une partie appartenait à la principale société d'importation du pays, Kanis international ; une autre à une ONG américaine historiquement engagée dans l'acheminement de l'aide alimentaire, la *Catholic Relief Service* [71] ; et une autre encore à des institutions publiques, la Société nationale de gestion des stocks de sécurité alimentaire et le ministère de l'Éducation nationale et de l'Alphabétisation [72]. Cette céréale, dans tous les cas, occupait une place importante dans les imaginaires locaux de « l'État grenier [73] », et les politiques directement ou indirectement menées par les autorités gouvernementales pour assurer l'approvisionnement des populations citadines. La légitimation du vol de riz, par celles et ceux qui en avaient été les témoins, ne reposait pas sur la place de cet aliment dans les régimes alimentaires. Elle découlait bien plus d'une forme de « contrat de subsistance » supposé relier les gouvernés aux gouvernants, que ces derniers ne respecteraient pas [74]. Ainsi le gérant d'une gargote peut-il par exemple revenir sur le pillage de la *Catholic Relief Service* : « Ils ont pris du riz que les étrangers donnent pour distribuer aux enfants, [...] mais c'est parce que ce riz-là, il est pour [...] des gens qui travaillent pour l'État, qui ont le droit de quitter le pays, de prendre, de ramener, de vendre ici : ce sont les gens qui ont le monopole, [...] ils prennent le riz qu'on nous a donné, ils changent de sac et ils revendent, et cher même [75]. »

Une troisième logique, de nature personnelle, tient au statut des propriétaires dont les biens, au-delà du seul riz, ont été dérobés. Alors que les pillages les plus médiatisés ont concerné des édifices publics symbolisant le pouvoir, tels que l'Assemblée nationale à Ouagadougou ou la mairie centrale à Bobo-

70. « Pillages d'entreprises à Ouaga : zoom sur EBOMAF et EDYF », *Burkina24*, 5 novembre 2014 ; « Pillage à Watam Kaizer : plus de 2000 motos emportées », *Sidwaya*, 6 novembre 2014 ; « Pillages à Oubouf industrie : une perte estimée à plus de 1 milliard de F CFA », *Le Pays*, 13 novembre 2014.
71. Depuis les années 1960, la Catholic Relief Service était chargée de fournir au pays l'aide alimentaire américaine, laquelle s'est considérablement accrue après l'adoption de la *Public Law* 480 et des programmes « Food for Peace » aux États-Unis, dans le contexte de la Guerre froide.
72. La Société nationale de gestion des stocks alimentaires entretenait des réserves destinées à faire face aux situations de déficit céréalier. Le Ministère de l'Éducation nationale et de l'Alphabétisation, quant à lui, entreposait du riz réservé aux cantines scolaires dans des bâtiments loués à de grands entrepreneurs burkinabè.
73. Sur l'importance de cette figure politique dans les imaginaires politiques sahéliens, Bonnecase V., « Faim et mobilisations sociales au Niger dans les années 1970 et 1980 : une éthique de la subsistance ? », *Genèses*, vol. 81, n° 4, 2010, pp. 5-24.
74. Sur cette notion de « contrat de subsistance » et la manière dont elle s'incarne différemment selon les époques et les espaces sociaux, voir les travaux de Steven Kaplan, notamment *Les ventres de Paris : pouvoir et approvisionnement dans la France d'Ancien Régime*, Paris, Fayard, 1988 et *Le pain maudit : retour sur la France des années oubliées, 1945-1958*, Paris, Fayard, 2008.
75. Entretien avec le gérant de quarante-quatre ans d'une gargote, Ouagadougou, 30 mars 2015.

Dioulasso, l'extrême majorité des propriétés pillées – 278 sur les 292 bâtiments plus tard recensés par les autorités [76] – appartenaient à des particuliers. Certains étaient issus de l'entourage familial du président. D'autres étaient des personnalités éminentes du Congrès pour la démocratie et le progrès, le parti présidentiel. Mais beaucoup avaient aussi pour caractéristique d'occuper une place importante dans les activités économiques du pays sans avoir de lien familial avec le président ou de statut officiel au sein du parti au pouvoir : ainsi est-ce le cas, à Ouagadougou, du plus gros importateur de riz du pays – dont il était commun de dire qu'il avait « reçu le monopole de l'État » – ou, à Bobo-Dioulasso, de l'actionnaire principal de la grande entreprise sucrière – réputé pour avoir « le monopole du sucre national » –, également dirigeant des deux plus grandes sociétés de transport de la ville et d'une usine de production d'huile alimentaire, laquelle s'est fait piller par des assaillants [77].

Face à ces élites tout à la fois familiales, politiques et économiques, il est difficile de déterminer ce à quoi se sont opposés les insurgés en pillant leurs biens, sachant que mettre l'exergue sur telle caractéristique peut amener à relativiser telle autre. Le cas de François Compaoré, qui a constitué l'une des cibles les plus emblématiques de l'insurrection, est à ce titre significatif. Il était le frère du président et un membre important du bureau politique du Congrès pour la démocratie et le progrès. Mais il passait aussi pour être le conseiller économique de l'ombre. Cette réputation occulte, sans se réduire au seul monde des affaires [78], transparaît des ruines laissées par les insurgés. Celles-ci sont couvertes de graffitis, dont certains appartiennent au registre de la sorcellerie. Des fétiches seront exhibés par l'Association de vendeurs de documents et d'images lorsqu'elle s'installera sur les lieux : on parlera même de sacrifices humains et de pratiques anthropophagiques [79]. Or, un tel registre de délégitimation, s'il a des ressorts multiples et anciens [80], a connu un regain certain dans le contexte de la libéralisation économique des années 1990 : la sorcellerie a été associée aux nouvelles stratégies d'accumulation menées par les élites, alors que les voies d'accès aux richesses s'étaient singulièrement obscurcies [81]. Les nombreuses traces de trous, retrouvées dans les murs de la maison, pour y trouver de l'or caché, traduisent une telle supputation. C'est à ce maniement sous-terrain des richesses, entre autres, que se sont attaqués les insurgés en pil-

76. Gouvernement du Burkina Faso, Conférence de presse du comité *ad hoc* sur les atteintes aux droits humains pendant l'insurrection populaire des 30 et 31 octobre et au cours des journées des 1er et 2 novembre 2014 au Burkina Faso, Ouagadougou, 25 novembre 2014.

77. Il s'agit de la Société de fabrication industrielle du Burkina-Huilerie, située dans la zone industrielle à Bobo-Dioulasso.

78. Au-delà de la sphère économique, il était également suspecté d'avoir commandité l'assassinat du journaliste Norbert Zongo en 1998, événement qui avait suscité un grand mouvement de protestation à travers le pays (Hilgers M., Mazzocchetti J., « L'après-Zongo : entre ouverture politique et fermeture des possibles », *Politique africaine*, vol. 101, n° 1, 2006, pp. 5-18).

79. Entretien avec un guide de trente ans à la maison de François Compaoré, Ouagadougou, 28 mars 2015.

80. Faure A., *Révolution et sorcellerie. Une ethnologue au Burkina Faso*, Bordeaux, Elytis, 2020.

81. Geschiere P., *Sorcellerie et politique en Afrique. La viande des autres*, Paris, Karthala, 1995.

lant la « maison de François », si l'on en croit la manière dont un tel acte a pu être légitimé par la suite : le frère du président renversé pouvait être désigné comme un « voleur des richesses du pays », comme un « *wakman* » – néologisme des années 1980 désignant celui qui s'adonne à des manipulations occultes [82] – ou, encore, comme « celui qui donnait les monopoles aux grands commerçants [83] ».

Saccages et pillages demandent ainsi à être considérés comme partie intégrante de l'insurrection de 2014, dès lors qu'on ne la réduit pas à la raison la plus évidente d'une colère qui s'est exprimée contre un président au pouvoir depuis vingt-sept ans. Certes, les insurgés étaient, de manière très visible, liés par leur opposition commune au régime en place. Mais derrière cette cause, se profilaient des sentiments d'injustice beaucoup plus divers. En pillant des entrepôts commerciaux, des foules se sont aussi attaquées à l'économie politique du pouvoir dans ce qu'elle avait de trouble aux yeux du plus grand nombre. Et si la ligne de partage entre le licite et l'illicite n'a pas été la même chez les uns et les autres, le vol de riz a bénéficié *a minima* d'une large compréhension, elle-même adossée au lien que chacun pouvait faire entre ces illégalismes populaires et ceux des classes dominantes. Ainsi que peut l'exprimer un habitant de la Zone une qui assure « ne [pas avoir] pris un bonbon » pendant l'insurrection, « il y a une différence entre ceux qui vont à [la supérette] et ceux qui vont à la ZAD : ceux qui pillent [la supérette], je ne suis pas de cœur avec eux mais, ceux qui vont chez Kanis, je les comprends [84] ». Et un autre de dire beaucoup plus frontalement : « les voleurs, ce sont pas ceux qui ont pris le riz, c'est ceux à qui ils ont pris [85]. »

82. Bieri A., Froidevaux S., « Dieu, le président et le *wak*. À propos de certains phénomènes "magico-religieux" au Burkina Faso », dans Hilgers M., Mazzocchetti M. (dir.), *Révoltes et oppositions dans un régime semi-autoritaire. Le cas du Burkina Faso*, Paris, Karthala, 2010, pp. 67-83.
83. Entretiens autour de la maison de François Compaoré, Ouagadougou, mars 2015.
84. Entretien avec un maçon de quarante et un ans, Ouagadougou, 29 mars 2015.
85. Discussion à un grin autour de la gare de Zone une, Ouagagoudou, 2 avril 2015. Les grins sont des réunions informelles pendant lesquelles des hommes, plutôt jeunes et issus de classe populaire, discutent tout en buvant le thé, ce que Félix Lefebvre interprète comme « une arène [...] où se construit une "citadinité subalterne" » (« Une hétérotopie de la parole subalterne : les grins de thé à Ouagadougou [Burkina Faso] », *Annales de Géographie*, vol. 128, n° 729/730, 2019, p. 106).

La gestion différentielle des illégalismes dans le temps

Ainsi que l'écrit Samuel Fury Childs Daly, « certains comportements autorisés – voire encouragés – en temps de guerre deviennent des crimes dès lors que celle-ci est terminée [86] ». L'inverse peut être également vrai : certains comportements, érigés en crimes ou en délits pendant la guerre, redeviennent la norme à son terme. Et une telle symétrie est transposable aux temps de révolutions, tels que ceux qu'a connus le Burkina Faso en 2014. D'un côté, les vols de riz, qui avaient bénéficié de l'absence d'intervention des forces de l'ordre pendant l'insurrection, sont rapidement redevenus des délits une fois l'ordre rétabli. De l'autre, les monopoles commerciaux de fait, dont les détenteurs avaient subi les foudres des mobilisations, sont redevenus la norme au terme de ce moment insurrectionnel. Cela montre à quel point la gestion des illégalismes peut être différentielle, non seulement selon la classe, mais aussi dans le temps : tandis que celui des classes populaires, empruntant les voies les plus franches de l'illégalité, ne peut se déployer que sur de courts instants dans ses formes les plus visibles, celui des élites, beaucoup plus larvé, peut se maintenir dans la durée.

Loin de relever d'un seul principe d'inertie – comme si les faits résistaient à la volonté de changement –, un tel phénomène contient une dimension programmatique maintes fois mise en valeur dans les situations postrévolutionnaires. Aux lendemains de l'insurrection, le nouveau gouvernement, chargé d'assurer la transition jusqu'aux prochaines élections [87], s'attache ainsi à éteindre l'effervescence populaire, non seulement d'un point de vue matériel en limitant l'accès à l'espace public [88], mais aussi sur un plan symbolique : il importe de restreindre la signification donnée au soulèvement sachant que celle-ci se joue parfois, comme l'explique William Sewell, juste après les événements [89]. Les pillages, en l'occurrence, sont immédiatement extraits de l'es-

86. Childs Daly S. F., *A History of the Republic of Biafra: Law, Crime, and the Nigerian Civil War*, New York, Cambridge University Press, 2020, p. 9. L'auteur montre comment, pendant la guerre au Biafra, de nombreuses populations avaient pris l'habitude de recourir au vol de biens publics ou à la fraude pour survivre, tout en bénéficiant de la non-intervention, sinon du soutien tacite, des forces de l'ordre. Après la guerre, de tels actes redevinrent des crimes, mais la frontière entre le licite et l'illicite ne s'en trouva pas moins durablement floutée dans une large partie de la société nigériane.
87. Au soir du 31 octobre 2014, un lieutenant-colonel annonce sa nomination comme chef de l'État « à la demande pressante des forces vives de la nation […] pour éviter que s'installe l'anarchie, préjudiciable à l'objectif de changement démocratique » (communiqué du lieutenant-colonel Zida, chef de la Transition, Ouagadougou, 31 octobre 2023, en ligne https://burkina24.com/2014/11/01/burkina-le-lieutenant-colonel-isaac-yacouba-zida-le-president-de-la-transition, consulté le 6 octobre 2023).
88. Le « gouvernement de transition » instaure un couvre-feu le 31 octobre au soir, qui sera levé plus de trois semaines plus tard.
89. William Sewell développe cette idée à propos de la prise de la Bastille et des interprétations évolutives qu'elle suscita parmi les représentants du Tiers-État dans les jours suivants ("Historical Events as Transformations of Structures: Inventing Revolution at The Bastille", *Theory and Society*, vol. 25, n° 6, 1996, pp. 841-881).

pace politique légitime, comme s'ils ne découlaient que d'un opportunisme de situation sans rapport avec la colère insurrectionnelle. Policiers et gendarmes sont chargés de retrouver les biens dérobés [90], ce qui amène des « insurgés », devenus « voleurs », à s'en débarrasser d'eux-mêmes pendant la nuit pour rester à l'abri des regards [91] : ce qui était assumable quelques jours plus tôt cessait de l'être après la « forclusion de l'effervescence pluraliste [92] ». Des organisations, parmi les plus investies dans le mouvement insurrectionnel, participent elles-mêmes à cette reprise en main symbolique de l'espace public : ainsi le Balai citoyen appelle-t-il les populations ouagalaises à une opération « *mana mana* » (« ville propre ») aux côtés de l'armée et du maire de la capitale : il s'agit de nettoyer la rue des multiples débris laissés par les combats des jours précédents [93].

Cette lecture sélective de l'insurrection se traduit également, sur un temps plus long, par une politique de la mémoire. En 2015, le gouvernement de transition fait ajouter au « Monument des héros nationaux » une stèle « en hommage aux martyrs de l'insurrection populaire des 30 et 31 octobre 2014 qui a mis fin au pouvoir autocratique de Blaise Compaoré [94] ». Un an plus tard, alors que les élections présidentielles sont remportées par un ancien proche du président déchu [95], une association « Mémoire et conscience » est chargée de coordonner une consultation publique, afin d'édifier un « musée du souvenir » sur les ruines de l'Assemblée nationale [96]. Le choix des lieux, s'il est attendu, n'en parle pas moins du sens limitatif que les nouvelles autorités veulent donner à l'insurrection, alors que d'autres sites du souvenir avaient émergé. Ainsi la maison pillée de François Compaoré avait-elle fait l'objet d'une muséification populaire, des guides autoproclamés prenant possession des lieux pour y organiser des visites régulières. Une demande avait même été déposée à la municipalité, afin que celle-ci transforme officiellement le bâtiment en un « musée Thomas Sankara [97] ». En réponse, la « maison de

90. « Traque des biens pillés les 30 et 31 octobre derniers. Incompréhension entre populations et force de l'ordre », *Le Pays*, 12 novembre 2014.
91. Je me réfère aux entretiens réalisés autour des entrepôts pillés de la Zone d'activités diverses à Ouagadougou en mars 2015.
92. Allal A., Vannetzel M., « Des lendemains qui déchantent ? Pour une sociologie des moments de restauration », *Politique africaine*, vol. 146, n° 2, 2017, p. 6.
93. « Après la lutte, le nettoyage », *Le Pays*, 3 novembre 2014.
94. C'est en 2002 que Blaise Compaoré avait lancé la construction de ce monument honorant « la mémoire des Burkinabè [s'étant] particulièrement illustrés au service de la patrie » (Gabriel M.-C., « Quand les frondeurs deviennent des héros nationaux », *Cahiers d'études africaines*, n° 227, 2017, pp. 691-718.
95. Devenu le président du Congrès pour la démocratie et le progrès en 2003, Christian Roch Kaboré en avait quitté la direction en 2013, avant de créer un autre parti et de rejoindre l'opposition au tout début de l'année 2014 : il est élu président de la République en novembre 2015.
96. Entretien avec le président de l'association Mémoire et conscience, Ouagadougou, 30 janvier 2017.
97. Entretien avec le président de l'Association des vendeurs de documents et d'images, Ouagadougou, 28 mars 2015.

François » finit par être murée et interdite au public, les guides devant quitter les lieux. Eyal Weizman a montré combien le traitement différentiel des ruines pouvait participer à la conception de récits sélectifs sur la violence [98] : si celle qui s'est exprimée contre les sièges les plus évidents du pouvoir politique est restée en lumière, celle qui s'est exercée contre les élites économiques a rapidement été rejetée dans l'ombre. Il est un peu troublant que la littérature de l'insurrection ait, par ses silences, partiellement conforté ce tri officiel, puisque les vols de riz, opérés par de très nombreuses personnes et légitimés par beaucoup d'autres, n'apparaissent presque nulle part [99].

Intégrer cette dimension économique de l'insurrection permet pourtant de mieux comprendre la déception qui a suivi. Car rares sont les grands commerçants, hormis les proches parents du président déchu, à avoir perdu leur rang après le soulèvement populaire, même si celui-ci a pu un moment paraître changer la donne. Le cas d'Inoussa Kanazoé, président-directeur général de Kanis international, est à ce titre significatif. Sans fortune à la fin des années 1980, il avait connu une ascension continue sous la présidence de Blaise Compaoré, jusqu'à s'imposer comme le principal importateur de biens de consommation courante dans le pays [100]. Quelques mois après l'insurrection, le gouvernement de transition affiche sa volonté d'« assainir les marchés » et, notamment, celui des importations : à ce titre, des marchandises de Kanis international sont bloquées par la gendarmerie à la frontière [101]. L'année suivante, Inoussa Kanazoé annonce la liquidation judiciaire de sa société et le redéploiement de ses activités en Côte d'Ivoire en invoquant, entre autres raisons, les pertes subies pendant le soulèvement populaire [102]. Six mois plus tard, il est mis en examen par la justice burkinabè, après avoir été accusé de « surfacturer ses transactions » et de « camoufler ses bénéfices ». Arrêté en avril 2017, il bénéficie d'un non-lieu du Tribunal de grande instance de Ouagadougou [103], d'abord rejeté sous la pression d'associations en lutte contre l'impunité économique, avant d'être définitivement conforté par les autorités judiciaires [104]. Depuis, Kanis international s'est redéployé sur le territoire burkinabè sous le nom de *Kanis Commodities*, tout en restant la principale société d'importation de biens de consommation courante dans le pays.

98. Weizman E., *La vérité en ruines. Manifeste pour une architecture forensique*, Paris, Zones, 2021.
99. Le pillage de la « maison de François » est en revanche largement commenté, mais celui-ci est bien plus présenté sous le prisme de ses activités politiques et de ses liens familiaux avec le président renversé, que sous celui de ses activités économiques.
100. Pour l'un des rares portrait d'Inoussa Kanazoé publié par voie de presse, voir « BTP : Inoussa Kanazoé accélère l'industrialisation de Cim Metal », *Jeune Afrique*, 22 mai 2019.
101. « Importation de sucre : quiproquo sur l'autorisation de Kanis », *L'Économiste du Faso*, 30 mars 2015.
102. « Burkina Faso : Inoussa Kanazoé lance une refonte complète de son groupe », *Jeune Afrique*, 28 octobre 2016.
103. « Affaire CIMFASO. Inoussa Kanazoé bénéficie d'un non-lieu », *Le Pays*, 24 juillet 2017.
104. « Affaire CIMFASO. La Justice de la CEDEAO demande l'arrêt des poursuites contre Inoussa Kanazoé », *L'Observateur Paalga*, 17 août 2021.

Or, c'est ce maintien des anciennes élites commerciales – autant que celui des élites politiques – et leur place dans l'économie quotidienne qui incarnent la continuité post-insurrectionnelle aux yeux de beaucoup. Tout le monde continue ainsi d'assimiler le riz importé à celui de « Kanis » : comme l'exprime un habitant de la Zone une à Ouagadougou, « il peut y avoir plusieurs personnes, mais il y en a une au-dessus, et si Kanazoé dit quelque part qu'il ne faut pas vendre le riz, tu ne vas pas pouvoir comme c'est le principal importateur… nulle part tu vas pouvoir prendre plus que lui [105] ». De même, tout le monde associe le pain à « Rimmon Hajjar » et à sa chaîne de boulangeries « Wend-Konta » : comme l'explique une autre, il a gardé « le monopole de la farine de blé » et « c'est dur d'[en] avoir pour les autres boulangeries, comme il faut passer par lui [106] ». Cette structure pyramidale des circuits de distribution, au sommet duquel se trouverait un seul grand commerçant, est imputée à de nombreux autres produits, même plus anodins, de la vie quotidienne. Ainsi la distribution des « omos de la marque saba [107] », qui dominent les produits de lessive, seront-il associés à « Kantagba » et les « insecticides de toute sorte » à « la société Sabocek », tandis que les « poissons glaçon » (ceux qui sont pêchés en mer avant d'arriver congelés à Ouagadougou) seront attribués à un grand commerçant sénégalais du centre-ville, que tout le monde appelle « le Sénégalais [108] ».

Bien que ces compréhensions populaires supputent une réalité qui n'existe pas au regard de la loi, elles n'en parlent pas moins de choses qui se passent vraiment et que l'on peut également retrouver dans les discours syndicaux [109], mais aussi dans la presse économique destinée aux entrepreneurs [110]. Ces monopoles de fait revêtent rarement une signification littérale, tout le monde sachant que « Kanis », « Hajjar » et autre « Kantagba » ne sont pas les seuls dans leurs secteurs d'activités : la notion traduit une posture de force dans un circuit de distribution, elle-même tributaire de facilités que l'on peut prendre

105. Entretien avec un éleveur avicole de quarante-trois ans, Ouagadougou, 2 novembre 2020.

106. Entretien avec une agente de nettoyage de trente-trois ans, Ouagadougou, 4 novembre 2020.

107. À Ouagadougou, les produits sont souvent désignés du nom de leur marque dominante – ou autrefois dominante – même s'ils sont d'une autre marque : au boutiquier, que l'on parle français ou une autre langue, on demandera ainsi souvent de l'« omo », des « lotus » ou du « nido » plutôt que de la « lessive », des « mouchoirs en papier » ou du « lait en poudre ».

108. Entretiens et discussions informelles avec des commerçants et des clientes sur le marché de la Zone une, Ouagadougou, novembre 2020.

109. Les dénonciations régulières de « monopole », dont fait l'objet la chaîne de boulangeries Wend-Konta à Ouagadougou, sont par exemple réactivées par les syndicats dès que le secteur est frappé par des conflits sociaux comme ça a été le cas en 2004 (« La guerre du pain. Qui veut rouler l'autre dans la farine ? », *Le Pays*, 4 juin 2004) ou, plus récemment, en 2016 et en 2022 (« Burkina/affaire pain : "C'est difficile dans ce pays avec ces histoires de monopole", dénonce un boulanger », Le Faso.net, 16 mai 2022, https://lefaso.net/spip.php?article113572, consulté le 11 mars 2024).

110. « Marché du pain au Burkina Faso : un monopole du groupe Hajjar », Investir au Burkina Faso, 9 octobre 2015, en ligne https://www.investirauburkina.net/secteurs-et-marches/agroalimentaire/marche-du-pain-au-burkina-faso-un-monopole-du-groupe-hajjar.html (consulté le 6 octobre 2023).

avec la loi. Deux formes de facilités, en l'occurrence, sont communément incriminées. La première est celle d'un contrôle de la qualité qui serait moins exigeant pour les uns que pour les autres : ainsi parle-t-on souvent de « sucre fraudé » pour désigner le sucre importé de moindre qualité qui, par sa couleur blanche, se distingue du sucre roux produit localement, à tel point que les notions mêmes de « sucre fraudé » et de « sucre importé » peuvent être interchangeables dans un discours commun [111]. La seconde est celle du passage des frontières, supposé plus ou moins facile selon le profil des commerçants. Comme on peut me l'exprimer, « si tu es transporteur, [...] tu as trois camions, arrivé au port, tu vas trouver d'écouler un ou deux mois avant que ton tour arrive, alors que les chauffeurs de Maïga [le dirigeant de la Société de transports et de commerce du Faso, principale compagnie de fret du pays] peuvent charger, parfois partir décharger, revenir charger à nouveau sans que ton tour soit passé : c'est un travail orchestré depuis Ouagadougou [112] ». Il arrive qu'une telle situation suscite des mouvements de colère dans un secteur qui compte également un grand nombre de petits transporteurs. En août 2018, des chauffeurs routiers indépendants décidaient ainsi de bloquer le passage des marchandises à la frontière pour protester contre les facilités accordées à la Société de transports et de commerce du Faso, tout en dénonçant « un monopole qui ne dit pas son nom [113] ».

En dehors de ces conflits sociaux, c'est de manière plus larvée que s'exprime le rejet des monopoles. Celui-ci se cristallise tout particulièrement autour de la « vie chère », elle-même devenue une matrice centrale de la colère dans le pays depuis les années 2000 [114] : les grands commerçants passent pour en être parmi les principaux bénéficiaires, grâce à une position dominante dans la « chaîne de valeur » qui préside à la formation des prix [115]. Là encore, plusieurs procédés, à la périphérie de la loi, sont communément évoqués pour expliquer le phénomène. Le plus simple consiste à profiter d'un monopole de fait pour gonfler ses marges bénéficiaires, tout en dissimulant l'opération dans ses fiches de décomposition des prix : l'idée selon laquelle « on nous embrouille avec les chiffres » ou que « tout ça n'est que jeu de calcul » constitue un élément important de la critique sociale dans les marchés de quartier [116]. Un autre consiste à tirer bénéfice d'une situation dominante pour capter des marchés publics, tout en augmentant les prix avec la complaisance de

111. Entretien avec un éleveur avicole de quarante-trois ans, Ouagadougou, 2 novembre 2020.
112. Entretien avec un maçon de quarante-sept ans, Ouagadougou, 4 novembre 2020.
113. « Burkina : Des chauffeurs routiers lancent une grève illimitée », Le Faso.net, 27 août 2018, en ligne https://lefaso.net/spip.php?article85113 (consulté le 6 octobre 2023).
114. Bonnecase, *Les prix de la colère...*, *op. cit.*
115. Sur les « chaînes globales de valeur », Gereffi G., *Global Value Chains and Development: Redefining the Contours of 21st Century Capitalism*, Cambridge, Cambridge University Press, 2018.
116. Entretien avec une agente de nettoyage de trente-trois ans, Ouagadougou, 4 novembre 2020, et discussions répétées, en sa compagnie, avec des clientes du marché de la Zone une, novembre 2020.

l'État : il n'est pas anodin, à ce titre, qu'une partie importante du riz pillé en 2014 appartînt au ministère de l'Éducation nationale et de l'Alphabétisation et à la Société nationale de gestion des stocks de sécurité [117]. Un autre, encore, consiste à « organiser des pénuries » ou « provoquer des ruptures » pour faire baisser les stocks disponibles sur les marchés et augmenter ainsi les prix [118] : cette dernière imputation, tout en reconnaissant le rôle de l'offre et de la demande dans l'évolution des prix, les inscrivent dans un plus large faisceau de rapports de force qui concourt à les produire.

Au final, les monopoles de fait – et, plus largement, les arrangements occultes entre les élites politiques et économiques qui les rendent possibles – sont restés, jusqu'à aujourd'hui [119], l'objet d'une critique commune au Burkina Faso, quand bien même elle ne s'exprime pas de manière aussi bruyante qu'en 2014. Mais ce n'est pas parce qu'il n'y a pas de mobilisation qu'il n'y a pas de colère ou, tout au moins, de profonds sentiments d'amertume. Ces dernières années, les déceptions post-insurrectionnelles ont fait l'objet de multiples questionnements alimentés par les Printemps arabes et les « restaurations autoritaires » qui ont suivi [120]. De telles déceptions ont pu parfois se nourrir du retour des « mêmes » au pouvoir par le truchement d'élections pluralistes. Mais en deçà de cette continuité politique, la désillusion s'est également nourrie du maintien en place de l'ordre économique : une fois passé le temps court de la contestation insurrectionnelle, les richesses n'ont pas changé de mains, pas plus que les pratiques qui président à leur distribution n'ont changé de forme.

***

Dans ses cours au Collège de France, Pierre Bourdieu revient de manière critique sur l'approche des monopoles telle qu'elle est développée par Max Weber : alors que celui-ci estime que « les monopoles capitalistes [sont] conquis dans une situation de libre concurrence sur le marché grâce à la force de possessions [et] dépendent uniquement de facteurs économiques rationnels », il est essentiel pour P. Bourdieu de comprendre qu'ils « s'obtiennent à travers le pouvoir sur [et « de », pourrait-on ajouter] l'État », même par temps

117. Entretien avec un grossiste en riz de quarante-six ans, Ouagadougou, 6 avril 2015.

118. Ces imputations de « rupture » ou de « pénurie orchestrées » étaient récurrentes dans les entretiens que j'ai faits avec des habitants et des habitants de Koko à Bobo-Dioulasso et de la Zone une à Ouagadougou dans le cadre de mon travail sur la vie chère (Bonnecase V., *Les prix de la colère…*, *op. cit.*).

119. N'étant pas retourné au Burkina Faso depuis novembre 2020, j'évoque ici des discussions téléphoniques avec des habitants de la Zone une, à Ouagadougou, chez qui j'ai résidé à de nombreuses reprises. J'ai essayé plusieurs fois de repartir sur le terrain en 2023 et en 2024 mais l'évolution de la situation politique locale, associée au durcissement de la politique française de coopération scientifique, n'a pas permis à ces tentatives d'aboutir.

120. Allal A., Vannetzel M. (dir.), « Restaurations autoritaires ? », *Politique africaine*, vol. 146, n° 2, 2017.

de libéralisme [121]. Une telle idée est sans doute plus communément admise en Afrique de l'Ouest qu'elle ne l'est en Europe, d'une part parce que les monopoles et leur dimension hautement politique s'inscrivent dans une longue histoire qui a laissé des traces dans les imaginaires jusqu'à aujourd'hui, d'autre part parce que le plus faible nombre de biens consommés au jour le jour, associé à la très forte concentration des distributeurs, rend cette réalité extrêmement palpable pour les classes populaires [122].

Tout aussi commune, vue du Burkina Faso, apparaît l'idée selon laquelle ces positions de force, acquises par quelques grands commerçants dans la distribution de biens de consommation courante, sont indissociablement liées aux libertés relatives qu'ils peuvent prendre avec la loi. J'ai voulu montrer ici à quel point cette idée irriguait la critique populaire d'un pouvoir, indissociablement politique et économique, sur la vie quotidienne. J'ai également souligné en quoi elle avait imprégné une partie des mobilisations pendant l'insurrection de 2014 – dès lors que l'on ne réduit pas cette dernière à ses manifestations les plus évidentes – en mettant en miroir les monopoles commerciaux et les pillages alimentaires : à l'illégalisme économique opaque des élites a répondu un illégalisme sans fard de classes populaires pour qui le pillage est devenu non seulement légitime, mais aussi possible le temps d'une parenthèse rapidement refermée.

Qu'elle se soit aussi rapidement refermée aide à mieux comprendre la suite de l'histoire. En janvier 2022, le gouvernement issu des élections post-insurrectionnelles est renversé par un coup d'État militaire [123], accueilli avec une apparente ferveur dans les rues de Ouagadougou. On peut être surpris de ce soutien affiché par des populations dont la majorité avait concouru à la chute du régime autoritaire de Compaoré quelques années plus tôt, tout en soutenant le gouvernement issu de l'insurrection face aux premières tentatives de coups de force militaires [124]. La dégradation de la situation sécuritaire, invoquée par les putschistes pour justifier leur coup, ne saurait tout expliquer. Le sentiment d'avoir « risqué sa vie pour que rien ne change », communément exprimé avant le coup d'État [125], est une clé de lecture au moins aussi significa-

121. Bourdieu P., *Anthropologie économique. Cours au collège de France, 1992-1993*, Paris, Seuil et Raisons d'agir, 2021, pp. 221-222.

122. Bonnecase V., *La vie chère. De l'Afrique à l'Europe : quand la colère passe par les prix*, Paris, Flammarion, 2023, p. 97 et suivantes.

123. Christian Roch Kaboré, élu président en novembre 2015, est réélu pour un nouveau mandat en novembre 2020, avant d'être renversé par un coup d'État militaire en janvier 2022. Son successeur, le lieutenant-colonel Paul-Henri Sandaogo Damiba, est lui-même renversé par un coup d'État conduit par le capitaine Ibrahim Traoré en septembre 2022, lequel est à ce jour le président du Burkina Faso.

124. Banégas R., « Putsch et politique de la rue au Burkina Faso. Quand les étudiants débattent du Régiment de sécurité présidentielle », *Politique africaine*, vol. 139, n° 3, 2015, pp. 147-170.

125. Entretiens et discussions informelles dans le quartier de la Zone une, Ouagadougou, novembre 2020.

tive. Car l'insurrection n'a guère mis en cause les hiérarchies politico-économiques dans le pays, pas plus que l'application différentielle des règles qui participent à leur formation : alors que l'illégalisme larvé des élites demeure, l'illégalisme brut des classes populaires passe, laissant derrière lui de tristes ressentiments à l'égard des autorités politiques, sinon du politique tout court.

Chasseur et braconnier « hors-la-loi » : gestion différentielle des illégalismes et incitation à jouer avec la loi

David SCHEER

David Scheer est chercheur en criminologie à l'Institut national de criminalistique et de criminologie (INCC, Bruxelles). Il travaille sur les mutations des appareils d'État (prison, police, renseignement...) face aux risques contemporains. Il a récemment mené, avec Alexia Jonckheere, une recherche sur les atteintes à la biodiversité en Belgique (dont cet article est tiré), première pierre d'un nouvel axe de recherche relatif à la criminalité environnementale au sein de l'INCC.

> « La puissance d'un lobby peut être inversement proportionnelle au nombre de ses membres [1] »
> M. Olson, 1978

Je rencontre un officier de police judiciaire en charge de la protection de la nature et des forêts dans son bureau, au sein des locaux de la Région wallonne (Belgique). Nous discutons de plusieurs dossiers. Après plusieurs minutes de discussion, je l'interroge sur un dossier qui m'intéresse particulièrement et qui concerne une infraction à la législation en matière de chasse constatée lors d'un contrôle sur un territoire de chasse bien connu. Le propriétaire mis en cause – Monsieur Rossignol, grand patron de l'entreprise Rossignol Immo&Construct [2], à la tête de l'une des plus grandes fortunes du Royaume – est un acteur puissant, économiquement, socialement et politiquement. Alors que nous évoquons des dossiers parfois sensibles depuis plus d'une demi-heure, l'officier s'interrompt, se lève en me faisant signe de me taire, jette un œil dans le couloir, ferme la porte du bureau et baisse le ton. Il revient sur un autre dossier qui concerne Monsieur Rossignol : une infraction urbanistique concernant un chalet de chasse de 285 mètres carrés (contre les 25

1. Olson M., *Logique de l'action collective*, Paris, Presses Universitaires de France, 1978.
2. Les noms de personnes et d'entreprises ont été modifiés pour des raisons évidentes d'anonymat et de confidentialité.

mètres carrés de surface légalement autorisée), accueillant banquets de chasse et réunions politiques.

> « Ce forestier-là, son épouse travaillait chez Rossignol. [L'agent se lève une nouvelle fois et va vérifier que personne n'est dans le couloir ou dans la salle de pause qui jouxte son bureau]. Et, à ce moment-là, l'ingénieur qui était là, c'était Olivier. Son frère est architecte chez Rossignol. Et puis ensuite, Olivier a été le directeur général [d'un important département de la Région wallonne]. Retour d'ascenseur. C'est un autre monde, hein. [...] Et l'avocat de la commune... parce que la commune devait se défendre aussi... était payé par Mr Rossignol. Donc... c'est comme ça que ça se passe. Et après que le forestier a été pensionné, mon oncle a repris le poste. Il était très répressif. Il a eu des pressions énormes. On lui a même proposé... mon cousin faisait ingénieur industriel... on est venu lui dire : "tais-toi et ton fils aura une place directement en sortant de l'école". Il a eu des pressions énormes et ça l'a fait changer de triage. C'était invivable. Et ils ont mis un forestier qui les arrange mieux ».
> Bruno, agent au Département de la Nature et des Forêts

Tout au long de l'entretien, il regardera la porte d'un air méfiant et ira vérifier à plusieurs reprises si personne n'est présent dans le couloir. Il me dira : « Lorsque l'on parle de chasse, on risque toujours de perdre quelque chose ».

Quelques jours plus tard, j'ai rendez-vous pour m'entretenir avec trois chasseurs. Un entretien individuel paraissait inconcevable. Après m'être glissé entre deux imposants pickups dont les sièges sont recouverts d'une housse couleur camouflage, un jeune homme m'accueille au portail d'une impressionnante bâtisse. Il me fait rentrer par la porte de service et hèle son père : « Papa, on fait l'entretien où, dans le petit salon ? ». « Non, tu peux l'installer dans le grand salon », répond le père, un avocat important de la région. Je pénètre dans une très impressionnante pièce : six mètres de hauteur de plafond, une table en bois massif ciré pouvant accueillir plus d'une vingtaine de convives, quelques peintures de portraits familiaux et... une soixantaine de trophées de chasse. « Uniquement des animaux d'Afrique », me précise le père qui entre dans la pièce, en ajoutant : « je peux justifier 70 % d'entre eux ». Des gnous, oryx, phacochères, lycaons, zèbres, buffles d'eau, guépards, rhinocéros et autres antilopes surveilleront l'entretien. La taxidermie semble d'excellente qualité. « Il vient tous les ans pour restaurer et cirer les museaux », m'explique fièrement le chasseur en me parlant du réputé taxidermiste. Je suis invité à prendre place sur un fauteuil, juste à côté d'un lion empaillé de pied en cap, dans une position de saut, les deux pattes tendues à hauteur d'homme. Nous attendons un dernier chasseur, propriétaire de « quelques terres de chasse ».

Le père s'assied sur un fauteuil qui lui semble attribué. Quatre défenses d'éléphants se croisent dans son dos. Le troisième chasseur arrive et prend place sur une peau de léopard. L'entretien commence. Après avoir présenté la recherche, je pose une première question pour briser la glace : « Quel est votre meilleur souvenir de chasse ? ». Le père me décrit un souvenir d'enfance : une chasse au petit gibier, son premier envol de perdrix, un doigt maladroit sur la queue de détente et un tir raté. Le chasseur-propriétaire terrien m'évoque des soupers chaleureux qui clôturent des parties de chasse entre amis. Le fils reste silencieux, à l'écart de la discussion. Je répète la question en m'adressant spécifiquement à lui. Long silence. Il commence à me raconter une chasse dans la brousse africaine ; la végétation était tellement dense que le groupe de chasseurs ne distinguait pas les éléphants qu'il était venu chasser. Le père et son ami se raidissent sur leur chaise. La tension est manifeste. Après quelques échanges de regards, et avant que le fils ne me raconte l'issue des pachydermes, le père l'interpelle en donnant un coup de poing sur son accoudoir : « On parle de chasse en Belgique, on a dit ! Va nous faire un café, va ! ». Le fils ne prononcera plus un mot de l'entretien.

Les infractions en matière de chasse : une illustration de la répression de classes ?

Cet article vise à analyser ensemble deux cas d'étude tirés d'une recherche relative au traitement des atteintes à la biodiversité en Belgique [3] : un cas de braconnage sera traité en mode mineur pour entrer en contraste avec un cas d'infraction en matière de chasse, qui sera étudié en mode majeur tout au long du texte. Ces deux cas d'étude – sélectionnés parmi une quinzaine de cas étudiés – sont considérés comme représentatifs des pratiques infractionnelles à la fois caractéristiques de l'univers de la chasse et extrêmement contrastées. Les interprétations avancées dans cette contribution ne prétendent donc pas à la généralisation – d'autant qu'un important chiffre noir ne permet pas de connaître une proportion importante des infractions en matière de chasse –, mais propose l'étude comparée de deux cas typiques [4]. Le traitement pénal d'un acte de braconnage et le traitement administratif d'une infraction visant à fausser les quotas de chasse laissent à voir la gestion différentielle des illéga-

3. Scheer D., Jonet F., Danel A., Jonckheere A., Pütz J.-F., *Criminal behaviour against biodiversity*, rapport de recherche, projet financé par Belspo, 2023. Le rapport de recherche est disponible ici : https://www.belspo.be/belspo/brain2-be/projects/CRIM_BIODIV_F.pdf

4. Sans revenir sur le débat entre singularité et généralisation, notons ici que l'analyse par études de cas (Gagnon Y.-C., *L'étude de cas comme méthode de recherche*, Québec, Presses de l'Université de Québec, 2012) permet d'emprunter un chemin méthodologique praticable (pour paraphraser J.C. Passeron et J. Revel dans *Penser par cas*, Paris, Éditions de l'École des Hautes Etudes en Sciences Sociales, 2005, notamment pp. 9-44) en analysant des situations concrètes en profondeur. Il s'agit de produire un savoir situé – tout savoir ne l'est-il pas ? –, ici relatif à des cas d'atteinte à la biodiversité érigés comme autant de problèmes sociaux qui sont étudiés plus largement (Blumer H., Riot L., « Les problèmes sociaux comme comportements collectifs », *Politix*, vol. 3, n° 67, 2004, pp. 185-199).

lismes en fonction du statut social du contrevenant ; traitement différencié renforcé par des mécanismes de protection et d'incitation aux arrangements avec les règles par certains clubs de chasse.

D'un point de vue méthodologique, ces études de cas sont traitées à partir d'une analyse de dossier (presse, pièces judiciaires, procès-verbaux, rapports et littérature grise) et d'entretiens semi-directifs menés avec des chasseurs, des braconniers, des agents en charge des enquêtes en matière d'infraction à la législation sur la chasse, des fonctionnaires en charge des sanctions administratives, des juges d'instruction ou de fond, et des représentants de chasseurs [5]. Certains propos sont cités dans ce texte avec l'accord des personnes, tout en modifiant leurs prénoms. Dans cette étude, de nombreux témoignages ont été totalement confidentiels étant donné le caractère parfois sensible de la thématique. Majoritairement, ce sont des enjeux de réputation ou de sécurité professionnelle qui inquiétaient les personnes rencontrées, mais j'ai également observé des craintes quant à la réputation ou la sécurité familiale [6], voire à l'intégrité physique (par exemple, j'ai moi-même reçu deux balles dans la boîte aux lettres de mon domicile). Ensuite, parler de chasse n'est jamais neutre. Beaucoup d'entretiens ont révélé le caractère sensible de la thématique, comme l'illustre la scène d'ouverture ; des emails confidentiels venaient parfois compléter l'entretien en me dévoilant des éléments délicats qui ne pouvaient être dits par des agents dans leur fonction ; parfois, des chasseurs expérimentés autorisaient ou non les plus jeunes à répondre à mes questions ; et une personne m'a envoyé un email en me demandant d'effacer toute trace de notre rencontre… La chasse est donc un sujet sensible – il suffit de voir la virulence et le clivage du débat qui existe autour d'elle.

Cet article débute par une mise en contexte historique, une description organisationnelle du monde de la chasse en Belgique wallonne, et quelques éléments techniques qui seront utiles à la compréhension des enjeux soulevés dans la suite du texte. Ensuite, une présentation des deux cas d'étude permet de montrer, sous la forme d'un propos intermédiaire, la gestion différentielle des illégalismes en matière de chasse, soit l'illustration emblématique d'une répression de classe. Le second cas d'étude fera l'objet d'une analyse approfondie, en présentant le contexte de son apparition et de sa régulation, à la fois dans un univers fortement contesté mais également influencé par d'importants lobbys. Ensuite, le texte abordera la fin de l'histoire du bras de fer entre un

5 . Pour une autre étude de cas en matière de chasse (ici, à courre) et une analyse des rapports de « domination spatialisée » qu'elle engendre, voir : Fradkine H., « Chasse à courre, relations interclasses et domination spatialisée », *Genèses*, vol. 99, n° 2, 2015, pp. 28-47.

6 . Plusieurs fonctionnaires en charge de la surveillance des forêts racontent les pressions exercées sur leurs proches, liées au pouvoir d'influence (réel ou fantasmé) de « grands chasseurs » : des enfants menacés de ne pas obtenir de place dans l'école du village, une promesse d'embauche conditionnée à l'absence de contrôle sur certains territoires de chasse, un beau-frère menacé de perte d'emploi chez une employeur important de la région…

acteur privé et une autorité publique, au travers de deux hypothèses non-exclusives : un évitement de la répression grâce aux arrangements avec les règles, ou un jeu d'influence menant au muselage des autorités répressives. Ainsi, en partant de l'étude d'une forme presque idéal-typique de gestion différentielle des illégalismes, cet article insiste sur l'effet de protection des illégalismes de droit, notamment par une association non-gouvernementale.

Mise en contexte. Chasse, classes et pouvoir

Une petite histoire de la chasse

Au Ve siècle apparaissent les premières législations en matière de chasse. Le droit de chasse est alors réservé aux rois, aux princes et aux grands propriétaires fonciers. La Révolution française marque la fin de ces privilèges : le gibier devient un accessoire du sol, et la chasse un droit inhérent à la propriété [7]. Cependant, les guerres et conflits incessants déciment les populations de gibier qui nourrissent les armées et les paysans affamés [8]. Progressivement, dans la foulée de la révolution industrielle, le modèle récréatif de la chasse se diffuse au sein de la bourgeoisie (notamment urbaine) qui y cherche honneur et prestige [9]. Les pratiques de chasse se codifient. En Belgique, la loi sur la chasse de 1882 prévoit de sévères sanctions en cas de délits de chasse et entérine ainsi la volonté de protéger le gibier. À travers la location de territoires, la chasse commence à devenir une activité rentable pour les propriétaires (privés et publics). Elle devient un véritable enjeu politique, économique et social. Les densités de gibier augmentent significativement, principalement au XXe siècle, suite à l'intensification de la lutte contre le braconnage, à l'extermination des grands prédateurs (notamment le loup) et à la multiplication artificielle des espèces chassables [10].

7. Faider A., « Histoire du droit de chasse et de la législation sur la chasse en Belgique », in Faider A., *Histoire du droit de chasse et de la législation sur la chasse en Belgique, en France, en Angleterre, en Allemagne, en Italie et en Hollande*, Bruxelles, Merzbach & Falk, 1877. Sur l'avènement d'une loi anti-braconnage étudiée comme l'illustration typique d'une législation au service de l'État et de la défense intransigeante de la propriété privée, voir le texte fondateur : Thompson E., *Whigs and Hunters. The Origins of the Black Act*, Londres, Allen Lane, 1975.
8. Casaer J., Licoppe A., "Ungulates and their Management in Belgium", in Apollonio M., Andersen R., Putman R., *European Ungulates and their Management in the 21st Century*, Cambridge, Cambridge University Press, 2010, pp. 184-200.
9. Fabiani J.-L., « L'opposition a la chasse et l'affrontement des représentations de la nature », *Actes de la recherche en sciences sociales*, vol. 54, 1984, pp. 81-84 ; Tallier P.-A., « Chasse et forêts, forêt et chasses en Belgique du XIXe au début du XXe siècle. Un couple incontournable et désastreux imposé par un statut social à acquérir ou à défendre », *Forêt Wallonne*, n° 71, 2004, pp. 12-25.
10. Tallier P.-A., *op. cit.*

Une législation obsolète ?

En Belgique, les pratiques de chasse sont encore fortement subordonnées à la loi sur la chasse de 1882, où l'animal sauvage est considéré comme une « chose » (*res*). Bien que la récente législation relative au bien-être animal introduise une vision de l'animal comme « être sensible [11] », le hiatus persiste. Les associations de défense de la nature, ou les militants anti-chasse, voient dans cette tension entre une vision de l'animal sauvage comme « gibier [12] » et celle d'un être doté de sensibilité, les conditions de pérennisation de pratiques jugées obsolètes ou insensibles [13] : le lâcher de petits gibiers qui, sous le vocable de « gibier de repeuplement », est destiné à être immédiatement chassé ; le nourrissage et l'entretien de surpopulation de sangliers au détriment de l'équilibre des écosystèmes forestiers ; l'organisation de battues à cor et à cri qui aboutissent à des tirs approximatifs, etc.

Après-guerre, des formes d'écologisation de la chasse apparaissent [14]. Les conflits armés de grande ampleur ont participé à la raréfaction du gibier, et les chasseurs se font désormais gestionnaires des forêts. Il s'agit de sélectionner et de bonifier le gibier, notamment en le nourrissant ou en aménageant le territoire [15]. En Wallonie, à partir de cette époque, les populations de gibier augmentent de manière continue grâce, notamment, à la création des premiers conseils cynégétiques dans les années 1970 [16]. Dans le même temps, et notamment en réaction au développement de la chasse-passion ou la chasse sportive [17], les chasseurs font face à l'intensification de la critique écologique. De nouveaux discours de légitimation de la chasse émergent : contribution à la défense de l'environnement, participation au maintien des espèces naturelles, ou prédation éclairée, garante de l'équilibre naturel [18].

11. Art. D.1er du Code wallon sur le bien-être animal.
12. Le gibier est classé en quatre catégories dans la loi sur la chasse de 1882 : le « grand » gibier (cerf, chevreuil, daim, mouflon, sanglier), le « petit » gibier (lièvre, faisan, tétra, perdrix, etc.), le gibier d'eau (oie, canard, bécassine, etc.) et les « autres » (pigeon, corneilles, choucas, lapin, putois, belette, écureuil, blaireau, etc.).
13. SDC, *Stop aux dérives de la chasse en Wallonie. Livre Blanc*, Bruxelles, Collectif Stop Dérives Chasse (SDC), 2021.
14. Holsman H., "Goodwill Hunting? Exploring the Role of Hunters as Ecosystem Stewards », *Wildlife Society Bulletin*, vol. 4, n° 28, 2000, pp. 808-816 ; Ginelli L., « Chasse-gestion, chasse écologique, chasse durable… Enjeux d'une écologisation », *Économie rurale*, n° 327-328, 2012, pp. 38-51.
15. Traïni C., « Territoires de chasse », *Ethnologie française*, n° 34, vol. 1, 2004, pp. 41-48.
16. Hubert A., « "Forcés à tuer" : les chasseurs ardennais face au plan de tir cervidés », *Revue forestière française*, n° 71, 2019, pp. 381-392.
17. Michaud M., « Chasser en *gentleman* : évolutions de l'éthique de la chasse sportive », *Journal des anthropologues*, n° 120, 2010, pp. 181-198 ; Guyon F., Fuchs J., « Se dire "sportif" dans les pratiques de prédation (chasse, pêche, cueillette) en France. Conditions d'un processus de qualification », *Recherches sociologiques et anthropologiques*, n° 43, vol. 2, 2012, pp. 135-150.
18. Bozon M., Chamboderon J.-C., Fabiani J.-L., « Les usages sociaux du cadre naturel. Élaboration sociale et conflit des modes de consommation de la campagne : l'exemple de la chasse », *Revue forestière française*, 1980, pp. 273-280.

En Belgique wallonne, plusieurs changements significatifs dans le monde de la chasse dès les années 1990 marquent l'évolution du rôle dévolu aux chasseurs ; notamment, des plans de tir sont désormais délivrés pour la chasse aux cerfs [19]. Les objectifs initiaux sont davantage liés à la conservation et au maintien de l'espèce qu'à l'équilibre des forêts wallonnes ; cela change au début des années 2000 où l'objectif devient le contrôle, voire la diminution, de l'espèce. Le plan de tir détermine ainsi le nombre de spécimens (selon leur type, leur sexe et leur âge) qui devront être abattus sur un territoire donné au cours d'une saison de chasse. La régionalisation des compétences en matière cynégétique amène d'autres modifications : les conseils cynégétiques reçoivent une existence légale ; la chasse au grand gibier est proscrite dans les domaines clôturés ; le lâcher de gibier est interdit ; le nourrissage est réglementé [20]. La chasse aux cerfs est particulièrement ciblée par de nouvelles normes réglementaires (dès 1996), qui mobilisent les conseils cynégétiques, par le biais des plans de tir, afin de rétablir l'équilibre des sexes et la pyramide des âges dans les populations de cervidés [21].

L'organisation de la chasse en Belgique wallonne

L'organisation du secteur de la chasse en Belgique est tout à fait particulière, notamment au regard de la fragmentation du pays en régions. Au nord du pays, c'est le ministère de l'Environnement [22] qui possède les compétences en la matière. En Wallonie, l'autorité compétente est le ministère de l'Économie, de l'Agriculture et de la Ruralité [23], qui s'appuie notamment sur les avis du Conseil supérieur wallon de la Chasse. La direction de la Chasse et de la Pêche du Département de la Nature et des Forêts coordonne, sur l'ensemble du territoire wallon, les actions destinées à garantir le maintien et le développement de la chasse.

À condition d'avoir un permis de chasse en cours de validité, il est autorisé de chasser à certaines périodes de l'année (qui diffèrent en fonction des espèces). Tout chasseur devra néanmoins s'acquitter d'un « droit de chasse » : être propriétaire du terrain de chasse, être invité ou payer ce droit. L'espace vital de certaines espèces gibiers dépasse largement la superficie moyenne d'un territoire de chasse (de minimum 25, 40 ou 50 ha en fonction des localisations). La gestion cynégétique nécessite donc une concertation entre chasseurs

19. Arrêté de l'exécutif régional wallon du 22 avril 1993 relatif au Plan de tir pour la chasse au cerf.
20. Arrêté du gouvernement wallon du 14 juillet 1994.
21. Jadoul G., « Conseils cynégétiques, stop ou encore ? », *Forêt Wallonne*, n° 121, 2012, pp. 54-60.
22. Vlaams minister van Justitie en Handhaving, Omgeving, Energie en Toerisme.
23. Ministre de l'Économie, du Commerce extérieur, de la Recherche et de l'innovation, du Numérique, de l'Aménagement du Territoire et de l'Agriculture, de l'IFAPME et des Centres de compétences.

voisins. Aussi, les titulaires de droit de chasse rejoignent régulièrement les conseils cynégétiques afin d'assurer une meilleure gestion de la chasse sur un territoire donné. Ces conseils, sur proposition du Ministre, adoptent des « plans de tir » annuels visant à fixer un objectif de prélèvement pour chaque espèce en vue de conserver un équilibre écosystémique. En effet, les effectifs de grands gibiers en Wallonie sont évalués annuellement, notamment au regard des statistiques de tir et des analyses quantitatives des tableaux de chasse. Ce suivi des populations atteste d'une augmentation continue des effectifs de la grande faune sauvage depuis les années 1980 : les populations de sangliers et de cervidés ont notamment triplé en trente ans [24]. À ce titre, les objectifs de chasse étaient d'environ 25 000 sangliers, 4 800 cervidés non-boisés et de minimum 1 400 cerfs boisés en 2021-2022. Ainsi, les chasseurs s'érigent en partenaires essentiels de la protection de la nature et de la gestion de la faune sauvage ; ce qui devient un argument majeur dans la défense des pratiques de chasse [25]. Un élément met au moins tout le monde d'accord – politiciens, chasseurs, associations de défense de l'environnement, spécialistes –, le gibier abonde en Wallonie et cause des dégâts : destruction de prairies et de cultures agricoles, impact sur la jeune végétation et sur la régénération naturelle des forêts…

Sans prétendre à une cartographie complète des acteurs de la régulation et du contrôle en matière de chasse, notons ici que les pratiques de chasse sont encadrées par des fonctionnaires régionaux en charge de la surveillance des espaces boisés et des populations de gibier : les gardes forestiers du département de la Nature et des Forêts sont habilités à constater les infractions en matière d'exploitation forestière ou de chasse. Un peu plus de la moitié des forêts wallonnes étant des terres privées, des employés particuliers sillonnent régulièrement les mêmes territoires que les gardes forestiers : les gardes-chasse surveillent les propriétés privées et sont également en mesure de constater des infractions sur ces territoires. En 2003, pour lutter contre le braconnage industriel, l'unité anti-braconnage est créée au sein du département de la Nature et des Forêts. Quatre années plus tard, cette unité composée d'officiers de police judiciaire à compétence régionale – et donc non assujettis à un territoire précis – rejoint le département de la Police et de Contrôle, sous la direction d'un commissaire de police. L'objectif est clair : renforcer l'autonomie de l'unité de répression en s'émancipant des relations interpersonnelles avec les acteurs de terrain, les gestionnaires forestiers, les agriculteurs ou encore les propriétaires terriens. Une quinzaine d'années plus tard, l'unité anti-braconnage revient dans les rangs du département de la Nature et des Forêts.

24. SPW, *Estimation des populations d'ongulés sauvages en Wallonie*, SPW Éditions, 2018 ; Bertouille S., « Dynamique des populations de cerf en région wallonne », *Forêt Wallonne*, n° 94, 2018, pp. 56-66 ; Licoppe A., *Rapport cerf 2015-2016*, Biodiversité-Wallonie, 2017.
25. Fabiani J.-L., *op. cit.* ; Ginelli L., « Chasse-gestion, chasse écologique, chasse durable… Enjeux d'une écologisation », *Économie rurale*, n° 327-328, 2012, pp. 38-51.

Enfin, les chasseurs belges – environ 20 000 [26], soit 0,2 % de la population – s'organisent régulièrement en associations : des amicales locales de chasseurs jusqu'à l'important Royal Saint-Hubert Club, fondé en 1909 (qui compte environ 65 % des chasseurs belges).

> « La Royale Saint-Hubert, ils ne nous aiment guère. Forcément, ils défendent les gros chasseurs, et c'est les gros chasseurs qui sont le plus dans les dérives, et tout ça ».
> Fabrice, unité anti-braconnage de la Région wallonne

Comme l'atteste cet extrait d'entretien, la chasse est un univers fortement contesté dans lequel les « gros » et les « petits » chasseurs sont soumis aux mêmes exigences légales, mais à un soutien et un traitement différencié.

Chasse et biodiversité, une relation complexe et tendue

Au milieu du XIXe siècle, le cerf avait presque disparu des forêts wallonnes, en raison de pratiques de chasse non régulées [27]. L'avènement d'une chasse-gestion a permis de rétablir l'équilibre sylvo-cynégétique, d'abord pour sauver le cerf d'une disparition programmée, ensuite pour en réguler la surdensité. Le cerf est le seul animal soumis à un plan de tir en Wallonie : chaque chasseur titulaire d'un droit de chasse, ou chaque conseil cynégétique, se rapproche du Département de la Nature et des Forêts avec une demande précisant le nombre de spécimens à abattre lors d'une saison de chasse. Le plan de tir est alors approuvé, refusé ou modifié. Si, lors de l'instauration des plans de tir en 1989, l'objectif était la préservation de l'espèce – le plan de tir fixait un maximum de cerfs à prélever –, le but recherché est, depuis les années 2000, le contrôle d'une espèce en expansion (avec des quotas minima de bêtes tuées à atteindre). Il s'agit de contrôler les populations de cerfs pour éviter les impacts écologiques (faible renouvellement sylvicole, destruction des jeunes végétaux et des micromammifères…) et socio-économiques (destruction de récoltes, accidents de la route…) [28].

26. Chiffres de la European Federation for Hunting and Conservation (FACE).
27. Delvaux L., *La forêt wallonne, une chasse gardée. Le poids du lobby de la chasse*, Namur, IEW, 2015.
28. McShea J., Underwood B., Rappole H., *The science of overabundance: deer ecology and population management*, Washington, Smithson Institute Press, 1997 ; Augustine J., DeCalesta D., "Defining deer overabundance and threats to forest communities: from individual plants to landscape structure", *Ecoscience*, n° 10, 2003, pp. 472-486 ; Fuller J., Gill A., "Ecological Impacts of Increasing Numbers of Deer in British Woodland", *Forestry*, n° 74, 2001, pp. 193-199 ; Côté S., Rooney T., Tremblay J.-P., Dussault Ch., Waller D., "Ecological Impacts of deer overabundance", *Annual Review of Ecology, Evolution, and Systematics*, 2004, pp. 113-136.

« Hors de contrôle, cerfs et chevreuils stérilisent une partie importante de la forêt. [...] En forêt, [le cerf] n'est pas chez lui. À ne tolérer qu'à doses minimes pour prévenir les dégâts. [...] Cet ouvrage fait d'une chasse rationnelle la clef de la coexistence entre cervidés et forêt [29]. »

Le plan de tir, véritable socle de la gestion cynégétique du cerf, repose sur deux piliers : l'estimation des densités de population (au travers de relevés en zones accessibles et non-accessibles aux cervidés, de comptages nocturnes et d'analyses des tableaux de chasse de l'année précédente), et la traçabilité de chaque spécimen abattu ou retrouvé mort.

« Le tableau de chasse bien documenté est donc le premier pilier sur lequel repose le plan de tir. De manière assez unique en Europe, chaque cerf ou biche wallon fait l'objet d'un constat de tir ou de mortalité par un agent du Département de la Nature et des Forêts. [...] Le tableau de chasse doit être complet et véridique [...]. Par le passé, certaines fraudes ont artificiellement alourdi le tableau de chasse (présentation du même animal le même jour sur différentes chasses, apport d'animaux de parc au tableau...) [30]. »

Selon un sondage de Listen [31], 74 % de la population belge serait en défaveur de la chasse. Récemment, le collectif « Stop Dérives Chasse » s'est organisé en regroupant soixante-treize associations de défense de l'environnement et en publiant un *Livre blanc* sur les « dérives de la chasse en Wallonie [32] ». Trois axes d'attaques structurent les reproches adressés à la chasse : les pratiques de chasse génèrent de la souffrance animale ; les chasseurs s'autoproclament gestionnaires de la faune sauvage et restreignent les accès à la forêt des autres utilisateurs (naturalistes, agriculteurs, randonneurs, etc.) ; et la chasse, loin d'assurer son rôle de régulation, contribue à la perturbation de la biodiversité. Sur ce dernier point, le collectif, qui rassemble l'ensemble des griefs adressés au monde de la chasse, prend appui sur un constat grave, à charge des chasseurs :

---

29. Roucher F., *Cervidés et forêt. Rétablir une harmonie*, Paris, Éditions AgroParisTech, 4ème de couverture, 2014.
30. Licoppe A., Malengreaux C., Duran V., Bertouille S., *op. cit.*, pp. 43-44.
31. Listen, *Les Belges francophones et la chasse*, Listen. Research and Intelligence, LRBPO, 12 février 2019.
32. SDC, *op. cit.* Ce collectif regroupe des associations de défense de l'environnement et des associations de protection des animaux. Les objectifs et plaidoyers des différents acteurs en présence sont parfois variés : celles et ceux qui plaident pour une meilleure protection de l'environnement insistent sur les risques de fragilisation de la biodiversité, les autres sur la lutte contre la souffrance animale. La taille de cet article ne me permet pas d'étayer davantage cette distinction ; j'ai retenu ici les arguments relatifs à la question de la préservation de la biodiversité (portés majoritairement par les associations de défense de l'environnement).

« La chasse est sortie de son rôle de régulation des grands cervidés (cerfs, chevreuils) et des suidés (sangliers) qui ne sont plus la proie des grands carnivores d'autrefois, comme le loup, l'ours ou le lynx, et [...] elle est devenue un loisir qui entretient son terrain de jeu en augmentant artificiellement les effectifs du gibier et en perturbant les équilibres naturels [33]. »

Ainsi, ce sont les pratiques de lâcher d'animaux issus d'élevages et de nourrissage artificiel – des pratiques encadrées par la législation – qui cristallisent les doléances des associations de protection de l'environnement [34]. Finalement, c'est bien l'organisation de la surdensité du gibier qui est reprochée aux chasseurs et propriétaires de terres de chasse. « Les cervidés en surnombre vont ainsi épuiser la flore, tasser les sols, brouter les jeunes arbres et les feuilles naissantes, entraver la régénérescence naturelle de la forêt et perturber la biodiversité (oiseaux, micromammifères...) [35]. » Le *Rapport sur l'état de l'environnement wallon* pose un constat similaire : « l'augmentation continue des populations d'ongulés sauvages depuis plusieurs décennies pose des problèmes tant environnementaux qu'économiques dans les milieux forestier et agricole [36] ».

Garder le gibier pour soi

Nourrissage, lâcher et clôture sont les sujets les plus fréquemment abordés lorsque l'on évoque la responsabilité de la chasse dans la surdensité de gibier en Belgique. Le nourrissage de grand gibier – interdit au nord du sillon Sambre et Meuse et soumis à condition au sud – est l'un des premiers facteurs explicatifs de la surdensité des cervidés et de sangliers, et par conséquent des dégâts qui y sont associés [37]. Néanmoins, les chasseurs ou propriétaires de chasse pratiquent régulièrement le nourrissage – licitement ou non – afin d'attirer, de conserver ou de renforcer le grand gibier sur leurs terres. « Il n'existe guère un sujet dans le domaine cynégétique qui génère autant d'émotion, de discussions et de disputes que l'apport de nourriture

---

33. SDC, *op. cit.*, p. 14.
34. Natagora, Position sur la chasse, adoptée par le conseil d'Administration de Natagora, 10 mars 2014 ; LRBPO, « La ligue demande une révision de la loi sur la chasse », *L'Homme et l'Oiseau*, n°3, 2016 ; Aves, « Le niveau élevé des ongulés diminue la densité de la végétation du sous-bois et affecte ainsi les espèces qui en dépendent », *Aves. Bulletin trimestriel*, n° 55, vol. 3, 2018.
35. Imagine, « Réguler davantage le grand gibier », *Imagine*, n° 122, 2017, p. 28.
36. SPW, *Rapport sur l'état de l'environnement wallon*, Jambes, SPW Éditions, 2017, p. 181.
37. Groot Bruiderink A., Haze-Broek E., Van Der Voot H., "Diet and Condition of Wild Boar, Sus Scrofa, Without Supplementary Feeding", *Journal of Zoology*, n° 233, 1994, pp. 631-648 ; Kaberghs J., « Sanglier - Impact du nourrissage artificiel », *Chasse et Nature*, n° 96, vol. 4, 2004, pp. 29-32 ; Bieber C., Ruf T., "Population Dynamics in Wild Boar Sus Scrofa : Ecology, Elasticity of Growth Rate and Implications for the Management of Pulsed Resource Consumers", *Journal of Applied Ecology*, n° 42, 2005, pp. 1203-1213 ; Prévot C., Licoppe A., « Réflexion quant à la pertinence du nourrissage des ongulés sauvages », *Forêt Wallonne*, n° 94, 2008, pp. 24-34.

par les chasseurs dans les écosystèmes naturels [38]. » Si les études mettent en évidence que l'alimentation complémentaire améliore la reproduction et la croissance de la faune sauvage, elles ne montrent que peu de preuves de l'efficacité du nourrissage pour protéger les cultures, les forêts et les habitats naturels (mis à mal, au contraire, par l'augmentation de densité des ongulés) [39]. À l'instar du nourrissage artificiel, le lâcher de gibier (issu de l'élevage ou de l'étranger) vise à augmenter la population de gibier, sa capacité de production et donc les tableaux de chasse potentiels. Cette pratique (notamment pointée dans l'apparition de la peste porcine africaine, mais dont je ne ferai pas état ici) est interdite en Région wallonne. Enfin, la chasse de grand gibier est interdite sur tout territoire clôturé (c'est-à-dire un territoire délimité par des obstacles empêchant le libre parcours du grand gibier, à l'exception des clôtures destinées à la protection des personnes ou au maintien du bétail) [40]. Néanmoins, des pratiques de clôture/nourrissage sont parfois observées, notamment sur les grands territoires de chasse de prestige.

Si des causes « naturelles » expliquent la surdensité de cervidés et de sangliers – notamment, les hivers doux qui laissent survivre même les bêtes les moins robustes, qui facilitent l'accès à des ressources alimentaires nombreuses et qui favorisent la reproduction –, la gestion sylvicole inadaptée et l'absence de régulation par les chasseurs restent les facteurs premiers de la surabondance de grand gibier. Les deux cas d'étude relatés dans cet article traitent de l'abattage de deux représentants de ce grand gibier : un sanglier braconné de nuit, et un cerf tué en pleine partie de chasse.

Braconniers et seigneurs de chasse

Les deux cas d'étude présentés dans cet article offrent un regard sur deux mondes ruraux et deux visions de la chasse. Il sera fait état de deux infractions à la loi de 1882 sur la chasse et, surtout, de deux modes de résolution de celles-ci.

De la petite braconne à la répression

La première étude de cas se déroule dans un petit village de moins de deux cents habitants, bordé de territoires de chasse modestes. Nous sommes hors-période de chasse, et un chasseur – policier de métier – téléphone à l'unité

---

38. Erasmy J.-J., Wolter F., Schley L., « La réforme de la législation sur la chasse au Grand-Duché du Luxembourg, avec focalisation sur le nourrissage du gibier », *Forêt Wallonne*, n° 94, 2008, p. 44.
39. Milner M., van Beest M., Schmidt T., Brook K., Storaas T., "To feed or not to feed? Evidence of the intended and unintended effects of feeding wild ungulates", *The Journal of Wildlife Management*, n° 78, 2014, pp. 1322-1334.
40. De Radzitzky d'Ostrowick H., « Des clôtures et de la chasse au grand gibier », *Chasse & Nature*, n° 1-2, 2017, pp. 48-52.

anti-braconnage de la région wallonne car un sanglier a été braconné sur sa propriété. L'animal a été tiré très précisément au même endroit que deux autres bêtes abattues illégalement deux ans plus tôt. Sur place, les enquêteurs effectuent des relevés des empreintes de pneus, des poils et du sang. Mais ils n'ont aucune piste…

Les enquêteurs, avec l'appui du juge d'instruction, décident d'étendre l'enquête. « On connaît d'anciens braconniers, des petites gens déjà condamnées pour des armes non-déclarées, des défauts de permis [de chasse] ou des tirs de nuit, et on connaît aussi des chasseurs délictueux qui vont tirer la chasse du voisin par jalousie ou pour vider une parcelle de son gibier. Je sais que n'ai pas le droit d'aller à la pêche sans éléments matériels ou au moins un faisceau d'informations convergentes, mais je décide d'y aller quand même », explique le magistrat en charge de l'enquête. Il autorise ainsi les enquêteurs à aller frapper aux portes de ces personnes, à les entendre, voire à perquisitionner leurs domiciles ou lieux de travail. Néanmoins, la dizaine de perquisitions fait chou blanc. Une réunion est organisée avec les chasseurs de la région ; les enquêteurs se remémorent : « on avait l'air con. On a dû aller devant tous les chasseurs… qui sont les préjudiciés en fin de compte… pour leur demander s'ils avaient quelque chose pour nous, parce que nous, on n'avait rien ». Après quelques semaines, et en l'absence de nouveaux éléments, le magistrat s'apprête à clôturer le dossier.

Un coup de téléphone relance l'enquête. Le policier-chasseur rappelle l'enquêteur : « Je crois savoir qui c'est », explique-t-il en décrivant une conversation dans le seul bistrot du village où un camionneur, Roger, se serait vanté d'avoir abattu un sanglier de bonne taille. Le policier ajoute qu'après être passé devant son domicile, il aurait constaté que son véhicule était marqué de traces d'herbe et de boue. La perquisition est autorisée et du matériel de braconnage est immédiatement trouvé chez Roger : des armes non déclarées, des équipements illégaux, un bac à lumière, un couteau ensanglanté et une vingtaine de paquets de viande congelée… Cette perquisition marque la fin de ce petit jeu du policier et du voleur à la sauce rurale.

> « En audition, jamais d'aveux. Jamais, jamais, jamais ! C'était toujours du gibier ramassé sur la route. “Je l'ai percuté avec mon camion, et j'ai ramassé la bête”. Mais je lui dis : “Arrête tes bêtises, on a saisi vingt-deux paquets de viande et on va certainement trouver autre chose”. “Non, non, c'est tout de la même bête, il n'y a pas de problème”. Je dis : “On va faire des analyses. Et dis-toi bien une chose : on fait des analyses et c'est huit cents euros par paquet, plus le rapport. Et il y a vingt-deux paquets ! Si tu as raison et qu'il n'y a qu'un animal, moi je vais ramasser sur mes doigts par le juge d'instruction parce qu'il aura déboursé un max. Mais si toi, tu t'es

trompé, c'est toi qui les paieras en frais de tribunaux, hein". "Non, aucun problème, ce n'est qu'un jeune sanglier, c'est qu'un jeune sanglier, c'est qu'un jeune sanglier". Vingt-huit mille euros dans la vue, hein. On a trouvé deux bêtes différentes. Vingt-huit mille euros dans la vue ! Il a pris une bouteille de whisky, il a pris des médocs, on l'a retrouvé ivre sur sa table ! ».
Maurice, unité anti-braconnage

Le chasseur-policier et le braconnier se connaissent bien. Le premier retira d'ailleurs sa plainte contre Roger, ce qui n'empêchera pas le dossier judiciaire d'aboutir devant les tribunaux. Outre quelques affaires de roulage, c'est la première fois que Roger s'assoira sur le banc des accusés. Son argument de défense repose sur l'absence de préjudice écologique : d'un point de vue environnemental, il n'y a aucun dégât – au contraire, Roger a éliminé quelques spécimens d'une espèce dont la surabondance est l'une des causes de réduction de la biodiversité et de ralentissement de la régénération forestière. Mais les débats tournent surtout autour des dangers qui résideraient dans les pratiques illégales de la chasse : le risque d'accident ou de dérapage, voire l'entrée dans des formes de délinquance plus grave. « Les gros délinquants font généralement leurs classes chez nous. Ça commence aux grenouilles, puis ça va aux oiseaux. Ça passe au braconnage de gros [gibier], on braconne au .22. [41] Puis on achète une 30-06, puis une 9.3. On veut toujours plus gros », explique un membre de l'unité anti-braconnage. Un autre raconte : « Ce sanglier-là… on s'en fout du sanglier. Le danger, c'est d'avoir un accident avec un humain. […] On a eu un chien tué au bout de sa laisse. Avec les phares allumés, à cent mètres, ils ont vu les deux yeux du chien, ils ont tiré, et ils n'ont pas vu la femme à côté. Bim, la balle dans la tête du chien au bout de la laisse. C'est là le danger du braconnage ! ».

Outre les frais judiciaires (qui obligeront Roger à revendre son camion), l'accusé sera condamné à une peine de vingt-quatre mois de prison avec sursis.

> « C'est toujours les mêmes qui prennent. Les gros, ceux qui ramènent des centaines de sangliers infestés [par la peste porcine africaine] de Roumanie ou ceux qui engraissent le gibier pour mieux les tirer en battue, on n'y touche jamais. Moi, j'ai buté quelques petits sangliers proprement, et j'ai bousillé ma vie : plus de camion, obligé de refaire un emprunt, de la prison au-dessus de la tête… Demande-toi plutôt comment Môssieur Rossignol n'est jamais passé devant un tribunal ! Saleté d'aristo de mes couilles ! ».
> Roger, braconnier

Roger, qui m'avoue à demi-mots poursuivre ses « virées nocturnes en forêt avec [son] fusil » – soit une activité de braconne connue de Maurice, officier à l'unité anti-braconnage : « je le croise régulièrement devant la boucherie [du village] où il vend une ou deux bêtes par an… je vais acheter mon gibier à ce moment-là parce que je sais que l'animal a été bien tiré ; la viande est meilleure [rires] » –, évoque ainsi les « grands chasseurs » au pouvoir d'influence assez élevé pour s'éviter les ennuis auxquels lui, petit braco', a fait face.

Du bracelet à la muselière

Pas si loin des chasses organisées dans des territoires exotiques – dont les descriptions et analyses oscillent entre dénonciation du tourisme des « grands chasseurs blancs », conservation de la faune sauvage en lien avec le développement rural, et compétition cynégétique [42] – la seconde étude de cas porte sur une infraction à la législation cynégétique sur un territoire de chasse belge un peu singulier, souvent qualifié d'une des plus « grandes chasses » du Royaume.

Un jour d'hiver, l'unité anti-braconnage reçoit un appel provenant d'un agent forestier. Plusieurs procès-verbaux avaient été dressés à charge de Monsieur Rossignol – grand propriétaire terrien et organisateur de chasses réputé – mentionnant des pratiques irrégulières visant à fausser les quotas de chasse, mais la pratique continuait. Selon plusieurs sources, du grand gibier était régulièrement transporté sur le territoire de chasse sans le bracelet de traçabilité que la loi exige [43]. Plusieurs indices corroborent les soupçons ; notam-

41. Ces nombres (.22 ; 30-06 ; et 9.3) correspondent à des calibres de munitions utilisées pour chasser.
42. MacKenzie M., *The Empire of Nature: Hunting, Conservation and British Imperialism*, Manchester, Manchester University Press, 1988 ; Vettier J., *Grandes chasses d'Asie, d'Afrique et d'ailleurs*, Barbelion, 1990 ; Poth J., *Odeurs de brousse, scènes de vie et de chasse au cœur de la savane Centrafricaine*, Paris, Albin Michel, 1994 ; Adams M., "Colonialism, Hunting and the Invention of 'Poaching' in the 19th and 20th Centuries", *Policy matters*, n° 13, 2004, pp. 50-60 ; Roulet P.-A., *Chasseur blanc, cœur noir ? La chasse sportive en Afrique Centrale. Une analyse de son rôle dans la conservation de la faune sauvage et le développement rural au travers des programmes de gestion communautaire. Les cas du nord RCA et du sud-est Cameroun*, thèse de doctorat en géographie, Université d'Orléans, 2004 ; Bennett L., Blencowe E. et al., "Hunting for consensus: reconciling bushmeat harvest, conservation and development policy in West and Central Africa", *Conservation Biology*, n° 21, 2007, pp. 884-887 ; Fargeot Ch., *La chasse commerciale en Afrique centrale : une menace pour la biodiversité ou une activité économique durable ? Le cas de la République Centrafricaine*, thèse de doctorat en géographie et aménagement de l'espace, Université Paul Valéry, Montpellier, 2013 ; Michaud M., « Le safari de chasse : une pratique écologique ? », in Goreau-Ponceauld A., Lemoine N. (dir.), *Chasse, chasseurs et normes*, Pessac, Maison des Sciences de l'Homme d'Aquitaine, 2019, pp. 71-82.
43. La règle juridique (contenue dans l'arrêté du Gouvernement wallon du 25 septembre 2008 réglementant le transport de grand gibier mort afin d'en assurer la traçabilité) stipule que les sangliers, chevreuils, daims et mouflons tués lors d'une chasse peuvent être transportés sans bracelet tant qu'ils ne sortent pas du territoire de chasse, par exemple du lieu de battue jusqu'au chalet de chasse. À l'inverse, les cerfs doivent se voir apposer un bracelet sur le lieu de tir. Théoriquement (et selon l'arrêté de l'Exécutif régional wallon du 22 avril 1993 relatif au Plan de tir pour la chasse au cerf), un certificat de tir de mortalité (CTM) doit être érigé sur place par un garde-forestier. Dans la pratique, le CTM se rédige régulièrement au chalet de chasse, lors du tableau de chasse, une fois le gibier regroupé.

ment, un agent forestier particulièrement impliqué glisse des morceaux de papier dans la gueule de certaines dépouilles de cervidés, ou marque leurs sabots, pour vérifier si ce même animal tué n'est pas déclaré deux fois (ou plus) en des endroits différents. En effet, les chasseurs sont soumis à des « plans de tir » fixant des quotas de bêtes à tuer/prélever – un nombre minimal et maximal de sangliers d'une part, et de cervidés boisés et non-boisés d'autre part – afin de maintenir un équilibre agro-sylvo-cynégétique, de réduire le risque de dégâts aux cultures, de limiter les surpopulations de certaines espèces, de minimiser l'impact sur la biodiversité, de contenir le risque sanitaire et le risque accidentogène sur les routes. Ces plans de chasse reposent sur les « tableaux de chasse » comptabilisant les bêtes abattues [44]. Certains organisateurs de chasse voient ces plans de tir d'un mauvais œil : ils constituent une contrainte et risquent de faire diminuer l'attrait d'un territoire de chasse en en réduisant le gibier disponible. L'agent forestier dont il est question soupçonne ainsi le propriétaire du terrain de chasse de gonfler ses quotas afin de conserver un maximum d'animaux sur son site et de pouvoir se vanter de chasses luxuriantes.

Une opération est mise en place : après une battue, un véhicule de chasseurs qui transporte le gibier vers le chalet de chasse est intercepté par une équipe de l'unité anti-braconnage. Lors du contrôle, une biche sans bracelet de traçabilité est trouvée. Le moyen de transport et l'animal sont saisis.

> « Je suis dans la [voiture] banalisée. Je vois, sur la place du village, le quad qui revient avec une petite remorque et y'a deux ou trois sangliers, deux ou trois chevreuils et de grandes pattes en l'air. Ça doit être un non-boisé, que je me dis, sinon je verrais des bois dans la remorque. Mais y'a pas de bracelet. Il revenait déjà dans le village et il était sorti du bois. Pas de bracelet. [...] On l'arrête. Il me dit qu'il a deux sangliers, deux chevreuils et une biche. Mais la biche n'a pas de bracelet. "On le met au chalet", il me dit. "Ça ne va pas comme ça, camarade. Appelle ton patron ou le garde-chasse pour qu'il vienne te chercher avec les sangliers et les chevreuils. Parce que la biche, on la garde. Et le quad aussi, et la remorque". On a tout saisi ! ».
> Guillaume, unité anti-braconnage

Lors de l'enquête, un garde-forestier témoigne qu'il était sur place et avait autorisé le transport de la biche sans bracelet. En approfondissant les recherches, les officiers de police judiciaire se rendent compte qu'un garde-forestier « au moins » couvre les infractions régulières du propriétaire terrien, Monsieur Rossignol. « On n'a jamais su le prouver… enfin, si, on pouvait le

44. Licoppe A., Malengreaux C., Duran V., Bertouille S., « Le plan de tir "cerfs" en Wallonie », *Forêt Nature*, n° 146, 2018, pp. 42-48.

prouver… mais… c'était délicat, quoi », se rappelle l'un d'entre eux. D'autres infractions sont observées, notamment sur les déclarations relatives au gibier tué : des faons chassés sont en réalité des faons de daims ; des cadavres de biches – discrètement marqués par les enquêteurs – sont déclarés à plusieurs reprises (à des dates ou dans des lieux différents). « Ce n'est pas la première fois que Monsieur Rossignol joue avec tout ça, mais à chaque fois le dossier ne va pas très loin parce que les avocats mettent des pressions ou parce qu'ils trouvent toujours un vice de procédure ou autre chose », déplore un autre agent. L'officier en charge de la rédaction du procès-verbal relatif à ce contrôle de l'unité anti-braconnage décide de transmettre « en mains propres » son écrit au procureur.

Le procureur reçoit également le garde-forestier qui assurait être sur place lors de la chasse contrôlée. « Le témoignage du forestier n'était pas impartial. On sentait qu'il y avait un grain de sel qui s'était glissé dans son procès-verbal, qui n'était probablement pas rédigé par lui-même », se remémore une personne proche du dossier. Par manque d'éléments, le procureur décide de renvoyer le dossier vers le fonctionnaire sanctionnateur. « Et là, ça a été classé sans suite immédiatement, rien qu'en voyant le nom de la chasse en question. Quand il est inscrit "Rossignol" sur un procès-verbal, personne ne va prendre le risque de poursuivre », explique un enquêteur. En réalité, le fonctionnaire sanctionnateur a bien traité le dossier et a prononcé une amende administrative de quatre cents euros. Ce montant constitue une broutille au regard de la fortune du chasseur-propriétaire. Néanmoins, « l'objectif répressif avait été atteint », selon le fonctionnaire sanctionnateur, et n'est pas à voir dans le montant de l'amende : « On a perturbé sa saison de chasse. Voir débarquer l'unité anti-braconnage en pleine chasse d'affaires avec des actionnaires, des présidents de parti et de hauts fonctionnaires, ça dérange. Et comme ça, on évite les poursuites judiciaires qui auraient entraîné un retrait du permis de chasse *de facto*. Je pense qu'aucun magistrat ne veut en arriver là. Retirer le permis de chasse de Monsieur Rossignol, c'est mettre sa carrière en danger et s'exposer à toutes les pressions politiques possibles ! ».

Propos intermédiaire : la chasse comme modèle de gestion différentielle des illégalismes

> « On a un gros agriculteur qui a braconné des milliers de grenouilles, il coupait les pattes et les têtes restaient vivantes pendant des jours, il a eu une amende de deux mille ou trois mille euros. C'est ridicule. […] Le président d'une chasse, Rossignol, a été poursuivi pour détention d'un parc à sangliers. Il a eu une suspension du prononcé. […] Les Martinet [qui représentent une autre grande fortune du Royaume] ont eu une suspension du prononcé pour des cultures à maïs. […] C'est impossible à prouver, mais on se rend

> compte… en fait, nos dossiers peuvent aller au Parquet et, si le Parquet décide de ne pas prendre la main, ça va au fonctionnaire sanctionnateur… C'est bizarre, quand c'est de gros chasseurs, on est toujours hors délais. Et quand ça va au bout, c'est du sursis, ou moins que ça. Un procureur me l'avait même dit lui-même : il laissait passer tout ce qui concernait les plans de tir aux cervidés, mais il s'est rendu compte que le fonctionnaire sanctionnateur ne faisait suivre aucun de ces dossiers. Il n'y avait aucun suivi. […] Le fonctionnaire [sanctionnateur]… pfff… quand c'est un petit pêcheur qui n'a pas les moyens de se payer un avocat, il se fait déglinguer. Mais quand c'est un gros chasseur qui a commis une grosse infraction, mais qui vient avec son armée d'avocats, il n'a rien du tout. Enfin, c'est difficile à… c'est notre impression en tout cas ».
> Alain, unité anti-braconnage

Beaucoup décrivent une gestion différentielle des illégalismes : les « petits braconniers » seraient davantage punis que les « grands chasseurs » en infraction. Même si les conditions de représentation – accès à un ou plusieurs avocats spécialisés, réseaux d'interconnaissances, capacité de pression économique, sociale ou politique, etc. – semblent influer sur le traitement des infractions (et surtout sur le traitement des contrevenants), la gestion différentielle se situe également ailleurs. En effet, un sous-traitement judiciaire et juridique est observé en raison du caractère strictement environnemental (ou écologique) de l'infraction. Ainsi, les braconniers qui cumulent d'autres faits d'infractions – détention d'armes non-déclarées, absence de permis de chasse… – sont plus sévèrement punis que ceux commettant uniquement des infractions environnementales. La braconne – terme privilégié ici à celui de braconnage car il reflète mieux la pratique réelle : une activité rurale d'opportunité, et non un trafic organisé avec un commerce à grande échelle ; pas non plus un braconnage d'animaux exotiques ou rares – entraîne la mise en branle de la machine pénale malgré un impact écologique limité, là où les infractions en matière de chasse sont davantage qualifiées de « dérives » aux impacts environnementaux lourds.

> « Les dérives liées à la chasse font bien plus de mal à la biodiversité que le braconnage. De toute façon, du gibier, il y en a trop. Et le gibier ne vaut plus rien aujourd'hui. Le sanglier, ils le revendent au prix marchand entre 0,50€ et 1€ du kilo éviscéré, donc ça ne représente pas grand-chose ».
> Patrick, agent forestier

De nombreux témoins arrivent à la même conclusion : les sanctions en matière de chasse illégale seraient inversement proportionnelles au niveau de l'infraction ou à la réputation de l'infracteur. Ce constat repose sur une représentation selon laquelle le sens de la répression se limiterait à la mesure de la sanction. Néanmoins, une justification est régulièrement avancée selon laquelle le montant de l'amende importe peu (c'est le cas dans la seconde étude de cas en particulier) car l'objectif répressif serait atteint autrement : en perturbant les activités de chasse par les enquêtes ou en écornant la réputation de l'individu. Je reviendrai sur cette question de la réputation.

Michel Foucault développe le concept d'illégalisme, qui permet de dépasser les catégories de pensée classiques (les catégories juridiques, telles que l'infraction ou les poursuites, ou les catégories criminologisantes comme la délinquance). Les « illégalismes » renvoient, dans le même temps, à un mode de transgression et à un type de réaction sociale [45]. Cela permet de penser que des formes de transgression et les réponses à celles-ci se construisent sociohistoriquement. M. Foucault montre que chaque classe sociale connaît des formes de transgression qui lui sont propres et des modalités de traitement de ces transgressions qui lui sont propres également. C'est là qu'apparaît le terme « différentiel », qui renvoie à une grille de lecture associée à la domination et au pouvoir. Il y aurait deux formes d'illégalismes : les illégalismes de biens (le vol, l'appropriation violente de propriétés d'autrui) et les illégalismes de droit (la fraude, l'évasion fiscale, les opérations commerciales irrégulières). Les premiers seraient l'apanage des classes populaires et entraînent des sanctions pénales, prononcées par les tribunaux ordinaires. Les seconds seraient le fait des classes dominantes et jouissent d'une autre forme de régulation, par des instances spécialisées (en dehors du pénal) [46]. Même si cette conceptualisation a été fortement débattue depuis [47], s'intéresser à cette double étude de cas – braconne et infraction à la loi sur la chasse – permet de réactualiser cette vision en termes de gestion différentielle des illégalismes.

Qu'est-ce qui différencie le cas de fraude en matière de chasse et le cas de braconnage présentés plus haut ? En termes de qualification pénale, pas grand-chose. Il s'agit dans les deux cas d'infraction à la loi sur la chasse de 1882 ; même s'il y a évidemment des différences de catégories d'infractions et d'articles de loi qui sont violés, il s'agit dans les deux cas d'une pratique illégale de la chasse. Il s'agit donc d'une même forme d'illégalité, mais de deux illégalismes bien différenciés. C'est à voir dans les représentations bien distinctes, tant de l'infracteur que du fait qui lui est reproché. La braconne – ou braconnage – est

45. Foucault M., *Surveiller et punir. Naissance de la prison moderne*, Paris, Gallimard, 1975.
46. Spire A., « Pour une approche sociologique de la délinquance en col blanc », *Champ pénal/Penal field*, vol. X, 2013 (en ligne).
47. Sur la porosité entre les illégalismes de biens et les illégalismes de droit, voir : Fortin V., "The Control of Public Spaces in Montreal in Times of Managerial Justice", *Champ pénal/Penal field*, vol. XV, 2018 (en ligne) ; et Sallée N., « Accompagner, surveiller, (ne pas) dénoncer », *Champ pénal/Penal field*, vol. XV, 2018 (en ligne). De manière générale, sur les débats qui entourent le concept de « gestion différentielle des illégalismes » et la question de sa contemporanéité, voir : Fischer N., Spire A., « L'État face aux illégalismes », *Politix*, vol. 87, n° 3, 2009, pp. 7-20 ; et le dossier spécial associé.

vue comme une pratique totalement hors-la-loi : une pratique de la chasse en dehors de toute règle (en dehors des périodes ou des horaires réglementaires, avec des armes ou du matériel interdits, sans cadre). Le braconnage est donc perçu, consciemment ou non, comme une pratique « vraiment » illégale, commise pour « voler le gibier ». L'infraction en matière de chasse, ou la dérive – ici, l'absence de bracelet de traçabilité – est vue comme une « irrégularité » dans le cadre d'une pratique instituée et régulée par un certain nombre de règles. Il s'agit d'une erreur, voire d'un oubli, et le caractère infractionnel est presque mis de côté dans les perceptions [48]. L'infraction est vue comme un arrangement avec la règle. Et c'est souvent le cas dans les pratiques illégales (ou plutôt irrégulières) de prolifération ou de fixation du gibier, commises par des chasseurs qui ont un statut social établi et les moyens de « jouer avec les règles [49] ». Les associations de chasseurs produisent d'ailleurs régulièrement des conseils pour s'arranger avec les règles de droit, sous la forme de rubriques juridiques ou de « questions juridiques » – cet état de fait sera étudié dans la suite de cet article.

Cette perception différenciée engendre des réactions différenciées : traitement pénal pour le braconnier ; traitement administratif pour le chasseur déviant. On peut évidemment y voir des logiques pragmatiques inhérentes au droit pénal, et plus précisément à l'articulation entre les voies pénales et administratives. Le nombre de transactions financières (qui permettent d'éviter les poursuites pénales) est important et répond à cette logique pragmatique : « il vaut mieux être certain d'obtenir quelque chose tout de suite que de s'engouffrer dans des procédures longues et coûteuses sans garantie de résultat », explique un procureur spécialisé en matière de chasse ; ou encore, le fait que les personnes au statut socioéconomique favorable s'en sortent mieux parce qu'elles ont les moyens de se défendre. Mais il y a aussi des facteurs explicatifs plus symboliques : la manière dont est perçue l'infraction (crime ou irrégularité ; vol ou arrangement avec la règle) influe sur le parcours du dossier ; ou encore, la réputation de l'infracteur impacte directement la nature du traitement des illégalismes qu'il pratique [50].

Dans le cadre de la recherche, plusieurs dossiers ont été consultés : parfois, de « gros » chasseurs réputés sont passés devant les tribunaux pénaux, mais tous ont bénéficié d'une suspension du prononcé au motif qu'une condamna-

---

48. Pour une illustration dans le cadre de l'étude du traitement de la criminalité économique (avec lequel le traitement de la criminalité environnementale entretient d'étroits liens), voir : Lascoumes P., *Élites irrégulières: Essai sur la délinquance d'affaires*, Paris, Gallimard, 1997.

49. Bourdieu P., « Droit et passe-droit. Le champ des pouvoirs territoriaux et la mise en œuvre des règlements », *Actes de la recherche en sciences sociales*, n° 81-82, 1990, pp. 86-96.

50. Il ne faut pas voir ici une quelconque hiérarchie des poursuites entre les voies pénales et administratives (d'ailleurs si la voie administrative n'existait pas, le dossier relatif à Monsieur Rossignol aurait sans doute été classé sans suite ou l'expiration des délais l'aurait fait plonger dans l'oubli), mais il faut voir des chemins différents dans le champ des possibles du traitement des infractions.

tion pénale entraînerait une annulation du permis de chasse et, donc, entacherait « la préservation du statut social » de l'individu. Plus largement, il y a désormais une véritable poursuite pénale en matière de non-respect des plans de tir en Belgique depuis 2015. Cette modification des pratiques judiciaires est notamment due à une forte conscientisation des magistrats sur les effets de la surdensité de gibier sur la biodiversité. S'il y a une politique de poursuite devant les tribunaux, de très nombreuses propositions de transactions financières permettent aux plus nantis d'éviter le tribunal – ici encore, il s'agit d'éviter la sanction pénale et la « perte de statut social » qu'elle engendre ; ce motif étant écrit textuellement dans les motivations des magistrats. Et lorsque les transactions financières étaient trop élevées, les associations de chasseurs ont refusé de payer ; elles ont été fermement condamnées avant d'être acquittées en appel, sous motif que le Conseil supérieur de la chasse était censé émettre un avis sur tous les articles de loi dont celui sur les conditions de délivrance des plans de tir, ce qui n'était pas le cas [51].

Pourtant, il existe des contre-exemples. Des cas de tenderie (soit le braconnage d'oiseaux) ont reçu un traitement pénal lourd : le préjudice écologique a été évalué, et cette évaluation a été prise en compte dans le montant de l'amende pénale infligée aux braconniers. Les débats sur la compensation, le recours de plus en plus fréquent à des expertises environnementales dans de gros dossiers, le débat sur la traduction monétaire des pertes écologiques, etc., sont autant de grains de sable dans les rouages de la gestion différentielle des illégalismes en matière de chasse. Mais force est de constater que les pratiques de chasse restent souvent étanches à ces évolutions (en cours ou en devenir). Les logiques de droit (puisque l'on parle bien des illégalismes de droit) prévalent sur toute autre considération environnementale et donnent raison aux plus gros destructeurs de biodiversité, qui ont les moyens de commettre ces atteintes (voire qui y sont incités ou initiés), et/ou de ne pas (ou pas trop) en payer les frais.

Seigneurs lobbyistes et autorités publiques, une histoire de contrôle et d'influence

Après avoir présenté deux études de cas, il convient de revenir plus en détail à la fois sur le monde de la chasse en Belgique wallonne et sur les incidences directes qu'a eu le contrôle de la chasse de Monsieur Rossignol. La chasse est un univers fortement contesté où s'entrechoquent des visions contrastées des pratiques cynégétiques et de l'état de santé des forêts wallonnes. D'abord, analysons le contexte historique dans lequel se déroule le contrôle effectué chez Monsieur Rossignol, et comment l'unité anti-braconnage a été mise à mal suite à ce dernier. Dans ce contexte, un acteur de poids –

51. Si l'on suit le raisonnement juridique, tout tir pratiqué lors d'une chasse devient illégal (mais le juge n'a pas été jusque-là).

les clubs de chasse – contribue à la défense des chasseurs et participe à la catégorisation différentiée des infractions en matière de chasse. Il s'agit ici de souligner les rapports de pouvoir et de domination des chasseurs dominants, ainsi que leur capacité de résistance face aux pouvoirs publics.

Qui va à la chasse perd sa place…

La seconde étude de cas – l'enquête relative à Monsieur Rossignol – porte sur une infraction visant une déclaration fictive des tableaux de chasse, et donc le non-respect du plan de tir. La motivation d'une telle infraction réside dans le désir d'avoir une « belle » chasse avec un gibier foisonnant ; en d'autres termes, entretenir la surdensité de gibier au détriment de l'équilibre sylvo-agro-cynégétique, de la régénération de l'écosystème forestier et de la protection de la biodiversité.

> « On est à peu près certains que Rossignol ne tire pas assez de cervidés. Et il déclare deux fois [les bêtes abattues]. On en est sûrs. On est certains qu'il le fait. En plus, il chasse sur trois territoires de chasse, trois jours différents en suivant. On est sûrs qu'il repasse des bêtes d'une chasse à l'autre. D'ailleurs, c'est comme ça qu'il fait de gros tableaux de cent-cinquante sangliers. Il en tire cinquante chaque jour, mais il les remet tous au dernier jour pour pouvoir dire : 'Je fais des chasses à cent-cinquante sangliers'. Vantardise. Il est aussi con que les autres. C'est juste de la vantardise. On est sûrs qu'il chipote ».
> Alain, unité anti-braconnage

À plusieurs reprises, les officiers de police judiciaire de l'unité anti-braconnage tentent de monter des dossiers contre les infractions de Monsieur Rossignol : clôtures non-conformes, enclos de nourrissage, fraude aux tableaux de chasse… mais aucun n'aboutit.

> « Le problème, avec Rossignol, c'est qu'il engage beaucoup de monde. On ne peut pas lui reprocher ça, mais bon… chacun a une famille avec un forestier dedans, donc on est dans des pressions familiales très fortes. Littéralement, c'est des pressions. "Si tu dresses un PV, ton épouse, ton enfant ou ton frère pourra être mis à la porte". Il y a des tas de pressions qui sont faites dans ce milieu-là ».
> Stéphane, département de la Nature et des Forêts

De nombreux agents forestiers et officiers de police judiciaire racontent les menaces dont ils ont fait l'objet, les mobilités forcées au sein de l'administration, ou les pressions exercées sur des membres de leur famille. En se frottant à de grands patrons d'entreprise, représentants des plus grosses fortunes belges et pourvoyeurs de nombreux emplois, les employés publics risquent gros. L'un d'entre eux a été contraint de changer ses enfants d'école pour éviter le harcèlement quotidien ; un autre a refusé un pot-de-vin et explique le déchirement familial qu'a causé le licenciement de son frère suite à cela ; un dernier s'est vu retirer le permis de bâtir qu'il avait obtenu quelques mois plus tôt.

Selon un représentant d'un club de chasse, l'unité anti-braconnage est une structure « extrêmement utile » mais qui cible régulièrement les grands chasseurs qui, pourtant, seraient ceux qui respectent au mieux les règlements et lois en vigueur.

> « Toutes les grosses infractions en matière de chasse dont on va vous parler, ça n'existe pas ! Ou alors, c'est vraiment marginal. Comprenez bien... le lâcher de gibier, le nourrissage massif... ce sont les chimères de l'unité anti-braconnage. Ce sont des fantasmes pour justifier leur existence. [...] Je ne dis pas que les chasseurs ne fraudent jamais. On voit bien quelques arrangements... mais c'est toujours dans le respect de la biodiversité. C'est comme sur la route... Vous conduisez ? On fait tous de petits excès de vitesse, mais généralement on est bien conscients des risques et on le fait en toute sécurité ».
> Xavier, représentant d'un club de chasseurs

Le contrôle de l'unité anti-braconnage, dont il a été question plus haut à l'issue d'une chasse sur le territoire de Monsieur Rossignol, confirme pourtant les intuitions des officiers de police judiciaire de l'unité anti-braconnage. De surcroît, l'infraction constatée a lieu sur un territoire considéré comme l'un des « points noirs » en forêts wallonnes, c'est-à-dire une parcelle dont les prélèvements historiques démontrent des surdensités importantes.

> « Les territoires de chasse "points noirs" sont parmi les plus grands et leurs gestionnaires attitrés dominent les structures représentatives des propriétaires et des chasseurs [52]. »

Lors de l'opération, le procureur du Roi autorise les agents de l'unité anti-braconnage à saisir le véhicule et l'animal. « Il a été clair : ce n'est pas parce que c'est Rossignol qu'on ne saisit pas », se rappelle un agent, en précisant immédiatement : « c'est du côté de l'administration que ça a chauffé, et du côté du cabinet. Oulala... On a été convoqués par le Ministre. Rossignol a récupéré son quad et sa remorque. Pas la biche, parce qu'elle avait déjà été mangée *via* les services sociaux. Et puis, pression de l'administration et du politique, et on

52. Delvaux L., *op. cit.*, p. 55.

nous change de service. On voulait carrément nous dissoudre, hein ! Ça a été dit texto lors de notre convocation ». En effet, tous les agents de l'unité anti-braconnage ainsi que leur supérieur hiérarchique ont été convoqués, séance tenante, par un haut fonctionnaire. L'histoire de cette unité est ainsi révélatrice d'enjeux politiques.

> « Peu de temps après [le dossier Rossignol], nous, l'ensemble de l'unité, avons été invités par le Directeur général, qui nous a demandé quels agents étaient présents lors de cette opération. Il nous a dit : "Vous êtes venus dans mon jardin". Il habite à X., à proximité du territoire de chasse de Rossignol. Il nous a dit aussi qu'il y avait la loi et l'esprit de la loi, et qu'il fallait travailler selon... »
> Michel, unité anti-braconnage

> « Le DG nous convoque pour nous dire : "Il y a la loi et l'esprit de la loi". Moi, dans les textes, je n'ai jamais vu l'esprit. Je m'occupe de la loi et je la fais respecter. Et moi, je ne vais pas dîner une ou deux fois par mois avec les délinquants. [...] Il ne faut pas se le cacher, s'il est devenu directeur général, c'est grâce à Rossignol ! Et si, après, il a perdu sa place de directeur général, c'est grâce à Rossignol ».
> Alain, unité anti-braconnage

Comme mentionné en introduction, l'unité anti-braconnage est une unité spécialisée qui pousse au traitement répressif des infractions ; elle n'est pas circonscrite à un territoire pour éviter les effets de connivence ou les conflits de loyauté. C'est donc une unité de police judiciaire – intégrée au sein du département de la Police et des Contrôles – qui intervient comme un grain de sable dans la machine de la gestion différentielle des illégalismes, puisqu'elle pousse à la judiciarisation et à la poursuite des infractions en matière de chasse. Cette unité a été mise en débat, notamment suite à l'enquête qui visait la chasse de Rossignol, et son existence même a été remise en question. Cela illustre bien à quel point ce traitement différencié pèse sur le fonctionnement et la structure de la réaction sociale en cas d'infraction en matière de chasse.

En effet, suite à l'enquête pour non-apposition du bracelet de traçabilité lors de la chasse de monsieur Rossignol, une note verte du Ministre a été envoyée à l'unité anti-braconnage – soit une communication directe du cabinet ministériel vers une administration. Un officier rappelle les faits :

> « Quelques jours plus tard, le ministre a envoyé une note verte pour demander ce qui s'était passé et pour demander de revoir la répartition de l'unité [anti-braconnage] au sein des cantonnements. Donc, c'était clairement pour nous dissoudre. [...] Les chasseurs étaient contents de ne plus nous voir. Les défenseurs de la nature nous ont

aidés. Et bon, on est retournés au département de la Nature et des Forêts, et on n'a même plus de supérieur... »
Guillaume, unité anti-braconnage

Un autre se souvient :

> « On a été convoqués chez le directeur général d'abord. Toute l'unité. On nous a expliqué comment on devait travailler. Ça s'est mal passé. Surtout avec un policier [à la tête de l'unité anti-braconnage], qui n'acceptait pas qu'on lui dise comment faire son métier. Le service a été gentiment limogé. On a attaqué Rossignol au mois de décembre. Le 7 janvier, l'inspecteur général du département de la Police et des Contrôles et le directeur général du département de la Nature et des Forêts étaient convoqués au cabinet ».
> Alain, unité anti-braconnage

En quelques semaines, l'unité anti-braconnage est déplacée dans l'organigramme de la région wallonne : du département de la Police et des Contrôles – historiquement reconnu pour son travail répressif – au département de la Nature et des Forêts – historiquement réputé pour son assujettissement économico-politique. Devant le Parlement wallon, une question au Ministre compétent en matière de chasse est lancée :

> « Les agents craignent une incompatibilité entre ces deux types de missions, une incompatibilité qui avait justement mené à la décision de placer l'unité anti-braconnage au sein du département de la Police et des Contrôles il y a quinze ans. Ils craignent de ne plus pouvoir agir avec la même liberté envers certaines situations inacceptables, telles que les transports illégaux d'animaux, les lâchers de faisans en période non autorisée, les lâchers de sangliers ou de cervidés sur des terrains de chasse clôturés... [...] Quelles mesures garantiront la poursuite de l'autonomie d'action de cette unité ? »
> Question parlementaire adressée au Ministre de l'Agriculture, de la Nature, de la Forêt

La réponse est sommaire : « L'autonomie de l'unité ne devrait pas souffrir du transfert dans la mesure où l'unité ne fait que passer sous la responsabilité d'un autre inspecteur général. » De nombreux observateurs, des fonctionnaires directement concernés aux associations de défense de la nature, dénoncent une « mise sous cloche ».

Cette éviction d'une unité qui dérange n'est pas un cas isolé. Un haut fonctionnaire, en insistant sur l'importance que je supprime toutes traces de notre rencontre, m'explique :

« Comme avec l'unité de répression de la pollution... ils ont été évincés aussi. Ils avaient monté de bons dossiers, avec des déchets et tout ça. Ils ont vraiment remué la merde. On s'est rendu compte qu'il y avait des intercommunales et de grosses entreprises de mêlées à tout ça... et donc des politiques de mêlés. Ils ont été évincés. C'est malheureux. [...] On entend le Ministre qui dit qu'il veut mettre les moyens pour protéger l'environnement, mais... l'histoire se répète, hein. Dès qu'on touche aux personnes influentes, les grosses entreprises qui polluent, les gros chasseurs qui privatisent les forêts... on fâche les politiques ».
Haut fonctionnaire

Tous les agents rencontrés expliquent que ce changement d'affectation a engendré, outre un effet de délégitimation symbolique, une véritable perte de compétence policière – affaiblissement de la maîtrise des compétences judiciaires, perte de qualité rédactionnelle des procès-verbaux... « Si l'unité s'était contentée d'être une alliée des grands propriétaires terriens, si elle s'était contentée d'être un outil pour empêcher que des braconniers pillent certaines chasses, les choses se seraient certainement mieux passées », conclut un agent devant la presse [53].

Fondations et clubs de chasse, entre promotion et conseils

Les représentants du monde de la chasse ne nient pas la surdensité de grands cervidés et de sangliers, ni les conséquences désastreuses de celle-ci. Certains parlent même du grand gibier comme d'une « nuisance pour l'homme [54] » qui, outre les impacts environnementaux, comporte le risque d'accidents routiers ou endommage les aménagements publics et jardins privés. Parfois, ils minimisent leur part de responsabilité, renvoyant les causes de la surabondance de gibier au dérèglement climatique ou à l'absence de gestion sylvicole par l'administration régionale. Une revue de promotion de la chasse explique ainsi la surabondance du grand gibier en forêt :

« L'expansion du grand gibier a largement profité de la transformation des milieux. [...] Le remembrement agricole et le développement de cultures hautes, comme le maïs, le colza ou le tournesol, ont offert un nouvel habitat permanent, conciliant nourriture et quiétude. [...] Enfin, l'extension des zones non chassables ou non chassées crée un réseau de territoires-refuges limitant sérieusement l'efficacité de la régulation par la chasse. [...] L'accélération du réchauf-

53. Bouffioux M., « Trop dérangeante pour des propriétaires de chasses ? L'Unité anti-braconnage mise sous cloche », *Paris Match*, 27/08/2018.
54. Barraquand J., « La chasse, un outil de régulation des populations de grand gibier », *J'aime la chasse*, 2016.

fement climatique à partir des années 1970 coïncide avec l'augmentation de la progression du sanglier partout en Europe. [...] Les sécheresses croissantes compromettent le renouvellement de certaines essences [d'arbres] tandis que les parasites et les maladies précipitent la disparition de parcelles entières monospécifiques. [...] Ce contexte difficile réduit la tolérance des sylviculteurs envers la pression des ongulés sauvages [55]. »

Le texte se poursuit : « La chasse reste aujourd'hui le facteur indispensable de contrôle des populations de grand gibier [56] ». Le plus souvent, les représentants de chasseurs rappellent en effet le rôle important de la chasse pour l'équilibre sylvicole. « Le chasseur gère en bon père de famille en faisant en sorte que les animaux vivent et se reproduisent harmonieusement, en ne prélevant que ce qui est juste pour l'espèce et pour la nature », explique le président du plus grand club de chasse de Belgique [57].

> « En tant que chasseurs, nous sommes régulièrement sous le feu des critiques. Mais ce que les khmers verts [pour désigner les défenseurs de l'écologie] ne savent pas, c'est que sans la chasse les forêts ne seraient pas ce qu'elles sont. Sans chasseurs, plus de végétation, plus d'équilibre... Depuis la préhistoire, la chasse est une histoire d'hommes dans son environnement. L'homme qui chasse régule les populations animales. [...] La chasse est utile et nécessaire. C'est aussi pour ça que l'on aime avoir des gens responsables [dans notre club de chasseurs]. On accepte évidemment tous les chasseurs, mais on a beaucoup de personnes de haut rang social parmi nos membres : des médecins, des avocats, des magistrats, des chefs d'entreprise... »
> Marc, président d'un club de chasseurs

Même si le loisir de la chasse s'est démocratisé [58] – un habitant sur quatre-cent-cinquante-deux pratique la chasse en Belgique –, sa pratique, tant par le prestige qui y est associé que par le réseau d'entre-soi qu'il maintient ou le coût financier annuel de sa pratique, attire certains profils socio-économiques. La fédération nationale des chasseurs de France estime à 39 % le nombre de chasseurs qui exercent une profession libérale (ils sont environ 17 % dans la population active française). Les chiffres belges, qui datent de 2012 [59], estiment à près de 23 % les chasseurs issus de professions libérales ou étant des cadres dirigeants. Mais ces chiffres ne concernent que les chasseurs qui sont

55. Fondation Sommer, « Retisser le lien entre la chasse et la société. 8 chantiers pour 2040 », *Chasse, Nature et Société 2040, livre blanc*, Fondation François Sommer, 2021, p. 30.
56. *Ibid.*
57. Petit B., in Mélon M., « Un livre pour réussir l'examen de chasse », RTBF, 31 décembre 2021.
58. Traïni C., *op. cit.*
59. FACE, *Chasser en Belgique*, European Federation for Hunting and Conservation, 2012.

encore actifs professionnellement. Les sondages montrent, en effet, que 12 à 45 % des chasseurs sont retraités. Aussi, les chiffres montrent l'éloignement progressif des pratiquants de la chasse d'un mode de vie rural. La plupart des chasseurs (environ 70 %) résident dans les villes. « Plus âgés, plus urbains, avec un changement de représentation des catégories professionnelles (dans les effectifs de chasseurs, le nombre de cadres moyens et supérieurs dépasse désormais celui des employés, des ouvriers actifs et des agriculteurs). Le nouveau chasseur est de moins en moins fréquemment résident des milieux où il chasse », résume une revue pro-chasse [60].

La chasse est souvent représentée comme un lobby dominant exercé par des gens très influents auprès de quelques décideurs politiques. Le but n'est pas ici d'étayer ou de déconstruire cette représentation, mais d'en tracer les contours, notamment au regard des entretiens que j'ai menés. Depuis trente ans, force est de constater un certain immobilisme politique concernant les compétences en matière de chasse : une succession de ministres issus du Centre démocrate humaniste (CDH), traditionnellement en faveur de la chasse [61] – à l'exception d'un socialiste, lui-même chasseur (José Happart) – et originaires de la province du Luxembourg ou sa juste proximité. Seule exception, le ministre Carlo Di Antonio qui, estimant que la chasse « est devenue une forme de délassement actif dans la nature [62] », a tenté d'inverser la tendance : fin du nourrissage artificiel, sanctions en cas de non-respect des plans de tir, gestion plus stricte du sanglier… « Tous ont une proximité, voire des intérêts très proches, avec la filière bois et/ou les sociétés de chasse. Ce qui explique aussi leur absence de proactivité dans ce domaine », déplore un ancien ministre dans la presse [63].

S'il existe de multiples profils de chasseurs, allant du « petit chasseur » de père en fils, qui ne tire qu'une ou deux bêtes par an dans la forêt de son village – comme Roger –, au « grand chasseur », qui organise des chasses privées de prestige, dans ses propres forêts belges jusque sur ses terres écossaises – à l'instar de Monsieur Rossignol –, ce sont ces derniers qui sont régulièrement la cible de critiques et parfois de convoitises, mais aussi de soutien des clubs de chasse. Un chasseur de grand gibier parlait de « chasses inaccessibles, sauf aux plus nantis » pour évoquer les terrains de chasse les plus convoités souvent détenus par des noms bien connus qui représentent les plus grandes fortunes de Belgique.

60. Fondation Sommer, « Société, modes de vie, loisirs de nature. Enjeux pour l'avenir de la chasse », *Chasse, Nature et Société 2040*, lettre n° 2, Fondation François Sommer, 2019, p. 33.
61. Voir : RSHCB, 2019.
62. Di Antonio C., *Note au Gouvernement wallon. Stratégie de réduction des populations de gibier*, 2012.
63. Imagine, *op. cit.*, p. 29.

« Évidemment, ça fait toujours un peu envie… C'est sûr qui y'en a du beau gibier là-dedans. Moi, je ne fais que de petites chasses en somme. Les montants restent élevés, hein, mais je dépasse rarement les cinq mille euros, ou parfois les six mille euros [pour la saison]. Les chasses de Rossignol, c'est… pfffou… ça monte. On peut facilement être à cinq ou six fois ce prix-là. […] C'est pour ça que tu ne vas pas retrouver n'importe qui à ces chasses. Il n'y a que le gratin [rires]. Et quand tu es invité à ces chasses, surtout si tu n'es qu'un petit forestier ou un agricole du coin, ben tu fermes ta gueule ».
Vincent, chasseur

Garde-forestier ou garde-chasse ?

Le « garde-forestier », ou « préposé de la nature et des forêts », est un fonctionnaire chargé de la surveillance des territoires forestiers. Affecté à un triage, son rôle oscille entre prévention, gestion et répression. Il effectue le suivi des exploitations forestières, ou l'inventaire des populations de gibier. Il peut également constater les infractions en matière de chasse, de pêche, de conservation de la nature et de protection de l'environnement. Le garde-forestier est ainsi officier de police judiciaire habilité à dresser des procès-verbaux, tant en domaine public qu'en domaine privé.

L'appellation de « garde-chasse » renvoie, quant à elle, au métier de « garde champêtre particulier » : des employés des particuliers (les « commettants ») qui assurent la protection des propriétés, des terrains de chasse et de pêche. Portant un uniforme réglementaire, le garde champêtre particulier surveille un territoire – l'environnement et les espèces qu'il abrite – pour lequel il est assermenté. En tant qu'officier de police judiciaire, il peut (comme le garde-forestier) rédiger des procès-verbaux afin de faire respecter les lois et règlements en matière de chasse, de pêche et de conservation de la nature ; ce pouvoir se limite au terrain privé dont il a la charge de surveillance.

Les terres de chasse sont surveillées tant par les gardes-chasse (« garde champêtre particulier ») que par les garde-forestiers (agents techniques du département régional de la Nature et des Forêts). Ces derniers décrivent régulièrement le rapport de domination qui existe : les gardes privés entraveraient régulièrement les missions des autorités publiques. Ou, dans tous les cas, ils observent une tension entre coopération nécessaire et concurrence. En effet, les buts recherchés sont différents.

« Certains chefs de cantonnement interdisent à leurs agents de nous contacter. Donc, on a des agents qui nous contactent en *stoemeling* [en cachette], en quelque sorte, et qui nous disent bien de ne pas dire que c'est eux qui… Et quand on va dans le cantonnement, on fait

comme si on ne le connaissait pas. Sinon, on sait qu'il y aura des représailles. C'est malheureux, mais c'est comme ça ».
Alain, unité anti-braconnage

Un conflit structurel existe ainsi sur des terrains surveillés et contrôlés à la fois par des représentants des propriétaires terriens et garants des intérêts privés et, dans le même temps, par des agents fonctionnaires d'État et garants de l'intérêt public. Pour les premiers, il s'agit de maintenir un terrain de chasse luxuriant (ce qui explique le nourrissage et la chasse sélective visant à conserver le capital reproducteur) ; pour les seconds, l'objectif est de (ré)établir un équilibre sylvo-cynégétique. « Le Gouvernement de la Wallonie et l'ensemble des acteurs font l'objet d'un lobby intense de la part des représentants du monde de la chasse, limitant l'ampleur des réformes envisagées pour atteindre un équilibre forêt-faune sauvage acceptable pour la société [64]. »

Cette structuration du monde de la chasse – notamment de la chasse au gros gibier – se base sur (et fait vivre) l'image du gibier en tant que *res propria*, une chose dont on est propriétaire [65] et qu'il s'agit de défendre et de capitaliser dans un environnement concurrentiel. Un agent du département de la Nature et des Forêts explique, par exemple, comment certains grands propriétaires terriens s'assurent de n'avoir aucune concurrence. Il évoque un acteur économique puissant en Belgique qui, pour attirer les chasseurs sur ses terres plutôt que sur celles des voisins, engage des « mercenaires » afin de tuer le gibier des petites chasses voisines. En guise d'avertissement, les dépouilles décapitées sont déposées devant le domicile des « petits chasseurs ». Cela permettrait également de dévaloriser les terrains vidés de gibier et de les racheter à un prix attractif. Les dérives de la chasse, telles que celles reprochées à Monsieur Rossignol, entrent dans ce type de comportement déviant.

Face à ces critiques, le président d'un club de chasseurs rappelle la position officielle de la société qu'il représente :

> « Il y a toujours des chasseurs qui chercheront à frauder. C'est humain : ils cherchent à maximiser leurs bénéfices et surtout à éviter les sanctions lorsqu'ils n'ont pas la possibilité de respecter scrupuleusement la règle. Notre rôle, il est aussi là. Évidemment, le rôle de [l'association de chasseurs] n'est pas de dénoncer les infractions… bien que ça arrive lorsqu'un chasseur a un comportement qui nuit à l'image de la chasse ou lorsque nous sommes amenés à arbitrer un

64. Delvaux L., *op. cit.*, p. 9.
65. La loi sur la chasse semble plutôt soutenir une vision du gibier comme *res nullius* –n'appartenant à personne, et libre de circuler d'un territoire à l'autre ; une autre vision est soutenue par les associations de protection de l'environnement : le gibier comme *res communis* – sorte de bien commun dont la gestion durable devrait être concertée par tous les acteurs concernés.

conflit entre chasseurs voisins. Les brebis galeuses, on les dénonce évidemment. Il en va de l'image de la chasse. Cela fait des décennies que l'on milite activement pour une chasse propre, écologique, respectueuse de la nature ».
Marc, président d'un club de chasseurs

Sans remettre en doute ces paroles, notons que les clubs de chasseurs produisent régulièrement des conseils pour s'arranger avec les règles de droit, sous la forme de rubriques juridiques ou de « questions à un expert ». Ainsi, un magazine distribué à tous les membres en ordre de cotisation comprend, par exemple, des explications pour jouer avec la règle qui interdit de clôturer un territoire de chasse en posant des clôtures tout en s'évitant des poursuites ; un avocat renommé signe cette rubrique. Ailleurs, des lecteurs peuvent poser des questions à la « communauté des chasseurs » : le mirador que j'ai construit n'est pas conforme, comment éviter une demande de remise en état ? Mon arme a été saisie lors d'un transport hors période de chasse, comment la récupérer ? Un riverain ouvertement anti-chasse menace de porter plainte sous motif que mes miradors ne sont pas en zone forestière mais un peu au-delà, quels arguments juridiques lui opposer ? Je prépare une chasse à l'étranger et ma demande de carte européenne d'armes à feu tarde à être traitée... etc. Finalement, les sociétés et associations de chasse agissent comme des entrepreneurs de morale [66] visant tant la promotion de la chasse que l'évitement des poursuites pour les chasseurs. En effet, les clubs de chasse montrent un hiatus important entre un discours visant à garantir la légalité des pratiques de chasse – et parfois à influer sur les réformes législatives – et des formes de militance morale (des « croisades » pour reprendre le vocabulaire beckerien) ayant pour but de préserver la tranquillité des chasseurs, de faire de la propriété privée une valeur dominante, de créer un réseau d'entre-soi permettant de faire face aux affronts de la loi ou des opposants à la chasse.

De la gestion différentielle aux arrangements avec les règles

L'analyse comparative du traitement de ces deux faits infractionnels en matière de chasse illustre parfaitement la gestion différentielle des illégalismes. Un « petit » fait de braconnage – le tir illégal de quelques sangliers, soit une atteinte environnementale nulle, voire un geste écologique en situation de surdensité porcine en forêt – reçoit un traitement judiciaire relativement lourd : le braconnier sera condamné à une peine de prison avec sursis ; alors qu'un « gros » fait d'infraction en matière de chasse – une fraude relative aux plans de chasse, soit l'organisation d'une surdensité de gibier aux conséquences écologiques graves – bénéficie d'un traitement administratif allégé : le propriétaire terrien multimillionnaire et organisateur de grandes chasses écopera d'une

66. Becker H., *Outsiders. Studies in the Sociology of Deviance*, New-York, Free Press of Glencoe, 1963.

amende de quatre cents euros. L'analyse croisée de ces deux dossiers permet de montrer la persistance de l'analyse foucaldienne dans l'étude du traitement des illégalismes de droit et de biens en matière de chasse.

En guise d'ouverture, j'aimerais poser le constat que le traitement (différencié) des infractions en matière de chasse n'a rien à voir avec les atteintes à la biodiversité. Si l'on s'était intéressé à l'impact du comportement des deux contrevenants sur la biodiversité (voire sur le bien-être animal), on aurait vu ceci : deux sangliers tués (peut-être un peu plus), à l'affût et de nuit, dans un contexte forestier où les sangliers sont en surabondance (donc, un dégât environnemental inexistant, voire un geste écologique finalement), du côté du braconnier ; de l'autre, un cerf tué en battue et compté en double ou en triple, ce qui favorise la surdensité de cervidés en forêt (donc, finalement, un geste tout à fait anti-écologique). Pour le premier, la sanction est relativement lourde. Pour l'autre, le dossier fait l'objet d'un traitement plus favorable. Il n'y a donc pas de lien entre la mesure de la réaction et la mesure du dommage, de l'atteinte à la biodiversité (ou plus largement à l'environnement). On pourrait faire un lien avec le traitement différentiel de la fraude fiscale : les gros infracteurs, qui pèsent pourtant énormément sur la santé économique et sociale d'un pays, s'en sortent généralement mieux que les petits fraudeurs, qui n'ont que peu ou pas d'impact à grande échelle. Par ailleurs, la quantification et la qualification du dommage environnemental – donc, le diagnostic – sont extrêmement complexes à établir (quel impact a réellement une poignée de sangliers morts ? quel impact a un seul bracelet de traçabilité que l'on a oublié d'apposer sur le lieu du tir ?). Il apparaît néanmoins que la sanction prononcée *in fine* ne reflète pas ce dommage.

Dans ce contexte, les représentants des chasseurs contribuent à véhiculer l'image d'une pratique nécessaire de la chasse, seule garante de l'équilibre sylvo-cynégétique. Partant, ils dénoncent les dérives de la chasse qui visent à fixer ou densifier le gibier – nourrissage artificiel, clôture de territoires, fraude aux tableaux de chasse… – et expliquent concourir au respect des normes légales par les chasseurs en leurs rangs. Dans le même temps, ces clubs et autres associations de chasse produisent un certain nombre d'outils ou de réseaux de compétences visant à conseiller, accompagner ou aider leurs membres en cas de questionnements autour des règles, de manquements ou d'infractions. Ces clubs constituent ainsi des collectifs notamment composés d'élites dirigeantes, de notables ou d'avocats hautement spécialisés, qui éclairent les montages juridiques possibles et offrent des mécanismes de protection d'une délinquance d'élites en favorisant les arrangements avec les règles.

L'article a ainsi traité des clubs de chasseurs – soit des organisations non-gouvernementales – dans leurs manières d'aider juridiquement (voire d'inciter) les chasseurs à frauder. En effet, si le discours officiel des représentants de ce club de chasseurs fait montre d'un strict respect des règles en vigueur et d'un appel à punir fermement les infractions en matière de chasse, la littérature produite par ce même club – directement sous la forme d'une revue adressée à ses membres, ou indirectement pas la subvention d'ouvrages spécialisés – est truffée de conseils pour s'arranger avec les lois et jouer avec les normes réglementaires. Cette ambivalence montre comment une instance de représentation peut prétendre veiller au contrôle des pratiques de ses membres d'un côté, et inciter au contournement des règles de l'autre. C'est ainsi que cet article prend l'argumentaire de ce numéro spécial de *Cultures & Conflits* à revers en étudiant le double rôle des associations de représentation des chasseurs : un rôle affiché de garantie des bonnes pratiques et de participation à la réaction face aux infractions de biens ; et un rôle plus discret de protection des illégalismes de droit.

RÉSUMÉS / ABSTRACTS

Résumés / Abstracts

Une « société civile vigilante » face aux illégalismes des élites dirigeantes ?
Anthony AMICELLE

L'expression polysémique de « société civile » ne cesse d'être invoquée au nom d'actions préventives et répressives contre les illégalismes politiques, économiques et financiers associés aux classes dominantes en général, et aux élites dirigeantes en particulier. Mais qu'en est-il en pratique derrière les discours officiels et les normes formelles ? Qui sont les représentants autoproclamés ou désignés (et par qui) de cette société civile ? Comment participent-ils à « policer » les puissants au sens étymologique du terme, c'est-à-dire à « réguler, contrôler, autoriser et interdire, gérer » leurs illégalismes ? Quelle est leur place et quel est leur rôle dans la réaction sociale face aux « élites délinquantes » ? À partir des différentes contributions au numéro spécial, cet article introductif ouvre des pistes de réflexion pour répondre à ces questionnements, et appréhender l'action de policer les élites dirigeantes comme produit et enjeu de rapports entre espaces sociaux différenciés.

A "vigilant civil society" in the face of ruling elites' illegalisms?
Anthony AMICELLE

The polysemous term 'civil society' is constantly being invoked in the name of preventive and repressive action against the political, economic and financial illegalisms associated with the ruling classes in general, and the ruling elites in particular. But what happens in practice behind the official rhetoric and formal norms? Who are the self-proclaimed or appointed representatives (and by whom) of this civil society? How do they help to 'police' the powerful in the etymological sense of the term, that is to say 'regulate, control, authorise and prohibit, manage' their illegalisms? What is their role in the social reaction against elite deviance? Based on the various contributions to the special issue, this introductory article opens up a number of avenues of reflection to answer these questions, and to study this kind of policing as both a product and issue of social relations between fields.

« Du sang et des têtes » ou « Des maisons, des voitures et de l'argent liquide » ? Luttes définitionnelles de l'anticorruption au Mexique
Romain BUSNEL, Hélène COMBES

À partir du cas mexicain, cet article interroge les luttes définitionnelles et professionnelles qui se jouent entre pouvoir judiciaire et ONG issues de la société civile autour de la mise en œuvre des dispositifs institutionnels anticorruption. Depuis la transition démocratique mexicaine, la société civile s'est livrée à un triple travail de dénonciation, de lobbying et d'insertion dans les institutions étatiques lors de croisades morales successives (fraudes électorales, devoir de transparence, etc.). Pourtant, malgré un contexte national et international favorable et une participation active au *design* du Système national anticorruption, les acteurs de la société civile ont été, en partie, marginalisés au profit du pouvoir judiciaire. Aujourd'hui, à travers les luttes morales derrière ces enjeux professionnels, ce sont bien des perceptions différenciées de ce que signifie « lutter contre la corruption » qui contribuent autant à instaurer une méfiance réciproque entre société civile et pouvoir judiciaire qu'elles contraignent le travail réalisé au sein des institutions.

"Blood and heads" or "Houses, cars and cash"? Anti-corruption definitional struggles in Mexico
Romain BUSNEL, Hélène COMBES

Drawing on the case of Mexico, this article examines the definitional and professional struggles between judicial authorities and civil society NGOs regarding the implementation of anti-corruption policies. Since Mexico's democratic transition, civil society has been engaged in a threefold process of denunciation, lobbying and insertion into state institutions, in successive moral crusades (electoral fraud, duty of transparency, etc.). However, despite a favorable national and international context and active participation in the design of the National Anti-Corruption System, civil society players have been partly marginalized in favor of judiciary actors. Nowadays, the moral struggles behind these professional issues reveal the different perceptions of what "fighting corruption" means. This contributes to mutual distrust between civil society and the judicial authorities, and restricts the work carried out within the institutions.

Faire des organisations anti-corruption un levier de réforme des États ? Importation et domestication de l'Open Government Partnership (OGP) en Argentine et Tunisie
Quentin DEFORGE

Cet article étudie en quoi l'Open Government Partnership (OGP) contribue à redéfinir les relations de pouvoir qu'entretiennent les organisations anti-corruption avec les gouvernements. Sur la base d'entretiens, de l'observation d'événements internationaux et de l'étude de documents de travail, il étudie pour cela sa création à l'initiative de l'administration Obama en 2011, puis son importation en Argentine, à partir de 2012, et en

Making anti-corruption organizations a lever for state reform? Importing and domesticating the Open Government Partnership (OGP) in Argentina and Tunisia
Quentin DEFORGE

This article examines how the Open Government Partnership (OGP) redefines the power relations between anti-corruption organizations and governments. Based on interviews, observation of international events, and the study of documents, it examines its creation at the initiative of the Obama administration in 2011, then its import into Argentina in 2012 and Tunisia in 2013. The article first shows how the OGP relies on a specific

Tunisie, à partir de 2013. L'article montre d'abord en quoi l'OGP s'appuie sur un instrument spécifique, les « plans d'action OGP », dans le but d'instituer une forme de gouvernementalité transnationale, supposée mettre les organisations anti-corruption en capacité de contraindre leurs gouvernements à mener les réformes. La dimension comparative permet ensuite d'étudier l'importation de ce mécanisme en le distinguant de ce qui relève des singularités historiques et politiques propres aux deux pays. En Argentine, l'OGP a été importé par des organisations mobilisées contre l'opacité de l'administration Kirchner, avant que le gouvernement de centre droit arrivé au pouvoir en 2015 ne cherche à devenir le « bon élève » du mécanisme. En Tunisie, l'OGP a été importé par des militants et des élites politiques qui souhaitaient mettre fin à l'opacité de l'État qui prévalait sous le régime de Ben Ali, avant d'être domestiqué à partir de 2014 par une administration parvenue à en faire un instrument de légitimation échappant à toute contrainte. L'article montre donc, *in fine*, que si la conduite des organisations anti-corruption et des États se redéfinit bien autour de l'OGP, le mécanisme ne contraint pas pour autant ces derniers à mener des réformes.

instrument, the 'OGP action plans', to institute a form of transnational governmentality supposed to put anti-corruption organizations in a position to compel their governments to carry out reforms. The comparative dimension then enables us to study the import of this mechanism, distinguishing it from the historical and political singularities specific to the two countries. In Argentina, the OGP was imported by organisations campaigning against the opacity of the Kirchner administration, before the centre-right government that came to power in 2015 sought to become the mechanism's 'good pupil'. In Tunisia, the OGP was imported by activists and political elites who wanted to put an end to the opacity of the State that prevailed under the Ben Ali regime, before being domesticated from 2014 onwards by an administration that managed to turn it into an instrument of legitimisation free of any constraints. Ultimately, the article shows that while the conduct of anti-corruption organisations and governments is being redefined around the OGP, the mechanism does not oblige them to carry out reforms.

Les associations de lutte contre la corruption, la société civile et l'État
Pierre LASCOUMES

Les associations de lutte contre la corruption tiennent un rôle essentiel de contre-expertise par rapport aux autorités gouvernementales. Elles se sont développées en France depuis le début des années 2000. Elles sont au nombre de quatre. L'article analyse la façon dont se combinent les trois dimensions de leur stratégie d'action : la mobilisation des publics, l'appui de la politique publique et la critique. Leur rôle est essentiel pour deux raisons majeures. D'une part, elles agissent dans un contexte social dissonant où les citoyens ont souvent une attitude

Anti-corruption associations, civil society and the State
Pierre LASCOUMES

Anticorruption associations play a key role in providing counter-expertise to government authorities. In France, they have grown since early 2000s. This article aims to analyse the way in which the three dimensions of such associations' strategy are combined: 1) public mobilization; 2) public policy support; 3) social critics. Their role is crucial for at least two major reasons. On the one hand, they act in a dissonant social context in which citizens often have an ambiguous attitude towards corruption. On the other, they relate to the many shortcomings of the institutio-

ambigüe vis-à-vis de la corruption. D'autre part, en raison des nombreuses lacunes de la réaction sociale institutionnalisée, celle des agences et celle de la justice.

nalised social reaction from State agencies and the justice system.

Aspects juridiques de l'action des associations de lutte contre la corruption face aux élites délinquantes
Céline LARONDE-CLÉRAC

Face au développement de la délinquance des élites, les associations de lutte contre la corruption jouent un rôle essentiel. L'hostilité de la jurisprudence à leur reconnaître le droit d'exercer une action civile devant le juge pénal a conduit le législateur à habiliter ces associations à exercer les droits reconnus à la partie civile. Cependant, cette habilitation est conditionnée, notamment par un agrément ministériel. L'actualité récente montre que l'habilitation législative est un moyen pour les pouvoirs publics de contrôler et éventuellement d'entraver l'action des associations de lutte contre la corruption.

The legal dimension of the work of anti-corruption associations in dealing with criminal elites
Céline LARONDE-CLÉRAC

Faced with the development of elite delinquency, anti-corruption associations play an essential role. The reluctance of case law to recognise their right to bring a civil action before the criminal courts has led the legislature to empower these associations to exercise the rights accorded to civil parties. However, this authorisation is subject to conditions, in particular ministerial approval. Recent events show that legislative empowerment is a way for public authorities to control and possibly hinder the action of anti-corruption associations.

De l'École nationale de la magistrature à Anticor. Retour sur quatre décennies d'anticorruption à l'intersection des mondes judiciaire, associatif et politique. Entretien avec Éric ALT
Propos recueillis par Anthony AMICELLE et Benjamin LOVELUCK

En revenant par le menu sur la trajectoire professionnelle ainsi que sur les engagements associatifs et syndicaux d'Éric Alt, cet entretien avec donne à voir autrement plus de trente ans de corruption et d'anticorruption en France et en Europe, avec un double intérêt. Premièrement, il contribue à éclairer l'équilibre dynamique des tensions qui structurent la gestion des illégalismes des élites dirigeantes, et en particulier les rapports de force à l'œuvre dans et entre les mondes judiciaire, associatif et politique. Deuxièmement, l'entretien permet de rendre compte des manières contempo-

From the National School for Magistrates to Anticor. Back to four decades of anticorruption at the intersection of the judicial, associative and political worlds
Interview with Éric ALT, by Anthony AMICELLE and Benjamin LOVELUCK

This interview with Éric Alt takes a detailed look at his professional and activist career to offer a different perspective on more than thirty years of corruption and anti-corruption in France and Europe. Firstly, it sheds light on the dynamic balance of tensions that structures the fight against ruling elites' illegalisms with a particular focus on the power relations at work in and between the judicial, associative and political worlds. Secondly, the interview provides insight into contemporary ways of policing the ruling elites by looking into the everyday

raines de policer les élites dirigeantes en entrant dans le fonctionnement de l'association anticorruption Anticor. Cet entretien est complété par la communication prononcée par Éric Alt à l'occasion de la journée d'étude « Société civile et lutte contre la corruption » (« Lutter contre une démocratie défaillante. Résister à la corruption »).

working of the anticorruption association Anticor. This interview is supplemented by the written version of Éric Alt's communication at the conference on "Civil society and the fight against corruption" ("Fighting against failing democracy. Resistance to corruption").

Visibiliser les illégalismes de dominants. Enquêtes journalistiques et réaction sociale à l'heure des *big data*
Numa GAGEY

Nombre de scandales financiers qui émaillent l'actualité internationale depuis le début des années 2010 sont le fruit d'enquêtes qui s'appuient sur le datajournalisme. Prenant l'exemple de l'implication des journalistes français dans les enquêtes du Consortium international des journalistes d'investigation (ICIJ), la présente contribution vise à interroger la capacité de ces nouvelles pratiques à transformer la visibilité des illégalismes inhérents aux classes dominantes. Elle s'appuie pour cela sur 17 entretiens semi-directifs menés auprès de journalistes d'investigation, ainsi que sur une analyse des productions médiatiques publiées après les révélations. Réinterrogeant l'idée d'un renouvellement de l'enquête et de la réaction sociale grâce au datajournalisme, l'article montre en premier lieu que les scandales *leaks* se situent dans la continuité des pratiques usuelles d'investigation. En outre, si certaines bases de données ouvertes par les journalistes après l'enquête font l'objet d'une réappropriation institutionnelle, elles sont plutôt destinées à des publics « citoyens » distincts des autorités, et contiennent peu de données susceptibles d'alimenter l'action de ces dernières.

Making the white collar illegalisms visible. Investigative journalism and social reactions in an age of big data
Numa GAGEY

Many of the financial scandals that have dominated international news since the early 2010s are the result of investigations based on data journalism. Taking the example of the involvement of French journalists in the investigations of the International Consortium of Investigative Journalists (ICIJ), this contribution aims to examine the capacity of these new practices to transform the visibility of illegalims inherent in the dominant classes. It is based on 17 semi-structured interviews with investigative journalists, as well as an analysis of media productions published after the revelations. Questioning the idea of a renewal of investigation and social reaction thanks to datajournalism, the article shows firstly that the leaks scandals are nevertheless a continuation of the usual investigative practices. Additionally, while some of the databases opened by journalists after the investigation have been reappropriated by institutions, they are intended more for 'citizen' audiences other than the authorities and contain little data that could be used by the latter.

Informer pour punir ? Pandora papers, un non-scandale sans précédent
Anthony AMICELLE, Jean BÉRARD, Killian CHAUDIEU

Inform and punish? Pandora Papers, an unprecedented non-scandal
Anthony AMICELLE, Jean BÉRARD, Killian CHAUDIEU

L'article porte sur les réactions suscitées en France par la « plus grande enquête de l'histoire du journalisme » : les Pandora Papers. En tant que dénonciation publique posée par les membres du Consortium international des journalistes d'investigation, cette enquête visait à faire advenir des mobilisations à la hauteur de l'ampleur inédite des révélations au sujet des illégalismes fiscaux des classes dominantes à travers le monde. Or, ce double principe de causalité et de proportionnalité ne s'applique pas à la dynamique du scandale. À partir d'une analyse de la presse et d'une comparaison avec les Panama Papers, nous montrons comment l'accusation portée dans l'espace public glisse sur les élites dirigeantes qui font valoir la légalité de leurs pratiques, ce qui interroge en retour la démarche des accusateurs : si la finalité de l'information journalistique est une forme de dénonciation comportant des suites judiciaires, qu'en reste-t-il lorsque les accusés parviennent à faire valoir que, sauf exception, ils ne sont pas poursuivis ? La mise en scène de la révélation et de ses suites semble coincée entre l'évidence d'un système scandaleux et le piège de la faute pénale introuvable. Comment expliquer ce scandale qui ne prend pas ? L'analyse ne donne pas de clef unique d'interprétation mais ouvre des pistes de réflexion, des capacités de résistance des élites accusées à la structure de l'espace journalistique et à l'absence de relais de la part du gouvernement.

The article aims to question the reactions in France to 'the largest investigation in journalism history'. Drawing on both an exhaustive study of press articles and a comparison with the Panama Papers, we show how the public denunciation has no impact on the accused ruling elites who argue that their practices are legal. This in turn calls into question the accusers' attitude: if the purpose of journalistic information is a form of denunciation with intended legal consequences, what happens when the 'accused' successfully assert that they are not prosecuted, apart from a few exceptions? The framing of the revelations and their follow-up seems to be caught between the evidence of a scandalous system and the trap of unfindable criminal misconduct. How can this lack of scandal be explained? The analysis does not provide a unique hypothesis but it raises several issues for consideration, from the accused elites' capacity of resistance to the structure of the journalistic universe and the lack of governmental reaction

Quand des illégalismes économiques populaires répondent à ceux des puissants. Monopoles commerciaux et pillages alimentaires au Burkina Faso
Vincent BONNECASE

Au Burkina Faso, il est commun d'invoquer les « monopoles commerciaux donnés par l'État aux grands commerçants » même si, officiellement, il n'y a presque plus de monopole dans le pays. Une telle expression dénonce les rapports cachés entre les autorités politiques et les

Working class economic illegalisms against those of the ruling elites. Commercial monopolies and food plundering in Burkina Faso
Vincent BONNECASE

In Burkina Faso, it is common to speak of 'commercial monopolies granted by the state to large traders', even though officially there are few monopolies in the country. Such an expression denounces the hidden relationship between the political authorities and the economic elites,

élites économiques et la manière dont ces dernières peuvent, grâce à une application plus souple de la loi à leur encontre, dominer la distribution des biens de consommation courante. Cet article interroge les compréhensions populaires de ce phénomène à partir d'entretiens réalisés dans des quartiers populaires des deux principales villes du pays, mais aussi les réponses collectives qui peuvent lui être données en revenant sur les pillages alimentaires survenus pendant l'insurrection de 2014. Ce faisant, il s'agit de se demander comment des illégalismes économiques populaires répondent ponctuellement à celui des puissants, sans que l'ordre social s'en trouve pour autant bouleversé.

and the way in which the latter are able to dominate the distribution of everyday consumer goods thanks to a more flexible application of law towards them. This article examines understandings of this phenomenon, based on interviews conducted in working-class neighbourhoods in the country's two main cities, but also the collective responses that can be given to it by looking back at the food looting that occurred during the 2014 uprising. The aim is to explore how working class economic illegalisms can sometimes respond to those of the powerful without disrupting social order.

Chasseur et braconnier « hors-la-loi » : gestion différentielle des illégalismes et incitation à jouer avec la loi
David SCHEER

Cet article étudie deux cas d'infraction en matière de chasse en Belgique : un cas de braconnage et une fraude aux plans de tir. L'analyse comparative du traitement de ces deux faits infractionnels illustre parfaitement la gestion différentielle des illégalismes, un « petit » braconnier étant traduit en justice devant les tribunaux pénaux et un « gros » chasseur bénéficiant d'une sanction administrative mineure. Ensuite, cet article poursuit l'examen des retombées liées au fait qu'une enquête relative à un chasseur puissant ait été ouverte. La restructuration d'une unité de répression des infractions en matière de chasse montre ainsi la puissance de certaines élites, parfois délinquantes. Enfin, le texte traite des clubs de chasse dans leurs manières d'aider, voire d'inciter, les chasseurs à s'arranger avec les règles. L'article s'attarde ainsi sur l'effet de protection des illégalismes de droit par des associations non-gouvernementales.

Unlawful hunters and 'outlaw' poachers. Differential management of illegalisms and incentives to play with the law
David SCHEER

This article examines two hunting offences in Belgium: poaching and shooting plan fraud. The comparative analysis of the treatment of these two violations perfectly illustrates the differential management of illegalisms, with a 'small' poacher being prosecuted in the criminal courts and a 'big' hunter receiving a minor administrative sanction. This article then goes on to examine the repercussions of investigating a powerful hunter. The restructuring of a hunting law enforcement unit demonstrates the power of certain elites, some of whom are delinquent. Finally, the article examines hunting clubs in ways that they help, or even incite, hunters to work around the rules. The article thus focuses on the effect of non-governmental associations in protecting the regimes of illegalisms of rights.

Critique internationale

Revue comparative de sciences sociales

octobre-décembre 2023 **101**

Varia

« La terre ne nous appartient pas, nous lui appartenons. » Usages militants de la théologie et recompositions identitaires en Israël-Palestine
par Caterina Bandini

« Faire avancer le schmilblick. » Les experts fonciers et la fabrique du cadastre au Bénin
par Thibault Boughedada

Les politiques européennes de développement au Yémen : une subordination par appel à projets
par Mélodie Breton-Grangeat

« Un dieu ne peut pas mourir. » Divergences des récits sur la défaite des Tigres de libération de l'Eelam Tamoul
par Giacomo Mantovan et Lola Guyot

Les mobilisations anticommunistes dans l'espace politique européen après la guerre froide
par Laure Neumayer

L'ambiguïté destructive, ou comment des divisions internes ont empêché le parti travailliste britannique de se positionner clairement sur le *Brexit* (2016-2019)
par Denis Rayer

SciencesPo LES PRESSES

Diffusion/distribution CDE/SODIS ISBN 978-2-7246-4023-6

Et aussi...

Coulisses
Un champ à travailler. Modalités et nécessité du terrain en Corée du Nord
par **Benjamin Joinau** et **Valérie Gelézeau**

Prochain Thema
Par et pour les archives : des mobilisations archivistiques transnationales ?
Sous la responsabilité de **Monique J. Beerli** et **Nora El Qadim**

La charge de la preuve : se mobiliser autour des archives de l'implication française au Rwanda
par **Mathilde Beaufils**

Des archives syriennes déplacées. La production de récits alternatifs par une pratique professionnelle transnationale
par **Adélie Chevée** et **Léo Fourn**

Documenter les licenciements arbitraires en contexte autoritaire : les archives comme pratique contestataire au Soudan (1989-2019)
par **Anne-Laure Mahé**

Mettre en mots et en cartons le passé militant. La fabrique des archives des mobilisations tunisiennes en exil comme champ de luttes
par **Mathilde Zederman**

De vive voix
North/South asymmetries in digital archiving project: a conversation on a project aiming at digitizing the private archives of Nigerian radical activists
Entretien avec **Sa'eed Husaini**
réalisé par **Cyrielle Maingraud-Martinaud**

Tarifs d'abonnement 2024
Revue trimestrielle
France : Étudiants : 57 €, Particuliers : 64 €, Institutions : 89 €
International : Particuliers : 72 €, Institutions : 110 €
Prix du numéro hors abonnement : 22 €
Disponible en librairie

Rédaction

Critique internationale
CERI
28 rue des Saints-Pères - 75007 Paris
Tél. : 01 58 71 70 77
catherine.burucoa@sciencespo.fr

Ventes et abonnements

Presses de Sciences Po
https://www.pressesdesciencespo.fr

Librairie des sciences politiques
187 boulevard Saint-Germain - 75007 Paris
librairie@sciencespo.fr

D&S
Droit et Société

Revue soutenue par l'Institut des sciences humaines et sociales du Centre national de la recherche scientifique (France)
ISSN 0769-3362

Administration et abonnement

Lextenso
La Grande Arche, paroi Nord, 1 parvis de la Défense
92044 Paris – La Défense Cedex, France
Tél. : 01.40.93.40.40

Secrétariat de rédaction

MSH Paris-Saclay, ENS Paris-Saclay
4 avenue des Sciences, F-91190 Gif-sur-Yvette Cedex
e-mail : redaction.droitetsociete@gmail.com

Site Internet : ds.hypotheses.org
La revue est disponible sur Persée, Cairn.info et HeinOnline

Au sommaire du numéro 114-115/2023

Vient de paraître

REMi

Université de Poitiers

Revue Européenne des Migrations Internationales

Les intermédiaires de la migration

Coordination : Assaf Dahdah, Kevin Mary et Olivier Clochard

2023 Vol. 39 n° 4

Olivier Clochard, Assaf Dahdah et Kevin Mary
Éditorial : Mieux rendre compte des figures des intermédiaires

Marilou Sarrut, Jonathan Echeverri Zuluaga et Santiago Valenzuela Amaya
Briser le mythe de la « jungle qui tue » : analyse du rôle des intermédiaires dans la traversée du Darién (frontière Colombie-Panama)

Alexandre Lauret
Histoires et récits du trafic de migrants : le soft power des passeurs djiboutiens

Portfolio

Morgane Dujmovic
Sous la frontière, l'ancrage. Rapports au temps sur les routes des Balkans

Anissa Maâ
Un contrôle migratoire « indigène » ? Colonialité et effets contrastés de l'intermédiation par les pairs dans la mise en œuvre des retours volontaires depuis le Maroc

Théotime Chabre
Recruter, protéger, contribuer : les étudiants-agents et les étudiants-militants africains, acteurs de la destination pour études de « Chypre-Nord »

Mathilde Pette
(Tout) contre la préfecture : associations et militants de la cause des étrangers aux prises avec l'État

Anaïk Pian
Intervenir dans l'espace du droit sans être professionnel du droit : les interprètes face aux avocats dans le contentieux de l'asile

Chronique juridique

Maxime Maréchal
Le droit à l'interprète dans l'instruction des demandes d'asile en France : une garantie procédurale cruciale

Varia

Annabel Desgrées du Loû, Karna Coulibaly, Iris Zoumenou, Anne Gosselin, Séverine Carillon, Andrainolo Ravalihasy et Julia Eid
La participation sociale, levier d'*empowerment* pour les immigrés précaires

Anaïk Pian
Note de recherche : Étudier les migrations internationales au prisme d'un continuum entre frontières externes et internes

Jordan Pinel et Brenda Le Bigot
Retraité·e·s français·es au Maroc : des spatialités privilégiées ?

Vol 39 – n° 4 / 2023
Université de Poitiers
ISSN : 0765-0752
ISBN : 978-23-81940-25-0

Crédit couverture : Guillaume Roux et Delphine Mercier

Contact
REMI – MSHS – Bât. A5 – 5, rue Théodore Lefebvre
TSA 21103 – 86073 Poitiers cedex 9 – France
Tél. : 05.49.45.46.56
Courriel : remi@univ-poitiers.fr
Site Internet : https://journals.openedition.org/remi/

Les numéros de Cultures & Conflits depuis 1990

n°1	La prolongation des conflits, 1990-1991	12.20€
n°2	Menace du Sud : images et réalités, 1991	12.20€
n°3	Mafia, drogue et politique, 1991	12.20€
n°4	Les réseaux internationaux de violence,1991-1992	12.20€
n°5	Violences urbaines : le retour du politique, 1992	13.75€
n°6	Emeutes urbaines, 1992	13.75€
n°7	Les nationalismes et la construction européenne, 1992	13.75€
n°8	Les conflits après la bipolarité, 1992-1993	13.75€
n°9/10	La violence politique dans les démocraties européennes occidentales, 1993	32.00€
n°11	Interventions armées et causes humanitaires, 1993	13.75€
n°12	L'action collective : terrains d'analyse, 1993	13.75€
n°13/14	Les disparitions, 1994	21.35€
n°15/16	Etat et communautarisme, 1994	21.35€
n°17	Les processus de transition à la démocratie, 1995	13.75€
n°18	La violence politique des enfants, 1995	13.75€
n°19/20	Troubler et inquiéter : les discours du désordre international, 1995	21.35€
n°21/22	L'international sans territoire, 1996	27.45€
n°23	Circuler, enfermer, éloigner : zones d'attente et centres de rétention des démocraties occidentales, 1996	13.75€
n°24/25	Survivre. Réflexions sur l'action en situation de chaos, 1997	19.85€
n°26/27	Contrôles : frontières-identités, 1997	22.90€
n°28	Interpréter l'Europe,1997	16.00€
n°29/30	Un nouveau paradigme de la violence ?, 1998	36.60€
n°31/32	Sécurité et immigration, 1998	22.90€
n°33/34	Les anonymes de la mondialisation, 1999	21.35€
n°35	Quelle place pour le pauvre ?, 1999	16.80€
n°36	Rationalités et Relations Internationales (1),1999	13.75€
n°37	Rationalités et Relations Internationales (2), 2000	13.75€
n°38/39	Sociologie de l'Europe. Mobilisations, élites et configurations institutionnelles, 2000	22.90€
n°40	Pacifications. Réconciliations (1), 2000	16.80€
n°41	Pacifications. Réconciliations (2), 2001	12.20€
n°42	Le crime organisé en Russie. Nouvelles approches, 2001	13.75€
n°43	Construire l'ennemi intérieur, 2001	16.80€
n°44	Défense et Identités. Un contexte sécuritaire global ?, 2001	18.30€
n°45	De Tampere à Séville : bilan de la sécurité européenne (1), 2002	16.00€
n°46	De Tampere à Séville : bilan de la sécurité européenne (2), 2002	16.00€
n°47	Les risques du métier, 2002	20.00€
n°48	Approches comparées des polices en Europe, 2002	18.00€
n°49	La mise à l'écart des étrangers : la logique du visa Schengen, 2003	18.30€
n°50	La mise à l'écart des étrangers : les effets du visa Schengen, 2003	18.30€
n°51	Facettes de l'(in)sécurité, 2003	17.50€
n°52	Les entreprises para-privées de coercition. De nouveaux mercenaires ?, 2003	17.50€
n°53	Surveillance politique. Regards croisés, 2004	14.50€

n°54	Approches critiques de la Sécurité. Une perspective canadienne, 2004.	18,00€
n°55	Prison et résistances politiques. Le grondement de la bataille, 2004	20,00€
n°56	Militaires et sécurité intérieure. L'Irlande du Nord comme métaphore, 2004	23,50€
n°57	L'Europe des camps. La mise à l'écart des étrangers, 2005	25,00€
n°58	Suspicion et exception, 2005	21,00€
n°59	Dialogues franco-brésiliens sur la violence et la démocratie, 2005	20,50€
n°60	L'action humanitaire : normes et pratiques, 2005	20,50€
n°61	Antiterrorisme et société, 2006	18,00€
n°62	Arrêter et juger en Europe, 2006	18,50€
n°63	Mort volontaire combattante : sacrifices et stratégies, 2006	16,50€
n°64	Identifier et surveiller : les technologies de sécurité, 2006	18,50€
n°65	Srebrenica 1995 : analyses croisées des enquêtes et des rapports, 2007	18,00€
n°66	Construire le voisin : pratiques européennes, 2007	18,50€
n°67	Militaires et engagements extérieurs, 2007	21,50€
n°68	Circulation et archipels de l'exception, 2007	19,00€
n°69	Xénophobie de gouvernement, nationalisme d'Etat, 2008	19,00€
n°70	Altermondialisme(s) oublié(s), 2008	21,00€
n°71	Confinement des étrangers : entre circulation et enfermement, 2008	19,00€
n°72	Frontières et logiques de passage : l'ordinaire des transgressions, 2008	16,50€
n°73	Frontières, marquages et disputes, 2009	14,50€
n°74	Sécurité et protection des données, 2009	21,00€
n°75	Crises et organisations internationales, 2009	15,50€
n°76	Fichage et listing : quelles incidences pour les individus ?, 2009	18,00€
n°77	Varia, 2010	13,50€
n°78	Biopolitique et gouvernement des populations. Perspectives autres, 2010	16,00€
n°79/80	Langue et politique : les mobilisations ethnolinguistiques en Europe, 2010	19,50€
n°81/82	Le passage par la violence en politique, 2011	24,00€
n°83	Le Genre globalisé, 2011	15,50€
n°84	Gouverner les frontières, 2011	16,00€
n°85/86	L'institutionnalisation du Parlement européen, 2012	24,00€
n°87	Guerres et reconnaissance, 2012	20,00€
n°88	Migrations climatiques, 2012	20,00€
n°89	Militantisme et répression, 2013	16,50€
n°90	Où sont les murs ? Penser l'enfermement en sciences sociales, 2013	16,50€
n°91/92	Iconographies rebelles. Sociologie des formes graphiques de contestation, 2013	18,00€
n°93	Résistance, existence, autorité, 2014	20,00€
n°94/95/96	Critique de la raison criminologique, 2014	28,00€
n°97	Représentations, mobilisations, 2015	17,50€
n°98	Élites transnationales, 2015	21,50€
n°99/100	Effets-frontières en Méditerranée : contrôles et violences, 2015	18,50€
n°101	Marges urbaines et résistances citadines, 2016	22,50€
n°102	Questions de méthodes : Savoir-faire des études critiques de sécurité, 2016	21,50€

n°103/104	Ethnographies politiques de la violence, 2016	23,50€
n°105/106	Politiques de la nuit, 2017	23,50€
n°107	La production officielle des différences culturelles, 2017	19,50€
n°108	Terrains économiques, 2017	19,00€
n°109	Varia, 2018	16,50€
n°110/111	Ethnographier les gangs. *Maras*, *pandillas* et *outsiders* en Amérique latine, 2018	23,50€
n°112	L'état d'urgence en permanence (1), 2018	17,00€
n°113	L'état d'urgence en permanence (2), 2019	16,50€
n°114/115	Les mondes du renseignement entre légitimation et contestation	32,00€
n°116	Sciences en danger, revues en lutte	13,50€
n°117	Le sens de L'action. Conflits de cadrages et interactions stratégiques	16,50€
n°118	Les territoires du secret : confidentialité et enquête dans les mondes pluriels de la sécurité	19,00€
n°119/120	Quelle sociologie politique pour l'enquête globale ? Autour d'Yves Dezalay	24,50€
n°121	Les morts encombrants. Du gouvernement politique des cadavres	16,00€
n°122	Sexe, droit et migrations. La traite des êtres humains saisie par les institutions	23,50€
n°123/124	Guerre et contre-terrorisme	24,50€
n°125	Les régimes miliciens. Interventions occidentales et économie de la violence dans les guerres civiles contemporaines	20,00€
n°126	L'aide au développement : une fenêtre sur le politique	19,00€
n°127/128	(Re)Négocier la citoyenneté. Islam, immigration, mobilisations pour l'égalité	18,00€
n°129	Varia	15,00€
n°130	Engagements au travail et capitalisme transnational	19,00€

BON D'ABONNEMENT / DE COMMANDE

NOM : ______________________________

Prénom : ______________________________

Organisme / Institution : ______________________________

Complément (service, bureau, bât., etc.) : ______________________________

Adresse : ______________________________

Code postal : ______________________________

Ville : ______________________________

Pays : ______________________________

E-mail :______________________________

Pour faciliter la distribution à Paris (par coursier), merci d'indiquer vos codes d'immeubles :

____

O Je désire m'abonner à la revue Cultures & Conflits
(1 an - les 4 numéros de l'année civile)

- o France - 62 € / an (frais de port inclus)
- o Étranger - 68 € ou $ 83 / an (frais de port inclus)
- o Abonnement de soutien (à partir de 65 €) ______________
- o Abonnement institutionnel - 2 000 €

O Je désire commander 4 numéros aux choix (voir liste au verso)

1°_______ 2°_______ 3°_______ 4°_______

- o France 54,90 € / an (frais de port inclus)
- o Étranger 61 € ou $ 80 / an (frais de port inclus)

O Je désire commander le(s) numéro(s) suivant(s) de la revue Cultures & Conflits (voir liste des anciens numéros et leur prix pages suivantes).

n°_______ _______ (prix en €) x _____ (quantité)

n°_______ _______ (prix en €) x _____ (quantité)

n°_______ _______ (prix en €) x _____ (quantité)

n°_______ _______ (prix en €) x _____ (quantité)

n°_______ _______ (prix en €) x _____ (quantité)

n°_______ _______ (prix en €) x _____ (quantité)

n°_______ _______ (prix en €) x _____ (quantité)

n°_______ _______ (prix en €) x _____ (quantité)

Total ______________€

Où vous êtes-vous procuré ce numéro ? ______________________________

Bon à retourner à : l'Harmattan 5-7 rue de l'Ecole Polytechnique 75005 Paris
Chèque à libeller à l'ordre des éditions de l'Harmattan

www.ingramcontent.com/pod-product-compliance
Lightning Source LLC
LaVergne TN
LVHW011247061026
849535LV00005B/1178